体面劳动调控论

问清泓 著

WUHAN UNIVERSITY PRESS
武汉大学出版社

图书在版编目(CIP)数据

体面劳动调控论/问清泓著. —武汉: 武汉大学出版社,2013.9
ISBN 978-7-307-11538-5

Ⅰ. 体… Ⅱ. 问… Ⅲ. 劳动关系—研究—中国 Ⅳ. F249.26

中国版本图书馆 CIP 数据核字(2013)第 210271 号

责任编辑:詹　蜜　　责任校对:刘　欣　　版式设计:韩闻锦

出版发行: **武汉大学出版社** (430072 武昌 珞珈山)
(电子邮件: cbs22@whu.edu.cn 网址: www.wdp.com.cn)
印刷: 武汉中远印务有限公司
开本: 720×1000 1/16 印张:22.75 字数:325 千字 插页:2
版次: 2013 年 9 月第 1 版 2013 年 9 月第 1 次印刷
ISBN 978-7-307-11538-5 定价:38.00 元

特别感谢

中国法学会2012年度部级法学研究课题一般项目基金资助：

“平等权视角下劳务派遣和业务外包用工规制研究”

【编号：CLS(2012)C88】

湖北省社会科学基金项目资助：

“体面劳动调控论”

【编号：2012016】

作者简介

问清泓，男，1965年生，湖北荆州人，法学博士，教授。硕士毕业于中南财经政法大学法学院经济法专业，博士毕业于武汉大学法学院民商法专业。现为武汉科技大学文法与经济学院法律系教授，同时任武汉科技大学政策法规研究室副主任并任校学术委员会副秘书长。主要从事劳动法研究。

前　　言

体面劳动调控是构建和谐劳动关系的必然要求和基本手段，法制社会中体面劳动的调控应当是正式制度调控即依法调控，而不是由非正式制度放任自由式的调整。国家和社会有责任和义务从正式的社会制度层面，通过构建较为完备的法律制度来调整和控制劳动关系，以期达到劳动关系的公平和正义，使广大劳动者能够实现体面劳动的价值追求。

体面劳动的调控是实现体面劳动的重要路径。早在1999年6月，国际劳工组织新任局长索马维亚在第87届国际劳工大会上首次提出了体面劳动的新概念，明确指出所谓体面劳动，是指劳动者的权利得到保护、有足够的收入、充分的社会保护和足够的工作岗位。为了保证体面劳动这一战略目标的实现，必须从整体上平衡而统一地推进“促进工作中的权利”、“就业”、“社会保护”、“社会对话”四个目标。2008年，中共中央总书记、国家主席、中央军委主席胡锦涛在中国举办的“经济全球化与工会”国际论坛开幕式上的致辞中也提出了体面劳动：“让各国广大劳动者实现体面劳动，是以人为本的要求，是时代精神的体现，也是尊重和保障人权的重要内容。”这一精辟论断对于我国乃至全球体面劳动的实现与维护劳动者权益的可持续发展都具有重要意义。2010年4月27日，胡锦涛在全国劳动模范和先进工作者表彰大会致辞中再次对体面劳动进行了阐述，胡主席指出：“进一步保障劳动者权益，为促进社会和谐奠定坚实基础”，从政治、经济、社会、法律、行政等各方面采取有力措施，保障广大劳动群众权益，促进社会公平正义。要健全以职工代表大会为基本形式的企事业单位民主管理制度、厂务公开制度，组织职工依法实行民主选举、民主决策、民主管理、民主监督，使广大劳动群众的知情权、参与权、表达权、监督权得到更充分更有效的保障。要切实实施积极的就业政策，创造更多就业岗位，促进充分就业，改善就业环境，提高就业质量，不断增加劳动者特别是一线劳动者劳动报酬。胡主席特别强调："要切实发展和谐劳动关系，建立健全劳动关系协调机制，完善劳动保护机制，让广大劳动群众实现体面劳动。"①

体面劳动反映了不同社会制度下的各国劳动者的普遍需求，体面劳动既包含了就业、社会保护和有尊严的劳动（废除童工劳动和强迫劳动、消除就业和职业歧视）等主要目标，也包含了实现这些目标所必不可少的工会权利（结社自由和集体谈判）和社会对话等基本手段，比较全面地反映了劳动者的基本权益。而且，它是以国际法作为支撑的，用法律手段强化了对劳动者的保护②。体面劳动的发端和变迁有其深刻的社会根源和制度根源，因其具有道德合理性、符合社会公共利益、回应社会生产的实践需求和顺应可持续发展的规律等特点而极富生命力，颇具理论与实践价值。体面劳动的实现需要构建一个企业发挥主体力量、政府承担主导责任、工会发挥协调作用的三方协同联动机制。政府应通过制度建设将体面劳动的诉求转化为社会政策，因为制度建设是劳动者实现体面劳动、尊严生活的社会基础，政府可以借助法律制度、经济政策和社会保障政策，形成多元化的制度合力，从就业援助、就业歧视、就业促进、社会保障、职业安全等维度入手，为体面劳动的实现做好制度供给③。笔者认为，劳动关系的调控就是要通过构建正式的社会制度，实现体面劳动。通过对个体劳动关系和集体劳动关系的制度建设与调控，通过就业促进调控制度、社会保障调控制度和劳资冲突的程序调控制度，有效开展政府、企业和工会的三方对话机制，充分保障劳动者的权益，构建和谐的劳动关系，

---

① 胡锦涛：《在2010年全国劳动模范和先进工作者表彰大会上的讲话》，载新华网，http://news.xinhuanet.com/politics/2010-04/27/c_1259809.htm，发布时间：2010年4月27日，访问时间：2011年12月10日。

② 林燕玲：《体面劳动在中国的阐释和实践》，载《北京市工会干部学院学报》2011年第1期，第6页。

③ 王佳佳、牛忠江：《"体面劳动"的实现路径》，载《光明日报》2011年1月30日第007版。

实现社会的公平和正义。

制度调控是法治建设的重要手段，本书就是从法制的视阈探讨体面劳动之制度调控的七大方面。体面劳动的调控可分为实体法调控和程序法调控两大方面。实体法调控是基础和前提，程序法调控是救济和保障，二者缺一不可，共同构建和保障劳动关系的和谐与稳定。本书对传统个体劳动关系的调控——学徒合同制度进行了比较全面的阐述，还对集体劳动关系的调控——集体合同制度进行了透视。本书重点对劳动就业的调控制度即就业促进制度进行了论述，分别对政府、企业和高校在就业促进中调控作用和调控内容进行了解读。社会保障制度是劳动关系调控的重要内容之一，本书对我国的社会保障制度进行了诠释。本书重点研究了劳务派遣之同工同酬调控问题，我国劳务派遣已经泛滥成灾，劳动派遣之同工不同酬问题非常突出，严重妨碍了劳务派遣工之体面劳动的实现。本书研究了我国业务外包之法律规制和调控问题，业务外包还不是真正意义上的法律范畴，对业务外包的法律规制还是空白。体面劳动的程序法调控是体面劳动调控的另一大方面，本书对劳资冲突程序调控——争议解决制度进行了比较深刻的论述。

全书共分为七章。

第一章“传统劳动关系调控——学徒合同制度”。对学徒合同制度的历史、学徒合同制度的价值判断、学徒合同制度的立法构想和学徒合同制度与和谐劳动关系进行了解析。我国学徒合同制度的理论研究和立法都还处于空白地带，学徒制度之职业法规制的“双元制”和学徒制度之劳动法规制的“法典式”对我国都有一定的借鉴意义。我国民法并没有关于学徒合同的规定，学徒合同在我国民法领域内还属于空白地带，这也是民法的重要缺陷之一。学徒合同在我国的劳动法领域内，也是立法之空白。无论是《劳动法》，还是《劳动合同法》，都没有关于学徒合同的规定，劳动法学界对学徒合同的理论研究非常匮乏，更不能为立法提供有力的理论支撑，因此，在我国对学徒合同的理论研究意义深远。

第二章“集体劳动关系调控——集体合同制度”。本章围绕三方机制、集体协商和产业行动三大方面展开研究，对工资的集体协商制度进行了探讨，提出了我国集体合同制度塑造的建议。三方机制是劳资关系和平解决的主要手段，是发达国家劳动法之近百年的制度积淀，我国非常有必要借鉴这一制度，以企有效调控集体劳动关系，并寻求劳资冲突和平解决的途径，构建稳定而和谐的劳动关系。

第三章“劳动就业制度调控——就业促进制度”。对政府、企业和高校三者在促进就业中的内容和法律责任进行了分别论述，特别探析了政府在公民首次就业中的就业促进义务，并对《首次就业合同法》的立法提出了构想，具有一定的创新性。政府和企业在劳动就业中就业促进义务，从宏观层面就是要实现“体面劳动”的价值目标，“体面劳动”的微观层面的内容与政府和企业之就业促进义务具有一致性。在促进就业中的内容和法律责任中还特别对高校之“唯就业率”进行了剖析，本章还对就业见习制度和反就业歧视制度进行了阐述。就业见习制度是域外很多国家或地区促进青年就业的一项重要就业促进制度，是政府和企业之就业促进的重要义务和责任。从国际上看，许多国家和地区都将见习作为促进青年就业的重要措施，就业见习已成为国际社会促进就业的重要经验。就业见习制度在我国的历史还非常短暂，就业见习制度在法学界的研究几乎还是空白地带，其理论研究的滞后，也带来了其立法的缺失，这对就业促进特别是大学就业促进非常不利，是明显的法律遗漏。

第四章“劳动就业保障调控——社会保障制度”。主要研究了社会保障法的调控作用，对《社会保险法》的授权性条款进行了检视，对养老保险的“双轨制”有比较全面的审视。本章还对生育保险社会化和大学生失业保险问题进行了探讨。对《社会保险法》之授权性条款的研究、对我国养老保险之“双轨制”的审视、大学生失业保险制度的研究都有一定的创新性。《社会保险法》中有很多条款是授权性的，“转致”适用模糊，不具有直接的可操作性。社会保险立法应着力解决社保的“公平”和“普惠”问题，从公平的角度来看，要着力解决公务员与企业职工退休金“双轨制”问题。

第五章“劳务派遣之同工同酬调控”。我国劳务派遣已经泛滥成灾，劳动派遣人员同工不同酬问题非常突出，已经成为实现劳务派遣之体面劳动的严重障碍，本章重点研究了破解同工不同酬之困局的八大路径。第一，明确界定同工同酬的内涵和法律属性；第二，明确界定劳务派遣"三性"范围；第三，建立申请许可、报告制度和准备金或保证金制度；第四，增设向直接雇佣或长期雇佣转化的规定；第五，让用工单位直接向派遣工支付工资；第六，保障农民工同工同酬权；第七，加大判例引导作用；第八，确立雇主责任原则。

第六章"业务外包之调控"。业务外包在我国市场经济中已经大量出现，并开始出现了异常繁荣的局面，但是，与此繁荣相反的是，法学界和法律界对业务外包还没有什么反应，显得非常滞后。我国目前还没有专门规制业务外包的法律法规；学界对业务外包的法律关系及属性、业务外包合同的类型化、权益保障、争议处理等问题的研究还罕有涉足，更谈不上对业务外包提供可供立法参考的理论支撑，在立法上还没有关注并响应这一新现象。本章笔者对业务外包从法学的视阈进行了研究。本章重点研究了业务外包的困惑与困难，并努力寻求了困局求解之法。

第七章"劳资冲突程序调控——争议解决制度"。比较全面地分析了三大争议即劳动争议、就业歧视争议和社会保险争议，三大争议的调控是劳资冲突之程序调控的主要内容。我国目前的"先裁后审"模式有很大的缺陷，必须改造，而"或裁或审"模式应当是比较理想的选择。我国就业歧视的立法体系不尽完善，具体操作中存在诸多弊端，这些都不利于反就业歧视上的法制建设。学术界和司法实践社会保险争议一直是有争议的，一是"劳动争议说"，二是"行政争议说"，三是"混合说"，本章对其进行了剖析。

本书从法律调控的角度对体面劳动的法律保障制度进行较为全面的解读，具有一定的理论和实践意义。第一，对贯彻落实胡锦涛总书记提出的"让广大劳动群众实现体面劳动"的要求，具有重要的政治意义；第二，对我国入世后融入国际社会，实现国际劳工组织的要求，完成与国际劳动法的对接有国际意义；第三是可以填补我国关于体面劳动之法律空白，从法理上将体面劳动作为法律特别是劳动法的价值目标；第四是对构建和谐的劳动关系具有实践意义，可以为体面劳动的实现及法律调控提供路径选择。

本书是笔者从事劳动法教学与研究的长期历史积淀，时间跨度十余年，可谓是十年磨剑。书中很多观点具有一定的创新性，虽然笔者尽了最大的努力，也花费了大量时间和精力，但由于水平有限，遗漏或谬误之处在所难免，恳请广大同仁和读者批判指正，我将在今后的教学与研究中不断努力，以期更好地感悟劳动法之法义。

问清泓

2013 年 5 月于武汉科技大学

目　录

第一章　传统劳动关系调控
——学徒合同制度

第一节　学徒合同制度的历史因应

人类古老而传统的劳动关系的建立是学徒制度，这种制度经历了长期的发展，由非正式制度逐渐发展为调控劳动关系的正式社会制度，学徒合同制度在当今的现代社会中仍然具有强大的生命力，是现代劳动关系中的重要组成部分之一，对学徒劳动关系的调控也成为法制社会不可或缺的内容之一。

1802 年英国议会通过的《学徒健康与道德法》被普遍认为是资产阶级工厂立法的开端，也被公认为是现代劳动法的开端。从此，劳动法就与学徒制度结下了不解之缘，研究学徒合同制度在劳动法或劳动合同法中具有深远的历史意义和现实指导意义。

学徒制度是一个古老的历史制度，其起源甚早，为往昔学徒学习技艺所必经之阶段，其后机器发明，有专门学校教授技术，至此制度遂衰①。学徒制度按其发展程度可以分为三个历史阶段：中世纪行会建立前的初步发展时期，行会制度下学徒制度的繁荣时期以及随着行会的衰落传统学徒制度的衰退时期。最初是父亲把手艺传给儿子，随着手工业作坊逐步扩大，工匠不能只靠自己的孩子去完成任务，还需要招收别人的孩子到自己的作坊做帮手，并把他们作为养子授以职业

---

① 参见黄越钦著：《劳动法新论》，中国政法大学出版社 2003 年版，第 383 页。

上的技艺和秘密。师徒之间是一种“父子”关系，师徒合同是由徒弟的父亲或保护人同师傅签订的，属私人性质。世界第一部成文法《汉谟拉比法典》就有关于这种养子制度的规定。在古罗马时期，雄辩家、法律家以及医师等也都是和木匠、皮匠一样，通过学徒制度接受教育的。学徒制度在当时是一种制度化了的教育形式。学徒制度在行会极盛时期的14—15世纪进入最繁荣的时期。其主要特征是行会对师傅带徒弟进行管理，学徒制度从私人性质过渡为公共性质的制度。行会编制师徒合同，登记徒弟的姓名，规定师傅和徒弟的权利和义务。学徒期限、徒弟人数、劳动时间等一系列问题都由行会决定。总之，进入中世纪以后，学徒制度成为行会监督下的一种教育形式。后来随着贸易的发展和生产的扩大，行会成员中的富有者利用对行会的控制权来压迫贫困者。师徒之间相互尊重人格的关系变为只是雇佣者和被雇佣者的雇佣关系，行会逐渐失去对学徒制度的监督权。为了维护手工业者的利益，国家代替行会加强了对学徒制度的管理。18世纪的产业革命大大加速了学徒制度的崩溃。强制性的学徒制度彻底变成维护雇主利益而存在的工具，于是师徒纠纷不断，双方完全处于对立地位，具有悠久历史的学徒制度走上崩溃。①

我国学徒制度的历史非常悠久，但是其制度一般停留在民间的约定俗成中，至多算作一种民间的非正式制度。即使是现代，我国学徒合同立法还是空白，至今没有一部关于学徒合同的法律。“中国学徒制度向无法律规定，所谓‘三十六行’者，皆由匠师自由招致他人之幼年子弟或其自己之子弟，从事学习。”②学徒学习期间，由学徒或者其家庭向师傅提供必要的费用，或是行入门拜师之礼，礼品由学徒家人酌情处理，学习期间的食宿由师傅提供，学徒不享有劳动报酬。

国外的学徒制度产生也比较早，其制度比较发达。

---

① 参见李振波：《学徒制度浅析》，载《职教通讯》1998年第1期，第42页。

② 参见黄越钦著：《劳动法新论》，中国政法大学出版社2003年版，第383页。

一、传统学徒制度

传统学徒制度比较发达的是英国。英国的学徒制度起源于12世纪，至伊丽莎白女王通过“学徒法”后，学徒制度更加完备。该法规定：“无论何人欲从事何职业，对于其业，必须经过七年之训练方可……”此法在英国施行约250年后，因机器发明，工商业进步，此法难以立足，至1814年乔治三世废止该法。其制度有下列特点：匠师与学徒订有一长期之契约，一般为7年；契约内载明匠师须授学徒其职业秘密；习惯上学徒多寄宿于店中。① 在英国，一般只准师傅一次带一个徒弟，徒弟在固定师傅的指导下，须经过约7年的见习后方可转为工匠。徒弟在学徒期间一般须支付学费，住在师傅家，除衣食费用外还拿一定数额的工资。师傅边使用这些徒弟从事自己经营的职业边向徒弟传授技艺。徒弟满师转为工匠后，一般仍住在师傅家，为师傅从事手工业劳动，而师傅对工匠负有教育的义务；在多种情况下，师傅让工匠在外游历几年以广见闻、丰富经验和提高技艺。游历结束后，工匠要独立制作自己的得意之作。只有得到了师傅的认可之后，工匠才能晋升为师傅。②

1567年英国颁布了《工匠徒弟法》，古老的师傅带徒弟的人类经验传递方式被法律确认为一种正式的教育制度——学徒培训制。这一法案规定要采用市政当局与行会的一些好的做法。《工匠徒弟法》中有关学徒制度的条款把许多已有的惯例与地方的规章从法律上确定下来了。“二战”以后，英国政府在加强学校职业教育的同时，开始关注包括学徒培训制在内的企业内的职业教育。1962年颁布《产业训练白皮书》，强调国家干预包括学徒培训制在内的企业职业训练，打破了企业训练“自愿自助”的传统。1964年制定《产业训练法》。1973年

① 参见黄越钦著：《劳动法新论》，中国政法大学出版社2003年版，第384页。

② 参见黄日强、张霞：《英国学徒培训制度的发展轨迹》，载《武汉船舶职业技术学院学报》2007年第4期，第1页。

颁布《就业与训练法》，对包括学徒培训制在内的企业职业训练体制进行了改革。由此，学徒培训制在英国得以延续发展，并随着技术革命对英国经济影响的加深，学徒培训制进一步扩大了其培训领域。为了更好地适应新时代条件下职业结构和劳动力结构的新变化，英国政府在继承传统学徒培训制的基本内容的基础上，创新发展了现代学徒培训制度。①

1991年英国政府发表《21世纪教育与培训》，指出要在16~19岁的青年推广高质量的职业技术教育。现代学徒制较传统学徒制的内涵有了延伸，突破了传统的手工业领域，向许多新兴领域扩展②。1993年制定了现代学徒计划，把学徒培训与国家职业资格制度结合起来。2001年3月现代学徒咨询委员会成立，对现代学徒制进行进一步改革。2003年2月，英国财政部和教育部又共同实施一项新的国家现代学徒计划，按照规划，到2004年，至少有28%的16~24岁青年，在工商企业接受18~24个月的现代学徒培训。③

英国现代学徒制度与传统学徒制比较更加灵活，富有弹性，高级现代学徒制的最短培训时间为两年，对已经获得关键技能的18~24岁的青年，最短培训时间还可以再缩短。英国现代学徒制增加了试用期的规定，学徒培训开始后的8周内为试用期，在此期间如果合同没得到很好的遵守，任何一方可以单方面终止合同。④

二、学徒制度之职业法规制——双元制

现代学徒制度比较发达的代表有德国、瑞士和澳大利亚等国家，

---

① 参见黄日强、张霞：《英国学徒培训制度的发展轨迹》，载《武汉船舶职业技术学院学报》2007年第4期，第2~3页。

② 参见徐徐：《英国现代学徒制和澳大利亚新学徒制比较》，载《昆明理工大学学报(社会科学版)》2007年第2期，第105页。

③ 参见蔡泽寰：《英国的现代学徒制度》，载《中国职业技术教育》2005年第6期，第40页。

④ 参见蔡泽寰：《英国的现代学徒制度》，载《中国职业技术教育》2005年第6期，第41页。

其最为典型的特征是：对学徒制度的规制更加法制化，更具有现代的法治精神；学徒制度被正式纳入法律的调整范畴，其立法模式为职业培训制度，即为职业教育法所规制。

(一)德国的学徒制度

德国的学徒制已经有100多年的历史，也正因为学徒制，德国的青年失业率在欧洲是最低的，德国经济持续稳定发展，技术和产品的竞争力在国际上处于领先地位。德国的学徒制，从1919年开始就已经成为政府、工会和学校共同协作的事业。这种学徒制的核心使年轻人能够迅速提高自己的知识和操作技能，缩短社会适应的时间。虽然德国法律没有强制的学徒制度，但工会在约45个行业中强制规定，必须有学徒经历才能被聘为正式员工，政府每年也拨出巨款资助学徒制度，所以先当学徒是德国大学生就业的必经之路。在德国，大多数16岁的青少年必须在自己所选择的行业中当3年学徒。一周内有4天留在工厂里，第5天则返回职业学校，接受理论课程训练。大学毕业生也是一样，当学徒就相当于我国的大学生实习，只不过别人要当3年学徒，而我们大多只是形式化的蜻蜓点水。德国学徒制度的普及，不仅减少了青少年犯罪与失业率，最重要的是培养了新一代员工的职业道德、专业技能，使技术扎根于基层员工。①

德国的学徒制度直到19世纪初始开始繁荣，施行学徒规约、设立专门学校、举行学徒毕业考试暨匠师资格审查。根据1900年的法律规定，学徒契约必须采用书面方式，其内容包括所学职业，学徒年限，工资，供给食、宿、药费等内容。学徒年限至少3年，最多不超过4年，期满须经毕业考试。②

“双元制”是德国职业教育主要的形式，也是德国学徒制度的新发展。“双元制”是指将传统的学徒培训方式与现代职业教育结合在

① 参见叶雷：《不妨学学德国的学徒制度》，载《中国大学生就业》2006年第7期，第7页。

② 参见黄越钦著：《劳动法新论》，中国政法大学出版社2003年版，第384页。

一起，并将企业与学校结合在一起进行合作办学的职业教育模式。根据受教育者与企业签订的职业教育合同，受教育者在企业以“学徒”身份、在职业学校则以“学生”身份接受完整、正规的职业教育。“双元制”职业教育的教学分别在企业和职业学校里交替进行，约70%时间在企业，30%时间在学校。学生在学习期间不需要缴纳学费，而且每月还可得到由企业提供的生活津贴及法定社会保险费。

德国在吸取借鉴传统学徒制优点的基础上，积极发展现代学徒制度，作为实施职业教育的一种重要形式，以进一步密切职业教育与劳动力市场的关系。有人认为德国的现代学徒制度有三个显著特色①：一是，现代学徒制培训同就业有着更密切的联系，学生“为未来工作而学习”的目的非常明确，大部分学徒工毕业后能被原企业录用。二是，实训内容由社会合伙人共同制定，适应企业的需要。三是，学生在企业接受培训期间不但不缴纳学费，而且还享受学徒工资，一般为技术工人工资的50%，以后按比例逐年增长。

北大国际MBA美方院长杨壮对德国的学徒制度有很高的评价，他说：誉满全球的德国学徒培育制度已经有近百年的历史。在1919年，学徒制已经成为政府、工会和学校共同协作的事业。这种学徒制的核心，是使企业15~21岁的年轻员工能够迅速提高自己的知识、工艺和操作技能、基本素质和操作能力，在生产过程中把精力集中在提高产品和服务的质量上。具有160多年历史的德国西门子公司从1960年开始就十分重视企业内部培训制度和企业里的学徒制度。公司文化历来强调创新、知识、产品和服务质量，要求经理、工程人员下厂、下车间深入了解工人的水平，并对工人示范讲授生产线中可能出现的一系列的操作质量问题。这为公司在国际提升自己的产品竞争能力奠定了基础。②

① 参见原雅娟：《国外职业教育面面观》，载《边疆经济与文化》2008年第12期，第115页。

② 参见杨壮：《美日管理比较之七：中国企业如何“师夷长技”?》，载《中外管理》2007年第8期，第60页。

（二）瑞士的学徒制度

瑞士的制度主要是“双元制”和“三元制”模式。瑞士传统的双元制学徒培训制度顺应瑞士技术发展的需要，以中小企业为依托，以企业的大力支持为基础，以培养实际操作技能为主，适合为操作性强、需长期实践形成技能的行业培训技术人才，在培养高质量的劳动力和保证高就业率方面做出了重要贡献。但是在20世纪90年代以后，随着科学技术的发展和劳动力市场的变化，学徒培训制度的局限性也逐渐显现。瑞士通过加强职业学校和企业的合作关系，积极探索改进和完善学徒培训制的途径，实现了学徒培训制度从“双元制”模式到“三元制”模式；从封闭结业式到开放深造式的转变。①

在瑞士，学徒期一般为3年。学徒每周1~2天在学校学习，另外3~4天在企业实习。瑞士的双元制学徒培训把主要精力放在操作技能的传授上，目的是使学徒日后能找到称心如意的职业，由此，出现了过于偏重生产和实际应用而忽视职业基础和理论学习的现象。对于理论学习内容，瑞士的双元制学徒培训从学徒在培训期满后当工人的需要出发来确定，内容较浅、范围较广。② 瑞士双元制学徒培训的招生对象是年满15周岁、完成了义务教育的青少年。年满15周岁、完成了义务教育的青少年必须与培训企业的师傅签订学徒培训合同，并且合同得到州职业教育科的批准，方可成为《瑞士联邦职业教育法》所规定的学徒。职业学校必须承担各企业学徒的专业理论课教学，企业招收的学徒必须每周到职业学校接受1~2天的专业技术理论学习。学徒期满，通过结业考试来确定学徒是否达到培养细则和教学大纲所规定的教学目的。联邦主管部颁布每种职业的考试规则，考试规则中规定考试的组织、考试时间的长短、考试范围及各部分的比重、职业学校分数的换算以及评分方法。学徒经过本地区考试委员会

① 参见黄日强、黄宣文：《瑞士学徒培训制度的新模式》，载《河北师范大学学报（教育科学版）》2008年第7期，第118页。

② 参见黄日强、黄宣文：《瑞士学徒培训制度的新模式》，载《河北师范大学学报（教育科学版）》2008年第7期，第119页。

的考试，考试合格后领取证书，拥有合格证书者方可做正式工人。瑞士各行各业都有为考试学徒而设立的委员会。由于瑞士传统的双元制学徒培训制度以培养学徒的实际操作技能为主，在理论教学和职业基础的培养上存在不足，难以符合新兴的高新技术产业，特别是信息产业对技术人才的从业要求。

20世纪90年代以来，瑞士通过加强职业学校和企业的合作关系，积极探索改进和完善学徒培训制的途径。其中一个重要的趋势是行业协会对学徒培训越来越多的参与。随着行业协会培训中心模式的发展，瑞士的学徒培训逐渐从传统的企业和职业学校并行实施的“双元制”演变为企业、职业学校和培训中心或实训车间三条腿支撑的“三元制”。瑞士宪法规定：职业培训中心的实训车间属于独立的第三种培训场地，所以瑞士现代学徒培训也称为三元制学徒培训。① “双元制”的基本特征是：培训对象具有双重身份，培训企业的学徒和职业学校的学生；师资由两部分人员担任，即培训企业的师傅和职业学校的教师；培训经费来源于两个渠道，培训企业和各级政府。由于瑞士传统的“双元制”上述特点，它与“单元制”的职业教学形式相比，有利于充分发挥企业师傅和职业学校教师的各自优势，有利于理论教学与实践培训交替进行，有利于学生形成良好的劳动态度，有利于学生了解社会、认识社会和毕业后走向社会，有利于解决经费问题、实习基地问题、师资问题和技能培训不足问题等优点。改革后的“三元制”是由“企业—职业学校—培训中心或实训车间”三位一体的职业培训，仍具有瑞士传统的双元制学徒培训制度的基本特征，因而，改革后三元制学徒制度也具传统的双元制学徒制度的诸多优点②。

(三)澳大利亚的学徒制度

澳大利亚的学徒培训制始于英国模式的学徒培训制，1805年，

① 参见黄日强、黄宣文：《瑞士学徒培训制度的新模式》，载《河北师范大学学报(教育科学版)》2008年第7期，第121页。

② 参见黄日强、黄宣文：《瑞士学徒培训制度的新模式》，载《河北师范大学学报(教育科学版)》2008年第7期，第122页。

澳大利亚各州的行业协会先后制订出本行业的学徒培训计划，确定各自的培训机构、培训条件和培训期限。①

1894 年澳大利亚制定了第一部不同于英国的学徒培训制法案——《1894 新南威尔士学徒法案》。几年之后，该法案又得到完善，即《1901 新南威尔士学徒法案》，其中许多学徒管理的具体框架至今仍保留着。如学徒年龄不得低于 14 岁(之前一直是 12 岁)、最高不超过 21 岁；学徒期不得超过 7 年；雇主和学徒行为受培训契约的约束等。先前由行业协会主导的学徒培训得到了削弱，学徒培训的管理和监督权逐渐由行业协会转到国家有关部门。在这个时期出现的"补习教育"学校，要求每个学徒应义务参加"补习教育"学校学习。这种学校的出现是对学徒只在工作场所学习、培训的补充，以这种方式对学员进行职业培训形成了澳大利亚现代学徒培训制的雏形②。1917 年颁布了《学徒技术教育法》，强迫所有的学徒在技术学校学习三年部分时间制课程。之后澳大利亚其他州也相继制定了自己的学徒制法律法规。第一次世界大战以后，澳大利亚学徒培训的期限从 7 年缩减到 5 年；20 世纪 60 年代，缩减为 4 年。③

澳大利亚于 1998 年开始施行"新学徒培训制"，并逐步取代传统的学徒培训制。"新学徒培训制"是澳大利亚联邦政府为了帮助青年人、学校辍学者和失业者重返劳动力市场，满足经济建设对人才的需求、提高就业市场的灵活性而推出的重大举措。"新学徒培训制"的实质是把实践工作与有组织的培训结合起来，将实际操作与层次分明的培训课程有机结合，颁发全国认可的学历资格证书。所有的"新学

① 参见黄日强：《澳大利亚学徒培训制度的发展轨迹》，载《职教通讯》2007 年第 7 期，第 70 页。

② Dr. Deborah Cobb-Clark. Human Capital Theory: Individual and Government Decision Making in Education Investment (MAR. 18). 2000 年版，第 112~113 页，转引自黄日强：《澳大利亚学徒培训制度的发展轨迹》，载《职教通讯》2007 年第 7 期，第 70 页。

③ 参见黄日强：《澳大利亚学徒培训制度的发展轨迹》，载《职教通讯》2007 年第 7 期，第 70~71 页。

徒培训制”培训项目授予的学历都与澳大利亚学历资格框架中规定的学历相吻合。澳大利亚“新学徒培训制”包括学徒制度和受训生制度两部分。“新学徒培训制”培训通常是在一个雇主和一个新学徒之间签订一份培训协议，在这份协议下雇主为自己的新学徒提供实习和培训，以达到双方议定的具体职业或行业所要求的能力标准，培训协议要在相关的州或领地的培训当局注册。“新学徒培训制”的培训项目和依据标准是澳大利亚全国统一的资格框架和在资格框架下的“培训包”。澳大利亚各培训机构和 TAFE 学院都是以此为标准，对学徒开设课程进行培训，并按培训合同规定的要求，使学徒在培训学习结束后获得全国认可的资格证书①。

三、学徒制度之劳动法规制——法典式

（一）法国的学徒制度

法国的学徒制度，发源于 11 世纪到 13 世纪的“职业公会”，因城市“自治”之兴盛而发达。最早的法规见于 1261 年巴黎市所公布的“行业法典”，规定了各行业学徒的条件。学徒契约的内容明确规定了师徒间的权利和义务，由公会人员见证，并由公会保存。学习期限 3 至 12 年不等，学徒须缴交“技艺作品”后方可成为匠师。到了 1830 年，因工业革命后工厂大增，旧式学徒其数目大减。②

法国自 1919 年建立学徒培训制度以来，迄今先后颁布了三项法案：1971 年、1983 年和 1987 年法案。这三项法案对学徒培训制度的巩固、完善和发展起到了相当关键的作用，主要体现在三个方面：第一，1971 年法案使学徒培训合同成为一种真正意义上的劳工合同，为年轻人提供一种完备的司法保护，使之享有那些签订劳动合同的工人所享有的权利，规定雇主有义务给予其报酬，使学徒从有关规定中

① 参见黄日强：《澳大利亚学徒培训制度的发展轨迹》，载《职教通讯》2007 年第 7 期，第 72 页。

② 参见黄越钦著：《劳动法新论》，中国政法大学出版社 2003 年版，第 384 页。

受益，并能得到工会保护。第二，企业有自由选择学徒的权利，极大地调动了企业参与承担学徒培训的积极性，一方面企业有权选择最符合条件、能在企业承担一定任务的年轻人做学徒；另一方面，企业没有义务一定要接收学徒期满后的年轻人（学徒期满后只有40%的年轻人当时就能够与企业签订就业合同，60%~70%的年轻人要在7~10个月之间才能找到一份工作）。第三，学徒培训有了很大的拓展，1987年前，通过学徒培训只能得到一种文凭，即职业能力证书，1987年法案对此进行了改革，将学徒培训扩展到法国所有文凭证书领域，年轻人通过边学习边工作的学徒培训，可以获得法国所有的各类证书、文凭，甚至包括大学文凭和工程师证书。①

法国是劳动法法典化之典型，《法国劳动法典》将劳动合同按照劳动者的现实状态进行分类，分为学徒合同、劳动合同两类。此外，针对特殊职业劳动者另行规定特殊性法律规范。将学徒合同与劳动合同并列立法，此模式特别值得我们借鉴。针对初次就业人群和一般劳动者的区别，设置两种劳动合同制度。其学徒合同制度仍属于劳动合同制度的范畴。

1. 规定了学徒劳动合同的概念

《法国劳动法典》第L117-l条规定："学徒合同是一种特殊类型的劳动合同，依此合同，雇主承担义务，除按本编规定的条件支付工资外，保证对青年劳动者进行系统的全面的职业培训。该项培训，部分在企业内进行，部分在学徒培训中心进行；与此相对应，学徒为得到培训，在合同期限内承担为雇主工作的义务，并且接受学徒培训中心与企业安排的培训。"以上关于学徒合同的解释表明，除一般劳动合同之劳动与报酬对价"交易"外，更多地关注于学徒的培训问题。②

2. 规定了学徒劳动合同的订立条件、订立程序及解除要件

---

①　参见徐文俊、谢瑗：《法国学徒培训概观》，载《职教论坛》1998年第7期，第62页。

②　参见郑尚元著：《劳动合同法的制度与理念》，中国政法大学出版社2008年版，第89页。

《法国劳动法典》规定学徒年龄在16~25岁，如完成中等教育第一阶段学业，满15岁亦可订立学徒劳动合同。师傅与学徒与之间具有监护与被监护关系，企业招收学徒必须经过特定的许可程序。《法国劳动法典》第L117-14条规定："学徒合同由雇主与得到允许的学徒签字；相应场合，学徒的法定代表允许学徒签字。合同应向负责监督在与培训相关的行业内执行劳动立法及社会保障法律的行政部门登记。如合同不符合第L117-1条至L117-13条及其实施法规规定的全部条件，尤其是有关学徒的师傅道德保证与职业能力的法规规定的全部条件，不得进行登记。除第L117-16条规定保留外，合同登记被拒绝即告该合同不得履行或不得继续履行。在规定期限内对提交的合同不予答复即意味着接受合同登记。合同登记不收取任何费用。"学徒劳动合同订立的条件和程序更加严格，一定程度上是保护初次进入职业场所劳动者的必要举措。关于学徒劳动合同解除的条件，第L117-17条规定："如合同一方当事人有严重过错或一再不履行其义务，或者由于学徒不适于从事其准备从事的职业并依第L119-4条所指法令确定之条件得到签证，在学徒期的头2个月内，合同得由一方或另一方当事人解除之。过此期限，只有双方签字人明确同意，始可解除合同，或者在没有双方同意之场合，合同仅得由劳资调解委员会宣告解除之，或者由初审法院法官宣告解除之。在学徒期头2个月内解除合同不得引起损害赔偿，合同有相关条款规定除外。"

3. 规定了学徒的地位

《法国劳动法典》第L117B-1条规定："学徒是指持有特殊类型劳动合同、正在接受初级职业轮训的青年劳动者。学徒享有适用于全体受薪雇员的法律规定的权益，但此种规定应与初级培训的青年人地位有关的规定相一致。"学徒的定义和地位决定他们是劳动者，但是属于相对特殊的劳动者，在某些环节如职业养成之监护、职业训练之技能培养方面应有特殊的规定。

（二）俄罗斯的学徒制度

俄罗斯也同法国一样，采取的是法典式劳动立法。关于学徒合同制度在《俄罗斯联邦劳动法典》有专门的规定。其学徒合同是放在法典的第9编的“员工的职业培训、再培训和技能提高”中专章(第32章)规定了“学徒合同”制度，共计有11个法条即第198条到第208条。①

俄罗斯规定了签订学徒合同的范围有两类：一类是与寻找工作的人员签订的合同；第二类是与本单位员工签订的再学习合同。

《俄罗斯联邦劳动法典》第198条规定：法人雇主(单位)有权与正在寻找工作的人员签订进行职业学习的学徒合同，而与本单位的员工签订不脱产或者脱产的职业学习或再学习的学徒合同。

《俄罗斯劳动法典》还对学徒合同的法律性质进行了明确界定，即员工与本单位签订的学徒合同具有劳动合同的法律属性。第198条第2款特别规定“与本单位员工签订的学徒合同是劳动合同的补充合同”②，第205条有特别明确的规定：“学徒适用劳动法，学生适用劳动法，其中包括劳动保护法”。③

《俄罗斯劳动法典》规定了学徒合同的具体内容，有双方名称，学徒的具体职业、专业、技能，雇主依照学徒合同保障员工能够学习的义务和依照已取得的职业、专业、技能按与雇主签订的劳动合同在学徒合同规定的期限内工作的义务、学徒期间的报酬额。学徒合同还可以包括双方协议的其他条款。

俄罗斯关于学徒合同的立法有一点对我们是非常有借鉴意义的，其关于学生之学徒合同的劳动报酬规定得非常明确，而我国既没有学徒合同的规定，也没有关于学生学徒或实习或见习的报酬规定，连规章也没有，对学生从事的学徒或实习或见习劳动还完全是空白地带。笔者认为，我国今后的立法特别是关于学徒合同制度的立法，必须明确规定学生特别是大学生的劳动报酬问题，切实保护学徒期间、实习

① 参见蒋璐宇译：《俄罗斯联邦劳动法典》，北京大学出版社2009年版，第116~119页。

② 蒋璐宇译：《俄罗斯联邦劳动法典》，北京大学出版社2009年版，第117页。

③ 蒋璐宇译：《俄罗斯联邦劳动法典》，北京大学出版社2009年版，第119页。

或见习期间大学生的劳动权益。俄罗斯关于学徒期间的报酬规定是："学徒期间向学徒支付助学金，其数额由学徒合同规定，并根据所取得的职业、专业和技能确定，但是不得低于联邦法规定的最低劳动报酬；学徒在实习课上所完成的工作，按确定完成的工作量计件付酬。"①

俄罗斯劳动法关于学徒期与试用期的衔接问题也是非常值得我国借鉴的，我国还没有关于学徒期与试用期的对接的立法。《俄罗斯联邦劳动法典》第207条规定：与雇主签订劳动合同且根据该合同参加学习的人，如果顺利结束学徒学习，则不规定试用期。

《俄罗斯联邦劳动法典》除了保护学徒的权益外，还兼顾了用人单位的利益，特别规定了学徒合同之学徒的后合同义务。其规定是：如果学徒在学徒结束后无正当理由未履行自己的合同义务，包括不参加工作，根据雇主的要求应当向雇主返还学徒期间获得的助学金，返还雇主支出的学徒有关的其他费用②。

四、学徒制度之其他规制——单行法或专章

现代法制社会对学徒合同制度的调整，主要采用劳动法调整的模式，而劳动法调整学徒合同除了上面的劳动法典模式之外，还有其他形式。一种是采用单行法调整学徒合同，如西班牙、我国的香港和澳门地区；另外一种是采用劳动法调整模式，即将学徒合同制度纳入一般劳动法的调整范畴，在劳动法中采用专章规制学徒合同，如柬埔寨、秘鲁、巴林、卢旺达等许多国家。其中西班牙于2011年通过关于设立学徒合同的法令，以此来解决青年的就业问题，此做法是对学徒合同制度的最新诠释。

《柬埔寨劳动法》(1997年3月13日颁布)第8条规定："学徒是

① 蒋璐宇译：《俄罗斯联邦劳动法典》第204条，北京大学出版社2009年版，第119页。

② 参见蒋璐宇译：《俄罗斯联邦劳动法典》第207条，北京大学出版社2009年版，第119页。

指与雇主或工匠签订学徒合同的人；雇主或工匠按合同约定教授或让他人教授学徒职业技能；作为回报，学徒必须按照合同条款约定条件为雇主工作。”①

《柬埔寨劳动法》第三章专门规定了“学徒合同”(第51~64条)，且放在第4章“劳动合同”之前。第三章第一节规定了“学徒合同的性质和形式”，第51条规定：“学徒合同是这样一种合同，一名工业或商业机构的经理、工匠或手艺人同意提供或者受委托向签订合同的另一方提供完全、系统、专业的培训；作为回报，签订合同的另一方作为学徒在约定的条件下和时间期限内为其工作。该时间期限不能超过两年。”②

《柬埔寨劳动法》特别明确地界定了工匠的概念，第7条：“‘工匠’是指自担风险，在家或在外从事手工业交易的人；无论其是否使用自动机械设备，是否有招牌店，均不影响工匠的性质；工匠主要出售自产或在其配偶、家庭成员无偿帮助下以及在工人学徒帮助下生产的产品；整个作坊由工匠独自进行管理。经常为工匠干活的非家庭成员工人数目不能超过7人；如果超过7人，该雇主则失去工匠身份”③。

《瑞士债法典》从第340条到346条专门规定了学徒合同。其对学徒合同的定义位：是指师傅负有按照行业标准对学徒进行培训的义务，学徒以此目的为师傅完成一定工作的合同。④

秘鲁与瑞士不同，它是在劳动法中专章规定学徒合同的。《秘鲁

---

① 董治良、赵佩丽译：《柬埔寨王国经济贸易法律指南》，中国法制出版社2006年版，第151页。

② 董治良、赵佩丽译：《柬埔寨王国经济贸易法律指南》，中国法制出版社2006年版，第157页。

③ 董治良、赵佩丽译：《柬埔寨王国经济贸易法律指南》，中国法制出版社2006年版，第151页。

④ 参见吴兆祥、石桂友、孙淑妍译：《瑞士债法典》，法律出版社2002年版，第77页。

就业促进法》第四章为：学徒合同①。其法律条文从第 32~36 条。而试用期的规定是第二编第二章，即在秘鲁的劳动法中既规定了试用期，又规定了学徒期。笔者认为，此立法例，可资借鉴。

巴林也是在其劳动法中专门规定了学徒合同。《巴林劳工法》(私营部分)第五章规定了“学徒”②，条文从第 26~31 条。

卢旺达法，也明确规定了学徒合同，而且比上述国家都具体。《卢旺达劳工法》第三编第二章有三节规定了学徒合同，从学徒合同的性质和形式、合同条件到师徒义务，条文从第 50~66 条。③

菲律宾劳动法也规定了“学徒制”和“练习生”。《菲律宾劳工法》第 57~72 条为“学徒制”，第 73~77 条为“练习生”④。

2010 年 9 月 18 日在西班牙官方法律条款公布网站上发布了最新的《劳工市场改革法案》，可以与 16 周岁以上 21 周岁以下无文凭无职业资格证书的工人签订学徒工合同。《劳工市场改革法案》规定：当这一合同涉及参与公共就业方案的失业学生时，如车间、工艺或其他行业，可通过职业技术学校的协议，提高对工人年龄的上限，即可以通过这种方式雇用大于 21 周岁的参与公共就业方案的失业学生，此年龄限制不适用于残疾人士。学徒工合同生效期最短不少于 6 个月，最长不超过 2 年。具体行业或职位的合同生效期可以根据国家全职业部门集体协议进行调整。但任何情况下都不允许学徒工合同的生效期少于 6 个月或超过 3 年，残疾工人的学徒工有效期最多不得超过 4 年。工人临时残疾、怀孕、生育、收养或寄养、母乳喂养和养育子女期间不算在合同有效期内。学徒工合同期满后该企业或任何其他企

① 参见劳动和社会保障部劳动科学研究所编：《外国劳动和社会保障法选》，中国劳动出版社 1999 年版，第 195 页。

② 参见国家劳动总局政策研究室编：《外国劳动法选》，中国劳动出版社 1981 年版，第 81 页。

③ 参见国家劳动总局政策研究室编：《外国劳动法选》，中国劳动出版社 1981 年版，第 124~126 页。

④ 参见国家劳动总局政策研究室编：《外国劳动法选》，中国劳动出版社 1981 年版，第 124~126 页。

业都不得再继续以同等条件雇用该工人。当学徒工没有完成义务高中教育时，培训应以学徒工获得高中文凭为优先考虑，例如减少学徒工的工作时间等。①

西班牙政府2011年8月底通过了关于设立学徒合同的法令：没有足够学历的青年在签订学徒合同后，可以利用75%的时间在企业上班，其余25%的时间到相关教育机构接受培训。学徒合同至少签1年，最多能签2年甚至3年。由于员工少于250人的企业无须为签订学徒合同的年轻人缴纳社会保险，该法令的出台将有助于提高企业雇用年轻人的积极性。据预测，学徒合同有望在1年内为西班牙创造10万个工作岗位。② 西班牙政府为了改善青年就业状况，将学徒合同制度作为重要措施之一的经验值得借鉴。

由上可见，借鉴国外的立法，采取单行法或在劳动法中专门规制学徒合同制度是一种简捷可行的，又节约立法成本的有效办法，我国建立学徒合同制度可细量之。

第二节　学徒合同制度的价值判断

一、顺应历史传统之必然

学徒制度是历史传承下来的重要财富，无论是在中国，还是在国外，学徒制度在人类的历史发展中都发挥了非常大的作用，它既是一种个人技艺的传授方式，又是人类最早的职业教育形式。学徒制度在人类的文明中起到了非常巨大的作用，造就了无数的能工巧匠、技艺大师，无论是在手工业中、建筑领域，还是文化传承与发展中，都创

① 参见《最新〈劳工市场改革法〉详解》，载欧华网，http://info.ouhua.info/liveabroad/legal/2010/09/25/1416881.html，发布时间：2010年9月25日，访问时间：2011年12月2日。

② 参见丁大伟、孙天仁、马小宁：《青年失业率高企催生欧美社会变化》，载《人民日报》2011年9月29日第021版。

造了灿烂的文明，在人类进步的历史中写下了极其辉煌的一页。

学徒制度与其他任何制度一样，也经历了不同的兴衰时期。传统的学徒制度随着大工业的来临而崩溃，但是，学徒制度并未消失。当今，无论是高新技术领域的导师带学生，还是各行各业的“传、帮、带”，都是学徒制度的发展形式。学徒制度之所以具有生命力，不仅由于社会经济需求，还由于它适应了人的发展和学习的不同需求，不会消失。由于科学技术的飞速发展，现代企业加快了引进新材料、新工艺、新设备、新技术的步伐。技术工人必须掌握一定的科学文化知识，才能适合企业的需要。因而学徒制度在当今有了新的发展，出现了学徒制度与学校教育相融合的现象：技艺传授采取学徒制度，文化传授则在学校内进行；学员在企业为学徒，在学校则为学生。①

学徒合同是学徒制度的法定形式，也是学徒制度的主要保障，在人类进入法制社会的今天，学徒合同更是具有重要的法律价值，建立健全学徒合同制度是顺应历史传统的必然要求。域外很多国家和地区都顺应了历史发展之必然需求，不断完善和发展了传统的学徒制度，建立了比较发达的正式的学徒合同制度，经过契约制度的改造，一般将学徒合同作为一种特殊的劳动合同，形成了正式的社会制度，保障了学徒制度的改革和发展。而我国则不然，虽然传统的学徒制度还是比较繁荣，对灿烂的中华文明发挥了非常巨大的作用，但是，学徒制度多为一种民间性质的非正式制度，也多停留在民间的口头形式，更没有经历契约制度的改造，学徒合同制度还没有契约化，直到今天也还没有形成正式的合同制度，对学徒制度的价值判断缺乏科学的认识，严重阻碍了学徒合同制度的改革与发展，我国急需借鉴域外成功的经验，构建符合我国国情的学徒合同制度。

二、发展职业教育之需求

学徒制度是人类职业教育的开端，即使在当代有非常发达的学校教育，学徒制度仍然是学校职业教育的重要补充，学徒教育可以弥补

① 参见李振波：《学徒制度浅析》，载《职教通讯》1998年第1期，第43页。

学校教育之理论与实践联系不紧的缺陷，仍然表现出非常强的生命力，学徒合同制度是发展职业教育之必须。

学徒制度是一种古老的职业训练制度。其教学方法以口传身授为主，教学过程在生产现场进行，更便于因材施教，理论联系实际。从古代豪华壮丽的建筑物和精美的工艺品，可以看出当时学徒制度培养出来的高超技术水平；从欧洲中世纪师傅在长达几个世纪占据着社会生活中心地位这一事实，可以想象出学徒制度所起到的社会作用。日本学者细谷俊夫对学徒制度评价是：“中世纪的学徒制度，一方面是一种真正理想的技术教育体制，同时也是一种卓越的社会教育组织。”①

我国当前一项主要的教育改革目标是大力发展中等职业教育，国家教育部已经认识到了学徒制度对发展我国职业教育特别是中等职业教育的重要性，提出：以建立现代学徒制度，促进现代职业学校教育发展的战略思想，这充分显示了学徒制度在职业教育特别是中等职业教育中重要价值。教育部职业教育与成人教育司副司长王继平和国家教育发展研究中心主任张力提出了建立“两种教育制度、两种劳动制度”的构想。他们认为：根据《国家中长期教育改革和发展规划纲要》“促进校企合作制度化”的要求，我国应探索“两种教育制度、两种劳动制度”，要在完善现代职业学校教育的同时，尝试建立中国特色的现代学徒制度。特别是在新世纪新阶段，需要对中等职业教育办学培养模式进行创新，赋予这套制度体系设计以新的含义，其要点就是立足我国基本国情，借鉴国际成熟经验，坚持现代职业学校制度和现代学徒制度并存。现代学徒制度或新型的“两种教育制度、两种劳动制度”的本质，主要有两个关键点：一方面，我们要不断完善现代职业学校教育，在中等职业学校大力推行校企合作、工学结合，安排学生到企业顶岗实习，并给予他们一定的实习补贴用于学习和生活，学生毕业时同时取得中等职业教育学历证书和职业资格证书；另一方面，

① 李振波：《学徒制度浅析》，载《职教通讯》1998 年第 1 期，第 43 页。

我们要加快改革劳动制度和用工制度，在汲取我国半工半读和学徒制度历史经验的基础上，积极探索建立中国特色的现代学徒制度。他们建议从现在起到“十二五”时期末，启动实施和加快推广现代学徒制度试点，力争到2020年前的“十三五”时期，中等职业教育学生增量部分主要通过现代学徒制度实施，为2020年后职业教育可持续发展打下坚实基础。①

笔者认为，通过建立我国现代学徒制度，发展职业教育，其首要条件就是尽快建立学徒合同制度，将我国传统的学徒制度纳入现代的契约化的法制轨道，使符合我国国情的学徒合同制度正式化和法制化。因此，仅从国家的教育发展大计来看，也必须建立学徒合同制度，学徒合同立法已经是当务之急。

三、填补多个立法之空白

我国民法并没有关于学徒合同的规定，学徒合同在我国民法领域内还属于空白地带，这也是民法的重要缺陷之一。我国《合同法》仅规定了十五种有名合同，又称典型合同，而学徒合同则没有规定，因此，我国目前只能将学徒合同定性为无名合同，又称非典型合同。法律上区分有名合同与无名合同的主要意义，在于两者适用的法律规则不同：有名合同，直接适用《合同法》的规定；无名合同则不能直接适用《合同法》，只能适用《合同法》的一般规则，当事人的意思自治比较强。这样，属于无名合同的学徒合同，在我国目前的民法内是没有直接的法律可适用的，直接造成了学徒制度的无法可用的混乱局面，是民法之重大缺憾。

学徒合同在我国的劳动法领域内，也是立法之空白。无论是《劳动法》，还是《劳动合同法》，都没有关于学徒合同的规定，少有的几个部门规章也只是非常陈旧的零星的规定，主要是关于学徒工之“学

---

① 参见王继平、张力：《完善现代职业学校教育，探索建立现代学徒制度》，载《中国教育报》2010年3月28日第3版。

习期限和熟练工熟练期限”的规定①，根本没有系统的学徒合同制度，这些规定离学徒合同制度特别是现代学徒合同制度相差甚远。劳动法学界对学徒合同的理论研究几乎是空白，更不能为立法提供有力的理论支撑，因此，在我国必须加强对学徒合同的理论研究，尽快在劳动法领域内对学徒合同进行立法。

学徒合同制度是与职业教育联系最为紧密的一种既古老又现代的制度涉及，职业教育与学徒合同是紧密而不可分离的。在一个国家的法律体系中，如果民法和劳动法都没此立法，那么就应当在其职业教育法中体现出来。但是我国学徒合同在职业教育法中，也仍然是立法空白。

1981年国家劳动总局下发了《关于加强和改进学徒培训工作的意见》，对招收学徒的条件、学徒期限、学徒的培养目标、改进学徒培训的措施、严格考核制度等做出了明确规定。1991年国务院颁布了

① 关于学徒工最为详细和最为权威的规章是1957年的《国务院关于国营、公私合营、合作社营、个体经营的企业和事业单位的学徒的学习期限和生活补贴的暂行规定》，《劳动部对于制定国务院关于国营、公私合营、合作社营、个体经营的企业和事业单位的学徒学习期限和生活补贴的暂行规定实施细则中若干问题的意见》；最为全面的地方规章是1958年的《北京市人民委员会执行〈国务院关于国营、公私合营、合作社营、个体经营的企业和事业单位的学徒的学习期限和生活补贴的暂行规定〉的实施细则》。其他主要是关于学徒工“学习期限”的单项“通知”：《地质部、国家劳动总局关于颁发地质勘探通用工种学徒工学习期限和熟练工熟练期限的通知》、《关于颁发地质勘探通用工种学徒工学习期限和熟练工熟练期限的通知》、《国家出版事业管理局、国家劳动总局关于颁发印刷工业通用工种学徒工学习期限和熟练工熟练期限的通知》、《铁道部、国家劳动总局关于颁发铁路通用工种学徒工学习期限和熟练工熟练期限的通知》、《第四机械工业部、国家劳动总局关于颁发电子工业通用工种学徒工学习期限和熟练工熟练期限的通知》、《第一机械工业部、国家劳动总局关于颁发机械制造工业通用工种学徒工学习期限和熟练工熟练期限的通知》、《国家建筑工程总局、国家劳动总局关于颁发建筑安装、机械施工企业通用工种学徒工学习期限和熟练工熟练期限表的通知》、《关于颁发建筑安装、机械施工企业通用工种学徒工学习期限和熟练工熟练期限表的通知》。

《国务院关于大力发展职业技术教育的决定》，1992年劳动部下发了《贯彻〈国务院关于大力发展职业技术教育的决定〉的通知》，提出学习借鉴德国双轨制学徒经验改革我国学徒培训制度，建立具有中国特色的新型学徒培训模式。

1996年9月1日起施行的《中华人民共和国职业教育法》明确规定：职业教育是国家教育事业的重要组成部分，是促进经济、社会发展和劳动就业的重要途径。国家发展职业教育，推进职业教育改革，提高职业教育质量，建立、健全适应社会主义市场经济和社会进步需要的职业教育制度。第5条规定：公民有依法接受职业教育的权利。但是《职业教育法》并没有关于学徒合同的直接规定，学徒合同制度在职业教育法中仍然是空白，这与国家大力发展职业教育、推进职业教育改革的目标是不相吻合的。

第三节　学徒合同制度的立法构想

一、学徒合同的立法例

从民法、合同法的原理来看，学徒合同是一种有名合同或典型合同，法律对其都设置了一些规范并赋予了特定的名称。国外的学徒合同制度的历史是非常悠久的，对人类的进步起到了非常大的作用，学徒合同制度也随着人类的发展而发展，学徒合同由当初的民法调整，发展为由劳动法调整，学徒合同成为劳动合同的一种，因此，现在一般都将学徒合同定性为劳动合同，是一种特殊的劳动合同。

笔者将学徒合同的立法体例总结为三大类：一是直接在劳动法中设置专章规定学徒合同；二是采单行立法设置学徒合同法规；三是在职业教育法中规定学徒合同。

采劳动法法典式立法例的一些国家，如法国、俄罗斯、柬埔寨等都是在其劳动法中专章规定学徒合同的。《法国劳动法典》第L117-l条明确规定：学徒合同是一种特殊类型的劳动合同。《俄罗斯劳动法典》对学徒合同的法律性质进行了明确界定，即员工与本单位签订的学徒合同具有劳动合同的法律属性。第 198 条第 2 款特别规定，“与本单位员工签订的学徒合同是劳动合同的补充合同”。① 因此，在采此立法例中，将学徒合同的法律性质界定为劳动合同，是没有任何争议的。

采学徒合同单行立法的国家和地区，笔者认为，其关于学徒合同的法律性质有两种观点：一是，学徒合同仍然是属于劳动合同的。我国香港地区关于学徒合同的立法，采取的是单行立法，其学徒合同的名称是“学徒训练合约”，其《学徒制度条例》对学徒合同的权利和义务进行了非常详细的规定，虽然，该条例没有明确说明学徒合同的法律性质，但是，从第 48 条关于《雇佣条例》的适用部分的规定可以看出，“学徒训练合约”就是一种特殊的劳动合同。其第 48 条的规定是：《雇佣条例》(第 57 章)的以下条文，加以必要的变通后，适用于本条例所述的雇主、注册学徒及已注册学徒训练合约，但须受本条例或学徒训练合约内任何相反的特定条文所规限……二是，学徒合同不属于劳动合同。我国澳门地区称学徒合同为“学徒培训合同”，将学徒合同不看做劳动合同，不产生劳动关系。其第 5 条明确规定：学徒培训合同系指一企业承诺独自或在与其他机构合作下确保学徒之职业培训，而学徒须承担执行培训固有工作之义务的合同；该合同既不产生从属劳动关系，亦不得以之作为从属劳动关系之依据，并在作为订立合同标的之活动结束时失效。笔者认为，将学徒合同与劳动关系对立起来的做法不可取，因为，学徒合同与劳动关系的建立是不可分离的，学徒合同关系不产生劳动关系或从事劳动关系是不可能的，为了更好地调整学徒关系，必须将其纳入劳动关系或特殊的劳动关系的范畴，将学徒合同排除在劳动合同的范畴之外是不科学的。

采在职业教育法中规定学徒合同的立法例，主要优点是凸显了学徒制度与职业教育的关系，便于发挥学徒制度在职业教育中重大作用，但是其立法前提条件是完善的职业教育基础，对职业教育不够发

① 蒋璐宇译：《俄罗斯联邦劳动法典》，北京大学出版社 2009 年版，第 117 页。

达的国家，采用此立法例不是很合适，同时，这种立法例不好对学徒制度的合同关系做出具体的规定，对于合同制度不太发达的国家，其学徒契约关系之权利和义务的设置还需单行的学徒合同制度来具体规定，因此，此立法例还不适合我国。采此立法例的国家主要有德国、澳大利亚、瑞士等。德国的“双元制”模式是德国职业教育主要的形式，将传统的学徒培训与现代职业教育思想结合起来，是一种企业与学校合作办学的教育模式。根据职业教育合同，受教育者在企业是“学徒”、在职业学校则是“学生”。澳大利亚 1998 年开始实行“新学徒制”计划，规定提供学徒培训的雇主与学徒之间签订培训合同，培训合同要在相关的州和地区的培训局注册，并在各州和地区设立新学徒制培训服务中心，免费向社会提供服务，帮助培训机构和学徒双方达成培训协议。

我国的职业教育与德国、澳大利亚和瑞士等国家存在根本性的不同，我国的职业教育是一种“学历”教育，我国的办学主体主要是政府，而国外是企业(如德国)或者政府举办的培训机构(如澳大利亚)；投入也不同于德国和澳大利亚，德国的投入主要是企业，而我国职业教育的政府投入非常不足，企业的投入更是杯水车薪，职业教育的投入主要还是靠学生的学费；德国和澳大利亚的职业教育是为公民和企业服务的，职业教育是一种公共产品，而我国的职业教育还是非公共产品。可见，国外的“双元制”或“三元制”学徒制度模式有很多值得我国借鉴的地方，但是，由于职业教育的历史背景和教育观念不同，特别是法制环境的差异，其关于学徒合同的立法模式并不完成符合我国的国情。

笔者认为，我国学徒合同的立法体例可以有两种选择：一是修改《劳动法》或《劳动合同法》，增设专章规定学徒合同；二是采单行立法模式，单独制定学徒合同法或学徒合同条例。由于《劳动合同法》实施还只两年多，暂不宜修改，采取学徒合同的单行立法模式比较可行，但是必须将学徒合同划归劳动合同的范畴，可将之作为一种特殊的劳动合同进行特别的立法。

二、学徒合同的形式和期限

(一)学徒合同的形式

学徒合同既然一般具有劳动合同的属性，或一般认为学徒合同是一种特殊的劳动合同，那么学徒合同的形式也就应当与劳动合同的形式一致。我国《劳动法》和《劳动合同法》都确定了劳动合同应当采取书面形式，那么学徒合同的形式也应当采取书面形式。书面形式最大的好处是便于权利的救济，但是容易造成对非书面劳动关系即事实劳动关系调整的不利，因此，在《劳动法》里对于劳动合同是否一定要采用书面形式是有争议的问题，有人就认为，劳动合同并不一定要求书面形式，口头的劳动合同仍然是有效的和受劳动法保护的，但是笔者认为，既然我国《劳动法》一直以来都明确规定劳动合同应当采取书面形式，那么就应当尊重现有法律，劳动合同必须采用书面形式，学徒合同也必须采取书面形式。

德国 1900 年的法律规定学徒契约以书面形式为之①，《瑞士债法》第 344 条规定，瑞士的学徒合同必须书面订之。②

我国香港地区的《学徒制度条例》规定学徒合同应当采用书面形式，其第 8 条规定了学徒训练合约的内容与格式：指定行业的每份学徒训练合约，均需以书面作出，合约除载有其他细则外，尚需载有订明的条款及条件；每份此类学徒训练合约均需按指明格式订立，或按与此格式实质上相似的格式订立。我国台湾地区将学徒称为“技术生”，雇主招收技术生时，需与技术生签订书面训练契约一式三份。③澳门规定学徒培训合同需以书面方式，且应以一式三份订立。

---

① 参见黄越钦著:《劳动法新论》，中国政法大学出版社 2003 年版，第 384 页。

② 参见黄越钦著:《劳动法新论》，中国政法大学出版社 2003 年版，第 119 页。

③ 参见黄越钦著:《劳动法新论》，中国政法大学出版社 2003 年版，第 116 页。

(二)学徒合同的期限

域外关于学徒合同期限的规定各不相同，法国是3～12年不等，德国是至少3年最多不超过4年，美国南北战争之前学徒期限是7年①。第一次世界大战以后，澳大利亚学徒培训的期限从7年缩减到5年，20世纪60年代缩减为4年②。在瑞士，学徒期一般为3年。澳门对学徒合同期限规定是学徒培训之期限不得逾3年。

我国关于学徒期限的规章采取的是比较灵活的方式，并没有一个统一的学徒期限，一般规定的学徒期限为3年。

1957年的《国务院关于国营、公私合营、合作社营、个体经营的企业和事业单位的学徒的学习期限和生活补贴的暂行规定》明确规定了学徒的学习期限应该为3年。技术比较简单的工种的学习期限可以适当缩短，但是不得少于2年。技术特殊复杂的工种的学习期限可以适当延长。各行业学徒学习的具体期限，达到学习技术、业务的具体要求，中央国营和公私合营的企业、事业单位由中央各主管部门按照实际情况分别规定，经劳动部审查平衡后发布执行；地方国营和公私合营的企业、事业单位参照中央国营和公私合营的企业、事业单位的规定执行。未定息的公私合营企业、手工业合作社和个体的体力或脑力劳动者所培养的学徒，其学习期限一般也应该为3年。

1981年的《国家劳动总局关于加强和改进学徒培训工作的意见》规定了我国的学徒的学习期限一般为3年，其第3条规定：学徒的学习期限，应遵行国务院确定的关于“学徒学习期限应为3年，技术比较简单的工种的学习期限可以适当缩短，但不得少于2年”的原则。具体工种的学习期限，应当根据国务院各主管部门1979年以来修订和制定颁发的学徒学习期限的规定执行。国务院各主管部门规定中没有包括的工种，可由省、市、自治区有关的主管局(厅)补充规定，

① 参见黄越钦著：《劳动法新论》，中国政法大学出版社2003年版，第384页。

② 参见黄日强：《澳大利亚学徒培训制度的发展轨迹》，载《职教通讯》2007年第7期，第71页。

征得同级劳动局(厅)同意后公布执行。

综上，笔者认为，我国的学徒合同期限设置为3年比较恰当。

三、学徒合同的试用期

关于学徒合同试用期的立法，笔者认为应当有两种立法选择：一是允许约定试用期；二是禁止约定试用期。

(一)允许约定试用期

域外有一些立法是肯定在学徒合同中约定试用期条款的，但一般都同时设定了一些限制性规定。

英国现代学徒制增加了试用期的规定，学徒培训开始后的8周内为试用期，在此期间如果合同没得到很好的遵守，任何一方可以单方面终止合同。① 瑞士法规定学徒在培训企业接受培训有3个月的试用期。试用期期限(《瑞士债务法》第344条第2款)到期前，通过合同双方协商并征得州政府同意后，试用期可续延至6个月。如果师徒关系在试用期内被取消，学徒师傅应立即书面通知州政府和职业学校②。《俄罗斯联邦劳动法典》第207条规定：与雇主签订劳动合同且根据该合同参加学习的人，如果顺利结束学徒学习，则不规定试用期。③ 俄罗斯劳动法关于学徒期与试用期的衔接问题也是非常值得我国借鉴的，我国还没有关于学徒期与试用期的对接的立法。香港地区的《学徒制度条例》特别规定了试用期，其第5条规定：每名指定行业的学徒须接受为期不少于3个月而不超过6个月的试用期，由其学徒训练合约所订雇佣开始日起计；在试用期内，雇主或学徒均可在给予对方7天通知(不论是以口头或是以书面作出)，说明有意终止该份学徒训练合约后，将该合约终止；凡在试用期内，任何一方立约人

① 参见蔡泽寰：《英国的现代学徒制度》，载《中国职业技术教育》2005年第6期，第41页。

② 参见黄日强、黄宣文：《瑞士学徒培训制度的新模式》，载《河北师范大学学报(教育科学版)》2008年第7期，第121页。

③ 参见蒋璐宇译：《俄罗斯联邦劳动法典》，北京大学出版社2009年版，第119页。

将学徒训练合约终止而没有按第2款的规定给予通知，终止合约的该方须支付对方一笔款项，该数相等于有关学徒在该段通知期内应计薪酬。第6条特别指出："试用期是学徒训练期的一部分"学徒已完成的试用期，须计算为其学徒训练合约所订学徒训练期的一部分。此规定特别值得我们借鉴。

通过以上的比较分析，笔者认为学徒合同中如果容许设定试用期，试用期也只能作为是学徒合同的约定条款而非法定条款，且学徒合同的试用期不宜规定得太长，一般为3个月内比较合适。如果太长，可能与劳动法关于试用期的规定相冲突，因为我国《劳动法》含劳动合同法规定的劳动合同的试用期最长为6个月，毕竟学徒合同还不是正式的劳动合同，其试用期的期限也就不应当超过劳动合同的规定。同时立法还要明确规定两点：第一，学徒合同的试用期是其学徒合同的一部分，单独约定试用期是无效的，其期限应当是学徒合同的期限；第二，如果学徒合同终止后，学徒还在同一单位就业的，在签订正式的劳动合同时，不应当再约定试用期。这样立法，才具有立法的先进性，又与《劳动合同法》关于试用期的规定具有一致性。

(二)禁止约定试用期

由于学徒合同的特殊性，它体现的是"学"或"培训"，与正式的就业形式完全不同，毕竟学徒合同还不是正式的劳动合同，如果再允许像劳动合同那样设定试用期条款，就显得重复，且对学徒也显得不公平，因此，笔者认为，学徒合同中禁止约定试用期条款，还是有一定道理的。我国1957年的《国务院关于国营、公私合营、合作社营、个体经营的企业和事业单位的学徒的学习期限和生活补贴的暂行规定》和1981年的《国家劳动总局关于加强和改进学徒培训工作的意见》都没有关于试用期的规定。国外的一些国家也是这样。国外有些国家和我国的关于学徒制度的法规没有关于试用期的规定，笔者揣摩可能是出于这样的考虑。

笔者建议，我国在进行学徒合同立法时，对试用期的规定可以采取此立法例，这样就既与我国学徒制度的传统规章相一致，又传承了《劳动合同法》关于试用期的立法先进性，如《劳动合同法》规定了3

个月以内的劳动合同、以完成一定工作任务为期限的劳动合同、非全日制劳动合同都不得约定试用期，这样更有利于保护弱者学徒者的合法权益。

四、工资待遇和社会保险

由于学徒合同的有偿性，学徒在学习与培训过程中，应当由国家和社会承担相应的培训费用，这是公民享有的受教育权之职业培训权的体现；同时学徒在学习与培训的过程中，还应当享有一定的劳动报酬；学徒应当享受一定的社会保险，特别是学徒在学徒期间要享受工伤保险和医疗保险。这三点已经成为学徒合同制度的一般共性。但是，由于经费的不足，学徒的工资待遇和社会保险等问题往往难以真正落实，学徒的权益难以得到有效保障。

笔者认为，学徒合同立法可以从以下三个方面解决经费之瓶颈：

(1)将职业培训纳入国家和社会的公共产品范畴，由国家财政支付一部分培训费用，将学徒的工资待遇和社会保险等纳入国家和社会的职业教育之中，由国家承担相当一部分的费用。

(2)由企业或行业学会承担部分费用。学徒的学习和培训实际上是为企业培养和储备大量的专业技术人才，企业是最大和最直接的受益者，企业为此缴纳相应的费或税是其应尽之义务。行业企业是职业教育的直接和最大受益者，应适度分担人力资源开发成本。当前市场出现的“技工荒”，就与行业企业不能积极参与职业教育、合理分担成本制度保障欠缺有关。实际上，行业企业参与职业教育是国际通行做法。综观世界职业教育实践，凡是办出特色、水平很高的国家，政府无不承担起支持职业教育发展的清晰责任，行业企业无不积极参与职业教育的运行过程。尤其是现代学徒制度，可为企业节约成本、简化招聘程序，学生也可延长实训时间，积累实际经验，逐渐成为从工业化迈向知识经济进程中校企深度合作的成功模式。《国家中长期教育改革和发展规划纲要》将“调动行业企业的积极性”单列出来，围绕“建立政府主导、行业指导、企业参与的办学机制”、深化职业教育人才培养模式改革等重要政策措施作出了新的部署，具有十分重要的指导意义。① 瑞士的学徒合同制度之行业协会积极参与学徒培训，从而形成了独具特色的“三元制”模式值得我国立法借鉴。瑞士通过加强职业学校和企业的合作伙伴关系，积极探索改进和完善学徒培训制的途径，其中一个重要趋势是行业协会对学徒培训越来越多的参与。瑞士的行业协会或职业协会组织非常发达，很多行业组织设立了专门的培训中心或实训车间。随着行业协会培训中心模式的发展，瑞士的学徒培训逐渐从传统的企业和职业学校并行实施职业培训的“双元制”演变为企业、职业学校、培训中心或实训车间支撑的“三元制”。②

(3)学徒自己负担一小部分，学徒合同应当规定学徒第一年由于主要是学习，可以由学徒自己解决生活费用，为了大力发展中等职业教育，其费用应当全部由国家负担，应给予学徒一定的基本生活费。第二年之后，由于学徒能够付出一定的劳动了，他们就应当获得相应的劳动报酬，其数额应当不低于当地的最低工资标准，实行多劳多得的原则。

第四节　学徒合同制度与和谐劳动关系——对学徒争议案例的解读

在我国，学徒合同制度的立法还是空白，特别是我国的《劳动法》和《劳动合同法》都还没有将学徒合同纳入自己的调整范畴，而《合同法》也没有将学徒合同作为有名合同或典型合同进行法律规制。立法的空白，直接导致现实中对学徒争议的处理，没有直接的法律依据，只能将之作为一般的民事劳务或雇佣争议，而保护劳动者利益的《劳动法》和《劳动合同法》却只能是无所作为，这让本身就处于非常

① 参见王继平、张力：《完善现代职业学校教育，探索建立现代学徒制度》，载《中国教育报》2010年3月28日第3版。

② 参见黄日强、黄宣文：《瑞士学徒培训制度的新模式》，载《河北师范大学学报(教育科学版)》2008年第7期，第120页。

弱势地位的学徒们感到“求法无门”，调整劳动关系的《劳动法》和《劳动合同法》却不能调整学徒之劳动关系，着实让人费解。我国目前的学徒合同制度的实体法的缺失，已经让学徒之劳动关系的调整排除了《劳动法》和《劳动合同法》的适用，当然也就让学徒之劳动关系调整的程序法也“无所适从”，解决劳动争议的《劳动争议调解仲裁法》也就不能适用学徒合同之争议了。

劳动实体法和程序法都不能调整学徒之劳动合同关系，使得涉及学徒劳动关系的争议无法适用《劳动法》，这将直接导致学徒劳动关系的不和谐，影响整个社会的和谐劳动关系。下面，笔者将通过对现实中非常典型的学徒争议的解读，来实证说明学徒合同制度的构建在和谐劳动关系中的作用，以期盼和谐的学徒劳动关系的构建。

一、学徒合同典型案例解读

（一）学徒争议之法律定性案

1. 案情及判决

王华（化名）于 2005 年 3 月经人介绍到鸿发汽车修理部做学徒。鸿发修理部的“老板”赵海（化名）向王华承诺：管吃管住，月工资 100 元，但从未给王华发过工资。2005 年 7 月 26 日，王华在观看他人修理轮胎时，被飞出的异物击伤了右眼。王华受伤后，鸿发修理部为其支付了 8 000 元的医疗费用。后来，王华与鸿发修理部就双方是否存在劳动关系发生了争议。王华向劳动争议仲裁委员会申请仲裁，仲裁委员会裁决确认鸿发修理部与王华之间存在劳动关系，鸿发修理部不服诉至法院。最终，法院判决认为，王华到鸿发修理部做学徒，一方面王华为鸿发修理部提供了劳动，另一方面鸿发修理部为王华提供了管吃管住等待遇，双方虽未签订劳动合同，但形成了实际上的劳动关系，鸿发修理部以王华没有工作岗位和劳动报酬为由否认存在劳动关系的理由不能予以支持。①

① 参见周淑萍编辑：《学徒工的合法权益及其保护》，载《工人日报》2007 年 8 月 13 日第 7 版。

2. 争议的焦点

此案，虽然法院判决学徒王华与鸿发修理部之间存在劳动关系，但是争议还是比较大的，争议的焦点是学徒王华与鸿发修理部之间是劳动关系，还是劳务关系或雇佣关系；进一步而言，学徒王华与鸿发修理部之间的学徒关系是由民法调整，还是应当由《劳动法》调整。如果学徒关系是劳务关系或雇佣关系，就应当由民法调整，而如果是劳动关系就应当由《劳动法》或《劳动合同法》调整①。

北京市第一中级人民法院民一庭的法官朱华认为：在本案中认定王华与鸿发修理部之间究竟是劳动关系还是雇佣关系，可以从以下几个方面进行分析：

一是，鸿发修理部能否成为劳动关系中的用人主体？劳动关系的一方为劳动者，另一方是用人单位，根据《劳动法》规定，用人单位有中国境内的企业、国家机关、事业组织、社会团体和个体经济组织。而雇佣关系主体范围相当广泛，凡平等主体的公民之间、公民与法人之间均可以形成雇佣关系。个体工商户之所以能够成为《劳动法》中承认的用人单位，就是因为有些个体工商户具备了这种用人资格，成为一种用人组织体，满足了成立劳动关系实质条件。在本案中，鸿发修理部有固定的经营场所、有一定的物资、人员、技术条件，王华在鸿发修理部工作的期间内，鸿发修理部安排师傅对王华进行指导，并且解决了王华的吃住等生活问题，可以看出鸿发修理部完全具备了这种用人单位的组织机构条件，有资格成为劳动关系主体一方。

二是，个体工商户的学徒能否认定为劳动关系主体？王华为鸿发修理部提供劳动力商品，鸿发修理部承诺给予相应的报酬，双方之间具备劳动关系基本属性，应当认定学徒也是受劳动法保护的劳动者。

三是，王华与鸿发修理部之间是否具备劳动关系所要求的隶属关系？劳动关系建立后，劳动者就是用人单位的职工，处于提供劳动力

① 本案当时还没有出台《劳动合同法》，只有《劳动法》可能调整此案。

的被领导地位，用人单位则成为劳动力使用者，处于管理劳动者的领导地位，劳动者成为用人单位的成员，遵守单位的内部劳动规则；而雇佣关系中的主体之间仅仅是在劳动的过程中，受雇人在如何完成劳动活动方面需要服从雇佣人的管理与指挥，谈不上是否成为雇佣方内部成员、遵守内部规章制度，比如在家庭雇佣保姆、雇请钟点工时，没有内部成员与内部规章之说。可见，两种关系中隶属程度是完全不同的。本案中，根据鸿发修理部业主赵海为王华出具的《证明》，王华到鸿发修理部后在师傅的带领下，协助其从事汽车修理工作，可见在王华工作的过程当中已经成为鸿发修理部的内部人员，接受了鸿发修理部的工作安排和业务培训，服从师傅的指导也就是服从鸿发修理部的内部劳动规范。因此，可以认定王华与鸿发修理部之间存在领导与被领导的隶属关系。

本案中，法院在分析劳动关系特征的基础上，确认双方当事人之间存在劳动关系是完全正确的，维护了劳动者的合法权益。

笔者认为，本案的判决对维护劳动者特别是学徒工的合法权益的导向，是正确的，但是，判决的依据还是非常欠缺的，因为学徒合同在我国的实然法中，根本没有纳入《劳动法》和《劳动合同法》的调整范畴，在此大的立法背景下，就将学徒之劳动关系判定为不受民法调整的劳务关系或雇佣关系，而是受《劳动法》调整的劳动关系，其法律依据还是有问题的。甚至可以说，本案之判决的依据是法理依据，而不是法律依据，判决的结果虽然对学徒是有利的，但是按照实然法，还是值得商榷的。

这类争议是学徒争议的主要类型之一，即在实践中学徒与其“师傅”或雇主的伤害赔偿问题。这类争议在法律的定性上是有不同意见的。一种意见认为此类争议属于劳动争议的范畴，也就当然适用劳动争议“先裁后审”的模式；另外一种意见是，此类争议不属于劳动争议的范畴，属于典型的劳务争议或雇用争议，也就当然不适用劳动争议“先裁后审”的模式，而是要适用一般民事争议的“或裁或审”的模式。

两种观点的法律依据都是：《劳动争议司法解释二》第7条第(5)

项明确规定："个体工匠与帮工、学徒之间的纠纷不属于劳动争议范畴。"这也是我国法律上对学徒争议定性的唯一的法律条文，但是，此规定对"个体工匠"却没有界定，个体工匠是否是劳动法上的"用人单位"？法律更没有规定，即使是后来实施的《劳动合同法》及其《劳动合同法实施条例》也没有界定学徒争议的性质，也没有界定个体工匠是否是劳动法上的"用人单位"，也没有明确个体工匠与"个体工商户"的关系。

北京市第一中级人民法院民一庭的法官朱华认为，目前有关法律和司法解释没有对于个体工匠作出限制性规定，不能排除个体工匠中包含个体工商户业主的情形。首先从字面理解，个体工匠、个体工商户都强调的是"个体"，从而与法人、合伙等组织形式予以区分，而工匠的范围也不能排除在从事工商业经营范围之外，因此两个概念的外延不是并列关系，而是交叉关系；其次从劳动过程的实际情况分析，不能排除个体工商户业主与雇佣的学徒之间确实只是一般的雇佣关系，但个体工商户用工行为与个体工商户业主的雇佣行为在实践中是很难区分的，因此判断是否成立劳动关系还是要从劳动关系成立的实质要件入手。①

笔者认为，学徒争议在目前的法律框架下，还是应当属于一般的民事争议，不属于劳动争议，因为《劳动争议司法解释二》已经明确规定："个体工匠与帮工、学徒之间的纠纷不属于劳动争议范畴。"只有在将来的立法中，特别是在将学徒合同制度纳入《劳动合同法》的调整范畴之后，才能将学徒争议定性为劳动争议。当前，认为学徒合同应当纳入《劳动法》或《劳动合同法》范畴；个体工匠与帮工、学徒之间的纠纷应当纳入劳动争议的范畴，还仅仅是一种学理上的解释，不应当具有法律效力，我们不能将学理解释与法律解释相混淆。当然，笔者一点都不否认：将学徒合同纳入《劳动法》或《劳动合同法》范畴；将个体工匠与帮工、学徒之间的纠纷列

① 参见周淑萍编辑：《学徒工的合法权益及其保护》，载《工人日报》2007年8月13日第7版。

入劳动争议的范围，具有的重要的立法价值，其对构建和谐的劳动关系也具有重要的意义，也只有这样，才能减少此类争议的发生，切实保障学徒的合法权益。

（二）学徒工被辞退、扣押金案①

1. 案情

最近，衡阳的小梁很郁闷。前几天，原本在衡阳市某汽车贸易有限公司做学徒工的他，因病向公司请假未得到批准，反而被辞退了。更让他气愤的是，公司收取他的600元押金也不肯退还。无奈之下，小梁只好向媒体投诉，希望讨回一个公道。因病请假，工作没了，押金也没了。2009年10月底，小梁经人介绍应聘到衡阳西城汽贸公司，做一名机修学徒工。进公司前，小梁被要求交600元的押金，并签订了一份劳动合同。小梁说，由于自己是学徒工，公司规定必须有3个月的试用期，试用期间，公司不发工资，只管一顿中餐。合同上还约定：试用期内，如果劳动者自动离职，押金就没有退，如果被公司辞退，押金可以退还。

小梁称，当时面试的经理告诉他，因为前3个月没有工资，所以要自己先交600元的押金。3个月后考察通过，就继续留在公司工作，以后每个月在小梁的工资里扣200元，3年后出师，押金将全部返还。

前不久，小梁因眼睛近视严重而影响工作，遂向公司请假3个月去做手术，但遭到拒绝。其部门经理以"不能胜任工作岗位"为由将小梁辞退。"工作没了，我交的600元押金公司也不肯退了。"

小梁还向记者出示了一张有公司盖章的收款凭证，上面注明的是"委培费600元"。小梁说，他当时还提出要注明是押金，"但公司说这就是押金条，其他人也是这么写的"。小梁告诉记者，公司里还有二三十个学徒工，他们也都交了600元的押金。"600元其实是'学徒

① 参见李少华：《学徒工因病请假被辞退还扣押金》，载《湖南工人报》，http://hngrb.rednet.com.cn，发布时间：2009年11月27日，访问时间：2011年6月22日。

费’，这是行规。”

2. 记者调查

押金为何在这里变成了“委培费”，如果是培训费，公司又是否有委培资格呢？既然是被公司辞退，为什么不按合同上的约定将这笔费用退还给劳动者？

随后，记者联系了衡阳该汽贸公司总经理左先生。左经理告诉记者，小梁交的600元钱其实是“学徒费”，并不是押金。“这钱是给教小梁的修车师傅的，公司只是代收。”左经理说。左经理称，小梁上班时间不长，而且一次就请3个月的假期，对公司影响不好，不便于管理，是不符合公司规定的。学徒及新进员工请病假得有医疗证明，“他说要治眼睛，却没有任何凭证，我们也不可能为他工作岗位保留这么长时间”。

记者提出要看小梁签订的劳动合同，左经理斩钉截铁地说：“他是熟人介绍进来做学徒工的，并不是公司员工，公司根本没与他签订劳动合同。”

左经理还称，收取“学徒费”在行业内是约定俗成的，并以“学生读书是否要交学费？”反问记者。而当记者问公司是否有相关培训资质时，左经理说：“我们是用人单位，不是学校，不存在培训资质的问题。”

3. 律师观点

“学徒费”不该交，用人单位还应支付工资。

公司收取“学徒费”是否合理？学徒工是否需要签订劳动合同？记者就此咨询了衡阳居安律师事务所邓寒鸣律师。

邓律师认为，该汽贸公司的做法不合理，学徒也为企业提供了劳动，创造了价值。用人单位招收学徒工，也要签订学徒期间的劳动合同，不能收取学徒工的押金。

邓律师说：“如果说‘学徒费’是师傅与学徒间的事，公司凭什么‘代收’？”他认为，该公司实际上是以“学徒费”的名义变相收取押金，明显违反了《劳动合同法》。在试用期内，双方发生了劳动关系，公司还应该按照劳动合同法的有关规定，支付小梁劳动报酬，并且标准不得低于当地最低工资待遇。

邓律师同时还提醒广大劳动者，近年来出现一些用人单位以“学徒工”为名侵犯职工权益的现象，用人单位把新进人员“变身”为“学徒工”，并以此为名支付低于最低工资标准的工资。“对这一隐蔽的侵权手法，劳动者须加以警惕并积极维权。”邓律师说。

（三）学徒最低工资案①

1. 案情

2008 年 6 月，TH 汽车修理厂将刚高中毕业的唐涛（化名）招为学徒。双方签订了为期 3 年的劳动合同，合同约定修理厂每月支付唐涛 600 元的学徒工资。

2009 年 2 月份，唐涛得知当地的最低工资标准为 800 元。唐涛认为自己的学徒工资不应该低于 800 元，于是与修理厂交涉，厂方认为：学徒工不属于正式员工，无权要求修理厂支付最低工资。

2. 问题

学徒期间的工资能否低于最低工资标准？

3. 分析

学徒是对进入某些工作岗位的新招员工熟悉业务，提高工作技能的一种培训方式。本案中，TH 汽车修理厂将唐涛招为学徒工，虽然唐涛不能单独从事汽车修理业务，但唐涛已经按照合同约定向修理厂提供了正常的劳动，双方的关系属于劳动合同关系，受《劳动法》调整，唐涛作为学徒工与其他正式员工一样享有我国劳动法律法规规定的权益。依据《劳动法》第 48 条、《劳动合同法》第 20 条以及《最低工资规定》，用人单位支付的劳动者工资不得低于当地最低工资标准。同时法律还对用人单位违法国家的最低工资保障制度行为应承担法律责任进行了规定。因此，本案中的唐涛的学徒期间的工资不得低于最低工资标准，作为用人单位的修理厂应当向唐涛补足工资差额。

---

① 参见飞天梦想博客：《学徒期间的工资能否低于最低工资标准?》，http：//blog. tianya. cn/blogger/post_read. asp? BlogID = 2212173&PostID = 2188117，发布时间：2010 年 2 月 4 日，访问时间：2011 年 6 月 22 日。

(四)学徒期劳保待遇案①

1. 案情

某皮鞋厂劳动合同制工人叶某等7人同时与被诉方签订劳动合同，合同规定试用期为6个月，学徒期两年，试用期包括在学徒期内；学徒期间，工厂每月给每人发放生活费120元，工厂根据工作情况可适当发给奖金，除此之外，工人不享受其他劳保待遇。1994年6月，申诉方叶某从有关书籍中看到合同制工人在学徒期间可以按其生活费的15%发给津贴的规定，要求厂方增加津贴费，遭到拒绝。其后，因物价上涨，全厂普调工资，并补发其他职工每人300元的物价补贴，但企业未增加叶某等7位学徒工的生活费。为此，叶某等7人向当地劳动争议仲裁委员会申请仲裁，要求劳动争议仲裁机关责令被诉方增加申诉方学徒期间的基本生活费，并按法律规定发给相当基本生活费15%的津贴。

2. 裁决

经劳动争议仲裁委员会调解，双方达成如下协议：①变更原劳动合同内容，由被诉方每月发给申诉方每人基本生活费250元(其中包括各种津贴)，取消原合同中所约定的申诉方不享受其他劳保待遇的内容，申诉方在学徒期间享受本厂劳动保险及福利待遇；②被诉方向申诉方补发物价补贴每人200元。

3. 专家评析

学徒制度是我国长期以来培训新工人的主要方式，现有的技术工人多数是通过这种制度培训出来的。依照我国现行法律的有关规定，学徒在学习期限内，由企业按月发给生活补贴，其标准按当地或本行业一般低级职工的伙食费另加少数零用钱计算。另外，学徒还可以享受一次性奖励和属于劳动保护性质的待遇。本案中某皮鞋厂所在地的

① 参见《劳动合同约定职工在学徒期不享受企业其他劳保待遇的做法欠妥》，载中国劳动争议网，http://www.btophr.com/s_case/case106.shtml，访问时间：2011年6月22日。

制鞋行业的一般低级职工的伙食费为273元，因此，调解协议中规定的由被诉方每月发给申诉方每人基本生活费250元，显然定少了，应当适当增加基本生活费标准。另外，调解协议规定的250元基本生活费内含各种津贴，显然也是不妥当的。津贴是对职工额外或特殊的劳动消耗而发给的劳动报酬，学徒期间津贴是属于劳动保护性质的待遇，应当单列发给学徒，将其包含在基本生活费之内的做法也有失公正。在这种情况下，申诉方可于调解书生效之前向人民法院起诉。

（五）以上四个案例的共性小结

以上三个案例都是有关学徒合同的案例，其共性是：第一，此类学徒争议都是按照劳动争议来处理的；第二，处理此类争议的法律依据都是《劳动法》或《劳动合同法》；第三，学徒合同制度中的争议主要是学徒的工资问题、最低工资问题、押金问题、社会保险待遇问题；第四，在我国的现实生活中，学徒争议的面还是非常广的，对和谐劳动关系的影响是比较大的，此类案件处理的好坏直接关系到劳动关系或劳务关系之和谐，学徒合同的争议应当引起我们的高度重视。

笔者认为，此类案件的处理是"合理"的，但是"合法"性就值得反思。其"合理"性在于极大地保障了学徒的权利，使他们和一般劳动者一样，平等地享有了《劳动法》、《劳动合同法》所规定的一些劳动权益，符合法治社会的价值追求，对学徒合同制度的学理价值进行了肯定和实践。"合法"性不够之处在于，处理案件的法律依据不足，更谈不上充分，因为，我国目前关于学徒合同制度的立法还是空白，还没有直接的法律条文可以参照，对采成文法例的国家来说，没有法律的直接规定，就难以给具体的案件定性，否则，就显得"合法"性不够。

要达到处理学徒合同争议的"合理"又"合法"，必须要有明确的法律规定，这样，从构建和谐劳动关系的大局来看，学徒合同制度的入法，已经到了刻不容缓的时候了。这也是我们研究学徒合同制度和分析学徒合同争议的意义所在，笔者也盼望本章对学徒合同制度的理论和实践研究，能起到"抛砖引玉"之作用。

二、导师与研究生关系之异化

(一)导师与研究生之关系“异化”

导师与研究生之关系“异化”的主要表现是：导师与研究生的关系抑或是“师徒关系”，抑或“老板”与“打工”、雇佣关系或劳动关系。

在我国目前的研究生培养中，导师与研究生的关系问题一直是高校中的热门话题，特别是在工科院校或工科学科的研究生，对此话题更是敏感。按照一般的师生关系来讲，导师与研究生的关系就是师生关系，是教与学的一般关系，与劳动关系或劳务关系或雇佣关系几乎是扯不上边的，但是，由于现在的高校不仅仅是以教学为主要目的，而科研的任务已经成为高校之间核心竞争力的重要体现，高校要想提高自己的地位，必须在科研上下工夫，在此背景下，高校的繁重的科研任务已经不可能仅仅是教师的事了，研究生特别是工科的研究生就成为科研的重要力量，直接参与导师的科研已经成为研究生不能选择的刚性要求，甚至很多的课题往往是导师负责接回课题，而研究工作完全是有研究生来完成，实验室成为了工科研究生的主阵地，工科研究生的培养逐渐脱离了教室。如果研究生没有完成导师的研究课题，开题、毕业等都成为问题。如不时可以听到有的博士研究生因此问题而与导师发生矛盾，甚至，酿成博士研究生自杀的悲剧，影响了高校的和谐。

这样的情况已经不是一个小的问题，随着我国研究生教育的不断扩大，研究生与导师之间关系，不再仅仅是“点”的问题，而是成为“面”的问题。研究生与导师之间关系的“异化”，使研究生与导师之间的关系已经不再是传统的“师徒”关系，而异化成为“老板”与“打工仔”的关系、“雇主”与“雇员”的关系。因此，厘清研究生与导师之间的劳动关系或劳务关系或雇佣关系，对解决高校所面临的这一问题具有重要的理论和现实意义。

(二)研究生的观点和权威调查

我国高校研究生普遍把导师叫做“老板”，是大学生赶时髦，还是揭示了师生间的实质关系？

研究生们比较认同他们与导师的关系就是“老板”与‘打工’的关系。

“你们为什么把导师叫做‘老板’？”记者问。清华大学毕业的研究生王卓听后哈哈大笑，“这是个问题吗？导师本来就是老板嘛，你给他干活儿，他给你工资。”

北京某理工科名校的二年级研究生徐康(化名)解释说：“我们理工科研究生和你们文科生不一样，读研以后一般都会跟导师做课题，就是说，导师申请来一个大的项目，然后分解成一些小的课题给我们研究生来做。”“可是做课题为什么要叫‘打工’？”徐康也笑了：“我们跟真正的‘上班族’没什么两样，每天要打卡记考勤，迟到早退要扣工资。”不过对于小徐，这完全是多此一举，因为晚上、双休日加班是他的家常便饭。他说：“每个活儿‘老板’都会规定完成时间啊，快到期时他会问进度，要是没完成，‘老板’的脸色就不好看了。”①

在北京一所重点大学就读环境专业的博士生王音说，目前急功近利的学术体系催生了“项目型”导师和“项目型”博士群体的壮大。尽管在重点大学，对导师和研究生从事商业项目的管理比一般院校严格得多，然而单是国家项目的压力就足以将博士生的研究冲动抹杀。处在生态链最底层的博士研究生其实无力改变什么，只能坐等学术环境的改善。王音告诉记者，国家的重大项目多到这所大学的导师都应付不来，他们没时间也没精力在外面兼职做项目。导师拿到的项目都上报学院，之后学院从项目中提成8%，而项目组所用学校的资源和学生都全部免费，并且还给项目组成员发工资。②

北大计算机系毕业生吴拥华说：“我们就是‘老板’的学徒！我们

---

① 田豆豆：《导师与研究生：的确是“雇佣”关系》，载人民网，http：//edu.people.com.cn/GB/1055/3261062.html，发布时间：2005年3月22日，访问时间：2011年6月23日。

② 参见崔晓火、刘艳平：《博士生一两事》，载《中国新闻周刊》2010年第36期，第34页。

每个月只有几百元工资。而且‘老板’给钱你就应该感激涕零了，他也完全可以不给。”确实很多研究生“干也白干”，武汉某部属高校研究生杨凌（化名）告诉记者：“我们文科课题经费更少，我给导师干活从没拿过一分钱，有个同学给导师翻译了7万字的日语文献，别说报酬了，连顿饭都没请她吃。”①一些研究生认为，他们就是导师“老板”的学徒。

北京大学教育学院主任陈洪捷告诉《中国新闻周刊》，从三年前开始，国务院学术委员会就着手进行全国博士生的调查，调查结果将集结成书，于2010年9月底出版。周光礼的调查选样千人，集中于两所学校。而陈洪捷领衔的调查，则是一个全样本的调查，“所有培养博士的单位全都包括进去了，问卷发了3万多份。”而在博士生那里，博导则成了“老板”。周光礼的调查报告称，有的导师把博士生当做廉价的高级劳动力。60%的学生认为，他们承担了导师课题一半以上的任务。有些导师100%的横向课题由学生完成。坊间有一种流传很广的说法：“‘老板’带的学生越多，收益就越高，导师与研究生之间变成雇佣关系、劳资关系，这早已是公开的秘密。只不过，‘劳资’双方没有签订劳动契约，‘劳’方只有劳动的义务，却没有索要报酬的权利。”②

（三）专家意见

“老板”究竟是不是“戏称”？华中师范大学教育科学学院著名教授、博士生导师郭文安忧虑地说：“目前高校导师和研究生之间实际上已经形成某种雇佣关系、利益关系！”

中南财经政法大学民商法博士李政辉说：“从法律上说，导师和研究生因项目研究而形成的关系实际上是一种‘雇佣合同’关系。但

① 田豆豆：《导师与研究生：的确是“雇佣”关系》，载人民网，http://edu.people.com.cn/GB/1055/3261062.html，发布时间：2005年3月22日，访问时间：2011年6月23日。

② 王婧、刘炎迅：《尴尬的博士》，载《中国新闻周刊》2010年第36期，第27页。

在我国的《合同法》中，并没有对‘雇佣合同’作出专门规定，我们可以把它归入广义的‘承揽合同’。虽然他们一般没有签订书面合同，但已经形成事实的合同关系。不过在我们看重‘人情’的国情下，二者的关系是‘法律无法承受之重’，也就是说，法律在处理这种合同关系中很难实际发挥作用。”

李政辉博士则分析说：“在工资争议上，不可能诉诸法律，因为不可能有学生因为帮导师干活没拿到工资而站出来起诉导师，我们只能从有关制度上对此作一定矫正。因为现在的科研经费管理制度中没有涉及研究生的条款，很多导师也不是不愿付酬，而是不清楚应该给学生多少。如果教育部和国家自然科学基金、社会科学基金等设立一些示范性的条款，倡导在科研经费中规定一定的比例，用于支付参与课题研究的研究生的劳动报酬，也许能改变目前仅凭导师‘良心’给研究生付酬的状况。而且有了这样的规定，导师再让研究生做简单劳动时就要考虑成本效能问题了。”

华中师范大学郭文安教授仍一针见血地指出：“很多导师热衷于‘做官’或当‘老板’，不好好上课指导学生，还让学生替他们做课题、写论文，有的导师就是靠学生写论文步步高升，评上博导的。这不是‘剥削’是什么?”联合署名问题使某些师生对簿公堂，引发社会影响恶劣的学术丑闻，是否能让某种合理的“显规则”取代现有的“潜规则”？记者采访了近10位研究生，他们大多已经对目前的“雇佣”体制习以为常。①

华中科技大学教授周光礼认为，中国的“博导制”既不同于欧洲的“导师制”，也不同于北美的“老板制”。而在此模式主导之下，很多问题就出现了。在博士生那里，博导则成了“老板”。只不过，‘劳资’双方没有签订劳动契约，‘劳’方只有劳动的义务，却没有索要报酬的权利。”而事实上，中国的博导制度又不是纯粹意义上的“老板

① 参见田豆豆：《导师与研究生：的确是“雇佣”关系》，载人民网，http：//edu. people. com. cn/GB/1055/3261062. html，发布时间：2005年3月22日，访问时间：2011年6月23日。

制”。中国博士培养制度的矛盾，其实正是“导师制”与“老板制”的冲突。①

北京大学教育学院主任陈洪捷认为，在朝着“老板制”转向的过程中，中国的博导制又带有明显的“师徒制”色彩。“虽然一个博士生上面除了设有导师以外，还有很多由一两个博导组成的指导小组，但所谓的指导小组只是名义上的，真正操作起来往往还是以一个导师为主。”②

（四）笔者分析

笔者认为，从上面的权威调查事实和专家意见，可以得出这样的结论：第一，导师与研究生的关系确实已经“异化”，基本上是“老板”与“打工”的关系；第二，导师与研究生的关系的实质应当还是传统的学徒关系，其法律应当定性为一般的民事合同关系，或是事实上的民事合同关系或雇佣关系，不属于《劳动法》上的劳动关系，即导师与研究生的法律关系，不管有没有合同存在（而事实上几乎还没有导师与研究生签订书面合同的），都只能是由民法来调整，《劳动法》或《劳动合同法》根本是无法调整的；第三，目前的法律在处理这种合同关系时，都很难实际发挥作用；第四，这样的争议，几乎不可能诉诸法律，导师与研究生之间雇佣关系或劳资关系，其权利和义务完全是不对等的，双方既没有签订劳务合同，研究生也只有劳动的义务，而没有获得相应劳动报酬的权利；第五，这样的争议很难进入仲裁或诉讼程序，因为几乎没有学生告老师的，导师与研究生之间的形式上的师徒关系还是存在的，只不过已经异化，导师把研究生当做了廉价的劳动力；第六，要改变导师与研究生关系的变异，必须要从立法上构建学徒合同制度，由法律规制导师与研究生之间的劳务关系。

厘清研究生与导师之间的劳动关系或劳务关系或雇佣关系，首先

---

① 王婧、刘炎迅：《尴尬的博士》，载《中国新闻周刊》2010年第36期，第27页。

② 王婧、刘炎迅：《尴尬的博士》，载《中国新闻周刊》2010年第36期，第28页。

要研究师生之间是否存在学徒关系，学徒合同制度是否适用于此？在我国学徒合同制度还没有建立的立法背景下，导师与研究生之间的劳动关系或劳务关系或雇佣关系，如何调整？如何依法解决高校之导师与研究生的纠纷、构建和谐的师徒关系？如何将我国研究生的培养纳入法制的轨道？等这一系列问题都值得我们反思。

第二章 集体劳动关系调控——集体合同制度[①]

第一节 集体合同概述

一、集体合同的概念

集体合同制度是全世界劳动法中普遍认同的重要制度，对保障劳动者的权益具有重要意义，也是发达国家劳动关系调整的重要部分。

市场化的劳动关系的调整，应该是一种集体劳动关系的调整，但中国没有达到这一程度。在市场经济国家，工人和雇主之间通过工会达成平衡，而我国的劳动关系还是一种个别的、分散的、不对等的劳动关系，尤其在企业，劳动者并没有形成一种集体的力量，在劳资关系中缺乏要价权和话语权。[②]

集体合同在调整劳资关系，保护劳动者权益上都有非常重要的作用，其对处于非常弱势单位的农民工的劳动权益的保障更有特殊的意义。

集体合同又称团体协约、集体协约、劳资合约，是工会组织(或劳动者代表)代表劳动者与用人单位(或雇主、雇主组织)就各项内部

---

① 邹玉参与了本章的写作。

② 参见常凯著:《劳权保障与劳资双赢——〈劳动合同法论〉》，中国劳动社会保障出版社2009年版，第270~217页。

劳动关系问题进行集体协商而缔结的协议。① 集体合同又称团体协议，国际劳工组织第 91 号建议书《集体合同建议书》规定“以一个雇主或一群雇主或者一个或几个雇主组织为一方，一个或几个由代表性的工人组织为另一方，如果没有这样的工人组织则根据国家法律和法规由工人正式选举并授权的代表为另一方，上述各方之间缔结的关于劳动条件和就业条件的一切书面协议称为集体合同”。②

签订集体合同一方当事人是企业工会或职工代表，另一方当事人为企业代表。集体合同的效力与劳动合同不同，劳动合同对单个的劳动者和用人单位有法律效力，对非个人劳动合同当事人无约束力。而集体合同对劳动者群体以及单个用人单位或用人单位团体所代表的用人单位都有法律效力，而且集体合同的效力还及于个人劳动合同，对个人劳动合同也具有约束力。因此，集体合同的最重要的特征是：集体合同的效力高于个人劳动合同。国际劳工组织第 91 号《集体协议建议书》第 3 条第(1)款规定：“任何集体协议应对签约者以及使用其名义缔结协议者具有约束力。受集体协议约束的雇主与劳动者不得以劳动合同的方式商定与该集体协议的规定相违背的规定”。同时规定“此类劳动合同中违背集体协议的规定应视作无效并应由集体协议中相应的规定强制替代”。我国《劳动法》第 35 条规定：“依法签订的集体合同对企业和企业全体职工具有约束力。职工个人与企业订立的劳动合同中劳动条件和劳动报酬等标准不得低于集体合同的规定。”

目前我国的集体合同主要是企业层面的集体合同，《劳动法》和《劳动合同法》都规定：企业职工一方与企业可以签订集体合同。集体合同与劳动合同都是调整劳动关系的法律工具，不过集体合同与劳动合同是两种不同的、完全独立的合同，二者的主要区别在于：(1)主体不同。集体合同中一方是用人单位，一方是代表劳动者的工会或

---

① 参见关怀、郑爱青著：《劳动合同法及其实施条例解读》，人民法院出版社 2009 年版，第 112 页。

② 国际劳工组织第 91 号建议书，《集体合同建议书》1981 年。

职工推荐的代表；劳动合同的主体则是用人单位与劳动者个人。(2)合同内容不同。集体劳动合同的内容是涉及全体职工的劳动报酬、工作时间、休息休假、劳动安全卫生、保险福利等事项，内容具有整体性。劳动合同的内容还包括合同期限、具体的工作内容、工作地点、职业危害等，内容只适用于企业和劳动者个人，更具针对性和具体性。(3)合同效力不同。依法签订的集体合同对企业和企业的全体职工具有约束力，并且集体合同的效力高于劳动合同；劳动合同的效力则只及于签订合同的职工个人和用人单位。(4)合同作用不同。集体合同的作用和目的在于平衡劳动者与劳动使用者的力量，调整集体劳动关系，实现社会公平正义；劳动合同的作用和目的在于建立个别劳动关系，明确双方的权利义务。①

由此可见，集体合同具有以下特征：(1)合同当事人一方是劳动力使用者，即企业或企业组织，另一方是全体劳动者(由职工代表或工会作为代表)而不是职工个人或其他团体，其签订的协议以劳动条件为主要内容。(2)集体合同内容具有广泛性和整体性，涉及全体职工的劳动报酬、工作时间、休息休假和劳动安全等事项。(3)集体合同必须是书面合同，其生效须经特定程序，要经有关行政部门审核。

二、西方集体合同制度的发展轨迹

集体合同制度产生于西方市场经济国家，是资本主义市场经济发展到一定历史阶段的产物，是工人阶级经过长期艰苦斗争而逐渐建立起来的。在资本主义发展早期，劳资矛盾尖锐，处于优势地位的资方对工人群众进行严酷的剥削与压榨，引起了工人们的反抗。为缩短工时、增加工资、改善劳动条件，工人群众组织初级工会，进行罢工以与资方相抗衡，经过反复较量，最终迫使一些雇主与工会签订改善劳动条件和生活条件的协议，这就是早期的集体合同。早期的集体合同只是一种“君子协

① 参见张志京主编：《劳动法学》，复旦大学出版社 2008 年版，第 103~104 页。

定”，不具有法律效力，各国法院不受理集体合同案件。①

19 世纪中叶以后，随着社会生产力水平的提高和社会民主化的推进，特别是工人群众的进一步联合，迫于工人运动的强大压力，为避免工人罢工带来的经济损失，更多雇主开始与工会谈判并签订劳资协议。西方各国政府为缓和劳资关系，稳定社会秩序，开始调整劳资关系政策，从过去的放任到积极干预，保护劳工的立法开始出现，已经出现的劳资谈判方式得到法律承认。英国 1875 年颁布的《企业主和工人法》允许工人团体与雇主签订契约和合同。1904 年，新西兰制订了有关集体合同的专门法律，成为历史上第一部集体合同专项立法。“二战”后，资本主义国家有关集体合同的法律有了新发展，许多国家的劳动立法都对集体合同作了规定。

从西方市场经济国家集体合同制度产生发展的历史来看，集体合同制度产生的历史条件可总结为：第一，资本主义市场经济体制下劳资双方的经济利益矛盾与斗争，是推动集体合同制度产生并发展的动因。许多国家往往是在劳资矛盾激化，两种对抗力量势均力敌的情况下，为改变紧张局面，稳定劳资关系才被迫承认集体谈判集体合同的。集体合同制度既使资方尊重工人群众的正当利益要求，又可使工人履行劳动义务，避免或减轻因罢工而带来的社会和经济上的负面影响。劳资双方的矛盾，促使工人群众的不断联合形成自己的组织——工会，以达到与资方的一种均势，只有这样才能与资方平等协商，最终达成集体合同并保证实施。第二，社会民主政治、法制建设的发展，是集体合同制度建立的必不可少的社会政治条件。民主政治为工人阶级提供了达成集体合同所必需的权利——结社权、集体谈判权，而法制建设不仅使法人的市场经济地位走向法制化，而且为集体合同的形成和落实提供了法律和制度保障，从而使劳资关系由对立走向有序调整。第三，国际劳工组织长期以来的不懈努力，尤其是制定的一系列国际劳工公约和建议书（如，1944 年的《费城宣言》、1951 年的

① 参见姜颖主编：《劳动法学》，中国劳动社会保障出版社 2007 年版，第 98 页。

《集体协议建议书》、1981年的《促进集体谈判公约》等），为市场经济国家尤其是发展中国家劳动立法提供了依据和指导原则，对指导各国实践起了重要作用。

三、我国集体合同制度的发展轨迹

集体合同制度在我国由来已久，最早的集体合同出现在20世纪20年代初。在中外资本家官僚买办和封建军阀的残酷剥削和压榨下，中国工人阶级为赢得生存权利，改善恶劣的劳动条件而组织起来与资本家谈判。1922年，中国劳动组合书记部拟订的《劳动法大纲》，明确指出"劳动者有制订团体契约权"，并将其作为当时工人运动的斗争纲领之一。1930年，国民党政府颁布《团体协约法》，是我国历史上第一部专门的集体合同法，承认工人团体有缔结团体协约的权利。新中国成立后，工会在企业中普遍建立起来，集体合同制度得到进一步发展。《中国人民政治协商会议共同纲领》明确规定，"私人经营的企业，为实现劳资两利的原则，应由工会代表工人职员与资方订立集体合同"。私有企业中的集体合同对贯彻"发展生产、繁荣经济、公私兼顾、劳资两利"的方针起了良好作用。同时，集体合同制度在国有企业中也得到了推行，1950年的《中华人民共和国工会法》以及后来的纺织、铁路和电力等产业部门发布的推行集体合同的文件，使集体合同在这些部门得到普遍推广。但是，随着生产资料社会主义改造的完成，尤其是1957年以后，在"左"的思潮的干扰下，集体合同制度受到忽视直至被取消。党的十一届三中全会后，集体合同制度在我国获得新生。1979年，全国总工会发出在全民所有制企业恢复集体合同制度的倡议。之后，关于集体合同制度的规定不断体现在一系列法律规章之中，1983年修订的《中国工会章程》、1992年修改颁布的《工会法》等。集体合同制度在维护职工合法权益方面发挥了积极作用。随着社会主义市场经济建设的提出与深化，集体合同制度越来越受到重视。1994年7月，我国颁布了《劳动法》，第一次以法典的形式规定了集体合同制度。2004年，劳动和社会保障部通过了新的《集体合同规定》，对集体合同的订立、内容等作出了具体规定。2007年通过的《劳动合同法》进一步对集体合同作出明确规定，规范了有关集体合同的签订程序、专项集体合同、行业性和区域性集体合同、集体合同纠纷和法律救济等，保障了集体合同制度的健康发展，标志着我国集体合同制度建设进一步深入。

四、我国集体合同制度的性质与价值

我国集体合同制度最初产生与西方资本主义市场经济国家集体合同制度的产生相似，即是在劳资矛盾不断激化，工人阶级的不断斗争中，为改善劳动条件，缓和劳资关系，维护社会稳定而建立和发展起来的。但在我国社会主义制度确立后，尤其是社会主义市场经济的提出与深化，我国集体合同制度体现出独特的性质与价值。

1. 我国集体合同制度的性质

在我国集体合同是指企业、事业单位和工会组织（或职工代表）代表职工订立的，就企业事业单位有关内部劳动关系问题达成的协议。这与国际劳工组织第91号建议书《集体合同建议书》的规定基本一致。但是在我国社会主义制度条件下，集体合同制度作为调整集体劳动关系的核心制度，必然具有其特殊性。集体劳动关系是相对于个别劳动关系而言的，是以劳动者团体与雇主或雇主团体之间所形成的以劳动条件为基本内容的法律关系。在我国社会主义制度下，工人群众与雇主之间不是阶级对立关系，都是社会主义事业建设者，他们之间的利益冲突是根本利益一致基础之上的冲突，因此，对劳资矛盾的解决，建立合作互赢的劳资关系更容易协商，达成协议。我国的集体合同制度是社会主义市场经济条件下的集体合同制度，因此，它一方面体现出市场经济的某些特征：(1)平等性。我国集体合同制度中，劳资双方处于平等的法律地位，工人群众形成与资方相对等的力量，平等协商已达成集体协议。(2)自治性。集体合同属于私法上的合同，是劳资双方平等协商意思自治的结果，当然并不排斥其合法性。第三方（政府）的介入并不是为了否定其自治性，而是为了保证其合法性或是为了促成双方达成协议。另一方面，社会主义制度下的集体合同制度也必然体现以下特征：(1)公平性。其一是由工会代表职工利益与雇主协商并确立了“维护职工合法权益”的精神；其二是集体合同内容根据经济发展状况和企业的具体情况来确定。公平是在平等的基础上达成的相互谅解和双赢目标。(2)现实性。我国集体合同制度不仅是在制度上和立法上确认集体合同制度，而且通过集体协商、集体协议纠纷的途径解决违反集体合同责任的内容，保证集体合同制度的落实。

2. 我国集体合同的价值

在社会主义初级阶段的具体国情和社会主义市场经济进一步深化与发展的背景下，我国的集体合同制度应注重体现如下几个方面的价值：(1)公平。集体合同制度自产生以来就倾向于保护职工利益，因为职工与资方相比在经济和力量上均处于弱势。集体合同制度应致力于提高职工的工作生活条件，以实现社会发展成果人民共享。(2)效率。我国仍处于社会主义初级阶段，经济的转型与发展必然要求效率。因此在集体合同的各方面均应考虑社会发展的实际状况并与之相适应，以促进企业的发展，推动社会经济发展。(3)民主。集体合同制度的一个重要内容就是集体协商，而集体协商必然要求民主。同时，对集体合同的履行状况的监督也是民主的一种体现。而且，“集体合同制度本身就是企业管理民主化的重要形式”。① (4)和谐。和谐的劳动关系是社会主义和谐社会的重要内容。集体合同制度为缓和劳资矛盾而产生，通过平等协商解决职工与企业之间的矛盾。妥善协调劳动关系，使职工与企业之间建立相互依靠、相互支持的合作关系，为建立和谐劳动关系提供制度保障。

第二节　我国集体合同制度之缺陷检视

从前面对我国集体合同制度的发展轨迹的回顾，可以看出集体合同制度在我国已有相当历史，到目前为止，我国已形成包括《劳动

① 关怀主编：《劳动法》(第3版)，中国人民大学出版社2008年版，第168页。

法》、《劳动合同法》、《集体合同规定》以及《工会法》等一系列法律法规在内的对集体合同制度的规范体系。随着我国经济体制改革向深层次推进，集体合同制度在提高职工劳动条件、工资待遇、缓和劳资矛盾方面发挥了重要作用，并被越来越多的企业所接受，集体合同数量不断增多，覆盖面也不断扩大，行业性、区域性、专项集体合同已通过《劳动合同法》首次在法律层面予以确认。集体合同制度已成为我国调节集体劳动关系的核心制度。2010 年，面对来自国内外经济形势的严峻挑战和复杂多变的劳动关系，各级工会依法推动企业普遍建立工会组织，依法推动企业普遍开展工资集体协商，不断扩大工会组织覆盖面，进一步加强基层工会建设，大力发展和谐劳动关系。2010 年，工会积极依法推动企业普遍开展工资集体协商，研究制订工会工资集体协商工作 3 年规划和集体协商指导员 3 年培训计划，以推动世界 500 强在华企业建立工资集体协商制度为突破口，推动各类企业建立健全职工工资协商共决机制、正常增长机制和支付保障机制。截至 2010 年 9 月底，共签订集体合同 140. 8 万份，覆盖企业 243. 9 万个，覆盖职工 1. 85 亿人。① 但是，我们还必须认识到，我国集体合同制度还很不完善，其推广在很大程度上依靠的是自上而下的指标任务的方式推进，仍属于政府主导型的法治模式，形式主义严重。② 近年来关于集体合同的纠纷也呈上升趋势。正视和分析存在的问题将为集体合同制度的发展与完善提供依据和努力方向，本章以下几节内容将从不同方面对集体合同制度存在的问题进行分析。

一、我国集体合同制度在立法上的不足

(1)目前我国对集体合同制度作出规定的位阶最高的法律是《劳动

---

① 参见陈训迪：《全国工会会员达 2. 39 亿人　签订集体合同 140. 8 万份》，载中国网，http：//www. china. com. cn/news/txt/2011-01/18/content _ 21766417. htm，发表时间：2011 年 1 月 18 日，访问时间：2011 年 7 月 16 日。

② 参见姜颖主编：《劳动法学》，中国劳动社会保障出版社 2007 年版，第 98 页。

法》、《劳动合同法》，而这两部法律对集体合同的规定较为原则。如，《劳动法》只在第3章第33~35条涉及集体合同，对其签订、内容、审查和效力作出了规定，但对集体协商、争议的解决以及法律责任等都缺乏明确规定。《劳动合同法》虽对法律责任作出了规定，但仍缺乏可操作性。而另一方面，《集体合同规定》虽对集体协商和签订程序作出了相关规定，但其法律位阶较低，实践中并不能得到很好的贯彻。①

(2)我国立法缺乏对集体协商权的确认，集体合同的签订缺乏强制性。《劳动法》和《劳动合同法》都是这样规定的：企业职工一方与用人单位通过平等协商可以就劳动报酬、工作时间……订立集体合同。在立法上采用了“可以”而不是“应当”，缺乏强制性。对于一方拒绝签订集体合同的，则缺乏立法的权利依据要求其履行义务，而使集体协商、集体合同的达成陷入困境。尤其是当用人单位拒绝与职工一方平等协商或拒绝签订集体合同时，本身处于弱势地位的职工的利益要求就缺乏有效的法律保障，而我国工人不享有罢工权，也不能通过合法罢工来要求用人单位接受其利益要求。集体合同签订的非强制性，还体现为“个体劳动合同在《劳动法》中占有重要地位，个体劳动合同是劳动关系的基础，而集体合同似乎可有可无，企业和雇员一般只注重签订个体合同而忽视集体合同。”②因此，集体协商权的缺失、签订集体合同的非强制性，已成为集体合同制度推行的障碍。

(3)立法上对工会在集体合同中的地位和职责缺乏明确规定。我国《劳动法》、《劳动合同法》规定“集体合同由工会代表职工与用人单签订；尚未建立工会的用人单位，由劳动者推荐的代表与用人单位订立”，由此可推出，在订立集体合同时，工会是作为职工代表出现的，其本身不是集体合同当事人，当事人只是职工，集体合同的效力

① 参见白璐：《论我国集体合同制度的完善与创新》，载《陇东学院学报》2007年第18期，第59页。

② [瑞]Jan Endling：《平衡的必要性：中瑞劳动法比较研究》，载贾俊玲主编：《21世纪亚太地区劳动法与社会保障发展趋势》，中国劳动社会保障出版社2001年版，第101页。

也只及于职工和用人单位而不是工会，《工会法》也规定，工会是工人组织，维护职工合法权益是其基本精神。但在实践中，由于工会在组织上、人事上、财政上与用人单位有着密切联系，因此其对职工的代表性和利益维护性往往受到质疑。在立法上对工会在集体合同中的地位和具体职责及责任不能作出明确规定，不仅使工会形式代表权缺乏标准，而且也会影响到职工对工会的信任和对集体合同的接受，最终影响集体合同制度的推行质量。

二、我国集体合同在协商中存在的问题

我国的集体协商分为两个层次：一是以沟通为对话方式的集体协商，其目的在于加强民主管理而不是签订集体合同；二是针对集体合同而进行的集体协商。本书中所称的集体协商是与集体合同制度有关的集体协商，即第二层次的集体协商。“集体协商是指劳动者通过自己的组织或者代表与相应的用人单位或用人单位组织为签订集体合同而进行谈判协商的行为。”①集体合同制度的灵魂在于集体协商机制，集体协商的效果、质量直接影响到集体合同的质量。因此，在集体协商中存在的问题也是集体合同制度实施过程中应注意的问题。

(1)集体协商中的平等性难以实现。《劳动合同法》规定职工一方与用人单位经平等协商可就劳动条件等问题订立集体合同，而“平等协商”在实践中却并不那么容易。与掌握资本的一方相比劳动者一方始终处于弱势，尤其是在今天劳动力市场供大于求的情况下，企业职工甚至愿意放弃自己的一部分权利，因此这种平等性必然受到质疑。在没有设立工会的企业中，对政策或企业信息的掌握的不平等无形中也加深了职工代表与用人单位的不平等。

(2)实践中工会地位难以独立，因此使其在集体协商中的职工利益代表性受到质疑。美国 1935 年的《全国劳工关系法》(又称《瓦格纳法》)第 8 条禁止由雇主组成或雇主支配的工会。因此美国的雇主不

---

① 姜颖主编：《劳动法学》，中国劳动社会保障出版社 2007 年版，第 97 页。

得协助创立工会组织，或者在某一工会组织寻求正式承认时，对其给予协助，否则国家劳工关系委员会(NLRB)可以命令雇主撤回对该工会组织的承认或将该工会组织解散。① 而在我国，劳动使用者控制干涉工会是一个普遍的问题。《工会法》规定工会是职工自愿结合的群众组织，代表和维护职工利益，依照章程独立自主的开展工作。实践中企业工会在企业中的地位难以独立，在工会的设立、人事以及资金来源上与企业有着千丝万缕的联系，如，企业高管兼任工会干部，参与工会事务。因此，在集体协商中工会无法全心全意代表职工利益，必将严重影响集体协商的质量。②

(3)在集体协商中缺乏规范的程序和贯彻程序的督促力量。前面已经提到过，法律上缺乏对集体协商权的确认，对签订集体合同也没有强制性。即便是进入了集体协商过程，法律上也没有明确的程序规范，《劳动法》、《劳动合同法》仅作出了原则性规定缺乏可操作性。在集体协商过程中，如果出现较大分歧往往缺乏及时和有效的解决机制，例如，目前我国对于集体协商过程中出现分歧或中断的情况采取的是第三方干预下的调解机制显得过于单薄，而劳动者又缺乏与用人单位相抗衡的对抗机制，如罢工制度。而且由于双方力量的不对等性，集体协商往往也成了走过场，不少企业仅注重是否签订了集体合同，而忽视签订过程。

(4)集体协商中的法律责任问题不明确。这里的法律责任主要是指用人单位一方或政府职能部门(第三方)在协商过程中的责任。一方面用人单位一方在集体协商中因法定代表人或授权的首席代表因授权不明或其他不当行为而使集体协商中断或延误的，目前没有明确的承担不当责任的方式。③ 另一方面政府部门作为第三方介入集体协商

① 参见 Willam Gould 著，焦兴凯译：《美国劳工法入门》，台北"国立编译馆"1996 年版，第 81 页。

② Ronald C. Brown. Can Collective Negotiations Embody Collective Bargaining? *Duke Journal of Comparative & International Law*, 2006, 1(16), pp. 55 ~56.

③ 参见谢德成、王天玉：《集体劳动关系的法律目标及规范重点》，载《当代法学》2010 年第 2 期，第 116 页。

的，大多情况是为集体协商作指导或对协商过程中出现的利益争议进行调处，对于这一过程中政府部门的不当行为，如不当干预行为或不作为，则没有明确的责任承担方式。

三、我国集体合同内容上存在的问题

我国集体合同的内容是以规定集体合同当事人应当承担的义务的方式来体现的。《劳动法》第 33 条第 1 款规定，“企业职工一方与企业可以就劳动报酬、工作时间、休息休假、劳动安全卫生、保险福利等事项签订集体合同”。《集体合同规定》对集体合同内容进一步作出具体规定。《劳动合同法》再次肯定了《劳动法》的规定。集体合同内容归纳起来主要包括以下几个方面：适用于本企业的劳动报酬标准、工时制度、休息休假办法、劳动安全卫生措施、社会保险和福利问题、女职工和未成年人的特殊保护、企业职工的培训、劳动合同管理、劳动纪律、裁员等问题。集体合同内容关系到众多劳动者和用人单位的切身利益，应是劳资双方集体协商的结果。集体合同内容是否明确、具体、具有可操作性，直接关系到集体合同的履行效果和质量，也影响集体合同的严肃性和在当事人认识中的地位。在我国集体合同制度的推行过程中集体合同内容上的缺陷也是造成其实行效果不理想的重要原因。

(1)我国集体合同在内容上过于原则、空泛，照抄法律条文的现象普遍，从而使集体合同内容不符合实际需要，也不能体现不同企业的特殊情况。造成这种现象的原因，一方面，与前面所述的集体协商不充分有关；另一方面，也是人们对集体合同的重要性认识不足的体现。集体合同内容上的不明确、不具体、缺乏可操作性，造成了集体合同流于形式，对双方的权利义务的实际调整大打折扣，结果加深了人们对集体合同的重要性的质疑。

(2)我国集体合同的内容缺乏现实性。一方面，在我国集体合同制度的推行过程中，重签订，轻协商，造成了合同内容并非是当事人真实或充分意愿的表达。因而，我国集体合同的内容大多体现的是最低的劳动标准或条件，仅维持在不违法的水平，这些低水平的集体劳动合同并不能有效地维护劳动者应有的合法权益，提高劳动者的生活水平。另一方面，在实践中，一些企业和工会把集体合同的签订当做是完成任务或指标，而对集体合同要解决的实际问题则不够关注，使集体合同的内容游离于企业现实情况之外，最终导致集体合同因缺乏现实土壤而不能得到有效贯彻。

(3)我国集体合同的内容单一，内容结构不平衡。根据国际惯例，集体合同的内容大致包括三部分，即，规范部分(劳动条件标准部分)、债权部分(双方关系的相互承诺部分)、合同运行规则(合同自身的规定)。我国《劳动法》第 33 条规定，职工与企业可以就劳动报酬、工作时间、休息休假、劳动安全卫生、保险福利等事项签订集体合同。其将集体合同的内容限制在劳动条件范围，而对于双方关系、合同运行规则的规定则没有涉及，这就使得集体合同的内容显得单一，不够完整，缺乏对用人单位一方利益的保障和明确的责任承担方式。①

四、我国集体合同履行中存在的问题

集体合同的签订，其目的是能够保证其有效实施，发挥其效力，按照合同规定调节双方的权利义务关系。在集体合同履行中存在的问题主要是指在集体合同的效力和集体合同争议中存在的问题。

(1)集体合同的效力范围不明确，易引起混乱。①集体合同对企业中新加入的职工的效力不明确。如果新的职工与企业会签订个体劳动合同，那么问题就简单许多。个体劳动合同不得与集体合同相悖，职工可通过个体劳动合同表达利益要求。而在没有个体劳动合同时，新的职工的利益在直接受到集体合同的影响，而新的职工并没有参与集体合同的讨论和协商，此时，集体合同对其是否有效或其是否可对集体合同提出异议并没有明确规定。②行业性、区域性集体合同的效

① Ronald C. Brown. Can Collective Negotiations Embody Collective Bargaining? *Duke Journal of Comparative & International Law*, 2006, 1(16), p. 54.

力范围是否及于该领域内所有用人单位有待探讨。① 目前，我国集体合同制度主要限于企业范围，但是《劳动合同法》已对行业性、区域性集体合同作出了规定，实践中也有需要。但是，这两种集体合同是否可及于没有参与或不愿参与用人单位组织或集体合同的用人单位并没有明确规定，说理也不充分，实践中也存在分歧。

(2)集体合同的时间效力，即集体合同的有效期限，这里所指的问题主要是在集体合同有效期满后的问题。集体合同是由工会或职工代表与企业或用人单位组织签订的，并规定有有效期限，这就涉及合同到期后的续签问题。在双方都没有及时提出续签或签订新的集体合同时，劳资双方的权利义务该如何处理，集体合同在到期后是否可继续有效等都缺少明确和可行的规定。

(3)集体合同争议处理中存在的问题。集体合同生效后并不是双方都能自觉履行的，即便是在履行中也可能因理解上的不同发生争议。因此，就需要集体合同争议处理机制。目前，我国对因履行集体合同而产生的争议的处理程序的规定过于原则。只有《劳动法》对此作出了仲裁前置、一裁两审的规定，而对于申请主体、仲裁主体及效力等缺乏明确规定，缺乏可操作性。《劳动合同法》规定因履行集体合同发生争议，协商不成的，工会可依法申请仲裁、提起诉讼。其一，工会的地位该如何确定，是作为代理人还是作为当事人，这关系到其诉讼权利，对此法律没有明确规定。其二，“工会可以申请仲裁、提起诉讼”，那么，劳动者个人能否申请仲裁、提起诉讼，对此法律也没有明确规定。在集体合同争议处理机制中缺乏明确规范的责任承担方式，只规定“违反集体合同应承担责任”，而对于承担什么样的责任，怎样承担责任则没有明确规定，缺乏可操作性，从而使责任承担难以落实，削弱了合同效力。

① 参见张举国：《我国集体合同制度的法律思考》，载《湖北成人教育学院学报》2009 年第 1 期，第 58 页。

第三节 我国工资集体协商制度①

党的十七大提出要提高劳动报酬在初次分配中的比重，建立企业职工工资正常增长机制和支付保障机制，最近出现的富士康连环跳、本田公司罢工门等事件，折射我国劳资矛盾，暴露工资集体协商制度存在主要障碍，从完善立法、加强政府主导职能，发挥工会作用，提高劳资双方认识等方面构建我国工资集体协商制度。

一、工资集体协商的界定

工资集体协商是指工会或经过民主选举的职工代表与企业代表依据国家有关法律、法规和政策，就企业内部工资分配制度、工资分配形式、工资水平及年度增长速度、奖金和津贴分配和其他履行合同有关的权利义务等问题进行平等协商，并依法签订书面集体协议的行为。②

工资集体协商源自18世纪末19世纪初的英国，逐步扩展至欧洲资本主义国家，在西方各国发展已有200多年的历史，是西方国家在处理劳资关系问题中的重要做法。20世纪90年代初，一些沿海城市开始借鉴国际经验，探索推广工资集体协商制度，要求企业建立合理的职工工资增长机制，使职工工资收入与企业利润同步增长。2000年11月，国家劳动和社会保障部发布《工资集体协商试行办法》，以行政规章的形式明确了工资集体协商的内容、参与主体和操作程序，形成了工资集体协商制度的基本框架。然而，由于廉价劳动力供应充足、职工话语权和博弈能力相对弱势等原因，这一制度长期处于“休眠”状态。

---

① 宋晓波参与本节的写作。

② 参见《工资集体协商试行办法》(劳动和社会保障部2000年第九号令)。

二、工资集体协商制度的价值

（一）工资集体协商制度是和谐社会发展的必然要求

从宏观层面上讲，提高职工工资收入正当其时。当前，改革开放的第一阶段目标已经实现。国家通过税收、转移支付、政策扶持等方式，使劳动者实现体面劳动，促进社会公平正义，带动全体人民实现共同富裕的时机已经成熟。而收入分配作为民生之源，更是党中央提出的“以人为本，实现科学发展，促进社会和谐”题中应有之义。“建立由企业和职工代表协商解决劳动报酬问题的工资集体协商制度，有利于缩小收入差距，推进社会公平正义，为和谐社会的建立奠定基础。”①

党的十七大提出“要提高劳动报酬在初次分配中的比重，建立企业职工工资正常增长机制和支付保障机制”。当前，扩大内需的根本途径是调整国民收入分配格局，重点则是提高中小企业职工的工资收入。民营企业作为自主经营、自负盈亏的独立法人，对工资分配有着决定权，政府对企业初次分配只起到宏观指导作用。那么，这一政策能否在民营企业落实，如何得到落实，就关乎扩大内需经济政策的成功与否。提高民营企业职工工资，最直接、最有效的方式就是劳动者与企业开展面对面的工资集体协商。通过构建工资集体协商制度化的渠道，保障职工充分行使工资集体协商的权利，提高职工在工资谈判中的话语权和博弈能力，对于建立和谐劳动关系，构建和谐社会，具有深远意义。

（二）工资集体协商是实现收入分配合理化的重要路径

我国关于收入差距悬殊的问题，已经引起国家高度重视，工资集体协商制度虽已经实行多年，但整体效果并不理想。据相关资料显示，全国有 72.4% 的普通工人月工资低于全国平均水平。另外，26.7%的普通工人过去 5 年没有增加过工资。因为工资收入问题，全

---

① 刘素华：《工资集体协商制度的价值与障碍及其实现路径》，载《北京市工会干部学院学报》2010 年第 2 期，第 9 页。

国已经爆发多起群体性事件，从富士康跳楼门到本田罢工事件，在中国经济高速增长的今天，处于企业底层的工人，5 年内工资未涨，我国收入分配上的弊病可窥一斑。

工资收入是职工最关心、最直接、最现实的利益问题。目前政府调节工资收入的手段主要通过“三线一标准”，即工资增长指导线、企业工资指导价位、人工成本信息指导线以及最低工资标准。前三者都只是政府发布的指导线，对企业并没有强制约束力。最低工资标准具有强制性，但对于绝大多数劳动者来说，收入水平的提高不能指望这个最低标准来实现。在市场经济环境中，政府不可能为企业制定具体的工资标准，只有通过制定完善相关制度来调节收入分配。实行工资协商，改变目前工资增长由企业说了算的现状，是一条有效途径。即引导劳动者与老板就工资分配、工资支付和劳动定额等重点事项进行谈判，并将协商约定的内容写进集体合同，从而保证劳动者收入随企业效益改善而不断增加。

温家宝总理在 2013 年的《政府工作报告》中提出，“抓紧制定调整国民收入分配格局的政策措施，逐步提高居民收入在国民收入分配中的比重，提高劳动报酬在初次分配中的比重”，其中“提高劳动报酬在初次分配中的比重”的一个现实支点，就是要通过制度化的渠道，保障职工充分行使工资集体协商的权利，以此提高职工在工资谈判中的话语权和博弈能力。

（三）工资集体协商制度是和谐劳动关系的正确选择

工资是职工生活的基本来源和保障，是劳动者劳动权利的核心权利。通常，劳动者力求工资的最大化，企业则追求工资成本的最小化，劳动关系中的矛盾由此产生。由于经济的快速发展，经济结构的不断调整，劳动关系主体的利益诉求和民主诉求日益强烈。只有通过以工资集体协商为核心的集体协商法律制度，进一步明确劳资双方的权利义务，将矛盾解决机制和协商机制规范化和程序化，才能实现劳动关系的和谐发展，推动企业民主制度的不断深化和健康发展。

工资集体协商是一种有益于维护职工权益和企业生产发展的双赢的协商机制。一方面，工资协商可以让职工诉求表达有渠道，利益协调有机制，权益实现有保障；另一方面，通过集体协商，确定合理的工资水平，不仅能形成和谐稳定的劳动关系，而且还会进一步增强职工对企业的忠诚度、认同感，充分调动职工的积极性，推动企业持续健康发展。因此，建立以合作为主而非以斗争为主的工资协商机制，有利于建立劳资合作共赢的社会主义新型劳动关系。①

三、工资集体协商制度的问题

(一)政府主导弱化

在社会矛盾日趋激化、利益群体之间的冲突日趋表面化后的时代，政府的介入是最好的解决方法，特别是在当前国有企业工会独立性不足，中小企业工会力量薄弱的情况下，工资集体协商是一种协调劳动关系的有效机制，但如果缺乏政府对工资集体协商制度的引导，单靠企业和劳动者之间的博弈，富士康之类事件仍会继续。

在整个社会领域内，政府对于劳动关系的发展有着重要的影响，甚至起着主导作用，其作用主要表现在政策导向、舆论宣传、行政干预、社会服务、劳动监察等方面。目前，政府推进工资集体协商的主导作用还不够到位。主要表现在：(1)与市场经济条件下企业工资决定制度相关的工资指导线、劳动力市场指导价位的制定和发布等，与现实的要求还有较大差距，还不能满足不同岗位、不同工种、不同行业、不同所有制用人单位决定劳动定额和工资水平的需要。(2)政府部门监督乏力。现行的工资分配体制是“市场机制调节、企业自主分配、职工民主参与、政府监控指导”。但是，受种种因素影响，经营者在工资分配中处于主导地位，职工工资多少由其说了算，一些地方政府在这方面没有发挥其应有的作用，认为只要企业正常运转，职工有工资收入就可以了，对侵害职工分配权益的现象不愿讲、不愿管，听之任之。(3)宣传、社会服务力度不够。由于缺少宣传和服务工作，企业经营者有法不依、职工采取非理性的群体性自救行为时有发

① 参见刘素华：《工资集体协商制度的价值与障碍及其实现路径》，载《北京市工会干部学院学报》2010年第2期，第9页。

生。由此可见，失衡的劳动关系不可能单纯通过劳资自治解决，出于社会目标的需要，政府必然要借助公权力对失衡的劳资关系进行干预，只有这样，工资协商才能名至实归。①

实践中，劳动关系双方及其代表组织在交涉解决有关具体问题时，他们往往对与之相关的一些社会经济背景缺乏了解，并且也较少考虑对某些问题所采取的处理方式可能会给社会带来的不良后果。由于缺少宣传和服务工作，企业经营者有法不依、职工采取非理性的群体性自救行为时有发生，近年来企业和职工发生冲突的群体性事件屡见不鲜，由此可见，失衡的劳动关系无法单纯通过劳资自治解决，为了保障社会安定和谐，政府有必要借助公权力对失衡的劳资关系予以干预，平衡劳资双方自治，最终实现工资集体协商。

（二）法律法规不健全，相关配套政策缺失

虽然我国现行的《劳动法》、《劳动合同法》及劳动部《集体合同规定》等法律法规都对工资平等协商签订集体合同的要求作了规定，但目前支撑工资集体协商工作的法律法规明显滞后于市场经济发展对工资集体协商机制建设的要求。现行的《最低工资规定》、《集体合同规定》、《工资支付暂行规定》都属于部委规章，刚性约束力还不强。《劳动法》对工资集体协商的规定是选择性条款，同时也缺乏必要的罚则。

我国有关工资分配和工资协商方面的法规不统一、不健全。《公司法》、《工会法》、《集体合同规定》、《工资集体协商试行办法》等对企业工资支配权的决定主体规定各不相同，由此造成了不同的主体对工资究竟是由有关双方协商确定还是由单方确定的问题产生歧义。《公司法》规定公司董事会有权“制定公司年度财务预算方案、决算方案”，对“有关职工工资福利等涉及职工切身利益的问题，公司应当事先听取公司工会和职工的意见，邀请工会职工代表列席会议，但决定权仍然在公司方面。而《工资集体协商试行办法》规定“职工代表与

① 参见刘素华：《工资集体协商制度的价值与障碍及其实现路径》，载《北京市工会干部学院学报》2010年第2期，第10页。

企业代表依法就企业内部工资分配制度、工资分配方式、工资收入水平等事项进行平等协商”。很显然，两者对于工资分配权的规定并没有完全统一，而且《公司法》的法律级别要高于《工资集体协商试行办法》，这会给工资协商工作的开展带来障碍。目前的《工资集体协商试行办法》虽对协商代表身份进行了规定，但对代表的产生程序无具体规定，如产生冲突，该以何种标准和程序进行调整尚不明确。《集体合同规定》规定：“一方提出进行集体协商要求时，另一方应当在收到集体协商要求之日起20日内，以书面形式给予回应，无正当理由不得拒绝进行集体协商”，但其中却未明确何种理由为不正当理由，以及未明确拒绝进行集体协商及违约所应承担的法律责任。可以看出，法律依据的不健全是制约工资集体协商开展的重要原因。①

相关配套政策不到位与企业工资决定制度相关的工资指导线、劳动力市场指导价位的制定和发布，与现实需要有较大差距，还不能满足不同岗位、不同工种、不同行业、不同所有制用人单位决定劳动定额和工资水平的需要；特别是劳动定额管理缺位，缺乏全国统一的科学合理的劳动定额标准，很大程度上影响了工资集体协商的水平和质量。

（三）工会职能弱化

工会是劳动者利益的“代表者”，是为了维护劳动者利益而同雇主进行交涉的“谈判者”，处于同雇主相对独立的地位。这样，工会才能同雇主进行平等协商，签订符合雇员利益的集体合同。一些企业工会在改制中被撤并，一些企业虽设有工会，但其职能没有随着市场经济的深化而进行相应变革。在管理体制上，工会隶属于企业，许多工会领导人都是兼职，在国有企业，工会主席一般是兼任的。当企业目标和职工目标发生冲突时，工会当然更偏向企业的利益。同时，工会倾向于通过内部协调企业与职工的利益分歧，而不是代表职工与企业进行协商。工会不能真正代表雇员利益，即使通过协商签订了协

① 参见黄任民：《中国工资集体协商的特点及工会的作用》，载《中国劳动关系学院学报》2009年第5期，第56页。

议，也大多流于形式。“中国集体谈判流于形式的内在原因，最主要一点，即是工会参与这一谈判并不向劳动者负责，而是向其上级负责”①。

由于企业方掌握着工资决定权，将它作为调整人员和提高工作效率的一个重要手段，在劳动力市场总体上供大于求的条件下，其本身没有出让或共享工资决定权的动力，因此，职工方便成为企业工资集体协商的内在主要动力。一是工会的职工方代表性不强。当前企业工会主席多数为兼职，自身由企业领导，工资由企业负责发放，导致工会主席很难自主行使职权，并且对工会主席和职工代表的保护滞后，也影响着工会的代表性的体现。二是企业工资集体协议流于形式。表现为有照抄照搬合同文本的问题；有“一纸合同”没有协商、履约、检查，就一签了事的问题；有协议内容过于原则的问题。这种情况下的工资协商，职工参与度不高、关切度不高，实效性不强。

我国的各级工会是否能够独立地代表劳动者进行谈判协商，行使其法定的维权职能就显得尤为重要。随着市场经济体制的逐步完善，原来在计划经济体制下紧密联系在一起的劳动者与企业的利益也开始出现分化，劳资矛盾日益突出，而工会组织却并未改变依附于企业的方式，不仅组织本身隶属于企业，许多工会干部由企业的高级管理人员担任，工会中的不少工作人员也由企业职工兼职，加之工会的经费很大程度上来源于企业的拨付，这些都使得工会难以保证其应有的独立性。由于缺乏独立性，工会活动在很大程度上受制于企业，造成协商中实际地位的不平等，而工会管理职能与维权职能的交替重合，很难保证其应有的代表性。②

（四）思想认识存在误区

1. 企业经营者对工资集体协商制度重视不够

① 常凯著：《劳权论——当代中国劳动关系的法律调整研究》，中国劳动社会保障出版社 2004 年版，第 258 页。

② 参见高瑾：《我国集体谈判法律制度构建障碍及克服设想》，载《河南省政法管理干部学院学报》2010 年第 2 期，第 102 页。

一些企业经营者在谈到企业工资集体协商制度建设问题时，认为现阶段推行这一制度的基础差，时机不成熟。对现阶段集体合同制度和签订工资集体协议不理解、不合作，借故拖延。根据问卷调查显示，有 38.4%的企业经营者不知道该如何推动工资集体协商，有 31.2%的职工认为，企业、老板的态度是观望和消极应对，只有 25%的职工认为其所在企业在推行工资协商制度方面非常积极主动。企业没有认识到工资集体协商是企业和职工共决共赢的重要举措。因此，对这一制度建设流于形式，做表面文章。很多企业从文本上看似“什么都有”，事实上却“什么都没有”，既没有履约监督的形式、办法，也没有真正履行合同的实际效果，对这一制度建设实际上走了过场。

2. 企业职工对工资集体协商制度认识不到位

部分企业职工认为，现阶段真正的企业工资集体协商制度是不可能实行的。因此，在主观上不积极主动，抱着无所谓的态度，在客观上形不成合力，导致这一制度建设没有形成广泛的群众基础，还有部分中小非公企业职工素质不高，对工资集体协商认识非常模糊。

部分地方政府片面地认为，推行工资集体协商会影响当地投资环境，不利于地方经济发展，害怕因为工资集体协商的问题与投资方闹翻，所以对工资集体协商的开展听之任之；部分企业经营者认为工资分配的决定权在企业，特别是私营企业主认为自己拥有企业所有权，企业的工资分配就应该自己说了算；这种认识造成企业单方面确定工资水平、工资支付方式和工资增长的问题比较普遍，工资集体协商工作推进难度大，导致多数职工享受不到经济发展的成果，职工水平严重偏低，工资增长缓慢，并时常引发群体事件；部分工会干部认为工资集体协商专业性强，难度大，也有部分工会干部对工会在工资集体协商所处的重要地位认识不清，这些消极的认识使他们在工资集体协商的工作开展中存在畏难情绪①。

中国劳动关系学院的黄任民教授总结的上述三个方面的认识误

① 参见黄任民：《中国工资集体协商的特点及工会的作用》，载《中国劳动关系学院学报》2009 年第 5 期，第 55 页。

区，比较全面地说明了我国的部分地方政府、企业和工会组织三方主体在对工资集体协商制度的认识上都还存在很大的误差，这严重制约了我国工资集体协商制度的构建和实际运作，应当纠正这三方主体的认识误差。

四、工资集体协商制度的建构

工资集体协商制度是劳动者维护其正当要求和合法权益的重要渠道，健全和完善该制度就成为政府和业内人士关注的焦点，我国应该借鉴国际的宝贵经验，结合我国工资集体协商的现状，建构和谐的工资集体协商制度。

（一）发挥政府的职能，协助工资集体协商制度的推行

在任何制度的构建中政府都是不可缺少的角色，尤其在工资集体协商制度的推行过程中工会独立性和谈判力量都相对薄弱的条件下，更应该起到坚强后盾的作用。政府可以在多个方面发挥作用：

1. 培育劳动力市场

成熟的劳动力市场是有效调节工资的重要前提，我国劳动力市场的情况是总量严重过剩，这种情况一时无法得到缓解，政府应该加快建立和完善社会保障机制，积极稳妥地分流下岗就业人员在全社会开展再就业工程，促进失业人员的再就业。

2. 加强政府的协调监督，建立工资集体协商三方机制

在工资集体协商制度的构建及运行中，离不开政府的协调监督。劳动关系的多元化及复杂化给集体谈判制度的有效运行带来了一定的困难，作为公正第三方的政府应根据我国集体劳动关系的特点监督工资集体谈判的过程，保证劳资双方尤其是劳方的利益实现。当劳资矛盾激化时，也应在法律法规规定范围内尽量予以协调，而不应不做为或者偏袒某一方，这不仅是社会正义的体现，也是和谐劳动关系的要求。

同时，以《工会法》所确认的“劳动关系三方协商机制”发挥政府的协调职能也是构建工资集体谈判制度所必需的。“劳动关系三方协商机制”是市场经济国家调整劳动关系的重要手段。由政府、工会组

织和雇主组织三方建立，通过协商、对话解决劳动关系中的重大问题，协调劳动关系，维护社会安定。我国于 1990 年批准了国际劳工组织的第 144 号公约，即《三方协商促进国际劳工标准公约》，同时在《劳动法》以及《工会法》中均有关于三方机制的原则性规定，这些规定是我国推行三方协商制度的主要法律依据。要积极支持劳动关系双方开展集体协商要约行动，以集体协商合理确定职工工资水平和增长幅度。这些规定对建立多层次的三方协商体系，加强政府在三方协商机制中的作用具有重要意义。具体到集体谈判制度中，政府应积极支持集体谈判行动，促使劳资双方切实合作，当协商遇到重大分歧时政府应积极介入，平衡双方利益，以引导双方更好地签订集体合同和协议，并指导帮助劳资双方更好地通过协调机制来达到劳动关系和谐稳定的目的。①

3. 促进工资相关机制的建立与完善

合理的收入分配制度是社会公平的重要体现。针对工资机制不完善的问题，要建立和完善三个机制：一是工资分配共决机制。政府要督促符合条件的用人单位建立工会代表职工与企业就工资分配的形式、水平、支付及调整办法等进行协商共决的机制。二是工资增长机制。通过工资集体协商保证职工工资收入能够随企业效益增长而增长，随企业劳动生产率、政府工资指导标准和本地城镇居民消费价格指数的提高而提高。三是工资分配监督机制。政府加强对企业工资协议的履行和工资分配、支付情况的监督，保证集体谈判公开、公正，集体合同公平合理。②

4. 加大检查监督和执法力度

劳资关系矛盾的根源在于工资福利的分配，由于在中国劳动力市场劳方力量的先天性不足，劳动者不敢提出工资集体协商要求或者是

① 参见高瑾：《我国集体谈判法律制度构建障碍及克服设想》，载《河南省政法管理干部学院学报》2010 年第 2 期，第 104 页。

② 参见李娅、赵俊燕：《我国工资集体协商制度建构》，载《人才开发》2010 年第 3 期，第 24 页。

未能真实表达工资集体协商意愿，致使企业侵害职工工资权益肆无忌惮。因此，笔者认为，劳动执法相关部门，应强化监督检查，联合工会和相关部门，共同维护工资集体协商制度有序运行，并且劳动监察部门应严格工资和薪酬制度执法，健全多方举报机制，针对企业因工资待遇问题所引发的冲突，能及时处理，从严处理，公正处理，保障工资协商制度在企业落到实处，推动劳资双方就工资平等协商共决，协调劳动关系。

(二)完善立法，提升立法层次，增加罚则

社会主义市场经济是法制经济，国家有关劳动法律法规已经赋予职工参与企业工资集体协商的正当权利，尤其是随着《劳动合同法》的实施，更加强化了劳动者维护自身权益的权利。因此，完善法律保障体系，积极推进工资集体协商制度的法制化进程，有利于进一步弥补在市场经济转轨过程中政府宏观管理和企业自主管理之间的缝隙。第一，要提高各级人大中职工代表的比重，探索由目前的区域性选举产生代表转变为区域性选举与工会系统选举职工代表相结合的办法，充分发挥工会界人大代表在立法参与中的作用。第二，有关工资集体协商的相关法律应尽快提上立法日程，可在现有《工会法》、《劳动法》、《劳动合同法》及《集体合同规定》、《工资集体协商试行办法》等法律、法规的基础上，加快研究和制定一部经由国家级立法机关颁布的工资集体协商法律、法规。

同时，为了彰显法律的强制力和刚性，法律责任条款尤其不可缺失。如相关立法应当将用人单位无正当理由拒绝工会或者职工代表提出的工资集体协商要求等违法行为的法律责任进一步明确，违法处罚条款要明确具体具有可操作性。第三，要加大检查督促和执法的力度。许多劳动关系的矛盾都是由企业的工资福利分配制度引发的，但在矛盾的初期，很多职工因惮于企业的威慑，不敢提出协商要求。因此，各有关部门应当强化检查督促，动员和支持各级工会开展“要约行动”，推动企业自觉接受要约进行工资集体协商。同时，劳动部门应加大对涉及工资和薪酬制度的执法、监督和管理的力度，对拒绝职工方提出的工资协商要求的企业依法进行处理，促使企业正确行使工资分配自主权，推动劳资双方真正就工资问题进行协商共决，并使之成为协调劳动关系的长效机制。

笔者认为，法律应该确认工人的罢工权，罢工权是工会和集体协商制度得以充分发挥作用的后盾和保障，如果工人没有罢工权，必然会造成劳动关系失衡，工人权益更易受侵犯。同时根据我国特殊国情，在赋予工人罢工权利的同时，也应严格限制该权利的使用，让劳动者在法律规定的范围内使用法律所赋予权利，并严格规范罢工权主体和罢工程序，防止罢工权的滥用。

(三)确实发挥工会在工资集体协商中的重要作用

工会是劳动者合法权益的代表者和维护者，2012 年 7 月召开的中华全国总工会十五届四次执委会议上，王兆国同志在代表党中央发表的重要讲话中强调指出，要依法推动企业普遍建立工会组织，依法推动企业普遍开展工资集体协商。如何正确领会和把握“两个普遍”的内涵和精神实质，并将其用于指导当前和今后一个时期的工会工作，是摆在各级工会和广大工会干部面前一项重大而紧迫的任务。笔者认为，工会是开展工资集体协商的重要主体，必须注重和强化工会组织的力量和作用，如何在中国现有工会体系下，发挥工会的重大作用，可以从以下几个方面切入：

第一，推进企业普遍建立工会，扩大工资集体协商覆盖面。推进工资集体协商制度建立，前提条件是企业有工会，按照王兆国“两个普遍”的精神，认真开展基层工会组织建设工作。针对中小企业，缺乏建立工会条件的特殊情况，则可以探索建立区域性、行业性工资集体协商，从而解决我国大量的中小企业无法单独建立工资集体协商机制的难题。

第二，提高工会独立性、专业性。企业工会是劳动者利益的代言人，是劳动者形成集体力量的组织者，企业工会代表劳动者与企业开展工资集体协商，是协调劳资关系的有效途径。但目前，不少企业工会负责人都是企业人员，企业工会负责人及工作人员都在企业领取工资，企业工会负责人及其工作人员实际上成为企业负责人下级，这导致不少企业工会组织缺乏应有独立性，难以充分发挥代表劳动者向企业争取权益的作用。笔者认为，推进工资集体协商制度，建立劳动者工资正常增长机制，须以增强企业工会组织独立性为前提。故可参照国际通行做法，工会负责人及其工作人员工资由企业工会所收会费中支付，工人加入工会需缴纳会费，实现工会独立性，脱离企业控制，保证公正、公平维护职工劳动权益。工会会费是工会组织和基层工会代表进行工作的财政保证，而它的来源、使用安排以及对基层工会工作的支持程度，也需要逐步提高透明度和可依赖度。

另外，针对工会干部“不会谈”，笔者认为可以建立专业工资集体协商指导员队伍。指导员主要从社会各界从事劳动关系领域工作的专家、学者、律师、教师、社会工作者、企业管理工作者等方面人士中聘请，通过他们的专业知识和丰富的实践经验，对企业的工资集体协商开展指导工作。

（四）提高劳资双方对工资集体协商制度的认识

目前，我国工资集体协商工作在地区间发展不平衡，关键在于有关各方对工资集体协商仍然存在认识上的误区或顾虑，表现为部分地方政府片面认为推行工资集体协商会影响当地投资环境，损害当地经济发展，以及部分企业经营者认为其对企业拥有所有权，工资分配决定权在企业，而忽视职工合理利益。

笔者认为，国家应以倡导科学发展观为主题，教育引导企业经营者确立与职工共建共享的思想和理念，当前国内屡现的“用工荒”应引起企业经营者的深思，只有充分尊重劳动者的合理权益，让职工取得合理的劳动报酬，才能调动职工为企业奉献的积极性，实现企业的可持续发展，最终达到劳资双方双利双赢的最佳结局。国家对于企业经营者加以教育引导的同时，也应有必要的激励措施，例如税收减免、行政奖励等方式，促进他们以职工为本、劳资共赢的经营思想。

此外，提高社会各界特别是职工对工资集体协商的认知度，要加大宣传力度，通过工资集体协商宣传月、宣传周、宣传日等活动，充分发挥广播、电视、报刊等新闻媒介的作用，创造良好社会氛围，普及工资集体协商知识，让劳动者知道工资集体协商相关权利，懂得如何保护自己合法权益。

第四节　我国集体合同制度的塑造

通过前面两章对我国集体合同制度的发展、性质、价值以及存在问题的分析，我们知道，目前我国集体合同制度与其他市场经济发达国家相比还很不完善，尚未真正体现其价值，其功能没有得到有效发挥。随着我国经济体制改革的深入、企业制度的逐步成熟，集体合同制度应更趋于完善，以发挥更大更有效的作用。本节将结合我国集体合同制度中存在的问题，参照我国集体合同制度的价值，对集体合同制度的完善提出对策和建议。

一、集体合同立法的完善

(1)改变集体合同制度立法理念。应认识到集体合同制度在劳动法律体系中的重要位置。劳动关系的法治化、有序化是法治社会建设的题中之意。在劳动法律体系中，集体合同制度一方面联系着劳动标准法，另一方面有约束个体劳动合同，尤其是在我国存在大量农民工劳动者的现实下，集体合同制度是维护这部分劳动者利益的重要手段，其重要性不容忽视。在我国现行法律体系中，集体合同立法发展相对较早，但是其重要性和地位却没有得到足够的认识和体现，因此，要完善集体合同制度立法首先必须改变对集体合同制度的立法认识。①

(2)关于集体合同制度的立法内容要严谨而灵活。在我国，集体合同仍属于私法上的合同，其基础是“平等协商”、“意思自治”，因此，集体合同制度立法对双方主体干预过多。这并不意味着完全尊重“协商”与“自治”，对双方协商、自治的合法性、规范性立法应作出明确具体的规定，由此才能保证整体劳动关系的一致与稳定。

(3)完善集体合同立法体系。鉴于我国关于集体合同制度的立法

① 参见张举国:《我国集体合同制度的法律思考》，载《湖北成人教育学院学报》2009 年第 1 期，第 58 页。

中位阶较高的《劳动法》、《劳动合同法》对集体合同的规定过于原则，而作出较为具体的规定的《集体合同规定》的法律位阶有较低的现象，应加快集体合同立法，将集体合同单独立法。① 对集体合同制度的有关内容作出统一的、协调的、可操作的规范，这一问题可借鉴外国发达的集体合同立法经验，如德国。

(4)在立法上确认职工的集体协商权，明确规定只要职工一方提出签订集体合同，用人单位一方必须按规定程序与其订立集体合同，或规定企业有签订集体合同的义务。这样既可以使职工一方拥有了进行集体协商，签订集体合同的权利依据，集体协商权使劳动者以对等的身份介入以往资产者所独占的领域，即对企业劳资关系事务的处理。② 也可以使我国集体合同制度的推广主要依靠行政指标、流于形式的现象有所改变。由于集体谈判实质是对雇主权利的制约，鉴于此，在发达市场经济国家集体协商(谈判)一般都被作为劳动者和工会的一项权利，有的国家如日本还把这一权利作为宪法权利加以规定。而对于雇主是否享有这一权利，法律一般不作专门规定。从维护劳动者协商权的意义上说，谈判对于雇主来说更是一种义务，因为权利可以放弃行使，义务则不可以放弃履行。所以有的国家明确规定雇主没有正当理由不得拒绝集体谈判，如日本、法国还通过法律规定雇主每年要进行集体协商的义务。③

(5)确认并规范集体协商过程中的产业行为。产业行为“是劳资双方在集体协商过程中，双方不能就集体合同的条件达成一致的情况下，为了迫使对方接受己方的条件而采取的一些比较激烈的手段或行

① 王静:《我国推行平等协商和集体合同制度存在问题及对策研究》，载《新乡教育学院学报》2007 年第 1 期，第 9 页。

② [日]沼田稻次郎等:《劳动法事典》，劳动报社 1979 年版，第 224 页，载常凯主编:《劳权论》，中国劳动社会保障出版社 2004 年版，第 225 页。

③ [美]约翰·P. 温德姆勒等:《工业化市场经济国家的集体谈判》，中国劳动社会保障出版社 1994 年版，第 50 页，载常凯主编:《劳权论》，中国劳动社会保障出版社 2004 年版，第 260~261 页。

动。”①其基本内容是罢工和闭厂。产业行为的依据是集体争议权(又称集体行为权，或工业行为权)，集体争议权在一般法律意义上是劳资双方共有的权利，但在劳动法中通常指劳动者一方的争议权。罢工权是集体争议权的重要内容，是指一定数量的劳动者为改善劳动条件等经济目的而集体停止工作的权利。目前我国法律对罢工权、罢工行为并未作出明确规定，但罢工行为在现实中确实存在并呈上升趋势，由于缺乏有效的规范其并不是一种规范的市场经济行为，既不以签订集体合同为目的，也不是由工会组织，大多是劳动者在基本劳动经济利益被侵害又长期得不到解决而采取的一种不得已的办法。因此，为增强劳动者的实力、有效落实劳动者的集体协商权，就需要对我国集体争议权作出确认和规范，主要是罢工立法。对劳动者的罢工行为、罢工行为的组织、实施等作出规定，可以借鉴罢工制度发达的国家的经验。“罢工权必须是在雇主侵害了劳动者一方的利益或将要侵害其利益，并且无法通过集体协商途径解决时实施的，这一权利的实施必须经过大多数劳动者的同意并进行一致行动”②必须由工会组织，以缔结集体合同为目的，必须保证社会与经济秩序的稳定与安全，并应受到必要的限制，如职业限制：公务员不得罢工，行业限制：公共交通、医疗等行业不得罢工。

(6)在立法上明确规定工会在集体合同签订中的地位和责任。我国法律确认工会在签订集体合同中的代表地位(《劳动合同法》规定“集体合同由工会代表职工一方与用人单位签订”)，是职工利益的代表者和维护者。但由于我国工会与企业实际存在千丝万缕的联系，尤其是在人事和经济来源上，因此，在集体合同立法或是《工会法》上应强调工会的独立地位，必要时在人事和财政上作出独立性要求。例如，工会人员的工资、经费由工会会员承担，保证工会资金上的独

① 常凯主编：《劳权论》，中国劳动社会保障出版社2004年版，第293页。

② 常凯主编：《劳权论》，中国劳动社会保障出版社2004年版，第293页。

立；工会干部直选，保证工会人事、行政上的独立。① 同时应规定工会在签订集体合同时应对其不当行为承担责任，明确规定工会承担责任的条件与方式，以此督促工会有效发挥其职工代表的职责，增强当事人对集体合同的信任与认同，才能使集体合同制度得到有效推行。

二、集体协商行为的完善

与集体合同制度有关的集体协商的过程即是确定集体合同具体内容的过程，因此，完善集体合同制度就必须规范集体协商过程。

(1)充分运用三方协商机制。三方协商作为劳动关系处理和协调的原则，是国际劳工组织首创并竭力推行的。政府以公正的第三方的身份介入劳资关系，三方均保持自己独立的身份，以平等协商的方式确定劳工标准和劳动政策。三方协调机制有利于推动劳资双方集体协商的进行，有利于更好地维护处于相对弱势的工人群众一方的利益，增强协商中的平等性。但第三方的介入并不是无限制的干预而是尊重双方意愿，以公正人的身份使双方在协商中达到平等的地位，是为了使劳资双方的协商能够正常进行而形成的。健全我国的三方协商机制还应当采取以下措施：①树立以民主治理手段调整劳动关系的新观念。政府、工会、企业都应树立彼此间以平等身份进行协商的精神。②完善立法、健全法制，制订有关劳动关系三方协商机制的专门法律法规，使三方机制规范化、制度化，具有可操作性。②

(2)提高集体协商代表的素质。集体协商代表的素质直接影响到集体协商的效果和集体合同的内容。集体协商代表的素质一方面是指代表所具有的关于协商内容的专业性知识、对国家政策的掌握以及协商谈判的能力，所以集体协商代表应选择具有相关知识水平的职工担任或者对协商代表进行培训；另一方面，由于集体合同应与企业的经

① 参见张冬梅：《集体合同制度与工会的变革和维权》，载《中国人力资源开发》2008 年第 1 期，第 77 页。

② 参见杨燕绥编著：《新劳动法概论》，清华大学出版社 2008 年版，第 175 页。

营状况相协调，所以在集体协商前，企业应给予职工一方了解企业经营状况的机会，以平衡对企业信息掌握的不平等。

(3)规范集体协商程序，设置违反程序的法律责任。我国的集体协商存在走过场甚至不协商的现象，其原因一方面是由于在我国缺乏关于集体协商的规范化程序和有力的监督力量，另一方面是由于人们对集体合同认识不到位，重签订轻协商。因此，要确实贯彻落实集体协商制度，就必须确立规范的集体协商程序并明确规定相应的法律责任。另外，设立集体协商监督部门以处理集体协商过程中出现的分歧与纠纷，督促劳资双方依程序平等协商。设立的法律责任不仅包括职工一方与用人单位一方的不当行为引起的责任，还包括政府部门作为第三方在对集体协商作指导或调解利益争议时的不当行为引起的法律责任。

(4)改变集体协商中，劳资双方对立的关系，在双赢基础上共谋发展。企业生存是雇主和雇员的共同利益。不论是职工还是用人单位管理者，都是社会主义劳动者，二者的根本利益和长远利益是一致的。企业的发展与配合是职工利益实现的保证，职工的体谅与积极劳动是企业发展的动力。因此，在劳资双方的集体协商中，二者应相互体谅，既要照顾职工的劳动条件、工资待遇和生活要求，也要考虑用人单位的实际情况和社会经济发展状况，使二者能够在双赢的基础上签订集体合同。

三、集体合同内容的完善

我国通过《劳动法》、《集体合同规定》、《劳动合同法》等一系列法律法规对集体合同内容作出了比较全面的规定。集体合同的内容规范了当事人的权利义务，其目的在于解决实际问题，调节职工与用人单位的劳动关系，因此，集体合同的内容应明确具体，能够反映实际需要，只有如此才能切实发挥集体合同制度的功能，体现集体合同制度的实际意义。

(1)集体合同条款不应过于原则，应根据本企业、本行业实际，使集体合同内容尽量细化，具有可操作性，与当事人利益密切相关的内容应具体明确。要做到这一点就必须使双方当事人认识到集体合同对其自身利益的影响，尤其是在没有个体劳动合同的时候。

(2)提高集体合同的内容的现实性。包括两个方面，第一方面，集体合同内容确定的标准应符合企业实际效益，使企业确实能够实现的，否则就算签订了集体合同，也会因条件达不到而成为一纸空文；第二方面，集体合同的内容对职工劳动条件和生活条件的提高应有所帮助，而不只是与劳动标准法持平，否则对于劳动者来说集体合同就没有实际意义，降低了人们对集体合同的期望与信任。

(3)完善集体合同内容。因为目前我国集体合同内容单一，需要进一步充实。主要包括，①合同中应适当加入用人单位的整体利益，例如，生产力的提高、生产经营任务等，而不是一味地强调职工利益。②设置双方承诺和平义务的条款，在合同存续期间双方均不得轻易采取过激行为，以使劳动关系总体上保持和谐，使和平状态成为主要依靠内部自律行为来实现，提高合同履行自觉性。③设立明确的集体合同违约责任条款，包括职工、用人单位违反约定的权利义务的责任，也包括工会因不当行为应承担的独立责任，并在不违反法律法规的条件下明确约定具体的违约责任承担方式，以保障合同的落实。①

四、集体合同履行的完善

集体合同的履行制度包括两个方面，一是集体合同的效力制度；二是集体合同纠纷的救济制度。

1. 集体合同的效力范围

(1)集体合同的效力应及于新加入的职工，其前提是告知其集体合同的内容，职工可对集体合同的内容向工会或用人单位提出异议并要求其做出解释。

---

① 参见吴超民：《略论中国劳动力市场的合同制度》，载贾俊玲主编：《21世纪亚太地区劳动法与社会保障发展趋势》，中国劳动社会保障出版社2001年版，第117~120页。

(2)行业性、区域性集体合同在法律没有强制规定的情况下，其效力不及于该领域内没有参与或不愿参与用人单位组织或集体合同的用人单位。这主要是因为，集体合同属于私法领域的合同，应尊重当事人的意愿，除非法律有明确规定。通过以上两点，理清了集体合同的效力范围，避免了实践中的混乱与争议。

2. 明确集体合同的续签责任

前面说过要让集体合同的签订成为职工的权利和用人单位的义务，那么在集体合同期满后，双方没有及时续签时应由谁承担有关责任和再续签之前原集体合同的效力问题必须予以确定。本书认为，应首先确定工会或用人单位负有集体合同到期的告知义务，然后根据双方的过错来确定责任。并且，在集体合同续签之前或新的集体合同生效之前原集体合同应继续有效。明确规定集体合同的时间效力后，可避免在集体合同到期后劳资双方权利义务的无序状态。

3. 加强和完善集体合同履行监督机制，确保集体合同全面履行

在实践中应建立联合监督检查小组，加强企业工会、上级工会和政府劳动行政部门对集体合同的监督工作，督促义务主体履行合同义务。① 工会应切实维护职工利益，充分行使对企业履行集体合同情况的监督权，使集体合同得到贯彻落实，切实发挥调节劳资关系的作用。

4. 有关集体合同的立法应明确规定集体合同纠纷处理程序，使其具有可操作性

可通过《集体合同法》对涉及仲裁、诉讼、仲裁与司法程序的关系等一系列问题作出全面系统的规范，以有效规范集体合同救济途径。另外还包括要明确规定集体合同争议责任承担方式，是利益受损方得到有效救济。集体劳动争议涉及的主体范围广，对集体劳动争议的处理关系到企业劳动关系的稳定，甚至社会的稳定，因此对集体合

① 参见王新雨：《集体合同履行难原因浅析》，载《天津市工会管理干部学院学报》2007年第2期，第31页。

同纠纷的处理应遵守及时、高效的原则。

5. 完善企业内仲裁委员会制度

我国的集体合同主要是企业范围的集体合同，集体合同纠纷大多也是企业内劳资关系和劳动条件的纠纷，因此，在企业内设立仲裁委员会，其对本企业的职工的利益要求和企业的经营状况都更为了解，对这类争议也能更灵活有效地促成双方达成妥协。企业仲裁委员会制度包括企业内仲裁委员会的设立与组织、仲裁委员会的独立地位以及仲裁的效力等。①

6. 确定仲裁或诉讼中工会和职工的地位

一方面，法律应明确规定，工会在诉讼或仲裁中的地位即工会作为职工一方的代表参与仲裁或诉讼。这是因为在签订集体合同时工会是作为职工一方的代表，是职工一方的代理人，而不是当事人，所以在关于集体合同纠纷的仲裁或诉讼中，其身份依然是代理人，而不是当事人。另一方面，目前我国《劳动合同法》规定“因履行集体合同发生争议，协商不成，工会可依法申请仲裁，提起诉讼”，对于劳动者个人是否有资格没有明确规定。本书认为，法律应确定职工个体可以作为申请仲裁和提起诉讼的主体。因为，职工是集体合同当事人，集体合同与职工的关系更为密切，调整的是职工的权利义务，因此职工个人可要求工会为维护其利益申请仲裁，提起诉讼，也可以以个人名义申请仲裁或提起诉讼。

集体合同制度是我国社会主义条件市场经济条件下，构建稳定、和谐、高效的劳动关系的重要的和行之有效的措施，也是建设社会主义法治国家、构建社会主义和谐社会的重要举措。目前，我国集体合同制度还有很多不尽如人意的地方，其原因是多方面的，其完善也是一个渐进的过程。随着我国社会主义市场经济体制改革的深入发展，我国集体合同制度将有更大的发展空间，在我国劳动法律体系中将发挥更大、更有效的作用。

① 参见陶建国：《德国集体合同制度及其纠纷解决机制》，载《中国劳动关系学院学报》2009 年第 3 期，第 75 页。

第三章　劳动就业制度调控——就业促进制度

第一节　就业促进中的政府责任

一、政府促进就业之法律义务——《首次就业合同法》构想

就业是民生之本、安国之策，它直接关系亿万家庭切身利益，关系改革发展和谐稳定的大局。从法律的角度就业又是公民享有的基本劳动权利。就业，是每个公民生存发展的经济基础和保障，是公民融入社会、共享社会经济发展成果的实现方式，因此，就业是民生之本；促进就业，关系到亿万劳动者及家庭的实际利益，是法制社会和谐发展、国家长治久安的前提条件，故促进就业是安国定邦之策。通过法制化的手段促进就业是构建和谐劳动关系的必然选择。

劳动就业是有劳动能力的人通过一定方式与生产资料相结合，实现劳动过程，获得劳动报酬或经营收入的活动。劳动力与生产资料相结合，使劳动过程得以实现，生产出社会所需要的产品，推动社会的进步和发展。从劳动者的权利角度而言，劳动者依法享有的劳动权，只有通过劳动就业才能实现。在就业之前，劳动权利处于一种虚置状况；通过就业，劳动权才成为现实。① 就业促进是保障劳动者就业权实现的基本途径。劳动就业权是公民要求“国家或社会提供劳动机会

---

①　参见黎建飞：《就业促进法中的政府责任与法律原则》，载《中国发展观察》2007年第3期，第14页。

的权利"①

关于就业促进的界定，还没有明确的法律定义。有学者认为，"就业促进是国家采取的帮助公民实现劳动就业的一系列措施的总称。"②

中国就业促进会会长张小建在全国残疾人技能与就业高层研讨会上表示，当前我国就业形势主要面临三大压力：就业形势的第一个压力是劳动力供大于求的总量性矛盾长期存在，"十二五"期间城镇每年需要安排就业人数2 500万，而每年新增就业岗位只有900万个；第二个压力是就业的结构性矛盾日益突出，这与我国转变经济发展方式和产业结构调整有着紧密联系；第三个压力是农村劳动力转移就业进入一个加速期，现在虽已转移农村劳动力2.4亿人，但农村富余劳动力仍有1亿多人。③ 我国正处于市场经济发展的关键时期，社会就业问题随之面临非常严峻的形势，而要解决就业形势面临的巨大压力，各级政府必须充分发挥政府在就业促进中的责任。

党的十六届六中全会特别强调要建设服务型政府，强化社会管理和公共服务职能。这是我们党首次关于服务型政府建设的明确要求。关于服务型政府的定义有不同的说法，有人认为，服务型政府是指建立在成熟的市场经济、成熟的公民社会、有效的公共服务体系基础之上的，以公民本位、社会本位为指导理念，以为公民服务为宗旨，与公民、企业及其他社会组织互动，供给全面、均等、优质、高效公共服务的现代化国家行政机构。④ 该观点认为：服务型政府有三个基础

---

① 董保华著：《社会法原论》，中国政法大学出版社2001年版，第312页。

② 黎建飞：《就业促进法中的政府责任与法律原则》，载《中国发展观察》2007年第3期，第14页。

③ 参见赵超、顾烨：《中国就业促进会会长：我国就业形势面临三大压力》，载中央政府门户网站，http://www.gov.cn/jrzg/2011-06/11/content_1882031.htm，发布日期：2011年6月11日，访问时间：2011年6月26日。

④ 参见刘翔：《论服务型政府有效运转的公民社会基础》，载《理论与改革》2010年第6期，第29页。

性的条件，即作为经济基础的成熟市场经济、作为社会基础的成熟公民社会、作为功能基础的有效公共服务体系。该观点认为服务型政府的价值核心是公民本位和社会本位，这要求政府在经济、社会与管理活动中，首先考虑的是公民与社会的利益，即追求公民利益和社会利益的最大化，保障公民和社会的意志在整个公共管理中的决定地位，维护公民合法权利不受侵害，这是政府行为的根本出发点；再次，将公共服务职能作为政府的核心职能，政府通过调整与市场经济及公民社会的关系，与各社会治理力量平等合作、互动决策，利用公共服务体系来提供全面、均等、优质、高效的公共服务。

随着中国市场经济规模的扩展、城市化进程的加快以及统筹城乡一体化的发展，人们物质文化需求不断增长，日益扩大的市场满足需求的同时，政府以公共服务的方式满足需求的责任也相应扩大。中国政府公共服务增长，随着社会转型的深入，基础设施、社会保障、教育卫生等公共产品供给不断增加。政府提供公共服务是政府履行责任的具体方式，政府的诸多责任均可纳入公共服务的框架之中进行分析，然而公共服务性扩张要在处理好效率与公平的问题中找准均衡点，在市场与政府之间合理确定边界。①

笔者认为，在构建服务型政府之中，就业之促进应当是其重要职责和政府的法定义务之一。人民的政府要通过制订和实施一系列积极的就业政策来促进就业，政府还必须为劳动者提供公平就业的环境，为公民的公平平等的、不受歧视的就业提供保障。除此之外，构建和谐劳动关系之服务型政府，特别要求我们的政府依法履行为劳动者提供好的就业服务的义务，特别是做好公共就业服务，免费为劳动者提供高效率、高质量的全方位的就业服务。《就业促进法》第35条明确规定了政府之就业服务的法定内容：县级以上人民政府建立健全公共就业服务体系，设立公共就业服务机构，为劳动者免费提供下列服务：就业政策法规咨询；职业供求信息、市场工资指导价位信息和职

① 参见闻新国：《政府责任转型的二重性悖论与化解》，载《理论与改革》2010年第6期，第88~89页。

业培训信息发布；职业指导和职业介绍；对就业困难人员实施就业援助；办理就业登记、失业登记等事务；其他公共就业服务。公共就业服务机构应当不断提高服务的质量和效率，不得从事经营性活动。公共就业服务经费纳入同级财政预算。服务型政府还要求我们的政府必须为失业劳动者建立起就业保障体制。可见，就业之促进是新时期转变政府职能、构建服务型政府的必然要求，是政府的法定职责和法定义务。

在劳动法学界，政府在就业促进具有重要的责任，是就业促进的主要推手，其作用直接关系到就业促进的成效。现代社会中几乎各国的经济政策都致力于解决就业问题。减少失业、促进就业是世界各国共同努力的目标。各国政府在就业促进中的责任包括：尽力降低社会的失业率，尽量达到充分就业；通过监督与干预，建立公平竞争的就业环境；扶助特殊社会群体就业，对失业者给予救济；建立公共就业介绍体制，为社会成员免费提供有效的就业服务。① 可见，政府在就业促进中的责任是全方位的，政府是就业促进的最有力和最有效的推手。

笔者认为，从宏观上讲，政府促进就业之法律义务就是促进和实现“体面劳动”。政府的就业促进职能是实现“体面劳动”的重要保障。国际劳工组织认为，“体面的劳动”意味着劳动者的权利应得到保护，有足够的收入和充分的社会保护，也意味着有足够的工作岗位；并认为，“体面的劳动”只有通过对促进工作中的权利、就业、社会保护和社会对话这样四个战略目标，在整体上予以平衡和统一地推进，才能够实现。也就是说，体面劳动包括四个方面的内容：工人基本权利得到保障；充分的就业岗位和合理的收入；有效的社会保护；通过社会对话解决问题。体面劳动四个方面的相互关系是：基本权利是体面劳动的先决条件，促进就业和社会保护是体面劳动的内容，社会对话

① 参见黎建飞：《就业促进法中的政府责任与法律原则》，载《中国发展观察》2007年第3期，第14页。

是实现体面劳动的手段。① 正如有学者提出的观点：“实现劳动者体面劳动，政府的引导作用不可忽视”②。该观点认为政府在“体面劳动”中的职责有四：第一，政府应积极引导社会形成尊重劳动、尊重劳动者的社会氛围，引导企业遵守法律法规、积极参与构建和谐劳动关系的良性局面，支持工会在三方机制中发挥强有力的作用，通过舆论大力培养劳动者体面劳动的意识理念。第二，政府应通过制度建设将体面劳动的诉求转化为社会政策，因为制度建设是劳动者实现体面劳动、尊严生活的社会基础。政府可以从就业援助、就业歧视、就业促进、社会保障、职业安全等维度入手，为体面劳动的实现做好制度供给。第三，政府要积极推动分配制度改革，增加和保障劳动者工资性收入。政府要介入社会最低工资标准的动态调整，探索建立工资支付保障制度，推动工资集体协商制度的良性运行，加快出台《工资条例》。第四，政府要多关注非正规就业群体和中小企业劳动者权益保护的态势，创造更多生产性就业机会，要协调处理好政府地方税收与维护民众权益、企业效益增长与企业内部守法行为监督之间的关系以及尊重企业经营自主权与保障劳动者合法权益之间的关系。

我国《就业促进法》明确规定了政府就业促进的法律责任。2007年10月9日，原劳动保障部副部长张小建接受中国政府网专访时，指出政府就业促进须承担六个方面责任③：

第一，明确政府要把就业工作放在经济社会发展的突出位置，在制订经济社会发展规划的时候必须把就业放在一个非常重要的位置。比如我们说一个城市的建设很重要，经济发展、GDP发展很重要，但是这个城市的就业问题解决得怎么样，老百姓的就业率高不高，失

① 参见林燕玲：《体面劳动在中国的阐释和实践》，载《北京市工会干部学院学报》2011年第1期，第5页。

② 参见王佳佳、牛忠江：《“体面劳动”的实现路径》，载《光明日报》2011年1月30日第007版。

③ 参见《〈就业促进法〉明确政府解决就业需承担六方面责任》，载中央政府门户网站，http://www.gov.cn/zxft/ft65/content_757765.htm，发布日期：2007年10月9日，访问时间：2011年6月26日。

业率能不能控制住，应该把这个作为经济社会发展的一个最重要的指标。有的专家甚至讲《就业促进法》实际上就是把就业放在各级政府解决民生最优先的位置。

第二，我们的政府要通过制定和实施一系列积极的就业政策来促进就业。政府的行为主要是通过政策引导社会各方面，规范社会各方面，来鼓励和支持劳动者更多的就业。在这方面政府能不能拿出一整套积极的就业政策，并且很好地实施、落实，让它取得效果，是政府的第二个重要职责。

第三，《就业促进法》规定政府要为劳动者提供公平就业的环境。这个公平就业的环境首先就要对人力资源市场进行相应的规范。就业是一个市场行为，但是政府对市场的管理和规范是必要的，这样才能真正保证就业的公平，反对就业歧视。

第四，要为劳动者提供很好的就业服务，特别是强调公共就业服务。公共就业服务就是指免费为劳动者提供高效率、高质量的就业服务。

第五，所有的就业最终要取决于劳动者自身的素质、本领如何，政府不可能包揽每一个老百姓的就业，但是政府应该为老百姓提高自身的职业素质、职业技能、就业能力、创业能力提供条件。所以搞好职业教育和培训是政府的一个重要职责，使劳动者能够提高他的就业能力，从而能够为实现就业提供条件。

第六，在市场就业中总是有一批困难的群体，他们在市场竞争中和一般的高素质的劳动者可能竞争不了，因为各种原因，包括家庭困难、身体素质以及本身年龄比较大等各方面原因造成他成为一个困难群体。那么市场就业解决不了的问题，政府要承担最后的责任，就是要给这些确实困难的就业群体人员提供就业援助，解决他们的就业问题。特别是在《就业促进法》中提出保证每一个家庭至少有一个人就业，这实际上为国家各级政府提出了非常高的要求，要保证这个城市或者地区的每一个家庭至少有一个人就业，这样社会才能处在一个和谐的环境中。

笔者认为，除了以上六个微观层面的义务和责任外，还应当有促进首次就业的义务和责任。

第七，政府在首次就业促进中的义务——《首次就业合同法》。

我国无论是在理论界，还是实践中都还没有“首次就业合同”的概念，更没有《首次就业合同法》。《劳动法》、《劳动合同法》和《就业促进法》都没有关于“首次就业”的法律规定，已经凸显其立法缺陷。因此，首次就业之促进还不是政府的就业促进的义务和责任，这对就业促进特别是首次就业者极为不利，也影响了首次就业的劳动关系之和谐。

在法学界谈到“首次就业合同”，就让人想到2006年法国的《首次雇佣合同法》所引发的事件，这也是国外劳动合同法之立法中的重要事件，其关于劳动合同法尤其是《首次雇佣合同法》的立法经验和不足，是一部“活的立法教材”，是非常值得我国今后进行《首次雇佣合同法》立法参考和借鉴的。

2006年，法国学生反对新劳工法即《首次雇佣合同法》的抗议浪潮蔓延全国，2006年3月16日各地有数十万人上街示威，并与警察发生暴力冲突。18日法国民众对《首次雇佣合同法》的不满愈演愈烈，工会与学生在全国150多处号召150万人走上街头，要求政府撤回此法。28日法国和英国不约而同地举行了大罢工，公共服务大受影响。4月10日法国政府决定用“帮助困难青年就业机制”取代备受争议的“首次雇佣合同’，以解决数月来新劳工法引发的抗议。

《首次雇佣合同法》争议最大的问题是：20人以上职工的企业在招收未满26岁首次参加工作的青年人时，可签订为期两年的“首次雇用合同”，在两年期限内，企业有权无须提供证明就可辞退员工。

法国政府是为了解决失业问题，为何年轻人却反对此法，双方理解偏差在哪里呢？中国人民大学程延园教授认为，在于这个首次雇佣合同法的规定中，虽然企业解雇员工后政府会给失业者提供每个月460欧元的救济，但首次雇佣合同法的规定与法国现行的劳动法差距比较大。现行的法国劳动法对劳动者的解雇条件非常严格，企业一旦雇佣了一个人，除非此人达到了犯罪或重大违纪事故，否则不能解雇，而新的雇佣合同法可以无理由解雇这些26岁以下的年轻人，保护一下子放开了，年轻人的心里落差可想而知。①

笔者也认为，《首次雇用合同法》之所以遭到反对，不是出台《首次雇用合同法》本身不好，而是其部分条款设置不当，主要是其解雇之经济补偿标准背离了原来劳动法的规定，无理由的解雇条款也违背法国劳动法之解雇保护制度，违背了法国劳动合同以无固定期限劳动合同为主导形式的基本原则。

高福利高保障增加了法国企业的负担，雇用成本居高不下，而根据法国的劳动法，企业在解雇职员时需要有一份具有法律效力的辞退证明，并且要说明动机，否则就会面临被职员告上法庭的可能，所以企业更不敢轻易招人，尤其缺乏经验的年轻人。鉴于此，法国政府提出了这项旨在平衡企业与雇员权利和义务的合同法，为企业松绑，让它们大胆地雇用青年人，借此为青年人创造更多的就业机会。② 这是《首次雇用合同法》遭到反对的另外一个重要原因：那就是政府想减轻企业的负担，而增加就业机会，这样企业的成本降低了，劳工的利益必然受损。如何有效公平合理地均衡劳资双方的利益，像其他的劳动立法一样，仍然是劳动合同法立法中必须高度重视问题，法国的经验正好从反面给予了我们非常有益的启示。

我国有关《首次雇用合同法》的立法还没有启动，也就是说我国政府在公民首次就业中的就业促进义务和责任，还没有明确的法律规定。那些关于促进大学生就业的一些政策法规，也至多只能算作广义的首次就业法规，离真正的《首次雇用合同法》还有很大的距离。

我国关于《首次雇用合同法》的正式的立法建议，还很少见。2010 年 3 月 7 日，一份得到民建大约 60 位委员认可的提案正式报送全国政协。这份名为《关于充分发挥知识密集型企业吸收大学生就业的提案》，在国内首次提出了“首次就业合同”的概念。

① 参见高娃：《中法劳动法逆向而行》，载《管理@人》2006 年第 5 期，第 51 页。

② 参见高娃：《中法劳动法逆向而行》，载《管理@人》2006 年第 5 期，第 51 页。

关于"首次就业合同"的主要内容，提案认为，可以在《劳动合同法》中新增"首次就业合同"条款。"首次就业合同"设置最长为2年的工作培养期，用来替代现行劳动合同法规定的3～6个月的试用期；培养期内，企业需要为大学生负担社保和住房公积金；合同固定了一套快速简易的解聘程序和相对的补偿标准。由于《劳动合同法》尚未针对不同类型企业和不同类型的劳动者在劳动保护、试用期制度、试用标准、劳动合同的变更等方面加以区分，使知识密集型企业在招聘大学毕业生方面遇到了一定障碍。由于招聘大学毕业生成本增加，导致知识密集型企业更愿意直接招募在行业内有成熟工作经验的员工，而对招聘大学毕业生存有顾虑。①

对"首次就业合同"的设置，可以在修改《就业促进法》时完成。通过补充《就业促进法》，设立统一的《首次就业合同》。目前《就业促进法》中的大部分规定更多是针对中低学历的劳动者的就业问题而确立的，我们建议修订《就业促进法》，针对大学毕业生到知识密集型企业就业，在相应的条款中设立一个固定格式的新型劳动合同——《首次就业合同》。该合同特点如下：一是该合同本质上属于《劳动合同法》规定的无固定期限劳动合同，它设置最长两年的工作培养期，用以替代试用期，不同的是企业需要为工作培养期内的大学生负担社保和住房公积金；二是该合同固定一套快速简易的解聘程序和相对的补偿标准，如合同签订后头3个月企业解除合同不需要提前通知和赔偿，3个月后至培养期结束间企业解除合同须提前15天通知并支付工作期间工资总额5%的赔偿等具体标准；三是固定工作培养期内企业对大学生的最低培训投入时长；四是大学生在工作培养期结束后与企业自动转为普通无固定期限劳动合同关系。当然，企业和大学毕业生在签订劳动合同时完全可以自由选择是否使用《首次就业合同》，如放弃使用该合同，则必须依照《劳动合同法》的规定签订普通的定

① 参见芮晓煜：《民建提案建议新增首次就业合同》，载《财经》杂志网络版，http://www.sina.com.cn，发布时间：2010年3月8日，访问时间：2011年6月28日。

期或无固定期限合同。① 笔者认为，关于对“首次就业合同”的立法，仅仅在修改《就业促进法》时完成，是不够的，必须将其纳入《劳动合同法》的范畴，因为《劳动合同法》是规制劳动合同的专门法，“首次就业合同”的设置应当成为《劳动合同法》的调整内容之一，因此，在修改《劳动合同法》时，有必要将其列入进来，使我国的《劳动合同法》更趋完善，这样做比单独设立《首次就业合同法》要更加可行，并可节约立法成本。修改《就业促进法》时，主要明确政府、中介、用人单位和高校在首次就业中的义务和责任，而不是具体设置首次就业的合同条款，首次就业的合同条款的设置还是应当放在《劳动合同法》中进行。

政府在首次就业促进中的义务和责任主要是：一是出台《首次就业合同法》，将各法律主体在首次就业促进中的义务和责任，纳入法律的调整轨道。二是，出台相关政策扶持首次就业者，主要是扶持大学生的首次就业。各级政府辟出一部分用于扶持大学生就业的财政支出设立“大学生首次就业补贴准备金”。当发生签订《首次就业合同》的大学生在工作培养期内主动离职时，该准备金首先补贴签约企业为该大学生所支付的各类社保和住房公积金总额的一半；三是，从长远来看，该准备金还可以用于鼓励、补贴有实力的知识密集型企业与高校进一步紧密合作，设置课程和实习内容，在大学校园内培养定向人才。②

第八，就业见习中的义务和责任③。

① 参见张意轩：《民建：建议设立统一的〈首次就业合同〉发挥知识密集型企业快速吸纳大学生就业的“海绵”作用》，载人民网，发布时间：2010 年 3 月 8 日，访问时间：2011 年 6 月 26 日。

② 参见张意轩：《民建：建议设立统一的〈首次就业合同〉发挥知识密集型企业快速吸纳大学生就业的“海绵”作用》，载人民网，发布时间：2010 年 3 月 8 日，访问时间：2011 年 6 月 26 日。

③ 后文“就业见习制度”中有专门阐述，此不赘言。

二、政府促进就业之法律责任

政府在促进就业中应当依法履行自己的法律责任和义务，如果政府违背了法律规定的就业促进义务，就应当承担相应的法律责任，不能因为政府的强势地位而规避其应当承担的法律责任。亚里士多德认为："法治应包含两重意义：已成立的法律获得普遍的服从，而大家所服从的法律又应该本身是制定得良好的法律。"①法治的普遍性原理要求政府也必须服从法律，不得将自己排除法制之外，《就业促进法》更要求政府严格遵守其法定之就业促进义务，如果政府都不率先遵守法律的话，那就是对整个法治环境的破坏。

政府作为公共服务的提供者、公正政策的制定者、公共事务的管理者及公共权力的行使者，须在法治框架内履行职能，实现服务宗旨。政府作为制度的最大供给者和社会治理最重要的主体之一，具有强制优势、组织优势、超强优势和效率优势，因此构建和谐社会，迫切要求政府能提供更有效的公共治理、更充足的公共产品和更优质的公共服务，不断满足社会公众日益增长的需求。同时，和谐社会必然是法治社会，必然要求政府在履行提供社会服务、维护公共利益、承担公共责任和尊重公民权利等职能时，必须以法治作为基石和制度保障，依法办事，依法服务。② 由此可见，政府的就业促进义务和责任是法治社会中服务型政府的必然要求，真正的服务型政府的重要职责之一就是促进社会的就业和谐。

有人认为政府促进就业的着力点，应包括积极的劳动力市场政策（如职业介绍、培训、就业计划）和被动的劳动力市场政策（如失业救济管理等），从宏观调控、就业服务和就业监管三类政策入手，以推动经济增长方式转变及产业结构升级、帮助就业弱势群体就业和再就

① ［古希腊］亚里士多德著，吴寿彭译：《政治学》，商务印书馆 1983 年版，第 199 页。

② 参见贺荣：《我国转型社会中服务型政府法治化研究》，载《行政法学研究》2010 年第 4 期，第 46 页。

业、协调城市就业与农业剩余劳动人口就业以及维护公正、有序的就业市场环境等方面，帮助企业成为保就业的行动主体。① 该观点将政府之就业促进的责任分为三大部分：宏观调控、就业服务和就业监管。宏观调控的目的是完善利益引导机制、提升企业保就业积极性；就业服务政策的目的是健全竞争机制、提高企业保就业的能力；就业监管政策是为了强化外部约束机制，增强企业保就业责任感。在加大就业服务与扶持政策的同时，要构建企业保就业的外部约束机制以促进就业岗位的稳定。政府在就业促进中还应加强劳动保障执法的监察，同时发挥舆论监督力量，发挥社会舆论的导向功能和媒体监督的威慑功能，督促和约束企业履行其就业促进的社会责任。

劳动法专家黎建飞认为：政府的就业促进责任应当以法律的形式加以确定，因为就业促进需要采取长期有效的、相对稳定的制度保障。在《就业促进法》中，应当借鉴国外的经验和相关的国际公约，明确规定各级政府有促进就业并确保就业增长的责任与义务，并将这一指标作为国家立法机关监督与考核行政机关效能的重要指标。在经济指标增长的同时，应当要求创造就业岗位和劳动者就业的指标增长。②

我国《就业促进法》对各级政府在就业促进中的义务进行了比较全面的规定，但在法律责任的设置中却规定得较少，是我国《就业促进法》主要立法缺陷之一。

《就业促进法(草案)》(以下简称《草案》)第7章专门设置了法律责任，但是仅仅只有四个条款即第59条到第62条，在数量上“先天不足”，不能涵盖就业促进中的许多违法行为，法律责任的范围太小。《草案》规定的责任范围主要是以下四个方面：

(1)劳动保障等有关部门的工作人员滥用职权、玩忽职守、徇私

① 参见葛秋萍、杨威：《国家保就业行动中的企业公民责任思考》，载《中国行政管理》2010年第4期，第87页。

② 参见黎建飞：《就业促进法中的政府责任与法律原则》，载《中国发展观察》2007年第3期，第15页。

舞弊的行为。

(2)职业中介机构职业中介活动中的违法行为。①未经许可和登记，擅自从事职业中介活动；②提供虚假信息；③伪造、涂改、转让职业中介许可证；④以职业中介为名牟取不正当利益；⑤为无合法证照的用人单位提供职业中介服务。

(3)用人单位及其个人提供虚假信息的行为。

(4)企业未提取企业职工教育经费或者侵占、挪用企业职工教育经费的行为。

由此，可以看出，违反《草案》应当追究法律责任的主体仅仅为：劳动保障等有关部门的工作人员；职业中介机构；用人单位(含企业)及其个人四类，其中，并没有各级政府，这是法律责任主体设置中的主要缺陷。

《就业促进法》第8章专门设置了法律责任，责任条款由《草案》的四个增加到了八个，加大了《就业促进法》的法律责任，克服了《草案》的责任条款在数量上“先天不足”，基本涵盖了就业促进中的许多违法行为，法律责任的范围比《草案》大大拓宽了，彰显了法律责任的地位。

但是，《就业促进法》对各级政府的法律责任仅仅设置了一条即第63条：“违反本法规定，地方各级人民政府和有关部门、公共就业服务机构举办经营性的职业中介机构，从事经营性职业中介活动，向劳动者收取费用的，由上级主管机关责令限期改正，将违法收取的费用退还劳动者，并对直接负责的主管人员和其他直接责任人员依法给予处分。”这是法律责任主体设置中的主要不足。

各级政府在就业促进中扮演着非常重要的角色，它是《就业促进法》的最主要的法律主体，各级政府应当是促进就业的“第一责任人”，如果他们违反了就业促进法规定的义务，就必须承担相应的法律责任，在承担法律责任上，是不能享有“豁免权”的。而我国的《就业促进法》中却几乎遗漏了这一重要的法律责任主体，大有“罚‘民’不罚‘官’”之嫌疑。“一切有权力的人都容易滥用权力，这是万古不变的一条经验。”①政府在就业促进中一旦违法行使或滥用自己的行政权力，其危害性是巨大的，对《就业促进法》的实施将产生消极的甚至破坏的作用，因此，立法应当加大和加重政府在就业促进中的法律责任，并严格实施，如果有关政府违背了就业促进法，就必须承担相应的法律责任。

针对劳动保障等有关部门的法律责任是：“违反本法规定，劳动保障等有关部门的工作人员滥用职权、玩忽职守、徇私舞弊，构成犯罪的，依法追究刑事责任；尚不构成犯罪的，依法给予处分。”对于这样“粗线条”的表述，很容易流于形式，无法对劳动保障部门构成真正的约束力，而同样是“法律责任”，一旦到了民间中介机构和用人单位头上，就变得具体了。②

《就业促进法》中有大量条文规定了“县级以上人民政府”在就业促进中的基本义务，对各级政府在就业促进中的义务进行了比较全面的规定，这是比较科学的，也充分体现了《就业促进法》的内涵，具有立法的先进性，但在法律责任的规定中仅有一条是规定其法律职责的，难怪有人称之为“软法”。该法的“软”除了集中体现在对于各级政府在促进就业的责任，缺乏硬约束，还主要体现在没有对各级政府设置相应的法律责任，这是我国《就业促进法》必须克服的问题之一。

三、执法主体问题

《就业促进法》之执法主体虽然将原《草案》中的三个执法主体统一成为“劳动行政部门”，但独立性很低，建议设立专门的执法机构，以提高执法机构的独立性和权威性。

在原《草案》中，追究行政和民事法律责任的执法主体有：劳动保障部门、人事部门和工商行政管理部门三个执法部门。三个部门的

① ［法］孟德斯鸠著，张雁深译：《论法的精神》（上册），商务印书馆 1982 年版，第 154 页。

② 王淇：《就业促进法我们的渴望与期待》，载《辽宁法制报》2007 年 4 月 17 日。

执法权利的设置，存在着很大的缺陷：

(1)权限分工不明晰，在共享执法权限上，容易造成相互推诿、无人执法的现象。

(2)权限分工不合理。人事部门有时享有罚款权，有时又不享有该权利，如对未经许可和登记，擅自从事职业中介活动的违法行为，享有依法取缔权，但是不享有没收违法所得的权利和罚款权，没收违法所得的权利和罚款权只能由工商行政管理部门享有，这样就造成了同一种违法行为(不构成犯罪)，可能由不同的两个或者三个部门来处罚，一个部门无法完成对同一违法行为的执法，有违同一违法行为不二罚的法理。

(3)执法范围太窄。三个部门享有的执法权限，总共也只有三条，对其他的违法行为，特别是对就业歧视的违法行为没有处罚权。

《就业促进法》克服了原《草案》中执法主体混乱而不统一的严重缺陷，将就业促进的执法权主要交给了"劳动行政部门"，执法主体基本统一，"劳动行政部门"享有很大的权利，这也成为《就业促进法》的重大亮点之一。但是，由于地方各级劳动行政部门往往依附于各政府部门，独立性将大打折扣，设立专门的独立的执法机构仍然很有必要。

成立专门的执法机构。这种模式在国外和我国香港地区都有成功的范例，我们是完全可以"拿来"借鉴的。

在瑞典有专门的"平等机会监督官"，负责督导并适用《平等就业机会法》。

美国专门设有"公平就业机会委员"(EEOC)。1965 年，在 1964 年《民权法》第 7 条的基础上，美国通过了《公平就业机会法案》，根据这一法案，成立了公平就业机会委员会，被授权对弱者进行法律保护，调查歧视申诉和代表申诉者进行起诉，依法惩罚那些违规公司与雇主。EEOC 由五位委员和一名辩护律师组成，经参议院提议，由总统任命，每个委员任期为 5 年，辩护律师的任期为 4 年①。EEOC 的建立极大地加强了美国政府推行公平就业机会法律的能力。

① The Commissioners and the General Counsel. 美国 EEOC 官方网，http：//www. eeoc. gov/abouteeo/overview_laws. html.

我国香港地区设立有专门的“平等机会委员会”，设主席一名，委员若干名，委员中有一定数量的律师、教授、立法会议员、专门从事妇女事务的女士等，覆盖面非常广，有社会上不同职业的代表。“平等机会委员会”的职责是：执行香港法例中的《性别歧视条例》、《残疾歧视条例》及《家庭岗位歧视条例》，消除基于性别、婚姻状况、怀孕、残疾及家庭岗位等就业中的性别歧视等问题，负责接受受害人的投诉并支持起诉，借此促进香港社会的机会平等。

设置专门的执法机构如“公平就业机会委员”，有以下好处：

一是独立性强。专门的执法机构具有很强的独立性，他们不从属于地方政府，直接对中央负责，可以最大限度地减少地方对执法的干扰，保证执法的公平性。专门的执法机构的独立性比劳动保障部门、人事部门等都要强。

二是权威性高。专门的执法机构由于独立性很强，他们的执法直接代表着国家较高的执法水准，其权威性高于地方。专门的执法机构的权威性是劳动保障部门、人事部门、工商行政管理部门所无法比拟的。

三是节约立法成本。专门的执法机构如“公平就业机会委员”的职责是保障就业的公平和正义，具体职责是多方面的，如解决就业中的就业歧视问题、负责接受受害人的投诉、支持起诉等，还有一个非常重要的职责就是，解决工作场所中的性骚扰问题。如果，我国成立专门的公平就业机会委员，不仅可以解决就业促进法中的执法问题，还可以提高《劳动合同法》的执法水平和效力，并可以成为将来出台的《性骚扰法》的执法机构，节约立法成本，使公平就业有一个统一的、独立性强、权威性高的执法机构，确保公民劳动就业权的真正实现。

第二节　就业促进中的社会责任

一、企业在就业促进中的责任

（一）企业社会责任的一般法理

就业促进不仅仅是各级政府的责任，同时也是企业社会责任的重要内容。企业与劳动者之劳动权益有着天然的联系，因为企业本事就是劳动法上的雇主或用人单位，是劳动法或劳动合同法上的法律主体之一，是保障劳动者权益的主要义务主体，企业必须严格履行劳动法或劳动合同法上的法定义务，但是，企业的社会责任，从狭义上讲并不是指劳动法或劳动合同法上的合同义务或责任，而是，企业除了劳动法规定义务或责任之外的责任，不是劳动合同法之合同责任。

企业社会责任(Corporate Social Responsibility, CSR)，通常是指企业在谋求股东利益最大化之外所负有的维护和增进社会利益的义务。① 企业社会责任是指企业除了为股东追求利润外，还应根据商业道德和相关法律的要求，向其他利益相关者承担道义和法律责任，包括维护消费者合法权益、对企业雇员劳动权的保护、同其他竞争者进行公平的市场竞争、保护生态环境、促进社区发展等②。劳动法专家常凯教授认为：企业社会责任的概念，一个是环境，另一个是劳工，而劳工问题是核心。企业社会责任运动的主要内容就是“工厂守则运动”即贯彻劳工标准、保护劳工权益。他认为企业社会责任包括两大方面：社会责任首先是守法，对员工和环境负责；其次，是高于法律的标准，包括对员工、社区、社会作出更多贡献。③ 有人认为：企业社会责任又称企业公民义务，即认为企业作为社会的一分子理应承担服务社会的义务。企业社会责任可以分为经济责任、法律责任、伦理责任和自愿责任四种类型。经济责任和法律责任具有强制性，伦理责任和自愿责任具有非强制性，它们是社会大众期望企业承担的事关企业信誉与社会福利的高级责任。④ 关于企业的社会责任是道德上的义

① 参见李昌麒著：《经济法学》，中国政法大学出版社 1999 年版，第 239 页。

② Freeman R. E. Strategic Management: A Stakeholder Approach. Boston: Pitman, 1984，转引自朱文忠：《战略性企业社会责任概念界定与动因分析》，载《战略决策研究》2010 年第 2 期，第 80 页。

③ 参见常凯主编：《劳权保障与劳资双赢——〈劳动合同法论〉》，中国劳动社会保障出版社 2009 年版，第 200 页。

④ 参见朱文忠：《战略性企业社会责任概念界定与动因分析》，载《战略决策研究》2010 年第 2 期，第 80 页。

务，还是法律上的义务，抑或二者兼而有之，一直是有争议的还没有定论的问题。有一些学者认为，企业社会责任既是企业的道德义务，又是企业的法律义务。劳动法专家常凯教授认为：“在西方市场经济发达国家，社会责任是高于法律规定的责任，是道德性的责任。而我们国家现在的企业责任主要遵守法律，不要违法。我们现在对企业更多的要求是法律责任。”①常凯教授倾向于企业的社会责任是道德责任，且高于法律责任，这是对企业社会责任更高层面上的理解，是法制比较发达国家的价值追求，对处于初级阶段的我国来说，目前还是难以企及的。

企业社会责任最初是被当做企业的道德义务加以认识的，是否恪尽社会责任取决于企业的道德良知，对企业并无强制性要求。但是，随着企业所引起的社会、环境问题日益严重，以及20世纪以来法哲学、经济学理念从政府无为向政府积极干预经济社会转变，各国和各地区加强了对企业社会责任的法律化活动。在这种背景下，企业社会责任在很大程度上演变成了法律义务，原有的道德义务则上升为标准更高的要求。企业促进就业的责任是多方面的，它既表现为一定的法律义务，如公平地给予劳动者就业机会和就业待遇、保证劳动者接受培训和教育的权利、禁止无正当理由解雇劳动者、为劳动者依法缴纳各种社会保险费等；也表现为一定的道德义务，如尽可能多地雇佣劳动者、给予劳动者以高于法定标准的待遇、不轻易裁员等。② 经济法学家李昌麒教授也是赞同：将企业社会责任归结为法律义务和道德义务的统一体③。笔者认为，企业的社会责任应当包括法律和道德两方面，二者不可偏废一方，在我国法制还不够健全的当今，用法律的手段约束企业的社会责任更具有效力，在市场经济和法制比较发达后，

---

① 常凯主编：《劳权保障与劳资双赢——〈劳动合同法论〉》，中国劳动社会保障出版社2009年版，第199页。

② 参见刘勇、宋豫：《企业促进就业社会责任立法研究》，载《现代法学》2006年第4期，第55页。

③ 转引自卢代富著：《企业社会责任的法学与经济学分析》，法律出版社2002年版，第99页。

企业社会责任的道德义务或责任才能成为主导内涵。实际上，企业社会责任的法律责任与道德责任或义务就是从“必然王国”向“自由王国”发展的历史必然，二者是对立和统一的关系。

中国商业文化研究会发布的《中国商业文化蓝皮书(2010)》指出，近年来我国企业履行社会责任的状况逐步改善，但整体来看依然处于较低水平，社会责任缺失的问题还较为严重。蓝皮书指出，部分企业制售假冒伪劣产品、发布虚假信息、偷税漏税、商业贿赂、拖欠员工工资等违规违法、见利忘义的行为经常发生，股东利益特别是中小股东利益受到侵害。另一方面，我国企业社会责任信息披露还处于初级阶段，较少有企业能主动披露其履行社会责任情况及存在的问题。即便是上市公司发布的独立性企业社会责任报告，也普遍存在结构不完整、内容空泛等问题。① 可见，从关于企业社会责任的民间调查报告中，我们可以看到我国企业社会责任的状况可以用“恶劣”二字概括，企业社会责任缺失的问题较为严重。

中国社会科学院于2011年11月8日发布了2011年《企业社会责任蓝皮书》，该报告仍然表明企业的社会责任还处于相当落后的水平，该报告对中国国有企业100强、民营企业100强和外资企业100强的社会责任发展水平进行了评价。这是中国社科院连续第三年发布《企业社会责任蓝皮书》。蓝皮书指出，2011年，中国100强系列企业社会责任发展指数平均分由17.0分变为19.7分，稍有进步，但社会责任整体水平仍然较低。只有中国远洋集团1家企业处于卓越者阶段；23家企业(占7.7%)处于领先者阶段；36家企业(占12.0%)处于追赶者阶段；35家企业(占11.7%)处于起步者阶段；205家企业(68.3%)仍在“旁观”，没有推动社会责任管理，社会责任披露十分

① 参见崔鹏：《中国企业社会责任缺失问题较严重》，载中国新闻网，http://www.chinanews.com/cj/2011/05-27/3070995.shtml，发布时间：2011年5月27日，访问时间：2011年6月27日。

缺乏，还有26家企业得分为0或者负分。① 2011年中国企业社会责任发展指数整体低下，近七成企业仍在旁观。我国的外资企业的社会责任也非常低下，蓝皮书指出，2011年度我国外资企业100强的社会责任整体水平较低，仍在旁观，企业社会责任发展指数平均分仅为12.5分，整体仍处于旁观阶段。没有出现社会责任领先者企业；有6家企业处于追赶者阶段；16家企业处于起步者阶段；78家企业处于旁观者状态，没有采取实质性的责任管理措施，也未向社会披露相关的责任信息。② 2011年《企业社会责任蓝皮书》还指出："今年上半年八成A股上市公司社会责任报告不及格。"蓝皮书指出，根据中国社会科学院中国企业社会责任报告评级标准以及中国上市公司社会责任研究中心社会责任信息披露评估体系对2011年上半年发布的531份社会责任报告进行分析，结果显示，531份报告中及格报告为96份，占全部报告的18.08%，其中优秀报告数量为47份，占全部报告的8.85%。不及格报告数量为435份，占全部报告的81.92%。③ 从以上中国社会科学院的权威报告可以看出，在我国企业的社会责任还存在很大的问题，在企业整体上的责任低下的情况下，企业在就业促进中的责任就显得更是微乎其微。

如何改善我国企业履行社会责任的不良状况，让企业依法履行自己的社会责任，构建和谐的劳动关系，笔者认为，明确企业在就业促进中义务和责任，并以法律的强制手段督促实施，是克服企业社会责任缺失的有效手段。

---

① 参见《2011中国企业社会责任指数整体低下，近7成旁观》，载中国网，http://www.china.com.cn/economic/txt/2011-11/08/content_23852756.htm，发布时间：2011年11月8日，访问时间：2011年12月13日。

② 参见《2011年外资百强企业社会责任指数平均仅为12.5》，载中国网，http://www.china.com.cn/economic/txt/2011-11/08/content_23852756.htm，发布时间：2011年11月8日，访问时间：2011年12月13日。

③ 参见《上半年八成A股上市公司社会责任报告不及格》，载中国网，http://www.china.com.cn/economic/txt/2011-11/08/content_23852756.htm，发布时间：2011年11月8日，访问时间：2011年12月13日。

笔者认为，企业的社会责任既有道德层面的，也有法律层面的，是二者的统一。就业中的义务和责任应当是企业社会责任的主要内容之一，正如有关的调查研究中所分析的那样：美国波士顿大学企业公民研究中心对500家公司的调查表明，按照重要性，企业公民责任依次为：善待员工(87%)、缴纳税款(85%)、提供就业机会(82%)、提供安全可靠的产品服务(81%)、良好的环保(57%)以及改善社区生活条件(50%)等。① 可见，企业之提供就业机会在企业的公民责任中排在第三的重要位置，而企业的公民责任与企业的社会责任具有很大的一致性，因此，就业促进应当是企业的主要社会责任，这种责任既是道德的要求，也是法律的强制规范。

“体面劳动”与企业社会责任具有一致性，特别是在劳动关系中二者共同构建和谐的劳动关系。有学者认为：在保护劳动者权益这一点上，企业社会责任与“体面劳动”实际上是一个问题的两面。“体面劳动”提出的是原则与方向，而企业社会责任所要做的则是将“体面劳动”的原则与方向变为具体的、可操作的、可以见到实际效果的企业行为。也就是说，企业在实现社会责任的同时，实际上已经一定程度上实现“体面劳动”。企业社会责任完成的过程，也是“体面劳动”完成的过程，二者相辅相成，缺一不可。② 笔者认为，从宏观层面，企业的社会责任就是要推动和实现劳动者的“体面劳动”，微观层面的企业社会责任就是“体面劳动”的具体内容。

有学者认为：“企业要勇于承担社会责任，推动实现劳动者体面劳动。”③该观点认为企业在“体面劳动”中具体的微观义务有五大方面：第一，积极推进企业社会责任的法制化进程，将企业社会责任与

---

① 参见周祖城编著：《企业伦理学》，清华大学出版社2005年版，第62页。

② 参见佘云霞、刘元文、刘晴：《“体面劳动”与企业社会责任的同步实现——当前金融危机形势下劳动者基本权益的保护》，载《中国党政干部论坛》2009年第3期，第33页。

③ 参见王佳佳、牛忠江：《“体面劳动”的实现路径》，载《光明日报》2011年1月30日第007版。

公司治理结构相结合。在与劳动者体面劳动有关的法律法规中细化企业社会责任条款，将企业社会责任引入法制化、制度化的管理体系中，使企业在生产经营过程中严格遵守《公司法》、《劳动法》、《职业病防治法》、《安全生产法》等法律法规，实现企业经济效益和社会效益的统一，更好地保护劳动者的权益。第二，建立企业社会责任约束的内部自律机制，制定和遵守自治规则，自律和他律相结合，共同促进体面劳动的实现。企业社会责任有多个维度，既有法律层面的社会责任也有道德层面的社会责任，因此要通过自治性规则和全球通行的国际标准促使公司自愿承担社会责任。第三，兼顾域外借鉴和本土化情势，构建我国的企业社会责任评价体系。第四，企业要树立以人为本的经营管理理念，要将人才、人力资本视为企业的第一财富，协调企业活动中的多元利益关系，对劳动者和社会都要诚信、负责，树立良好社会形象和荣誉，促进和谐稳定的劳动关系，实现劳资关系合作共赢。第五，企业要特别关注劳动者人格尊严，要平等对待劳动者，赋予同等机会，充分尊重劳动者的各项权利，如择业权、话语权、集体谈判权、健康权、人格权、社保权、受教育权等权利，关注员工心理健康，注重员工幸福感、荣誉感和成就感的塑造，增强员工对企业的认同感和归属感，同时要改变“重资本、尚管理、轻劳动”的做法。

(二)企业社会责任的基本内容

1. 执行SA8000标准

企业社会责任也是我国企业融入国际社会、履行国际义务的要求。SA8000标准应当成为企业社会责任的范本。

对于绝大多数中国人来说，社会责任还能成为标准是头一次听说。事实上，SA8000带给企业的影响不仅仅是社会责任，它具有更为广泛的标准正反馈效应。① SA8000标准是国际标准化组织经济优先认可委员会(CEPAA)新出台的社会责任标准，认证内容主要涉及

① 参见程大为：《SA8000：谁的贸易大棒?》，载《时代经贸》2004年Z1期，第37页。

企业(组织)内部的生产环境条件。①

SA8000 标准又称社会责任标准，是一种以保护劳动环境和条件、劳工权利等为主要内容国际管理标准体系，它规定了企业必须承担的各种社会责任。SA8000 作为社会责任方面的一个认证体系，不仅明确了社会责任规范，而且也提出了相应的管理体系要求。将社会责任和企业管理结合起来，在一定程度上可以规范组织尤其是企业的道德行为，有助于改善劳动条件，保障劳工权益。②

SA8000 标准包括九大部分，涉及不使用童工、不强迫劳动、健康与安全、结社自由和谈判权利、不歧视、不使用惩戒性措施、遵守劳动时间、工资报酬、管理评审和监控等领域的内容。这有质的规定性，体现了对劳动者基本人权和尊严的保护，违反则构成了“劳动力产品倾销”。③

SA8000 标准是社会良知对资本权力进行的一种制约，站在保护劳工的角度来看，SA8000 对广大劳工来说是一项福音，将会在很大程度上防范不合理工资、超强度劳动、不安全劳动环境、雇佣童工、体罚等侵犯劳工权益的事情④。SA8000 标准对保障劳动者的权益具有重要的国际意义，也是我国企业履行企业的社会责任的主要内容之一，我们的企业应当将其作为自己履行社会责任的国际标准来参照执行。

2. 企业在就业促进中的具体社会责任

企业在就业促进中的社会责任，体现在保障劳动者权益的方方面面，其内涵是非常丰富的，有学者认为企业在就业促进中的具体社会

① 参见程大为：《SA8000：谁的贸易大棒?》，载《时代经贸》2004 年 Z1 期，第 34 页。

② 参见黎友焕：《SA8000 基础知识解读》，载《WTO 经济导刊》2004 年第 5 期，第 29 页。

③ 参见黎友焕：《SA8000 基础知识解读》，载《WTO 经济导刊》2004 年第 5 期，第 32 页。

④ 参见黎友焕：《SA8000 基础知识解读》，载《WTO 经济导刊》2004 年第 5 期，第 30 页。

责任有四个方面①：

(1)促进公平就业。促进公平就业是一个国家保障公民就业权的重要内容。对于企业来说，尊重劳动者的公平就业权则是其承担社会责任的基本形式。具体来讲，企业承担的尊重和促进劳动者的公平就业义务的范围十分广泛，体现在就业前、就业中以及劳动者退休或失业后的保障等各个方面。就业前，企业应当公平地给予所有劳动者以平等的就业机会，不得基于不当理由而给予差别对待；就业中，企业应当对所有的劳动者给予公平的报酬、晋升机会、工作条件和培训机会；从劳动者退休或失业后的保障来看，企业则负有公平地为所有的劳动者支付养老保险、失业保险等社会保险费的义务。

(2)促进雇员培训。从社会的角度分析，企业培训雇员，一方面对于提高国民的整体素质，增强国家综合实力具有重要意义；另一方面，对于预防雇员因能力缺陷而失业，促使雇员失业之后迅速再就业以缓解社会就业压力和减轻社会负担，能够发挥重要作用。企业雇员获得培训也是其受教育权的体现，是雇员获得发展的必要前提。所以，企业促进雇员培训，是其承担的社会责任的应有之义。企业在促进雇员培训方面既有道德义务，又有法律义务。就道德义务而言，企业是否对雇员进行培训以及进行怎样的培训，取决于企业自身的意愿和需要，属于经济自主的范畴，各国一般不予强制；就法律义务来看，则大体上包括两类：其一，是企业依法负担的促进雇员培训的做为义务。其二，是企业负有不得不正当地阻碍其雇员行使自主受训的权利的不做为义务。

(3)促进就业稳定。要求企业应当尽量维持对雇员的雇佣，不轻易让雇员失业，这也是企业社会责任的重要组成部分，实践中，雇员失业通常包括被企业解雇和被企业裁员两种基本情形。

(4)促进失业雇员再就业。雇员有可能基于企业的解雇或者裁员而失业，如何保证他们再就业便是社会所面临的重大问题，企业作为

① 参见刘勇、宋豫：《企业促进就业社会责任立法研究》，载《现代法学》2006年第4期，第56~57页。

社会中的一员，又作为失业雇员的原雇主，有责任采取措施为解决该问题提供协助。大体上，企业对失业雇员所承担的社会责任可以分为经济上的责任和非经济上的责任。经济上的责任，是指企业为了促进失业雇员再就业而给其一定经济保障的责任，其基本形式是金钱给付，目的是使雇员失业之后能够在经济上无后顾之忧地寻找工作，尽快实现再就业。非经济上的责任，是指企业对失业雇员承担的非金钱义务。

笔者认为，企业促进就业的社会责任除了上面的四种责任外，还应当包括以下第五个、第六个方面的内容：

(5)促进弱势群体就业即就业援助。在我国目前，就业促进中的一个急需解决的问题是庞大的弱势群体就业的问题。就业中的弱势群体主要是大学生和农民工。据人力资源和社会保障部就业促进司统计，“十二五”期间，每年大学毕业生预计平均在670万~680万人，较“十一五”期间的总量增加700万人，这让促使大学生就业变得更加困难。大学生就业会对社会产生深远影响，如果这一问题得不到及时有效的解决，大量大学生失业，人们就会怀疑我国整个高度教育的价值，就会严重影响教育大计，并导致社会的不和谐。大学生就业群体与一般劳动者相比有其自身的特殊性，他们受过良好的高等教育，就业相对集中，同时也存在吃苦耐劳不够、经验不足等特点。因此，发挥企业的就业促进作用，通过企业积极承担起就业促进的社会责任，建立并完善大学生就业服务体系，就显得非常迫切和重要。企业只有积极承担起就业促进的社会责任，才能更好地提升大学生的就业能力，满足企业自身需要，同时也促进企业的发展，为企业赢得更多所需人才，实现双赢。

在日本，企业在大学生就业促进政策的执行过程中发挥着自己的作用。日本企业对大学生录用分三种形式：春季录用，这是最常用最普遍的录用方式，一般录用应届大学毕业生；秋季录用，与前者比不普遍，录用的毕业生毕业时间不一样，如公务员、海外留学人员、春季录用时双方签订下之后又违约的毕业生；全年录用，企业急需人才包括“转职者”。企业根据自己的用人需求，加强与高等学校的信息沟通，为了规范企业雇用行为并最大限度减少企业录用对高校正常教学秩序的影响，企业于2002年制定了《关于新毕业学生录用、选考的企业伦理宪章》。该宪章主要包括以下内容：对于录用、选考活动的过早开始要严格自律，尤其是对于尚未达到毕业学年的学生进行实质性的选考活动更要慎之又慎；录用活动必须尊重大学的学习日程，努力确保正常的学校教育和学习环境；取消妨碍学生自由就业的各种约束，杜绝违反《男女雇用机会均等法》精神的录用活动等。同时，很多企业还积极支持和参与大学生就业体验政策的实施和落实。① 日本企业在大学生就业促进中的积极作用，值得我国借鉴。

解决农民工的就业问题，也是我国企业发挥就业促进作用的内容之一。农民工是就业的弱势群体，他们的农业户口决定了他们的身份是农民，而不是城市居民，他们在城市干着最苦最累的活，却拿着最低的工资，还没有任何的社会保障，是就业中遭受身份歧视最严重的社会弱势群体，农民工极不稳定的劳动关系直接关系到整个社会的和谐与稳定，也直接关系到企业的劳动力问题，可以说没有农民工就没有企业的一般劳动力，甚至企业无法正常开工，每年的“民工荒”就是最好的证明，因此，企业帮助农民工就业，表面上是在尽企业的社会责任，实则也是解决企业自己的劳动用工问题，企业的就业促进确实能够实现企业和农民工的双赢。

(6)就业见习中的责任。②

二、高校在就业促进中的责任——“唯就业率”检视

(一)理论和实践现状

高校主要任务是培养人才，似乎与就业促进关系不大，即使在大学扩招后大学生就业压力非常大的今天，高校在大学生的就业促进中的社会责任也仍然是模糊不清的，对高校之就业促进责任的理论研究

① 参见高晓霞：《日本大学生就业促进政策执行过程研究——基于史密斯模型的分析》，载《南京师大学报》(社会科学版)2009年第6期，第31~32页。

② 后文“就业见习制度”中有专门阐述，此不赘言。

非常不够。理论研究的匮乏直接导致了实际就业促进工作的短时性和盲目性，高校采取的各种各样的帮助大学生就业的措施，也还仅仅停留在道德义务层面，也就是说，我国的高校在大学生的就业促进中还没有真正的法定义务和责任，在法律的层面上，高校之就业促进责任还是缺失的，高校在大学生就业促进中还没有法定的义务和责任。

对于高校在就业促进中的法律责任和义务，我国《高等教育法》仅在第59条规定："高等学校应当为毕业生提供就业指导和服务。"这样，我国高校之就业促进社会责任就仅仅是"为毕业生提供就业指导和服务"，就业指导与服务是一个非常模糊的概念，高校在就业中的集体职责到底是什么，法律并没有明确的界定。《就业促进法》这样一部专门促进就业的法律，也没有对高校的就业促进的责任和义务进行规定。将高校排除在就业促进法律关系的主体外，对就业促进特别是大学就业促进非常不利，具有明显的法律缺陷。而自2008年1月1日起施行的劳动和社会保障部制定的《就业服务与就业管理规定》，仍然没有关于高校之就业促进的规定，这部可以说是关于就业服务的特别规定，并没有关于高等学校为大学生提供就业指导和服务的具体规定，《就业服务与就业管理规定》与《高等教育法》的第59条没有形成对接，让高校的就业服务仍然是一纸空文，高校就业促进的社会责任和义务仍然游离于法律和法规之外。

高校的就业指导与服务的主要内容，《高等教育法》只作了简单的规定。在实践中，一般认为主要是指导大学生了解就业形势，掌握有关毕业生业的法律规定、方针政策，帮助树立正确的就业观念，提供就业信息和咨询服务。这只是和学生就业相关的一部分事务，绝对不宜用最终的就业率来考量它的有效性。如果说《高等教育法》出台时还没有高校扩招而对十年扩招后出现的大学生就业困境没有预设的话，那么2008年实施的《就业促进法》就是对就业促进的义务主体和责任内容的全面规定。该法主要规定县级以上政府部门的就业促进义务，并没有对高校的就业促进义务的具体规定。同时实施的劳动和社会保障部制定的《就业服务与就业管理规定》则更为详细地规定用人单位、就业服务机构和职业中介机构在就业管理中的义务。① 但是，仍然没有关于高校就业服务的规定，更谈不上高校就业促进的社会责任和义务。

(二)高校就业促进社会责任的内容

1. 对高校“唯就业率”的检视

为了解决大学生的就业问题，各高校都想尽了办法，对大学生的就业起到了一定的积极意义。现在很多高校都将高的就业率作为了就业工作的基本导向，这本身对就业促进是件好事，是无可厚非的，但是，将其作为考核相关干部和工作人员的硬指标，出现了“唯就业率”，导致了大学生“被就业”，偏离了高校就业促进的社会责任和义务，值得我们检视。

新华社于2004年9月16日曾经刊发了一篇题为《高校“就业率神话”竟如此打造》的调查：一组数据显示，北京某学校的就业率据说是75%，可实际上在统计数字截止时就业率连55%都不到；另一组数据则表明，某高校一个30人的毕业班只有7人签约，但学校统计出来的就业率却高达80%。高校的“就业率神话”是如何打造的？很简单，把一切有就业意向的、考上研究生的、通过关系搞到就业证明的统统算进就业率，如果还完不成73%的指标，那就只好逼迫高校毕业生“必须与用人单位签订合同，哪怕假的也行”了。

高校为什么“制造”高就业率、搞假就业率？教育部2003年出台的“十大挂钩”政策明确提出“招生计划与就业率挂钩”，加之教育部又给高校制定了每年的就业率指标，一方面是代表着政绩的就业率大比拼，另一方面是关乎高校存亡的招生大战，试想，有哪所高校敢不把就业率放在眼里？但事实是，并非所有的高校、所有的专业都能完成教育部的就业率标准，怎么办？上有政策，下有对策，逼迫毕业生

① 参见沈晓燕：《高校在促进大学生就业中的职责定位与政府管理的法律纬度》，载《行政与法》2010年第10期，第18页。

“假就业”也就应运而生，由此也导致了一系列的负面效应。①

2004年，教育部有关负责人就曾提出，高校招生计划与毕业生就业状况要进行适度硬性挂钩，就业率连续3年不足30%的专业要减少甚至停止招生。2006年，教育部又再次表示，要将高校毕业生就业率与年度招生计划硬性挂钩。目前的就业率，由各高校自行统计，由教育部门核查。

如果就业率与专业的开设、招生挂钩，而专业的开设、招生直接影响学校的收入，那么一些高校势必会在就业率上做文章。就业是不是开设专业的前提条件？有的专业因为就业形势不好，是不是就必须取消？有一些基础学科专业，社会需求并不旺盛，但是，这些专业，比如历史、考古，对于国家和社会来说十分重要，不能完全按照市场导向，因为其就业不理想，就将其取消、萎缩。恰恰相反，对于这些学科，应该采取保护措施，通过出台相关政策，鼓励高校开设相关专业、招收学生。我们注意到，最近几年来，不少高校其实已经大幅缩小基础学科专业的招生规模，而把招生计划投向就业门路不错的学科专业，这直接导致基础学科领域后继乏人。因此，寄希望于以“立法”方式让就业率低的专业停招，不但涉嫌干涉高等学校的办学自主权，而且也把高等学校的专业设置问题简单化。②

有一些专家认同教育部将大学生就业率纳入高校考评体系的。全国人大代表、南京师范大学党委书记沈健曾在人大代表会期间建议：把大学生就业率纳入高校考评体系。高校毕业生数量急剧增长带来就业难，从表面看，是供求关系失衡，但从深层次来说，就业是一项牵涉方方面面的系统工程。就高校而言，大学生就业难，给学校提出了一个高等教育如何与市场接轨的问题。“教育培养出来的人才，要能够在社会上学有所用，首先要解决工作岗位问题。”高校以往的考评

---

① 参见刘克军：《高校毕业生为何“假就业”》，载《中国信息报》2006年6月7日第002版。

② 参见熊丙奇：《以就业率定专业“生死”，易行但不宜行》，载《东方早报》2008年8月23日第022版。

体系中，仅包括教学质量、学生思想道德素质等。“高校是培养人才的摇篮，理所当然要把毕业生就业率作为人才培养考评体系中的重要指标。”沈健说，不仅如此，还要跟踪毕业生在岗位上的工作表现，反馈给高校，为教育改革提供有益信息，针对社会需求调整课程设置和培养方式。① 将大学生就业率纳入高校考评体系，以就业为导向设置的高等学校的专业已经是许多决策者的共识，他们将其作为我国高校改革的一个主要内容。

到2011年底，高校“唯就业率”的这一悬而未决问题再次成为社会关注的焦点。

2011年11月10日教育部下发了《关于做好2012年全国普通高等学校毕业生就业工作的通知》，其第15条明确规定：省级教育行政部门和高等学校要紧紧围绕国家和地方“十二五”规划要求，超前部署国家战略性新兴产业等所需专业设置和人才培养工作。探索建立高校毕业生就业和重点产业人才供需年度报告制度，健全专业动态调整和预警、退出机制，对就业率连续2年低于60%的专业，调减招生计划直至停招。根据国家和社会需求适当调整高校的专业设置及招生，这本无可厚非，但这种调整不应该单以就业率作为衡量标准：一方面，就业率尽管与专业的冷热有关系，但这种关系并不具有规律性，今天的热门专业很可能就是明天的冷门专业，一些冷门专业的就业率未必就低于热门专业。另一方面，对于一些人文学科和基础学科来说，更不能用就业率指标来决定这些专业是否应该招生，因为这些专业的特质决定它们永远不可能成为市场的宠儿。再者，统计就业率的过程中是否存在猫腻也很难说，现实中也有少数高校在学生临近毕业时，强迫学生到企业当廉价劳动力，目的就是为了获得“可贵”的

---

① 转引自盖东海：《把大学生就业率纳入高校考评体系》，载《消费日报》2009年3月6日第A01版。

就业证明。[1] 就业率不能作为评价高校专业设置的指标，更不能由它来指挥我国高等教育的改革。如果我们丢到就业不好的基础学科，那么科学研究就没有了基础，成为“无本之木”，“钱学森之问”更不知何时有答案。

有人认为：就业率2年低于60%，专业就可能停止招生，这是一种极为草率的做法。一方面，这一政策可能会导致高校造假；另一方面，则会导致“劣币驱逐良币”，让某些专业遭遇逆向淘汰。在专业停招时，恐怕不能只看就业率，还要多看社会效益，评估其未来前景。[2] 人大校长纪宝成曾对“大学围着市场转”提出尖锐批评：“这种认识不顾高等教育本质的属性，不顾大学的天然本职的使命，把大学当成了市场经济的附庸。”“大学围着市场转”的思想，无疑是错误的。联合国教科文组织就曾明确指出：“市场规律与竞争法则不适用于教育，教育不是经济的一个分支，教育过程、目标、结果或教育产品都不能与经济相提并论”。片面强调就业率，忽视专业本身的社会效益，也是“大学围着市场转”的表现。该学者将“唯就业率”视做“大学围着市场转”的表现之一，并结合纪宝成校长的观点批判高校的唯就业论，值得我们反思。

北大老校长蔡元培先生曾经说过：“大学为研究学问之机关，不可视为养成资格之所，亦不可视为贩卖知识之所，学者当有研究学问之兴趣，亦当养成学问家之人格。”而现在的高校盛行的却是实用主义，专业设置追求就业率，教学培养功利化，完全与蔡校长的要求背道而驰。教育部是主管全国教育事业的行政机构，竟也提出如此功利

---

① 参见关东客：《高校专业存废不能唯就业率论》，载新华网，http://news.xinhuanet.com/comments/2011-11/23/c_111189005.htm，发布时间：2011年11月23日，访问时间：2011年11月29日。

② 参见刘义昆：《就业率不是大学的全部》，载中国日报网，http://www.chinadaily.com.cn/hqpl/zggc/2011-11-23/content_4460684.html，发布时间：2011年11月23日，访问时间：2011年11月29日。

的要求，实在令人惋惜。① 将大学生就业率纳入高校考评体系，特别是教育部将就业率与招生计划挂钩，这些原因都直接产生了各高校的“唯就业率”和大学生“被就业”。从短期看，表面上是在促进高校承担就业的社会责任，实则是严重地偏离了高校的社会责任；从长远看，极不利于我国的高等教育和科学研究，偏离了大学的办学目标和社会责任。

2. 高校就业促进的主要内容

中组部副部长、人力资源和社会保障部部长尹蔚民在全国人力资源和社会保障工作会议上强调：针对高校毕业生、农民工、城镇失业人员特别是就业困难人员等重点人群，统筹安排就业。切实把高校毕业生就业摆在当前就业工作的首位，强化对大学生的就业服务指导、就业见习及就业援助三项举措。

《国务院关于进一步做好普通高等学校毕业生就业工作的通知》(国发〔2011〕16 号)第 5 条的要求是大力加强就业指导、就业服务和就业援助。从国务院的通知精神和人力资源和社会保障部部长尹蔚民的讲话，高校就业促进的主要内容有四个方面：就业指导、就业服务、就业见习和就业援助。笔者认为，高校培养模式的改革应当不属于高校就业促进的主要内容，而是高校的人才培养目标，其虽然与就业有很大的关系，但是，它毕竟还不能成为高校的就业促进的社会责任和义务。

(1)就业指导。就业指导是高校就业促进之社会责任的法定义务。它是帮助毕业生了解国家有关就业的方针政策，树立正确的择业观念，掌握求职技巧，顺利完成就业的有效手段。我国《高等教育法》明确规定，高等院校必须对毕业生进行就业指导。《高等教育法》第 59 条规定：“高等学校应当为毕业生、毕业生提供就业指导和服务。”《国家中长期教育改革和发展规划纲要(2010—2020 年)》第 19

① 参见杨明哲：《就业率不是高校专业设置的唯一风向标》，载红网，http：//hlj. rednet. cn/c/2011/11/23/2439457. htm，发布时间：2011 年 11 月 23 日，访问时间：2011 年 11 月 29 日。

条中就明确规定了："加强就业创业教育和就业指导服务。"

虽然，高校就业促进的社会责任已经是《高等教育法》规定的法定义务，但是非常抽象，不具有可操作性，而《就业促进法》还没有相关的规定，不能不说是一件憾事。《就业促进法》应当将高校纳入就业促进的法律范畴，让高校就业促进的社会责任和义务真正进入法制的视野。

高校就业促进社会责任的具体内容，还没有明确的法律规定，实际中各个高校的做法也不相同。根据2011年《国务院关于进一步做好普通高等学校毕业生就业工作的通知》(国发〔2011〕16号)的要求，可以将高校就业促进社会责任的具体内容归纳为：①将就业指导课程纳入教学计划，建立贯穿于整个大学教育期间的职业发展和就业指导课程体系，帮助大学生树立正确的成才和就业观念。②创新就业服务模式，完善服务措施，采取组织企业进校园、召开专场招聘会和供求洽谈会、开展网络招聘等活动，为高校毕业生提供方便、快捷、直接、有效的就业信息服务。③高校要加强与各地公共就业人才服务机构及其他就业服务机构的合作，建立健全高校毕业生就业信息服务平台，提供政策发布、岗位信息、网络招聘、远程面试、指导咨询等就业服务。④加强人力资源市场需求预测，完善职业供求信息收集和发布制度，引导高校毕业生理性求职、用人单位积极招聘和高校科学合理设置专业。⑤加强企业与高校合作，为大学生提供有针对性的指导和服务，帮助大学生提升专业能力和职业能力。⑥为登记失业高校毕业生免费提供政策咨询、职业指导、职业介绍和人事档案托管等服务政策。

根据清华大学课题研究组对北京部分高校的就业指导的调查报告，高校就业指导内容的排名，"就业政策的解释"、"就业信息的发布"和"职业规划咨询"，分列为被调查学校就业指导内容的前三位，成为高校开展最广泛的指导内容。"自我认识与定位"、"职业价值观指导"、"求职技巧训练"、"计算机辅助指导"、"就业心理辅导"、"职业适应性辅导"和"暑期工作介绍"分列其后。

被学生列为使用率和满意率前三位的指导内容分别是"就业政策

的解释”、“就业信息的发布”和“职业规划咨询”。学生对“职业规划咨询”、“就业信息的发布”和“求职技巧训练”的需求程度最高，列各项内容百分比统计的前三位。而“职业价值观指导”是学生们认为需求程度最低的一项指导内容。尽管高校就业指导内容渐趋多样化，但是学生的使用情况却表现出相对集中的现象，且一些指导内容的使用率相差比较悬殊。大学生对传统的就业指导内容，如“就业政策的解释”、“就业信息的发布”和“求职技巧训练”等需求仍然显著。其中对“职业规划咨询”的需求率排在各项内容之首。这说明，越来越多的学生逐渐将初次择业纳入更为长远的职业生涯规划之中。而各高校非常关注和投入的“职业价值观指导”却被学生列在需求率的最后一位，表现出对职业价值观教育的冷漠态度。① 各高校最主要的指导方式集中在“就业指导课”、“校园招聘会”与“个别咨询”等方式，被学生列为使用率和满意率前三位的指导方式分别是“校园招聘会”、“就业指导课”和“就业指导信息网”。

(2)就业服务与就业援助。《就业促进法》特别规定了公共就业服务机构之就业服务的具体内容。其第35条规定：县级以上人民政府建立健全公共就业服务体系，设立公共就业服务机构，为劳动者免费提供下列服务：就业政策法规咨询；职业供求信息、市场工资指导价位信息和职业培训信息发布；职业指导和职业介绍；对就业困难人员实施就业援助；办理就业登记、失业登记等事务；其他公共就业服务。

自2008年1月1日起施行的原劳动保障部的28号令《就业服务与就业管理规定》第25条规定了公共就业服务机构应当免费为劳动者提供的就业服务：就业政策法规咨询；职业供求信息、市场工资指导价位信息和职业培训信息发布；职业指导和职业介绍；对就业困难人员实施就业援助；办理就业登记、失业登记等事务；其他公共就业服务。第40条对就业援助进行了规定：公共就业服务机构应当制订专门的就业援助计划，对就业援助对象实施优先扶持和重点帮助。本

① 参见金蕾莅、樊富珉、王志诚：《北京高校及大学生关于就业指导的评价》，载《清华大学教育研究》2002年第5期，第105~106页。

规定所称就业援助对象包括就业困难人员和零就业家庭。就业困难对象是指因身体状况、技能水平、家庭因素、失去土地等原因难以实现就业，以及连续失业一定时间仍未能实现就业的人员。零就业家庭是指法定劳动年龄内的家庭人员均处于失业状况的城市居民家庭。

此规定是针对公共就业服务机构的，《就业服务与就业管理规定》并没有将高校的就业服务和就业援助纳入调整范畴。

就业援助是对就业困难人员通过各项促进就业扶持政策的贯彻落实以及就业服务机构具体帮助，实现就业。《就业促进法》第六章专章规定了就业援助。其第 52 条规定：各级人民政府建立健全就业援助制度，采取税费减免、贷款贴息、社会保险补贴、岗位补贴等办法，通过公益性岗位安置等途径，对就业困难人员实行优先扶持和重点帮助。就业困难人员是指因身体状况、技能水平、家庭因素、失去土地等原因难以实现就业，以及连续失业一定时间仍未能实现就业的人员。就业困难人员的具体范围，由省、自治区、直辖市人民政府根据本行政区域的实际情况规定。第 53 条规定：政府投资开发的公益性岗位，应当优先安排符合岗位要求的就业困难人员。被安排在公益性岗位工作的，按照国家规定给予岗位补贴。第 54 条规定：地方各级人民政府加强基层就业援助服务工作，对就业困难人员实施重点帮助，提供有针对性的就业服务和公益性岗位援助。但《就业促进法》关于就业援助的规定是针对各级人民政府的，并没有对高校的就业援助作出规定，是立法缺陷之一。

2011 年《国务院关于进一步做好普通高等学校毕业生就业工作的通知》(国发〔2011〕16 号)专门规定了高校的就业服务和就业援助的内容，要求强化就业援助。各级公共就业人才服务机构要将就业困难的高校毕业生纳入当地就业援助体系，建立专门台账，实施“一对一”职业指导和重点帮扶，并向用人单位重点推荐，或通过公益性岗位安置就业。对符合条件的人员按规定落实社会保险补贴和公益性岗位补贴。各高校可根据困难家庭毕业生的实际情况，给予适当的求职补贴。各地要高度重视大城市聚居地长时间失业高校毕业生以及女性、残疾人和少数民族等高校毕业生的就业问题，提供有针对性的就业服务和就业指导，鼓励有条件的地区制定实施专门的就业扶持政策。

由此认为高校的就业援助的内容主要是：①将就业困难的高校毕业生纳入当地就业援助体系，建立专门台账，实施重点帮扶；②根据困难家庭毕业生的实际情况，给予适当的求职补贴；③重点对长时间失业高校毕业生、女大学生、残疾人和少数民族等毕业生，进行就业援助。

第三节　就业见习制度

一、就业见习制度概述

就业见习制度是域外很多国家或地区促进青年就业的一项重要就业促进制度，是政府和企业之就业促进的重要义务和责任。从国际上看，许多国家和地区都将见习作为促进青年就业的重要措施，就业见习已成为国际社会促进就业的重要经验。

在应对这次金融危机中，各国纷纷采取了见习措施。欧盟促进青年就业的措施之一就是为其提供 1~6 个月的短期工作经历。英国政府今年初出台了一项“国家实习计划”，尚未找到工作的大学毕业生可以从事 3 个月的带薪实习，这是一项专门针对 18~24 岁年轻人的实习计划，学生将在公共部门和慈善机构以及大公司里获得工作经验，毕业生的薪水略高于目前的学生助学金，以确保他们的收入不会有明显减少。在加拿大，许多学生毕业后并不能马上找到工作，但可以到企业或政府机关去实习，实习期间，用人单位给大学生发放相当于正式雇员工资的 50%~75%的报酬，有了实习经历后，毕业生就容易在其他单位找到合适的工作。中国香港特区专为青少年职前训练开展的展翅计划也取得了良好的成效。①

① 参见王亚栋：《切实做好高校毕业生就业见习工作——人力资源社会保障部就业促进司王亚栋在部分省市高校毕业生就业见习工作座谈会结束时的讲话》，http://www.lm.gov.cn/gb/employment/2009-08/20/content_320060.htm，发布时间：2009 年 8 月 20 日，访问时间：2011 年 6 月 28 日。

就业见习制度在我国的历史还非常短暂，就业见习制度的理论研究也非常匮乏，就业见习制度在法学界的研究几乎还是空白地带，其理论研究的滞后，也带来了立法的空白。2008 年实施的《就业促进法》是一部专门促进就业的法律，但没有对就业见习制度进行规定。将就业见习制度排除了就业促进的法律关系，对就业促进特别是大学就业促进非常不利，是明显的法律遗漏。

我国就业见习制度的缘起，可以追溯到 2002 年上海实施的青年职业见习计划。当时，为了解决一些青年人在就业中面临的有学历而没有工作经历的困境，上海市劳动保障局推出了青年职业见习计划。该项计划针对的对象主要是，具有上海市常住户口、年龄在 30 周岁以下、目前不在职，并持有《劳动手册》或《毕业生就业推荐表》的青年，其中很大一部分就是待业的高校毕业生。见习计划的主要内容是，通过政府购买的方式，选择一批代表行业发展水平的企业作为见习基地，由政府向见习青年提供生活津贴，支付见习期间意外保险，支付见习基地的培训费用等，见习结束后，企业和参与见习培训的青年再进行双向选择。这项计划实施后，促进青年就业的效应很快就凸显出来。据统计，到 2003 年 6 月，上海市已有七八千名青年人通过见习培训走上了就业岗位，见习后的就业率达到 70%；到 2005 年，上海的青年职业见习基地已经达到 1 000 多家，自 2002 年实施以来，总共有 6. 1 万名青年人参加职业见习，见习后一次性就业率达到 60% 以上。此后，全国各地纷纷建立了有关促进大学生就业的见习计划，比如河北省于 2004 年 4 月份开始实施“大学生见习计划”，江苏省于 2004 年下半年开始实施“未就业毕业生见习实训制度”。①

高校就业见习制度是我国针对大学生就业问题而新出台的政策，在我国还没有直接纳入法律的调整范畴，但是，关于就业见习的部门规章还是不少的。2005 年中共中央办公厅、国务院办公厅印发了《关于引导和鼓励高校毕业生面向基层就业的意见》的通知，其中规定：

① 参见李欢乐：《就业见习：一个三方共赢的就业促进模式》，载《中国劳动保障报》2008 年 1 月 23 日第 002 版。

“探索建立高校毕业生就业见习制度。为帮助回到原籍、尚未就业的高校毕业生提升职业技能和促进供需见面，地方政府要创造条件，探索建立高校毕业生见习制度。”到了2006年，教育部、人事部、财政部、劳动保障部等部门又联合下达了《关于建立高校毕业生就业见习制度的通知》，对我国高校毕业生就业见习制度进行了全面部署。2009年，我国教育部、工业和信息化部、国资委、工商总局、全国工商联和共青团中央又联合下发了《关于印发三年百万高校毕业生就业见习计划的通知》，计划自2009—2011年，用3年时间组织100万名离校未就业高校毕业生参加就业见习，来缓解大学生就业难的现状。自2005年以来，我国大力推行高校毕业生就业见习制度，旨在缓解高校毕业生就业难，提升高校毕业生的就业竞争力。就业见习制度，这项旨在促进大学生就业的就业促进制度，在我国开始建立起来并逐步实施。

人社部劳动科学研究所副所长莫荣表示，就业见习制是国家在当前大学生就业形势严峻的情况下推出的一项帮扶措施，主要目的是通过见习给未找到工作的大学生补上“实践课”。①

二、就业见习制度的意义

关于就业见习制度意义和作用，人力资源社会保障部就业促进司王亚栋总结得非常具体，也是我国官方对就业见习制度充分肯定的主要声音。他认为就业见习制度有以下四个意义和作用②：

一是搭建就业平台。有利于为高校毕业生就业提供就业机会，搭建一个通向职场的过渡平台。通过见习，有一部分毕业生有机会被见习单位正式录用。有一部分毕业生由于增长了工作经历和基本技能，

① 参见白天亮：《就业见习，能否缓解就业难?》，载《人民日报》2009年7月16日第017版。

② 参见王亚栋：《切实做好高校毕业生就业见习工作——人力资源社会保障部就业促进司王亚栋在部分省市高校毕业生就业见习工作座谈会结束时的讲话》，http://www.lm.gov.cn/gb/employment/2009-08/20/content_320060.htm，发布时间：2009年8月20日，访问时间：2011年6月28日。

实现了应聘就业或自主创业。见习期满未被留用或仍未就业的，由公共就业服务机构、人才交流服务机构等继续提供就业服务和推荐就业，就业的机会也大大增加。

二是转变就业观念。有利于提升就业能力，转变就业观念，促进毕业生理性择业。通过参加就业见习，毕业生掌握了业务知识和技能，积累了相关工作经验，强化了理论与实践相结合的能力，提高了职业竞争力。通过参加就业见习，增强了对社会的适应性和了解自我的能力，就业观趋于务实。

三是提供选才渠道。有利于为用人单位提供择优选才的渠道，解除后顾之忧。对用人单位而言，应届毕业生的缺点是缺乏工作经验，优点是具有较大潜力。就业见习计划的实施，解决了企业招聘的毕业生不能迅速适应岗位的难题，又使用人单位能够在充分了解毕业生综合素质的基础上，挑选与招聘岗位更为匹配的人才，降低了用人风险。

四是维护社会稳定。有利于维护社会稳定，为经济建设和社会发展提供智力支持。鼓励未就业高校毕业生回原籍见习，期间可享受基本生活补助，在一定程度上减轻了毕业生及其家庭的经济负担。更重要的是，毕业生及其家庭缓解了离校未就业的焦虑心态，树立了信心。实施高校毕业生就业见习计划，储备了社会需要的人才，尤其是有助于改善基层人才匮乏现状。

就业见习制度，对于政府而言，首要的就是缓解了当下大学生就业难的局面，从而维持了社会的稳定。大量未就业大学生的存在，必然会影响社会的稳定，可以说社会的稳定是解决大学生就业的前提，而就业见习制度就起到了一个缓冲和疏导的作用。另外，通过见习而实现就业，政府一方面避免了大量人力资本的浪费，另一方面也化解了高等教育政策所产生的负面效果，维护了政府的信用。更为重要的是，这一制度的实施为政府提供了解决教育与生产实践相衔接的经验，从而为从根本上解决大学生就业问题打下坚实的基础。①

① 参见李欢乐：《就业见习：一个三方共赢的就业促进模式》，载《中国劳动保障报》2008 年 1 月 23 日第 002 版。

关于就业见习制度的作用，也有不同的看法。不少人担心，这只是将就业矛盾向后推，仅仅是权宜之计。在最长12个月的见习期满后，见习的高校毕业生还是要进入劳动力市场，是"治标不治本"的临时措施。

有关于就业见习制度的调查显示：作为就业见习制度的一方参与主体，只有38.5%的毕业生相信该制度能缓解目前高校毕业生就业难的现状，有相当比例的毕业生认为该制度并不能缓解就业压力(33.9%)，另外的27.5%对见习制度能否实现制度设计目标表示不清楚。用人单位对该制度缓解就业压力的预期也不理想。调查显示，作为用人单位一方，认为该制度能缓解就业难的状况的比例仅21.4%，有28.6%的调查对象认为该制度治标不治本，不能解决任何实际问题，另外，也有50%的调查对象表示对制度是否能达到实效持保留意见。①

对此，人力资源和社会保障部就业促进司副司长王亚栋表示，就业见习一方面可以增强高校毕业生的就业能力，帮助他们今后在劳动力市场上更容易找到工作，另一方面，大量的调研显示，企业招用见习生往往是有潜在的就业需求，见习制度的设立恰恰是为企业和大学生提供一个相互了解的平台，促进企业和大学生之间有效对接，企业最终往往会录用一部分成为正式员工。因此不能认为这只是权宜之计。②

值得我们思考的问题是，参加就业见习对于见习单位而言是责任？抑或义务？其定性如何？对于这个问题的回答，前提是明确企业社会责任界限。虽然，企业有一定程度上的社会责任，但企业最终还是以盈利为目的的，所以，虽然调查显示企业大部分愿意接收见习生参加见习，但如果没有足够的政策激励，很少会有一定规模的企业愿

① 参见贺玲、陈岚君、高瞻：《高校毕业生就业见习制度的实证调查与法律分析》，载《高等教育研究》(成都)2010年第2期，第35页。

② 参见白天亮：《就业见习，能否缓解就业难?》，载《人民日报》2009年7月16日第017版。

意成为见习基地，因为见习基地要求其比一般见习单位承担更多的责任。确定见习单位的原则是要有较强的社会责任感、管理规范、能够持续提供一定数量的见习岗位，优先考虑当地重点发展的优势产业，同时尽可能吸纳不同行业的企事业单位参加。① 笔者认为，就业见习是实习企业和劳动者双赢的制度，对企业和劳动者都是有利的，实施就业见习既是企业的责任，也是义务；既有法律上的责任或义务，还有道德上的责任或义务，是企业社会责任的法律和道德两个方面的表象。

同样笔者认为，就业见习制度对促进就业还是非常有好处的，但该制度还有许多问题，如见习期间的用人单位和学生的权益与义务问题，见习期的长短问题，见习期间的工资福利待遇、社会保险问题等。我们不能因存在的问题，而否认就业见习制度本身的作用，而要真正解决这些问题，就必须从法制的高度来进行，只有我们的法律对其作出明确的规定之后，才能将就业见习制度纳入法制的轨道，使就业见习有法可依。

三、义务和责任的划归

在就业见习制度中，还有一个主要问题需要厘清，就业见习的义务和责任归属问题，即就业见习是政府部门的就业促进的义务和责任，还是用人单位的？抑或是高校的？抑或政府、企业和高校三者都有就业见习的义务和责任？

对此，笔者认为，就业见习不是一个主体的义务，而是政府、企业和高校三者的义务和责任。政府在就业见习中主要义务是：出台配套政策，明确就业制度安排；督促企业和高校建立就业见习制度，并监督实施；提供资金支持，帮助企业建立见习基地，根据实际情况，制定就业见习经费管理办法，明确见习经费的支出标准、范围和拨付程序等，确保见习经费专款专用，确保见习经费安全运行；对建立了

① 参见贺玲、陈岚君、高瞻：《高校毕业生就业见习制度的实证调查与法律分析》，载《高等教育研究》(成都)2010 年第 2 期，第 37 页。

就业见习基地的企业提供税收的减免；对就业见习者提供适当的工资福利待遇和社会保险。

企业在就业见习中主要义务是：建立见习基地；与见习者签订见习合同；为见习者提供合适的工作岗位和工作环境；正式录用适当比例的优秀见习者；不能将见习者作为廉价的劳动力使用，必须支付合适的劳动报酬和福利待遇，为他们购买一定的社会保险。

高校在就业见习中义务，目前的各项规章中基本将高校排除了就业见习制度，其原因主要有二：(1)目前的就业见习制度是针对已经毕业的但是还没有就业的大学生，也就是说，就业见习制度还不包括大学生在校学习期间，而是毕业之后的事；(2)见习者大学生已经离开高校，高校就没有相应的责任。其实不然，高校在大学生就业见习是有自己的义务和责任的，就业见习制度不能仅仅是大学生毕业之后的事，应当在大学生就读期间就要开展就业见习活动，这应当成为高校之就业促进的重要义务和责任。因此，高校在就业见习中义务主要包括两个方面：一是在读期间的就业见习，二是毕业后而未就业期间的就业见习。在前者，高校有义务为大学生开展就业见习教育，为大学生安排合适的就业见习基地，督促见习单位与高校和大学生签订见习合同，为保障大学生的合法权益同见习单位进行交涉；后者，主要是为高校毕业生组织就业见习供需洽谈会，组织见习基地与未就业高校毕业生交流洽谈；为见习基地或单位提供需要参加就业见习学生的信息，并跟踪调查和提供后续服务等。

四、就业见习的立法

在我国，关于就业实习和就业见习的立法还是空白，就业见习制度还没有真正纳入法制的视野，为了解决突出的就业问题，构建和谐的劳动关系，让就业见习制度适时入法，已经显得尤为重要。

浙江省人大代表、中国共产主义青年团浙江省委书记周柳军曾经建议，为了更好解决就业问题，应立法保障青年就业见习。

周柳军表示，目前有关职能部门已开始越来越多地关注包括大学生在内的青年群体的就业创业，并出台了一些政策和举措。“但总体而言，在不同程度上存在着政策举措尚不够完善、不同部门之间政策缺乏整合衔接、不同地区之间进展情况不平衡等问题，离形成各部门职责明确、分工合作的工作格局还有一定距离。”周柳军认为，建立见习基地的意义非常重大，是对企业和青年互利互惠的“双赢”工程，是解决青年就业问题的战略性举措，具有持久的发展生命力。“一是青年就业见习的保障政策还没有得到普遍落实，青年就业权益保障问题依然突出，尤其是青年的见习问题属于法律管理的真空地带，这些对深化青年就业见习工作造成了制度性困难。二是青年的就业见习理念和意识有待进一步培育。缺乏有效的宣传渠道，不少青年对见习工作了解不深，对其内涵和意义不清楚。三是全社会关心促进青年就业见习的氛围有待进一步营造，在高校、用人企业方面的激励机制还需探索完善。”①

就业见习制度在中央立法中是空白，但是地方立法有成功例子。目前，我国关于就业见习的地方立法例分为两种：一是，单行立法例，即专门制定的关于就业见习的条例，最早、最为典型，也最为成功的是《广东省高等学校学生实习与毕业生就业见习条例》，此立法例最大的好处是对就业见习规定得比较具体，可操作性非常强，是规制就业见习制度的上选，同时，还可为今后的中央立法提供参考和借鉴；二是，在地方的就业促进条例中专列几条有关就业见习的规定，这是目前最为普遍的做法，此立法例，最大的好处是节约了立法成本，但是，对就业见习的规定非常粗糙，其原则规定比较多，可操作性比较差，可以说这是一种权宜之计，最终，还是要制定单行的条例为好。

（一）单行立法例

它即专门制订的关于就业见习的条例，最早、最为典型，也最为成功的是《广东省高等学校学生实习与毕业生就业见习条例》，其次，

① 柴燕菲、汪恩民：《浙江省人大代表周柳军：应立法保障青年就业见习》，载中国新闻网，http：//www.chinanews.com/edu/news/2010/01-30/2100383.shtml，发表时间：2010年1月30日，访问时间：2011年6月30日。

采用此立法例的还有湖南省的《湖南省离校后未就业高校毕业生就业见习补贴办法》。

2010年1月22日广东省第十一届人民代表大会常务委员会第十六次会议通过了《广东省高等学校学生实习与毕业生就业见习条例》，该条例自2010年3月1日起施行。这是全国首部对高等学校学生实习、毕业生见习的地方立法。

该条例明确规定了实习、见习的相关要求。国家机关、国有和国有控股企业、财政拨款的事业单位和社会团体应当按照在职职工的一定比例接收学生实习，同时学校应当安排一定比例的教学经费用于学生实习。为了防止实习单位把招聘实习生当成廉价劳动力使用、学校通过组织学生实习谋利，从而导致学生合法权益受到损害等现象发生，学校、实习单位和实习学生应当签订三方实习协议。实习见习单位接收实习学生、见习人员人数不得超过该单位在职职工总人数的30%。学生实习期间，实习单位应当按照同岗位职工工资的一定比例向学生支付实习报酬。

上述条例对就业见习进行了详细规定，国家机关、企业事业单位、社会团体及其他社会组织应当积极创造条件，提供见习岗位，并向县级以上人民政府人力资源和社会保障主管部门报送见习岗位信息。见习单位应当与毕业生按照平等自愿、协商一致的原则签订见习协议。协议应当包括以下主要内容：见习单位的名称、地址、法定代表人或者主要负责人，毕业生的姓名、住址、毕业院校；见习期限；见习计划安排；岗位职责；见习待遇；见习单位和见习人员的权利和义务；见习协议的解除条件；违约责任；争议的解决方式。见习期限一般为3个月至6个月，最长不超过12个月。见习单位应当每月向见习人员提供不低于当地最低工资标准80%的生活补贴。

2009年湖南省劳动和社会保障厅、湖南省财政厅、湖南省人事厅联合颁布了《湖南省离校后未就业高校毕业生就业见习补贴办法》，这是目前我国关于就业见习制度之地方立法的第二例。该办法具体规定了就业见习补贴的对象和条件有三：一是离校后2年内未就业且进行了失业登记的湖南籍高校毕业生；二是在经市州以上人事、劳动保障部门认定挂牌的见习基地进行就业见习；三是见习单位发放不低于当地最低工资标准的生活补贴。该办法具体规定了补贴标准和补贴期限：见习补贴标准按照当地最低工资标准的80%执行；见习补贴期限最长不超过1年。该办法还明确规定了见习的补贴方式，见习补贴采取先发后补的方式。见习期间，由见习单位按不低于当地最低工资标准先发给高校毕业生生活补贴，并为其办理人身意外伤害险，再由当地政府根据有关规定按季对见习单位给予补助。见习单位安排见习人员在法定工作时间以外工作的，参照劳动保障有关法律法规规定发放额外补贴，并规定了见习补贴从就业专项资金中列支。

（二）在地方就业促进条例中单列几条

采此立法例的地方为大多数省市。

《江西省就业促进条例》于2009年5月1日施行，条例中有关于就业见习的特别规定：县级以上人民政府应当建立青年职业见习专项援助制度。公共就业服务机构具体负责青年职业见习的组织实施。年龄在18周岁至30周岁未就业的大中专院校毕业生，可以申请参加青年职业见习。接收青年职业见习的用人单位，发放不低于当地最低工资标准的见习工资，对用人单位按照规定给予职业见习岗位补贴。参加青年职业见习人员，原则上只能享受一次政府提供的职业见习岗位补贴。在见习期间不得同时享受失业保险待遇。

自2010年5月1日起施行的《重庆市就业促进条例》第11条规定：市、区县（自治县）人民政府实行有利于扩大就业的财政政策，在同级财政预算中安排就业专项资金用于促进就业工作。就业专项资金用于以下方面：职业介绍、职业培训、社会保险、岗位补贴、职业技能鉴定、最低生活保障人员就业补贴以及特定就业政策补贴；高校毕业生定向就业培训和就业见习补贴。第17条规定：市、区县（自治县）人民政府及有关部门应当建立和完善促进高校毕业生就业服务体系，建立高校毕业生就业见习制度，加强高校毕业生见习基地建设，引导高校毕业生到城乡基层、非公有制企业和中小企业就业，鼓励高校毕业生自主创业。

自2010年8月1日起施行《湖北省就业促进条例》第52条规定：

县级以上人民政府应当出台优惠政策，鼓励企业事业单位接收高等院校、职业学校和职业培训机构的学生实习，并提供实习场所和实习指导教师；鼓励企业选派有实际经验的人员到高等院校、职业学校和职业培训机构担任实训教师，增强学生的实际操作能力。国有企业、事业单位应当在接收学生实习方面发挥示范作用。高等院校和职业学校应当完善实习制度，扩大实习基地范围，组织学生实习；开设就业指导课程，提高学生的求职能力。第53条规定：县级以上人民政府建立健全高校毕业生就业见习制度，组织离校未就业的高校毕业生到企业见习，提高其就业能力。对接收高校毕业生见习的用人单位按照规定给予见习岗位补贴。用人单位接收就业见习的高校毕业生，应当为其提供必要的工作生活条件，并按照规定发放基本生活补助。鼓励见习单位优先录用见习高校毕业生。

2009年10月1日起施行的《吉林省就业促进条例》第18条规定：政府鼓励用人单位为高校毕业生提供见习岗位和见习指导。用人单位对见习人员给予补贴的，政府应当给予单位适当补助。教育、人力资源和社会保障行政部门应当与有关部门联合设立高校毕业就业见习基地，为高校毕业生提供就业指导。

《陕西省就业促进条例》第44条规定了一个条文：县级以上人民政府应当建立完善就业见习制度，帮助高等院校离校未就业毕业生提升就业能力，实现就业。此规定可谓关于就业见习的最为简单的规定。

第四节　反就业歧视制度[①]

尽管"劳动者自主就业，市场调节就业，政府促进就业"是我国在劳动就业领域一贯秉承的方针政策，然而随着日益严峻的就业形势的出现，就业问题已经被提上我国的九大民生问题之一，被重新得到重视。经济危机过后，我国现阶段的经济虽然有回暖复苏的迹象，但

① 李静思参与本部分的写作。

是在人口基数过大的国情压力之下，有限的劳动岗位仍然使得劳动者存在着不小的就业压力。扩招之后的高校毕业生人数逐年递增，高学历人才已经不被认为是稀缺型人才，用人单位面对过多的应征者自然容易进行苛刻的挑选，而这些挑选条件的设置往往都是歧视性的。层出不穷的就业歧视行为也“与时俱进”变换出不同的花样，使得受歧视者的覆盖面更广。就业歧视或来自于观念影响，或根源于制度规范，由此引发的争议甚至诉讼案件在劳动法学和经济法学都有着一定的实践研究意义。

一、就业歧视的界定

给予劳动者平等就业权的法律保障是十分必要的，不仅因为平等就业权是劳动者劳动权的表现之一，而劳动权亦是人权的内容之一，更重要的是标志着劳动者人格独立的劳动权体现了人的生存权和发展权。强调保障劳动者劳动权即是秉性禁止就业歧视，研究其对策则要对在社会中普遍存在的就业歧视现象有清晰认识，这一具有针对性和排斥性的行为是对劳动者平等就业权的侵害，为了更好地保护劳动者这一权利就需要以就业歧视这一概念辨析为前提，再结合众多的就业歧视的样态中寻求缘由。

(一)就业歧视的概念和特征

要明确就业歧视的内涵就先要对歧视的含义有所了解，“歧视”一词来源于西方，在我国尚无法律对此做出释义，简而言之就是“不合理的区别对待”。有学者把歧视的含义分成三个要素来理解，即是歧视的表现应该有区别、排斥和偏向三个内容，产生这些行为的原因都是基于不公平的理由，最终达到阻碍被歧视者实现人权的目的。

对就业歧视的界定，国际劳工公约体现在《1958 年消除就业和职业歧视公约》(第 111 号)和同名建议书中提出：基于种族、性别、肤色、民族、宗教、政治性见解、血统或社会出身等理由，对就业或职业机会均等或待遇平等作用作出的取消或损害的任何区别、排斥或优惠就是就业歧视；会员国政府与雇主组织和工人组织的代表以及其他适当机构协商后之可以确定的其他区别、排斥或优惠，在具有对就业或职业机会均等或待遇平等产生取消或损害作用的情况下也应当被认定为属于就业歧视。我们不能忽视的是，在一些特定的职业中，由于其本身的需要而存在的任何区别、排斥或者优惠都不应被认为是歧视性的排斥，或者说不应被认为属于就业歧视行为。我国在 2006 年 1 月 12 日批准了国际劳工组织的这一公约，这就意味着，该公约成为我国的禁止就业歧视方面的法律渊源。

虽然我国当前法律并没有对就业歧视有明确的定义，但是国内学者对此各持己见，对此的理解可以依据不同的角度区分为这样几类：

(1)通过宪法赋予的权利角度来分析，就业歧视正是对劳动者平等就业权的一种直接或者间接侵害，“所谓平等就业权就是指具有劳动能力并且达到法定年龄的劳动者能够在劳动力市场上选择用人单位从而平等地获得参加社会劳动的机会，不因民族、性别、宗教信仰、年龄、种族、肤色、国籍、个人身体素质等不同而遭受歧视的权利”。①

(2)对就业歧视的行为手段列举式界定，在用人单位招聘的过程中或者是正式建立劳动关系之后，基于与个人工作能力或者岗位要求并无关系的其他因素，对条件相同或者相近的劳动者之间实行就业机会的不平等的对待方式，或者是在工资待遇或劳动条件上给予不平等的待遇，以此实现劳动者之间的待遇不平等的现象被称为歧视。②

(3)采取对其构成要件列举的方式来诠释就业歧视，用人单位的行为是否违反了现有法律法规中有关公平就业的规定；用人单位的行为是否存在损害事实；在实施损害劳动者权益行为时，用人单位在主观上是否具有的过错③。

(4)通过目的结合形式来定义就业歧视，“就业歧视是指没有合

① 王怀章：《就业歧视初探》，载《中共浙江省委党校学报》2003 年第 5 期，第 48 页。

② 参见喻术红：《反就业歧视法律问题之比较研究》，载《中国法学》2005 年第 1 期，第 130 页。

③ 参见周兢：《劳动力就业的歧视问题探析》，载《人口与经济》2003 年第 3 期，第 41 页。

法的目的或原因，取消或损害劳动者的平等就业权为目的，只是基于种族、性别、肤色、民族、宗教、政治见解、社会出身、户籍、身体健康状况、年龄、语言等原因，而对劳动者采取的任何区别、排斥、限制或优惠”。①

可以按照歧视发生的在就业中的时间段的不同，将就业歧视区分为就业机会歧视、就业待遇歧视和就业安全保障歧视三种。“经济学中将发生在劳动力市场的歧视表述为：仅仅是因为工人们所属的人口群体不同，而使得具有相同生产率特征的他们受到不同的对待”②，或者说是指“在所有经济方面都相同的个人之间存在报酬差别，即在劳动力市场上对与劳动生产率无关的个人特征的作出评价”③。“歧视被视为是因个人偏见而产生的孤立性的事件……”④因此，本书研究的就业歧视争议中的就业歧视应该是指在具有相同劳动率的个人因性别、民族等与劳动生产率无关的个人特征而造成的排斥和偏见，具体表现为在择业就业时的工作条件上的区别对待，由此产生就业机会不均等的影响。综合上述学者和国际公约对就业歧视的定义可以看出，就业歧视是对平等权的藐视，其形式具有多样性的特点，就业歧视按照所处阶段的不同有狭义和广义之分⑤，就业歧视产生的是不合理的区别对待且存在故意性，有时有一定隐蔽性。由此笔者认为，歧视在劳动就业中是指用人单位一方在广义的就业阶段基于某些与工作

① 林嘉：《论我国就业歧视的法律控制》，载《河南社会科学》2006 年第 9 期，第 17 页。

② ［美］罗纳德·伊兰伯格、罗伯特·史密斯著，刘昕著：《现代劳动经济学——理论与公共政策》，中国人民大学出版社 1999 年版，第 394 页。

③ 胡学勤、李肖夫主编：《劳动经济学》，中国经济出版社 2001 年版，第 101 页。

④ Colleen Sheppard. Equality Rights and Institutiona1 Change: Insights from Canada and the United States. 15 *Arizona Journal of International and Comparative Law*, 1998, pp. 143-167，转引自 Lisa Stearns，李薇薇译：《禁止就业歧视：国际标准与国内实践》，法律出版社 2006 年版，第 18 页。

⑤ 狭义的就业歧视一般被认为是职业过程中发生的歧视，广义的就业歧视一般被认为应该包括就业中的全部过程和内容上产生的歧视。

能力不相关的因素而做出的对劳动者(包括准劳动者，下同)的不合理的区别对待，对其排除限制或者优惠，使得劳动者的基本权利被减损甚至被消除。

(二)就业歧视的学理分析

沿用西方劳动经济学中的分类方法，就业歧视主要可以分为以下三种类型：①工资歧视，是指基于生产率差别以外的因素而引起的工资的差别。②职业歧视，是指某些人群即使完全有能力胜任某些职业，但仍然被武断地限制或剥夺进入某些职业的准入资格。③人力资本投资歧视，是指某些人群很少能够获得提高劳动生产率的正规教育和在职培训的机会①。前两种歧视是发生在人们进入劳动市场后的歧视，后一种歧视出现在人们求职之前。无论出现在就业前还是就业后的就业歧视，其最根本的还是因为用人单位追求利益最大化，减少生产过程中自然附着成本。但是对整个经济社会来说，就业歧视会“增加社会交易的成本、降低社会总体福利”②，最终会降低效率、阻碍经济发展③。

在法理学和宪法学上，就业歧视往往涉及的是对人权和平等权的问题，由此延伸就是对劳动者平等就业权的侵害和剥夺。“平等和不歧视原则是人权法的核心思想”④，就业歧视本质上是对劳动者实施不合理的差别对待、排斥，是对人权的践踏，对劳动者生存权和发展权的威胁，对就业领域的大环境有着负面的影响。作为基本人权的内容之一，劳动权既是公民生存的需要，同时也是实现自身价值的手段。劳动权的核心是择业和就业的平等与自由，以及由此派生的权

---

① 参见[美]坎贝尔·R. 麦克南、斯坦利·L. 布鲁、大卫·A. 麦克非逊著:《当代劳动经济学》，人民邮电出版社2004年版，第403~404页。

② 颜三忠、洪萍:《就业歧视及其立法规制》，载《江西社会科学》2004年第12期，第165页。

③ 就业歧视使得人才资源没有被有效利用，不利于优惠组合资源结构，不必要地降低了经济效益。

④ Jorome J. Shestack. The Jurisprudence of Human Rights. *Human Rights in International Law: Legal and Policy Issues*, 1984, p. 101.

利。劳动者享有择业和就业的自由就意味着用人单位不能以不合理的考虑来剥夺劳动者从事何种职业的自由，劳动者的就业机会也是平等的，当然这不能理解为所有的工作都不该有限制和区别。另外还结合劳动法学分析就业歧视，可以知道就业歧视侵犯的是劳动者的平等就业权，尽管我国对此没有明确界定，并且在讨论平等时还必须对形式上的平等和实质上的平等有所考虑，我们所追求的平等不仅仅是形式上的，更重要的应该是保障实质上的，法律的目的也在于此。反映在就业歧视问题上，形式上的不平等主要体现在直接歧视上，实质上的不平等主要体现在间接歧视上，这在下文有详细论述。我们要知道的是就业歧视限制或者剥夺了劳动者平等获得就业机会和享有劳动待遇的权利，即是对平等就业权的侵害。只有在制度上推行形式平等和实质平等相结合的理念，才有可能改变就业歧视多发的现状。

从社会学角度看待就业歧视，不仅是对公平正义的这一社会法则的损害，并且在剥夺弱势群体应有的机会资源的同时，不合理地扩张了另一部分社会成员的机会资源，无形之中进行了人群分化，使被歧视者不能顺利参与劳动活动，生存成本增加。在无法获得公平待遇和表达诉求时很可能以报复社会的方式宣泄不满，必然影响社会安定团结。用人单位不能只顾眼前的利益而视经济的发展和社会的稳定于不顾、抛弃社会责任的约束。

（三）就业歧视与合理差别待遇的区分

在市场经济的条件下，用人单位有依法根据自身经营生产的情况来设定录用人员的标准、对其的待遇条件以及辞退劳动者的条件的自主权利。并且，个体劳动者之间的竞争性关系以及个体之间的差异是客观存在的，那么，如何统筹人力资源以求达到效益的最优化就是用人单位考虑的重要问题之一。但是做出差别待遇的行为所给予的理由是复杂多样的，怎样才能正确判断用人单位的行为是构成就业歧视还是一种合理的差别，这就需要使用关联性原则。所谓关联性原则，即是针对公民就业权所实施的各种限制必须确实是基于职业、工种或岗位本身的特殊性和内在需要而采取的。或者可以表述为，该种限制确实属于从事该工作所必要、合理之限制，与相对应的工作有内在的关联性，故该原则亦可称为必要性与合理性原则或者内在需要原则，《1958 年消除就业和职业歧视公约》第 1 条第 2 款就有明确规定：“对一项特定职业基于其内在需要做出的任何区别、排斥或优惠不应被视为歧视”①，在一些特殊行业，社会形成了普遍的认识，也就有了行业准入标准，比如文艺体育行业对选拔进入的人才都有身高样貌甚至体重的要求，这并非用人单位在招聘时设置的苛刻标准，则不被认为构成就业歧视。

除了运用关联性原则之外，还可以用排除法进行判断，譬如参照《1958 年消除就业和职业歧视公约》的规定：“针对有正当理由被怀疑是或证实参与了有损国家安全活动的个人所采取的任何措施，不应视为歧视，只是有关个人应当有权向按照国家规定建立的主管机构提出申诉”②，“第一，国际劳工大会通过的其他公约和建议书规定的保护或援助的特殊措施不应被视为歧视。第二，凡会员国经与有代表性的雇主组织和工人组织（如存在此种组织）协商，确定为适合某些人员特殊需要而制订的其他专门措施不应视为歧视，这些人员由于诸如年龄、性别、残疾、家庭负担、社会或文化地位等原因而一般被认为需要特殊保护或援助”。③ 这样的判断方式较为直观，容易依据此作出判断，但是也易被社会发展、就业歧视形式多样性所局限，这就需要领悟其中的核心精神才能公正地作出判断。

间接歧视和直接歧视这两个概念不仅仅是就业歧视的类型上所应该提到的，在区分歧视和合理差别时也需要对上述两个概念有一定了解。许多国家的立法中都会对就业歧视作直接歧视和间接歧视的区分，例如在英国 1975 年的《性别歧视法》中有这样的规定：“本法包

① 国际劳工组织：《就业职业歧视公约》（第 111 号公约），1958 年，第 1 条。

② 国际劳工组织：《就业职业歧视公约》（第 111 号公约），1958 年，第 4 条。

③ 国际劳工组织：《就业职业歧视公约》（第 111 号公约），1958 年，第 5 条。

含三种歧视：直接歧视、间接歧视、惩罚性歧视”①，我国现阶段有关就业歧视的若干规定正是针对直接歧视这一最早的就业歧视类型作出立法规定的。直接歧视衍生自宪法学中的平等原则，意味着形式上的平等，含义就是差别对待。“对个人差别通过明确的规定作出保护，这一概念对于处理极端的和显而易见的歧视形式非常有效”②，其中判断的重点在于是否能够找出条件与自身的相比较而言较为近似的劳动者，却受到了更好的待遇。间接歧视立足于宪法平等原则中的实质平等，含有间接歧视条款的规定，看上去中立，歧视性往往较为不明显，但是在实际施行中便会使特定条件的一类人陷入与他人相比不利的地位，这就暴露出这些条款的歧视本质。间接歧视的提出是对直接歧视的一种补充，使人们不至于忽视隐性的歧视，而对就业政策作深入思考，判断其是否存在歧视性条款及是否公平。判断是否存在间接歧视则需要首先考虑那些要求和条件有否使得一部分特定的劳动者受到了相对于其他劳动者来说更多的利益损害，与直接歧视区别在于，间接歧视不是单独个体之间的待遇比较，而是两个群体间的待遇比较才能作出是否存在歧视的判断。然而，间接歧视的判断方式存在着挑战，通常在某个国家和地区认为极其自然的规则和时间，针对另外的国家和地区而言就会被认为是不可以接受的，就业歧视的行为因素会受到地域文化的影响③。

综上，并不是所有的差别待遇都可以构成就业歧视，在法律直接有规定的情况下、基于公共安全等公共利益的需要时、特殊保护措施

① Wright M. *Labor Law* (Third Edition). Macdonald & Evans Ltd, 1981, pp. 86-88.

② 李援编著：《中华人民共和国就业促进法释义及实用指南》，中国民主法制出版社 2007 年版，第 176 页。

③ Anna Christensen. Structural Aspects of Anti-Discriminatory Legislation and Processes of Normative Change. In Legal Perspectives on Equal Treatment and Non-Discrimination, Edited by Ann Numhauser-Henning. *The Hague*, *Kluwer Law International*, 2001, p. 52，转引自李薇薇、Lisa Stearns 译：《禁止就业歧视：国际标准和国内实践》，法律出版社 2006 年版，第 29 页。

和针对特定职业的客观需要的差别和偏向是不应该被视为就业歧视的，有的依据条件较为明确，有的依据条件则比较抽象，需要由专门的有经验的人士依照法律的精神内涵进行判断。

二、禁止就业歧视必要性

就业是人们实现自身价值的重要途径，实现就业领域的平等是劳动法学界不可忽视的课题。中华人民共和国成立至今，特别是改革开放之后，我国劳动者的地位不断提高，随着经济的飞跃发展，我国在禁止就业歧视上采取了必要的手段，然而我们不得不承认，这些法规和政策存在不足，其实施也不充分，我国现阶段劳动力市场仍存在较为严重的就业歧视状况。近年来，我国社会各界对就业歧视问题的关注增多，引起了学界对理论和具体措施研究都相对滞后的这一现状的反思。就业歧视会造成过多的失业和待业人口，对他们的救济会增加政府压力，由于没有工作，他们的社会地位严重卑微，会使得社会动荡甚至影响政权稳定。

(一)就业歧视的危害

就业歧视的危害对社会和经济的平稳发展有很大的负面影响，首先歧视本身就是直接对社会公正的这一基本规则的损害，它还会使被歧视者背负沉重的精神负担。机会公平意味着人们应当享有参与经济活动和市场竞争的机会，在平等条件下取得收入。无论是来自体制内部的歧视还是来自体制外部的歧视，都把一部分社会成员的机会资源进行了不适当地膨胀，在资源定量的情况下，必然会使另一部分社会成员的机会资源被剥夺，从而限制了这些弱势群体的发展。制度性歧视对社会经济发展的影响是深远的，比起偶然的个人因素导致的歧视，制度歧视更显得违背了社会公正，不利于构建和谐社会的用工氛围。

就业歧视会使得本来就身处弱势地位的劳动者失去平等工作的机会或者接受歧视性待遇的工作，影响了就业中的弱势群体在行使经济、社会等权利时受到了制约，相反地，处于不利地位的劳动者更容易受到来自社会和用人单位的歧视。如此循环只能使我国的公平就业秩序受到严重破坏，对稳定的政治局面是一种冲击。新古典经济学认为在一个自由选择的体制中，社会的各类人群在不断追求自身利益最大化的过程中，完全竞争性的市场才能达到帕累托最优①。许多就业歧视使得合格的劳动者被边缘化，远离了劳动力市场，他们的合法权益受到侵害的同时，也是教育资源的浪费、人才的闲置。歧视使得劳动者的就业权利与机会不平等，个人没有平等的参与就业的机会，对人力资源的优化配置有负面影响。人力资源若不能在体制内外顺畅流动，则会使市场的调节能力变得人为化，而不由市场规律支配，这样的竞争是不公平的，资源配置达不到最佳效率，不利于经济长期稳定的发展。就拿农民工歧视来说，对农民工的就业歧视直接降低了农民劳动力的市场参与率，加剧了城乡收入的不平等；同时由于国有企业中存在着制度性歧视，只招收城市职工的话会导致其付出较高的用工成本，而在没有二元社会经济制度约束的三资企业、私营企业中，则不存在此类歧视，在劳动力市场上依据效率原则用工，包括农民工在内，则工资成本降低，利润上升。改革开放以来，规模大、技术先进、资金雄厚的大中型国有企业的工资利润率远低于规模较小、技术落后、资金较少的三资企业、私营企业。在某种意义上，这与国有企业存在"制度型"劳动力市场城乡歧视有直接关系。② 即使以城市职工就业为优先的目标，但是由于城市就业体制转换的难点是国有企业所依托的劳动力市场中的制度障碍，这一条件并未发生变化，不仅会让农民做出的这种牺牲没有价值，而且还会有损劳动力市场的正常发展。城市政府所动用的所有旨在造成歧视性就业政策的手段，都意味着强化城市职工工资决定中的制度性特征，这种歧视性就业政策和人

① 帕累托最优状态是由意大利经济学家帕累托提出来的一种经济状态，表现一种资源分配的理想状态：假定前提是固有的一群人和可分配的资源，从一种分配状态变化到另一种状态，在没有使任何人境况变坏的前提下，也不可能再使某些人的处境变好。简单理解就是，不可能再改善某些人的境况，而不使任何其他人受损。在此就是实现使整个社会的经济资源得到最合理的配置。

② 周小亮：《劳动力市场城乡歧视及其社会经济效应》，载《当代财经》1994 年第 9 期，第 13 页。

为分割劳动力市场的做法可能产生政治、社会不良后果，对城市进一步经济发展不利，因此政府的歧视性政策倾向对就业体制转换具有负面效果。① 道德在这一问题上几乎无能为力，这时就需要国家对此进行规制。

就业权的重要性归结于它是公民生存权、发展权的前提和保障，它所反映的实质是人们的劳动权。自古以来，劳动就业才能保障公民能获得报酬、维持正常生存，尽管现代大多数国家都已经建立起社会保障体系，但无法全面覆盖全体国民，而且保障程度也有限制。人们只有就业，成为劳动者才能使自己和家人生存下来，才能有更好的发展。劳动者有生存的需求也有发展的需求，就业权是实现自身价值的一种体现，只有在自由的就业环境下发展，个人才能找到自身存在的价值，社会也会因为有更多的成员而实现多元化发展。

（二）就业歧视的现状

中国政法大学宪政研究所在 2006 年 5 月和 10 月对全国十大城市进行的针对中国的就业现状的问卷调查显示出：认为目前就业领域存在歧视的，累计占 85.5%，认为非常严重和较为严重的有 50.8%，认为不存在的只占 6.6%。同时，有 47.6%的单位没有落实女性怀孕的权益；有 36.7%的受访者认为用人单位招聘时有外貌要求。② 2008—2010 年又开展了一项名为《当前大学生就业歧视状况》的调查，其同名调查报告中显示有 54.05%的大学毕业生认为自己在求职过程中遇到歧视。这些五花八门的歧视中除了传统的女性歧视、身高歧视、年龄歧视，还有地域歧视③、婚姻状况和身体健康状况歧视。最为不可思议的迷信歧视在私企中甚是严重，凭借诸如生肖、姓氏不合等理由，就把劳动者拒之门外。若说私企、外企用人时有就业歧视是

① 参见蔡昉：《二元劳动力市场条件下的就业体制转换》，载《中国社会科学》1998 年第 2 期，第 8 页。

② 参见王寻、朱小雯：《反就业歧视，一个迫在眉睫的问题》，载《中国改革报》2007 年 4 月 24 日第 4 版。

③ 这其中尤以河南人经常受到不公正待遇为典型，其次有对东北人的排斥性对待。

企业形式自主权的体现，政府部门和事业单位(学校医院包括在内)的就业歧视就有挑衅法律的意味。根据调查，政府机关、国有企业也存在着相当程度的就业歧视。

即便是在宣扬人权和平等的西方发达的资本主义国家中，就业歧视至今也无法根除，尽管我国《劳动法》和《就业促进法》中对就业歧视规定的是“民族、种族、性别、宗教信仰(等)”这些形式，但是我国的就业歧视的对象主要是女性和农民工，这与西方社会的就业歧视多表现在性别和种族歧视有所不同，也就是说性别歧视和身份歧视是我国就业歧视中较为常见的歧视表现形式。此外，针对国籍、年龄、身高、犯罪前科、政治面貌、家庭出身、婚恋状况的作出歧视也多次出现。参照中国政法大学宪政研究所 2008—2010 年针对当前大学生就业歧视状况的调查报告中大学生面临的类型，可以看出在歧视的主要形式中，性别歧视和身份歧视中的户籍地域歧视出现的频次较多。

(1)性别歧视。在许多的就业歧视现象中，性别歧视是老生常谈的典型歧视形式，具体表现为用人单位因为性别因素而对劳动者有着歧视性的对待，无论是我国还是西方国家，传统意义上的性别歧视的歧视对象为女性。用人单位为了规避《劳动法》的相关规定，对女性享有产假等特殊假期有所顾忌，而且在日常工作中例如出差，女性劳动者也不如男性劳动者方便安排。于是用人单位对女性应聘者提高门槛，甚至拒绝使用女性担任法律上无明文禁止女性就业的职务。例外的情况是，法律所规定的因女性生理特征(如怀孕、分娩)所决定给予的特殊待遇，是一种对女性的保护，而不被认为是对男性的歧视。随着时代的发展，性别歧视的内容除了对男性或对女性的歧视，还应包括变性人歧视、婚姻歧视、怀孕歧视、性取向歧视、性骚扰。性骚扰也成为影响女性就业的社会问题，这不仅是对人格的损害，更是对劳动者平等就业权的侵害，据 2000 年深圳市的一项调查问卷中的数据，可以看出性骚扰受害者主要是妇女，但是也不能忽略男性也有被性骚扰的现状。

因此我们将关注重点放到了女性就业困难这一议题上，中华人民共和国成立后，我国妇女的地位有了明显的提升，不仅加入了国际劳动组织《有关男女劳工同工同酬》的公约，国内的法律也对妇女权益特别是女性劳动者给予了保障，为了保护妇女的身心健康，对其准入的职业领域有特殊限制规定，对妇女的特殊生理时期给予休假等保证。殊不知，这些保护政策却为女性就业歧视埋下了隐患。一些属于没有限制性别的行业的部门，在聘用时限制使用或者拒绝使用女性，或者变相提高女性聘用条件，使得女性就业存在歧视。2002 年 11 月在北京，专门为女性大学生而策划的一场招聘会因为邀请不到用人单位最后宣告流产①，正反映了女性在就业中的不受青睐的境况。除了在招聘环节有歧视，在就业后的薪酬分配时也反映了女性在就业中的被歧视状况。第二期中国妇女社会地位抽样调查的数据表明："在 1990 年至 2000 年的十年中，在业女性的经济收入与男性收入差距明显拉大。"

从收入分布上看，城镇在业低收入的女性人数比男性高出 19.3%，中等以上收入的女性人数却比男性低了 6.6%。② 美国著名经济学家萨缪尔森关于就业歧视的论断指出："仅仅处于种族、性别、性倾向或者宗教等不相干的个人特征的差异而使就业人员的收入存在差距时就是存在歧视"③，上述男女收入的差距的扩大无疑印证了这一观点。女性往往被分配到较低、劳动较为辛苦的工作岗位，升迁机会也低于男性。根据北京大学法学院妇女法律研究与服务中心 2006 年的数据，可以看出女性的失业率随着年龄的增长而不断升高，可以从侧面反映出由于女性失业率的攀升而增加了男性在劳动力市场中就业机会。

(2)身份歧视。这在我国过去主要是户籍歧视，是对农业户口的劳动者的歧视，现在演变为农民工歧视和地域歧视。户籍歧视在我国

---

① 参见王斌：《"就业歧视"有待法律规范》，载《中国社会报》2003 年 3 月 12 日。

② 参见全国妇联妇女研究所：《第二期中国妇女地位抽样调查主要数据报告》，载《中国妇女报》2001 年 9 月 5 日第 1 版。

③ 保罗·萨缪尔森、威廉·诺德豪斯著，萧琛译：《微观经济学》，华夏出版社 1999 年版，第 196 页。

有着制度性的历史根源，总体上表现为发达地区对欠发达地区的一种综合性的歧视。随着改革开放农民大量涌入城市，形成了一个新的阶层——农民工，农民工歧视被剥离出户籍歧视，但这并不是纯粹的脱离，因为对农民工的歧视因素之一仍是对其户籍的排斥。在改革开放后的今天，户籍歧视还有了新的内容，就是地域性歧视。现今的户籍歧视的对象更多地转成了普通非农户口的劳动者，特别是沿海地区、直辖市、中央批准的特大城市等经济文化相对全国水平较为发达的地区的用人单位，对外来人口有着高门槛的准入机制。甚至有的是政府部门出于狭隘的地方保护主义颁布文件对前来就业的劳动者设置严苛的要求。例如留京、留沪都需要有一定的学历和技能要求：四六级、计算机二级等；除了留下来有标准，留下的名额也有限制，这主要是大部分用人单位在引进人才时有专业和数量的限制，使得用人单位以本地户籍作为应聘条件或者福利条件，这些现象本质上都无一例外地反映了户籍歧视对中国就业市场所带来的深远影响。虽然国家提倡人才自由流动、平等就业，但是户籍歧视的现象并没有明显改善，其本质是地域歧视、“人种”歧视，归结于经济发展水平的不平衡。户籍歧视不仅限制了人才和劳动力的自由流动，最根本地还限制了各个地区之间的经济发展交流，最终还会使经济的衡平发展陷入恶性循环。根据中国政法大学宪政研究所 2008—2010 年针对当前大学生就业歧视状况的调查报告中大学生面临的类型，不难看出用单位在招聘时大多存在户籍要求。

农民工歧视是身份歧视中的典型代表，农民工是指具有农业户口的、从农村地区进入城市或城镇地区未获得当地常住户口却又在该地区从事非农职业的人员①。许多城市对外来务工人员设置了各种准入制度，无论胜任与否都不准许农民工兄弟进入被限制的行业中。近年来虽然稍有改善，如 2010 年国家公务员允许农民工参加考试，但是并未从根本上改变农民工被限制就业的状况。由于农民工文化水平普

① 参见陆益龙：《进城做工人员的法律偶遇》，载《郑州大学学报》(哲学社会科学版)2004 年第 1 期，第 80 页。

遍较低，只能干些体力活，并且没有当地户籍决定了农民工具有很大的流动性，而用人单位则更多地希望雇佣有稳定生活的劳动者。因此用人单位在许多临时岗位上招聘农民工，并在工资福利上给予较低的标准，为了清楚地看出这些确实存在的对农民工的歧视，对转轨时期的农村迁移劳动力的工资歧视进行计量分析则显得十分必要，运用工资差异分解模型将农村迁移劳动力和城市本地劳动力的一些因为个人特征而造成的工资差异从工资决定中分离出来，测度为歧视对工资差异的影响程度，有学者通过分析认为工资差异中76%的部分可以归因于歧视从而解释了农村迁移劳动力和城市本地劳动力的工资差异的绝大部分，这说明，农村劳动力迁移到城市后，其工资收入受到城市的歧视性政策的较大影响。① 有学者还尝试运用工资决定模型，以此说明农民工存在工资歧视问题：农民工不仅在工资收入上受到户籍歧视，且在享受福利方面的歧视更大。两类工人在三大社会保险享有率方面的真实差异均达到45%左右，超过工资差异近10个百分点。然而，我们若把中国的社会保险享有率与工人的人力资本特征和企业特征考虑进来，社会保险中分离出来的户籍歧视则与工资户籍歧视持平或略低。人力资本和企业特征变量分别解释了社会保险的69%、74%、79%，户籍歧视解释的部分各为31%、26%、21%，并使得农民工社会保险享有率平均降低了11个百分点以上。这一结果有力地表明，农民工在享有社会保险福利方面确实存在较为严重的户籍歧视问题。② “对工资歧视的研究表明，农民工和城市工的平均工资收入存在一定程度的差距，这个差距只有不到一半的部分是由个人生产率特征的差异形成的，较大部分要归结于歧视性因素。这种歧视性因素又包括两个方面：一是对农民工的直接歧视；二是对城市工的偏袒和

---

① 参见王美艳：《转轨时期的工资差异：工资歧视的计量分析》，载《数量经济和技术经济研究》2003年第5期，第97页。

② 参见姚先国、赖普清：《中国劳资关系的城乡户籍差异》，载《经济研究》2004年第7期，第88页。

保护而对农民工产生的反向歧视。”①通过上述模型得出的数据不难看出我国就业环境普遍存在对农民工的歧视。

（3）生理方面歧视。招聘环节中，用人单位经常设置一些与劳动能力无关的条件来筛选前来应聘的劳动者，如身高不低于多少，体重不超过多少，样貌姣好，年龄也有限制。这些并非属于特殊行业特殊单位的用人单位的招聘标准为什么要有这么多针对劳动者先天条件的“无理要求”呢？劳动者的工作能力可以作为评判其是否胜任这份工作的要素，但是倘若是因为身高样貌原因就使劳动者失去证明自己能力的工作机会，就毫无公平而言。难道这是市场经济的一般规律的体现？劳动力资源市场供大于求时，自然对人才的质量要求就会提高，我们的社会居然默许了“选美式”的就业歧视。至于年龄歧视，虽说有些岗位适合积累了一定经验和知识的劳动者，有的岗位需要年轻有干劲的准劳动者，但也不可一概而论，凡事都有例外，劳动者是否能胜任工作还是应该具体考察过再作结论较为科学合理。

健康就业歧视是指在法律规定的条件之外，基于个人的健康状况，且与执行工作所需要的身体状况和条件无关，做出的任何区别、排斥或优惠，而导致的剥夺或损害在就业和职业上的机会或待遇上的平等。健康就业歧视问题主要是针对残疾人的歧视，但是，健康就业歧视在现代社会又表现为更加多样的形式，其中主要就是病毒感染者的健康歧视现象，诸如对于艾滋病病毒感染者、乙肝病毒感染者的健康歧视问题。② 针对残疾人的就业歧视已被广为禁止，疾病歧视现象日益显现。医学科技的发展给人们提供了健康的保证，在另一个层面上也衍生了各色各异的就业歧视。对乙肝病毒携带者和艾滋病病毒携带者的歧视已经扩展到就业领域，他们被剥夺了就业的机会，这容易使受歧视者产生心理逆反，继而报复社会。

① 谢嗣胜、姚先国：《农民工工资歧视的计量分析》，载《中国农村经济》2006 年第 4 期，第 54 页。

② 参见叶静漪、魏倩：《健康就业歧视若干法律问题研究》，载《人权》2004 年第 3 期，第 43~44 页。

当今现代科学技术的迅猛发展，对人类社会产生了巨大的积极影响，同时还产生了一些负面的“衍生物”，基因歧视就是其一。所谓基因歧视，按照美国人纳托维奇的说法就是：单独基于个人基因构造与“正常”基因组的不同，而歧视该个人或其家族成员。① 事实上只要个人带有与正常人不同的变异基因，无论致病与否，都有可能遭到歧视。而且，如果一个家族中发现一人为带因者，则其他家族成员也有受到歧视的可能。② 在反基因歧视方面，我们至今没有法律法规可循，这还是我国反就业歧视的盲点。

DNA 技术的发展让用人单位们将携带某种可能治病的基因的劳动者拒之门外，这听起来似乎是荒诞无稽的案例，不光发生在美国这样的资本主义国家，而今在我国也真实上演着。用人单位主要是基于经济利益考虑，而拒绝录用已经有疾病或者存在致病可能性的劳动者，并且录用有疾病的或者录用后病发的劳动者还会对本单位的其他劳动者有不良影响。但是我们必须认识到病毒携带者没有病发时是可以正常工作和生活的，只是在特殊的岗位不适合工作而已③，同时我们不能忽视的是，这类病毒携带者人数众多，光靠救济生活，这对政府和社会也是一种负担，为什么不让他们在力所能及的范围内有获得工作的机会呢？只要在容易传播的行业设置较高的身体素质准入标准，就可以保证大众的安全。相对过去普遍争议的“乙肝歧视”来说，2010 年出现的“基因歧视”有着更科学的背景④，尽管引起了诸多非议，但是最终仍然以原告败诉收场。某种致病基因的携带者同乙肝病

① Natowicz Marvin R. , Alper J. K. , Alper J. S. Genetic Discrimination and the Law. *American Journal of Human Genetics*, 1992, pp. 465-475，转引自邱格屏：《就业基因歧视与我国未来法制设计》，载《法学》2001 年第 7 期，第 9 页。

② 参见邱格屏：《就业基因歧视与我国未来法制设计》，载《法学》2001 年第 7 期，第 9 页。

③ 例如《全国病毒性肝炎防治污案》有规定，占到 39.6%乙肝病毒携带者除不能献血及从事直接入口的食品和保育员工作外，可以正常工作。

④ 在广东省佛山市的一次公务员招考过程中，体检环节多了基因检测项目，使得三位笔试面试均名列前茅的“地中海贫血基因携带者”最终被拒之门外。

毒携带者、艾滋病病毒携带者一样，并不意味着会突然病发，通常不会传染也不需要治疗，实际上与正常人无差。在美国历史上，就曾经出现过这样的事例：给予对非裔美国人的健康着想的目的而实施了镰状细胞状的强制筛查①，但是在携带者身份被暴露的同时，他们也失去了工作或晋升的机会，也无法参加健康保险，遭到了没有携带这种基因的人的排斥，由此携带者们只能互相通婚，生育出更多的这种致病基因携带者，以至于产生更多的贫血症患者。在现实社会中，科学特别是生命科学的发展给人们带来的不仅仅有好处，往往还伴随着世俗的麻烦。基因揭示了人体的未来，这是遗传学科的进步，可以有效使人们避免生理缺陷和重大疾病的发生。但是在现实社会中，基因的性状一旦被揭示出来，某些人就会被贴上"潜在的病人"的标签。他们在健康时就被视为病人，必然在心理上产生沉重的精神负担。基于劳动者的基因型由此作出是否能获得工作的机会的判断标准，一旦被法律所默许，将导致就业歧视乃至社会歧视出现新的形式，并且会产生遗传性的失业群体。这些人只是因为有特定的基因结构而失去了工作、生存的机会，基因上的优劣之分会形成新的社会分化，这不仅不利于社会和谐稳定，更是与道德和法律的核心内涵——公平正义所相违背，在道德和法律层面有负面影响的科学最终都将会被限制发展。我们可以从对疾病的就业歧视看出，这种用医学事实来决定就业机会的现象，往往反映了社会的价值判断。法律应该是与道德一致的，一般来说是道德指引法律的方向，社会价值判断尚且对疾病者和携带者存在误解和偏见，更何况法律乎？其实就业领域的歧视正是人们在道德领域的共同价值观的体现，正是集体价值观偏差才会形成对应的就业歧视，并且使其站稳脚跟。简单言之，正是有了"重男轻女"的历史传统，才会在就业领域发生对女性劳动者的歧视的现象。偏见就是根据一些特征对一部分人打上烙印，不怀好意的区分会引起许多心理

① 这种隐性遗传疾病是血红蛋白基因的单一突变造成红细胞变成镰刀状，容易破裂，最终造成贫血和血管阻塞，当时在美国黑人中大约每600名就会有1人患上镰状细胞状贫血症。

和社会问题。

由此带来的健康歧视引起关注：一度沸沸扬扬的国内首例“艾滋病就业歧视案”①所涉及的主要问题是目前国内的公务员录用体检标准是否合法，援引《就业促进法》第30条：“用人单位招用人员，不得以是传染病病原携带者为由拒绝录用。”但最终法官判决原告败诉。这个案子必然会败诉，除去法律缺失的原因，还应考虑到这是一个行政诉讼。败诉后所引起的社会反响是这个就业歧视案子的意义所在，只有社会认同了病患的工作能力，才有可能使他们得到公平的就业机会和工作待遇。这几年进入公众事业的就业歧视案件多发生在公务员招考的过程中，公务员体检标准还被事业单位、一些社会团体多参照执行，而在中国政法大学现正研究所发布的《国家公务员招考中的就业歧视状况调查》报告中可以看出，中央机关和地方公务员的健康歧视占总职位数的100%，健康歧视和年龄歧视都被视为最大比重的歧视。我们不能忽略公务员录用标准的示范效应对广大劳动者带来的就业影响。

(4)政治面貌歧视。在最近开展的国家和地方公务员招考计划里，不难看到有些街道办事处之类的基层部门却限制各种条件，被认为不可理解的是居然要求中共党员或共青团员；还有政府的中文录入员，要求必须是中共党员。中国共产党是我国的执政党，因此为了确保其领导地位，在一些职位上有政治面貌的限制有一定合理性，再加上人们的传统观念认为中共党员就是很优秀的人才，更能胜任。尽管这些政治面貌的歧视有一定理由，但是这并不能说明非中共党员、非共青团员就一定不能胜任工作，更何况是一些基层工作，有什么道理一定非要限制政治面貌呢？这种狭隘的限制会使人才失去平等竞争的机会，也会使用人单位错失英才。这种歧视带来的负面影响不仅使得平等就业权受到撼动，更为严重地会使一些人带着不纯的动机入党，对中国共产党的党员纯洁性是一种破坏，不利于我党民主执政。

① 2010年安徽省安庆市市直学校招聘老师的考试中，原告因HIV检测为阳性而被拒绝录用，将市教育局等部门告上法庭。

(5)其他就业歧视形式。就业歧视的形式有很多，无法穷尽，还有经验歧视、学历歧视、名校歧视和体制性歧视也是劳动者在就业中遭遇的不公正待遇。在用人单位招聘的广告中经常能看到要求有工作经验，公务员考试更是细化了这一要求，“两年以上基层工作经验”、“五年以上相关工作经验”，这对应届毕业生来说是不公平的，在公务员招考中，这些工作经验还被局限在基层、国家企事业部门等范围内的工作经验；学历歧视则显得更常见，很多大专或者本科能胜任的位置却一味要求高学历，主要是因为扩招后，生源过于充足，用人单位有了更多的选择；用人单位在招聘时往往青睐北大、清华等著名高校的学生，就连公务员考试亦是如此，2011 年 2 月的天津市公务员考试“双外”生限制在十几所名校内，2011 年 3 月的北京市公务员考试中的“双外”生要求也必须是“985”院校的学生……这样的情况比比皆是，在凭能力说话的今天还如此看重“出身”，没有好的“出身”连考试资格都没有，何谈公平？没考上名校就证明没有实力？就注定一辈子矮人一等？名校歧视给受歧视者也带来了心理压力。体制性歧视就是指在“一些特定的行业并非所有人都能进入，一方面是不允许体制外的劳动者进入体制内劳动力市场就业；另一方面即使允许体制外的劳动者进入体制内劳动力市场就业，但同工不同酬”①。

(6)总结概述。就业歧视是劳动市场中由多方面因素相互影响而形成的结果，它可能发生在劳动力市场之中或者外部，它可能出现在就业环节(如招聘、薪酬、升迁、解雇等)的某一方面或者某几方面甚至全部方面。就业歧视的成因按照主体可分为个人倾向和制度面向两个。前一个原因是因为缺乏对用人自主权限制，使得用人方忽视了其应该承担的社会责任。后一个原因主要是在劳动力市场供大于求的今天，政府往往用狭隘的发展眼光指导着经济发展，为了维护利益集团的既得利益而牺牲公平和正义，这不同于西方就业歧视中的市场失灵因素，在我国更多的是政府失灵。另外存在的社会原因是由于国人

① 许经勇：《体制转型中二元劳动力市场的理性思考》，载《广东社会科学》2007 年第 6 期，第 7 页。

对就业歧视没有意识到，或者是没有维权意识，自怨自艾接受不平等的用人标准而不认为是被歧视，或者意识到被歧视却不主动维权，再或者是求助无门也就默认了被歧视的现实。其最根本的原因还是在于经济发展的不平衡，虽然政府为流动的劳动者制定了就业保障性政策，但传统经济体制下的遗留问题和传统观念还是限制了择业、就业自由。

三、域外反就业歧视的现状和不足

(一)国际公约的规定

国际劳工组织在《消除对妇女一切形式歧视公约》中表明：妇女不论已婚或未婚，在男女平等的基础上认识、享有或行使在政治、经济、社会、文化、公民或任何其他方面的人权和基本自由不被妨碍和否认，如果基于性别因素而有上述的影响或者为了达到上述的目的而做出的任何区别、排斥和限制，即是“对妇女的歧视”。联合国针对不同的歧视类型制定了《消除对妇女一切形式歧视公约》、《消除一切形式种族歧视国际公约》、《消除基于宗教或信仰原因的一切形式的不容忍和歧视宣言》、《保护所有移徙工人及其家庭成员权利国际公约》，这些特别公约都是以保障《联合国宪章》和《世界人权宣言》中所确立的公民平等就业的权利为立约的宗旨，反对各种就业歧视。值得一提的是，欧盟在坚持联合国和国际劳动组织的有关禁止就业歧视原则和宗旨下，制定了大量的禁止就业歧视的法规，“实现男女在获得就业、职业培训、晋升与工作条件等方面平等对待的原则”和“建立劳动和职业平等对待基本框架”分别是欧盟第 76/207 号指令和第2000/78号指令针对就业歧视作出的界定①。

(二)域外的措施

欧美等发达国家经过较长时间的发展，在就业歧视争议的解决机制方面有了成熟的理论和实践体系，有效地遏制了就业歧视的现象的

① 参见林嘉、杨飞、林海权著：《劳动就业法律问题研究》，中国劳动社会保障出版社 2005 年版，第 226 页。

发展、维护了劳动者的平等就业权、宣扬了平等就业的劳动权利思想，了解分析域外的就业歧视争议解决机制的具体措施和情况对我国在消除就业歧视的完善有很好的借鉴意义。

1. 美国

禁止就业歧视的法律法规在美国的发展已经有百年历史，规章的逐渐完善和专门机构的设置，使得美国的禁止就业歧视制度得以建立，禁止就业歧视在立法和执行上都得以切实保证。其法律渊源主要由宪法、联邦和各州的立法、联邦和各州各级法院判例，以及行政命令组成。1964年的《民权法案》处于美国禁止就业歧视立法的核心位置，其中的第七章更是被誉为美国禁止就业歧视立法的精华，之前1963年的《平等工资法案》和之后的1967年《反就业歧视年龄歧视法案》、1973年的《公平就业机会法》都有联邦制定的禁止歧视的具体法律。此外，各州还有自己的禁止就业歧视的法律，如《纽约州行政法》等。

以美国的就业歧视理论为基础，结合联邦最高法院审判的有关重要判例，我们可以看出美国的就业歧视确立标准有这样几种形态：差别待遇，用人方主观故意基于劳动者的性别、肤色等个人因素而给予差别待遇，只有符合“真实职业资格①”，才不被认定是就业歧视，其意图证明是认定要件；差别影响，表面上中立公平的措施实质上却使得少数特定群体产生了不利的影响，只有基于“业务上必要②”才能在排除一类劳动者时免去构成就业歧视的嫌疑，此时无须对用人单位的意图举证；合理的适应调节，不要求采取行动而是要求用人单位主动履行禁止就业歧视性质的义务，否则就可能构成就业歧视。

美国除了针对性较强的联邦立法规定外，各州的地方政府的相关法规的配套和法院的造法功能也保障受害者在寻求权利救济时有法可

---

① 这是针对直接歧视而特别制定的例外条款，即是用人单位给予歧视待遇完全是职业本身的正常运作的需求。

② 与“真实职业资格”类似，都是用人方做出措施的原因只是由工作性质所决定的，而非根据个人因素而言的。

依。并且美国的禁止就业制度中还有专门机构的设置以此表明对就业歧视的强硬态度、保障立法的顺利施行。美国平等就业机会委员会(Equal Employment Opportunity Commission, EEOC)就是这样一个专门禁止就业歧视的执法机构，该委员会依据1964年的《民权法案》第七章而设立，旨在消除在雇佣、晋升等所有就业环节上的歧视，并且鼓励雇主、工会等组织实施就业平等的行为，受理联邦雇员和求职者关于就业歧视的申诉和控告①。“该委员会成立30多年来，平均每年处理的就业歧视控诉案件超过70万件，为被害人所争取之补偿金额数目相当可观。”②美国在禁止就业歧视法制方面的优越之处除了行政救济手段、司法救济手段的健全，还有平等就业委员会的适时修改指导原则、紧跟形势发展，以确保尽量使法律的滞后性危害降到最低。此外美国还有两个机构辅助处理就业歧视事项的机构，一个机构是司法部的民权处，主要职责是执行针对种族、性别、宗教、原始国籍、残疾的就业歧视的联邦民权法律和第12250号政令；另一个机构是劳动部的联邦合同执行程序办公室，其职能是确立禁止就业歧视的政策、目标并提供指导与合作，以便使承包商和转包商以及在联邦赞助的建设项目中受益人从联邦政府获得的合同是无就业歧视的内容的合同③。

在救济体系上，美国的就业歧视救济程序和司法救济都比较完善。受害人在受到歧视后向州或地方的禁止就业歧视机构发起投诉，60日后才可向平等就业机会委员会投诉，不然先向平等就业机会委员会投诉也会先经过60日的介绍期，平等就业机会委员会驳回投诉后，或者在受理后180日内没有达成和解，或是平等就业机会委员会或总检察长没有提起民事诉讼的情况下，投诉人可以自行提起民事诉

① James E., Jones J. R., William P. Murphy, Robert Belton. *Discrimination in Employment*(Fifth Edition). West Publishing Co, 1987, pp. 12-17.

② 参见曾询:《美国反就业歧视立法的启示》，载《南方经济》2003年第5期，第75页。

③ 参见陈亚东:《中美反就业歧视法之比较》，载《重庆社会科学》2006年第5期，第93页。

讼。原告可以提起的诉求有："复职，预先性、临时性和永久性禁止令，用人单位向原告支付立案前两年的工资或者命令用人单位支付因不愿复职而产生的未来的工资损失，或者其他衡平救济"①，"1991年的民权法中还加入故意性歧视行为的补偿性和惩罚性赔偿措施"②。

2. 荷兰

荷兰是欧盟的代表国家之一，在欧洲的禁止就业歧视方面树立了典范。其禁止就业歧视的立法框架主要有宪法、国际法、特别法律、普通法律。《平等待遇法》将就业歧视分为直接歧视和间接歧视，受到欧盟法律及判例的影响，判断歧视的标准还包括了例外的合理理由：目的合法，涉及对孕产妇的保护，为消除性别或种族弱势而制定的特殊照顾③。就业歧视的形式主要包括种族、性别、宗教、信仰、政治观点、国籍、性取向和婚姻状况；发生范围涵盖招聘广告、安置工作、终止劳动关系、公务员的任命和解聘、劳动期限和条件、劳动期间的培训和教育、升迁和工作条件；用人单位负有举证责任。

依据《平等待遇法》而设立的平等待遇委员会是荷兰专门实施平等待遇法的半司法性质的机构。其职责是接受就业和社会生活上的歧视问题的投诉，并展开调查、经过听证后做出裁决；并将调查结果向社会公布，就有关法律问题给政府、法院及社会组织提供咨询。"平等待遇委员会以其平民性、权威性、低成本的特点，成为荷兰反就业歧视的主要救济机制"④其程序大致是："平等待遇委员会接受公民在就业中受到歧视，公民可亲自或由委托亲属、工会等非政府组织投诉到该委员会，随后展开调查；投诉一方应举证证明自己受到歧视，用人单位则举出反证；初步调查之后由平等待遇委员会主持争议双方

---

① 吴松强：《就业歧视法律问题探讨——以比较研究为视角》，华东政法大学2008年硕士学位论文，第36页。

② 林晓云著：《美国劳动雇佣法》，法律出版社2007年版，第83页。

③ 参见吴松强：《就业歧视法律问题探讨——以比较研究为视角》，华东政法大学2008年硕士学位论文，第30页。

④ 宋茂利：《反就业歧视若干问题研究》，华东政法大学2008年硕士学位论文，第27页。

都到场的公开听证会，经过质证、了解事实，最终做出裁决，但是裁决不具有法律约束力”①。具有司法强制力的法院②和在政府指引下的非政府组织③都构成了以平等待遇委员会为核心地位的荷兰禁止就业歧视机构体系。

在荷兰，用人单位在发生就业歧视争议后不愿意事件公开，劳动者也不希望因此失去工作，因此，大多数情况下，争议发生后在工会等非政府组织的主持调解下，双方都能做出让步达成和解。倘若不满意调解结果的，可向平等委员会投诉，受理后随即展开调查，然后举行双方都到场的听证会，在充分掌握证据后做出裁决。如若不满裁决或者达不成赔偿协议，可以向法院提起民事诉讼，构成犯罪的，还要依据《荷兰刑法典》第 90 条④之规定审理。

3. 中国香港地区

近十年间，我国香港特别行政区在禁止就业歧视工作上取得了不小的成绩，其中的经验对我国的禁止就业歧视争议机制的完善有着重要的借鉴价值。香港地区的禁止就业歧视由宪法性法律⑤和专门性法律⑥两个内容构成其法律渊源，根据法律来看，并非不公平的行为就会被认定为违法行为，只针对行为及其带来的效果，而不对态度和动

① 石红玲：《论就业歧视非讼解决机制的完善》，西南财经大学 2008 年硕士学位论文，第 33 页。

② 法院的作用主要是：解决平等待遇委员会没有解决的赔偿问题，形成判例辅助成文法，执行国际公约和欧盟的规定。

③ 这些组织包括人权委员会，全国及地方的各种禁止歧视协会，各种工会，同性恋组织，少数民族团体以及宗教组织等。非政府组织是就业歧视问题的第一道关卡，减轻了平等待遇委员会和法院的负担。

④ 规定如下：任何形式的差别对待、排斥或限制行为，其意图在于或导致对政治、经济、社会、文化领域或其他社会生活事务方面的人权与基本自由的识别、享有或者操作方面的破坏与侵犯，都构成歧视犯罪。

⑤ 香港地区的关于禁止就业歧视的宪法性法律有《香港特别行政区基本法》和《香港人权法案法例》。

⑥ 包括《性别歧视法例》、《残疾歧视法例》和《家庭岗位歧视法例》三部法律。

机做是否歧视的判断。违法的歧视有直接歧视、间接歧视以及使人受害的歧视①三种，这样就让使用的主体范围广泛②，适用的阶段也涵盖就业的全部阶段和相关内容③，其中严格雇主的法律责任④最大限度地保护了劳动者的合法权益，同时也对预防和打击就业歧视有积极的意义。

香港的平等机会委员会(Equal Opportunities Commission，EOC)是根据当地《性别歧视法例》第63条建立的一个"法定公营机构"，具体执行三个禁止歧视的法例。其职责包括：处理投诉、实施调解，提供法律诉讼协助，推广平等机会意识，培训和顾问服务，就有关平等机会及歧视的课题进行研究，制度及政策检讨以消除歧视等⑤，致力于消除性别以及残疾歧视，推动男女之间、伤健之间的平等机会的平等机会。委员会"自1996年5月20日成立以来，截至2005年6月底，共处理投诉个案超过6 700宗。其中涉及雇佣范围的约3 900宗，约占60%"⑥，它由一名全职主席及16名委员组成，委员来自不同背景，在社会服务方面均有丰富的经验，且多为各界名流，任期为两

---

① 为了鼓励受害者积极运用法律对抗所受到的不公平待遇，特此规定了：如果歧视实施者针对受害者或者第三人就歧视行为提出法律程序，后者提供证据、资料；或者歧视行为实施者及其他任何违反该法例的行为等而给予受害人差于其他人的待遇，即构成此项"使人受害的歧视"；即是歧视实施者在知晓受害人或者其他第三人在打算做出或仅仅怀疑做出上述行为的情况下而给予受害人差别待遇，也属于"使人受害的歧视"。

② 包括公司的经营者、主管和所有雇员，收取佣金的人士、散工以及合约承办商，合伙组织、工会、授予资格的团体、职业介绍所等团体都包含在内。

③ 完整的就业和相关内容包括聘请、劳动合同条款和条件、薪酬规定、员工福利、培训教育、升迁、离职解雇、社会保险。

④ 亦称为转承责任，指任何人在雇佣中做出的歧视或者骚扰行为，其雇主也需要负法律责任。这条规定主要是对高级管理人员进行歧视行为后，其用人单位无论知情与否都将对该管理人员的行为负责任。

⑤ 宋茂利：《反就业歧视若干问题研究》，华东政法大学2008年硕士学位论文，第27页。

⑥ 李薇薇著：《禁止就业歧视》，法律出版社2006年版，第586页。

年，主席任期三年。平等机会委员会以主席为首，由行政总裁负责整体的行政及管理工作，整个编制共有66名员工。①

受害者得到救济途径是进行投诉，接着是调查与调解，最后是法律诉讼。值得一提的是，在香港法例规定，除了受害者本人，路见不平的第三人经其受害者授权也可以将受歧视的情况告知平等机会委员会。

(三)域外机制的经验总结和评价

受能力范围的限制，考察的国家和地区很有限，但是至少对几个典型国家和地区的立法、专门机构和司法救济有了初步了解，望这些例证可以给我国的禁止就业歧视的争议解决机制多一些参考，使社会能和谐发展、经济稳定发展与社会平等相协调。

一是，纵观各国禁止歧视的法律体系不外乎中央统一立法，即是由中央在一部或若干法律法规中对禁止就业歧视作出规定；二是在中央有些法规的同时，地方各级分别也有禁止就业歧视的地方性法规，特别会在该地区某一显著就业歧视方面作出禁止性规定。一套完备的法律体系应该包括相关的国际法、具有宪法效力的国内法，以及细化宪法概括的法律条文的相应单行法律法规，这其中，对相关法律概念应达成国际和国内的共识，在此前提下对具体违法形式的探究应顺应时代发展，以便协调法律的稳定性要求与社会发展变化的矛盾。

在禁止就业歧视的法律规范完备的前提下，接下来就该考虑执行机构的设置。一般来说，设置专门机构显示出对此问题的重视和专业，一些半官方性质的机构将禁止就业歧视的法规结合到社会活动中，用较为科学的一套解决争议的程序实现自身的职责。比如美国的平等就业委员会、英国的平等及人权委员会等禁止就业歧视的专门机构，在作为执法机构的同时，也对就业歧视的受害者和潜在受害者提供保护和帮助。专门禁止就业歧视的机构应该对用人单位和劳动者签订劳动合同有备案，这一过程既保证了劳动合同的规范性、合法性，

① 田磊：《平等委员会进入议政视野》，载《南风窗》2006年第6期，第32页。

也为今后产生争议提供查询依据；在受理就业歧视的投诉后，可以依据职权调查取证；约见双方当事人进行调解，以期劳动者和用人单位和睦解决问题，避免劳动者和用人单位关系僵硬，打消劳动者的顾忌，更好地实现打造公平的就业环境的这一目标；在情节较为严重的就业歧视案件中，为诉讼程序提供便利；结合典型案例，对禁止就业歧视措施完善提供科学合理的意见、依据。这些机构的成立都有法所据，其性质多是半司法行政机构，专门负责就业歧视争议解决的独立的政府行政系统，这样设置的好处就是无论是任何行业的就业歧视争议还是制度性歧视都可以不受行政机构的干预，做到公平公正解决争议，取得劳动者的信任并给用人单位以威慑。这些机构的专业性都有保证，以提高解决争议的效率和专业性。这些专门机构都是先进行调查、调解之后达成协议或者协助被歧视者诉诸法律。如果在歧视争议中单独设置认定和裁判机构，法院的资源配置和职能地位足以胜任；但是禁止就业歧视并非是只通过立法禁止和司法裁决就能圆满解决的，而是涉及整个社会观念、体制、做法，只有这些举足轻重的因素有了根本改变，就业歧视才能被最终消除，所以说对歧视行为进行认定和司法救济仅仅是禁止就业歧视机构一部分的职能，另一部分是对企业的举措进行及时监察、制订和执行各种反就业歧视的措施和促进特定群体就业的政策①。

四、我国反就业歧视的现状和不足

我国现有法律中没有对就业歧视进行定义，现实中只有在就业过程中成立了劳动关系之后发生的争议才可能被认定为劳动争议，按照劳动争议解决的方式解决。在成立劳动关系之前或者解除劳动关系后的就业歧视争议，受害者往往以侵权损害为由提起诉讼，但是这类案件十分少见，更常见的发生在招聘环节；受害者面对的用人单位是政府公职部门，从而提起行政诉讼。

---

① 蔡定剑、张千帆著：《海外反就业歧视制度与实践》，中国社会科学出版社 2007 年版，第 138~139 页。

(一)就业歧视争议的定性不清

只有明确了就业歧视争议的性质，才能更好地寻求其解决途径，我国现阶段立法不仅没有对就业歧视的概念有明确规定，也没有对就业歧视争议作出定性，使得被歧视的劳动者在争议发生后求助无门、各职能部门也爱莫能助，同时也使得就业歧视的诉讼案件无法作出合理的裁决，法官甚至逃避这类案件。

结合就业歧视的界定可以得出就业歧视应该是包括整个就业阶段的、涉及劳动生活的各个方面事务的、对劳动者(包括准劳动者)的一种权益侵害。然而判断是否属于劳动争议的标准是成立劳动关系与否，这无疑是对求职阶段的就业歧视的纵容，现实生活中，就业歧视的发生却多在成立劳动关系前的就业阶段。为了更广泛地保障就业全过程的劳动者的平等就业权，笔者认为，不妨将就业歧视纳入劳动争议的范围。因为就业歧视是对劳动者平等劳动权的侵害，是对公民劳动权的侵害，将其纳入劳动争议的范围更有利于保护劳动者的合法劳动权益。

我国现有劳动法调整的是劳动关系以及与之密切相关的其他社会关系，尽管公民在应聘时并未与用人单位成立劳动关系，但是却是准劳动者与用人单位正式建立劳动关系的前提，与劳动关系密切相关；在工作后的获得劳动报酬和待遇的阶段是劳动关系的延续，此时当然属于劳动争议规定的范畴；劳动者与用人单位的内部组织，例如工会等发生的争议，也应当被认定为是劳动争议，因为这些组织对劳动者的歧视等侵害行为仍是对劳动关系的一种破坏，尽管之间并不存在劳动关系，但是这种保护与被保护的关系是与建立劳动关系相密切关联的关系。这些阶段被视为劳动争议的范畴，其间发生的就业歧视争议也自然应当属于劳动争议的事项，因此将就业歧视争议定性为劳动争议才是符合立法宗旨的。值得注意的是，劳动争议的调整对象不包括公务员、现役军人、农民等，此时发生在公务员身上的就业歧视只能按照《公务员法》中向原处理机关复核、向人事主管部门申诉。如果能像劳动争议一样先仲裁，再依照行政诉讼的程序维权，或许就可以保证权利人能得到权利救济。

（二）禁止就业歧视的立法不足

立法制度的形成深受历史的立法价值影响，除了我国批准生效的公约①外，我国没有一部完整的关于禁止就业歧视的立法，而是散见于《宪法》②、《劳动法》③和《就业促进法》④等法律⑤、行政法规⑥、部门规章⑦，以及地方性法规⑧之中。“在历史上，法律在增进人与人之间的平等和群体与群体之间的平等方面发挥过显著的作用；与此同时，它也维护并认可了许多不平等的现象”⑨，尽管我国早就在《宪法》中确立了平等的劳动权利，但是没有确立违宪审查制度，这使得已经存在和即将发生效力的法律法规缺乏监督，中央和地方为了经济的快速增长而制定的狭隘剥夺了一部分劳动者的平等就业权的条

---

① 我国于1980年批准了《消除对妇女一切形式歧视国际公约》，1981年批准了《消除一起刑事种族歧视国际公约》，2005年批准了《1958年消除就业和职业歧视公约》、《公民权利与政治权利公约》以及《经济、社会和文化权利公约》等公约。

② 我国《宪法》第33条第2款规定：“中华人民共和国在法律面前一律平等”。第42条第1款规定中华人民共和国公民享有劳动的权利和义务。第4条和第36条分别规定了禁止民族歧视和宗教信仰歧视的原则。

③ 《劳动法》第3条规定：“劳动者享有平等就业和选择职业的权利”；第12条：“劳动者就业，不因民族、种族、性别、宗教信仰不同而受歧视。”

④ 《就业促进法》第26条规定：“用人单位招用人员、职业中介机构从事职业中介活动，应当向劳动者提供平等的就业机会和公平的就业条件，不得实施就业歧视。”

⑤ 此外还有《妇女权益保障法》、《残疾人保障法》。

⑥ 有国务院颁布的《女职工劳动保护规定》、《残疾人教育条例》、《劳动保障监察条例》等。

⑦ 有劳动部颁发的《关于女职工禁忌劳动范围的规定》，民政部等部门颁行的《社会福利企业招用残疾职工的暂行规定》，卫生部和人事部发布的《公务员录用体检通用标准（试行）》等。

⑧ 《北京市按比例安排残疾人就业办法》，《上海市妇女儿童保护条例》，《广东省分散按比例安排残疾人就业办法》。

⑨ ［美］E. 博登海默著，邓正来译：《法理学：法律哲学与法律方法》，中国政法大学出版社2004年版，第307页。

款仍然存在，隐性的就业歧视性规定仍然损害着劳动者的权益。并且现存的法律规定都过于抽象，属于概括性的原则，没有针对具体违法行为设计相应的后果，也没有为推行平等就业政策确定具体实施细则，因此，虽然我国有许多关于禁止就业歧视的法律规范，但是可操作性并不强。现有法律规定中只有有限的几种就业歧视形式，这会把其他形式的就业歧视受害者置于无保障的状态。对于常见的几种歧视类型，还应将在时代发展中新产生的就业歧视类型有所列举，由于成文法的不能随意修补，可以以颁布条例、解释者补充的形式出现增补。但是也不能企图涵盖所有就业歧视形式、短时间内消灭所有的歧视现象，还是要有针对性地对已有的传统的对女性的就业歧视和对农民工的就业歧视进行规范。

我国的《劳动法》、《劳动合同法》等劳动规范并没有将全部公民列入其调整范围中，将国家公务员、现役军人、农村劳动者和劳务关系中的从业人员排除在劳动关系之外，这不利于保护全体劳动者的合法权益，尽管这些身份的劳动者有其特殊性，由另外相关的法律法规调整，但是对劳动者而言，《劳动法》及相关法律法规对劳动者的保护才是相对其他特殊法律来说更为全面和有效的。

相对于禁止就业中的歧视而言，对禁止就业机会的歧视的法律规定就更显空白。这是由于国内学者们对就业歧视的定义各持己见，立法上对此又缺乏统一的概念，容易产生曲解，由此给法律执行带来困难。在现今法律规范中并没有把就业歧视作为违法行为予以认定，相关的劳动行政部门也没有将就业歧视视为一项单独的违法行为。在我国还没有对就业歧视作出法律界定，所以人们只能针对歧视的后果起诉，在不被认为是就业环节的招聘时的就业歧视争议往往被劳动争议仲裁委员会拒之门外。诉至法院也会被告知不形成劳动关系，不属于劳动争议范畴。在德国，“违反了禁止歧视规定的，结果虽然不是赋予被歧视的求职者以雇用请求权，但却可能引出损害赔偿请求权”①。

① ［德］W·杜茨著，张国文译：《劳动法》，法律出版社2003年版，第41页。

再就是如何判断是否存在就业歧视，立法上没有标准划分，这使得受到就业歧视的劳动者有苦难言、求助无门，所以无论是否设立专门机构处理就业歧视事务，都应该有一定的判断标准公之于众。就是在仅有的就业歧视争议诉讼案件中，也没有对就业机会、就业待遇、就业安全保障以及就业服务中出现的就业歧视是否都能受理作出明确说明，对就业歧视产生的环节的不同来判断是否成立就业歧视、是否违反我国有关法律的规定和立法精神，这样做是不科学不全面的。还应该对合理区分作出例外规定，以及有些对弱势群体的保护不应被视为就业歧视。法律救济途径应该予以明确，以保障劳动者应有权利的实现。

(三)就业歧视之法律责任设置太弱

《就业促进法》对就业歧视有了新的规定，第3条规定："劳动者依法享有平等就业和自主择业的权利。劳动者就业，不因民族、种族、性别、宗教信仰等不同而受歧视。"此规定与《草案》有所不同，《草案》第5条第2款规定："劳动者就业，不因民族、种族、性别、宗教信仰、年龄、身体残疾等因素而受歧视。"将就业歧视的范围由《劳动法》规定的"民族、种族、性别、宗教信仰"四种就业歧视，扩大到了6种，直接新增加了两种即"年龄、身体残疾歧视"，而且用"等"进行了兜底性的规定，以防止遗漏其他形式的就业歧视。身高歧视、容貌歧视、乙肝歧视，各种各样的就业歧视引发的诉讼不时见诸报端。用人单位招用人员、职业中介机构从事职业中介活动不得以民族、种族、性别、宗教信仰、年龄、身体残疾等因素歧视劳动者，农村劳动者进城就业享有与城镇劳动者平等的劳动权利。王全兴教授指出"这是一个重大突破。一个'等'字大大拓宽了对就业歧视的约束范围。"①

《草案》因为对实施就业歧视的行为，没有规定任何的法律责任，受到了人们普遍的批判。《草案》对就业歧视规定的主要问题是：对

① 转引自程刚、崔丽：《为何经济增长拉动就业功能越来越弱》，载《中国青年报》2007年2月27日。

实施就业歧视的行为，没有规定任何的法律责任，也使就业歧视的规定"苍白无力"，让遭受歧视者无法通过法律途径，获得救济。这不仅不符合立法的技术要求，也将直接影响到法律规定能否得到落实。

全国人大常委会委员袁汉民也表示，《就业促进法草案》在解决就业歧视等问题上显得有些"软"，还要好好修改。袁汉民建议《草案》在解决就业歧视问题时，能借鉴其他国家和地区的立法经验，加强法律的可操作性。"比如，在美国，为了避免招聘中的性别或者是种族歧视，招聘单位必须保证聘用一定比例的少数民族，保证一定的性别比例"①。"如果法律缺乏具体的反就业歧视措施，这部法律的法律效力会大打折扣。"郑功成委员表示，虽然不能寄希望于通过这部法律的施行全面解决就业歧视现象，但至少要在法律中对禁止就业歧视给出明确的信号和导向。

在《草案》公开征求意见结束后，群众共提出意见 11 020 条中，首先关注和重点探讨的还是禁止就业歧视的问题。学者很多意见提出，针对当前就业中出现的学历歧视、户口歧视、性别歧视、外貌歧视、对残疾人的歧视和对乙肝病毒携带者的歧视等问题，本法应明确规定国家实行公平就业原则，禁止就业歧视，并在反就业歧视方面增加更有针对性和可操作性的规定，同时明确劳动者在受到歧视时的救济渠道及对实施就业歧视的法律责任，以更好地保护劳动者的平等就业权。②

法律规范应该包括行为模式和法律后果两个基本要素，缺一不可。而《草案》里虽然规定了反就业歧视的行为模式，但在"法律责任"一章中却只字未提就业歧视的法律责任，这就会使就业歧视肆无忌惮，也给劳动执法带来难题。而对于劳动者来讲，无救济即无权

① 邹声文：《全国人大常委会委员：应坚决禁止就业歧视并明确法律责任》，载中国法院网，http：//www. chinacourt. org/，发布时间：2007 年 2 月 28 日，访问时间：2011 年 7 月 19 日。

② 参见《就业促进法草案公开征求意见日前结束》，载《人民日报》2007 年 4 月 27 日第 10 版。

利，当他们受到就业歧视时，没有相应的法律救济途径，就意味着他们平等就业的基本权利无法得到保障。① 增设并加大就业歧视行为的法律责任，增加就业歧视的违法成本，是解决就业歧视行为最为有效的途径，也是我国法制建设之必然。

《就业促进法》专门对就业歧视增加设定了仅仅也只有一条的法律责任，其第 62 条规定："违反本法规定，实施就业歧视的，劳动者可以向人民法院提起诉讼。"此规定仍然显得非常"苍白无力"，对解决现实生活中严重的就业歧视问题没有实质性的作用。

如何设置就业歧视行为的法律责任，可以采取以下做法：一是明确执法主体。发达国家的成功经验是由法律赋予某个机构负责实施该法，这是反歧视法得以实施的必不可少的组织保障。如美国和我国的香港地区均设立平等机会委员会。二是严格配额制。如瑞典规定雇主采取暂行特别措施的义务，在每种雇员中每一性别的人数要占到 40%。美国规定招聘单位必须保证聘用一定比例的少数民族，保证一定的性别比例。三是制定惩罚措施。如欧洲联盟组织在 1997 年 6 月签署的《阿姆斯特丹条约》，允许欧盟国家部长对就业年龄歧视采取惩罚措施。香港地区在 1995 年通过的专门的性别反歧视法律也对违法行为规定了具体的制裁措施。《就业促进法》可借鉴其他国家和地区的立法经验，进一步明确就业歧视的法律责任，使有关规定更加完善，才能真正达到禁止就业歧视的目的。②

（四）就业歧视争议专门解决机构的缺失

通过对国外的考察可以看出，凡是在解决就业歧视争议卓有成效的国家和地区的成功经验中都有"设立专门机构"这么一条，我国无须照搬照抄他国的经验，不过我国即使是在解决劳动争议上存在劳动

① 参见王淇：《就业促进法我们的渴望与期待》，载《辽宁法制报》2007 年 4 月 17 日。

② 参见马碧：《法律责任不明，就业歧视难禁》，载正义网，http://review.jcrb.com/zywfiles/ca587115.htm，发布时间：2007 年 3 月 6 日，访问时间：2011 年 7 月 19 日。

行政主管部门的情况下仍无法对劳动争议案件的解决发挥重要作用，我国官方性质的机构为何发挥的效力远不及国外半官方性质的专门机构呢？这就要从我国处理劳动争议案件的机构设置开始分析。

首先，我国《劳动法》规定了各级人民政府的劳动行政主管部门处理公民劳动侵害案件，相应的《残疾人保障法》和《妇女权益保障法》规定了责任人员所属的主管部门或者上级机关、《事业单位公开招聘人员暂行规定》和《公务员法》规定了上级机关或者有关专门机关来处理此类案件，另外还有依据《劳动争议调解仲裁法》的调解组织是仲裁委员会、劳动监察行政部门等。这些法规中含有指代不明的“有关机关”，在实践中给各部门之间推诿提供了理由，并且规定中涉及的“上级部门”往往都是制度性歧视中的歧视制度的制定者，这样根本就不可能保障被歧视劳动者的平等就业权被救济。

其次，由于没有将公务员、事业单位的工作人员、现役军人等特殊职业的劳动者划入劳动争议解决机制的调整范围，各级劳动与社会保障局以及劳动保障监察部门没有权力对发生在这类特殊劳动者身上的就业歧视争议进行管辖，从而提供救济。并且劳动行政主管机关除了接受上级机关领导之外，还接受同级人民政府的双重领导，这就使得其执法的公正性受到限制，无法涉足发生在政府部门的就业歧视争议。除了具有政府性质的劳动监察部门无法在就业歧视争议中发挥作用，存在于用人单位内部的工会也处于尴尬的地位，虽有一定公信力但是无法做到独立公正的调解。而其他组织更缺乏经验和专门人才，处在初步发展阶段，对解决就业歧视纠纷几乎起不到作用。

最后，隶属于当地劳动行政主管部门的劳动争议仲裁组织中立性难以保证，其组织行政化使其受到来自地方政府和上级主管部门的影响较大，其人员结构由工会和用人单位的代表，以及劳动行政部门的代表组成，与一般的民商事仲裁组织的独立于行政机构要求不符合，但它又不是行政机构，在处理争议时发挥的作用很有限。

总的来说，在解决就业歧视争议上程序和标准都没有统一明确的规定，也没有权威机构或组织能为受歧视的劳动者提供救济和解决争议。现有的解决劳动争议的非诉讼程序在面对就业歧视争议时只是流于形式，没有发挥其快捷、便利、非对抗性的优势，也没有通过解决典型的就业歧视争议向社会宣传平等就业的意识，对社会矛盾的激化束手不管或者无能为力，违背了这些非政府组织存在的价值。如果现有的非诉讼组织和机构不能起到解决争议、提供救济、宣扬权利的作用，就可以考虑参照国外的成功经验，设立就业歧视争议解决的专门机构。

（五）就业歧视争议司法救济制度不足

我国的现行法律法规没有将就业歧视纳入劳动争议的受案范围①，也没有对就业歧视划入一般民事侵权的范畴。依照我国《劳动法》的有关规定，发生劳动争议后只能在向劳动争议仲裁委员会申请仲裁后，对裁决结果不服的才能向法院提起诉讼。即使由于争议的内容可以属于劳动争议的范畴，也仍然存在对招聘阶段遭受的歧视性待遇是否能被涵盖其中的问题。

不能依据《劳动法》和《劳动合同法》等将就业歧视的行为以劳动争议的方式解决，在《就业促进法》中有第3条、整个第三章（第25条到第31条）是关于公平就业、禁止就业歧视的规定，禁止民族歧视、女性歧视、残疾歧视、健康歧视、农民工歧视，那么按照《就业促进法》②能否以就业歧视的诉由提起诉讼呢？该法中对就业歧视的规定的内涵和外延都不够明确，对就业歧视的类型规定也很少，排除式规定只在禁止歧视传染病病原携带者有提到，对其他就业歧视没有涉及排除规定。而且并不具备法律规范的完整要素，没有明确采用的

① 《企业劳动争议处理条例》规定：劳动争议的受案范围包括企业与职工之间的（1）因企业开除、除名、辞退职工和职工辞职、自动离职发生的争议；（2）因执行国家有关工资、保险、福利、培训、劳动保护而发生的争议；（3）因履行劳动合同而发生的争议；（4）法律、法规规定应当依照本条例处理的其他劳动争议。

② 《就业促进法》第62条规定："违反本法规定，实施就业歧视的，劳动者可以向人民法院提起诉讼。"

诉讼程序①，缺乏可操作性②，没有实际意义。在第八章法律责任中对用人单位违规后的惩处有规定，但是对不同的禁止性措施协调性不强，没有明确违法用人单位的违法成本，且对被歧视者的救济措施不完善。对劳动关系正式成立前的就业歧视和抽象行政行为引发的就业歧视都没有救济规定，各部门分工配合也不甚明确。我国在就业歧视争议中对用人单位的法律责任规定不明确③，较为原则性，没有具体实施细则和处罚、赔偿标准，对其承担的责任是民事责任、行政责任还是刑事责任缺乏划分和规定，这不利于为劳动者争取损害赔偿，同时也没有达到警醒用人单位的效果。对有一定损害程度的就业歧视行为者没有按照危害程度相应的规定其承担的民事、行政和刑事责任，更没有制订具体的包括量化标准在内的具有可操作性的制裁与惩罚条款。对诉讼程序上的具体事项也没有规定，使得我国虽然有就业歧视诉讼案件，但是受理和判决都没有具体明确的依据，也无法真正维护劳动者的平等就业权。当然这还是要归结到立法的缺位，只有完善的立法保障才能使得司法能顺利执行。

科学合理的实施机制才能落实立法时的宗旨，在法律上有了明确定性后，我们还必须设立行之有效的申诉机制。目前的实践中，被歧视的劳动者无论通过何种途径起诉都无法获得国家的救济。由于我国行政诉讼法中没有将政府机关的歧视行为列入行政诉讼的受案范围，

---

① 我国现行法律规范中没有涉及就业歧视的规定，由此，就业歧视的争议不能按照民事诉讼程序提及。由于我国没有建立司宪制度，宪法具有不可诉性，所以就业歧视的争议同样不能依据宪法中平等权的规定提起诉讼。至此可以看出，尽管我国诸多立法中都明确了禁止就业歧视，但是没有对其权利救济作出配套的规定，使得我国劳动者在发生就业歧视争议后仍然求助无门。

② 参见鲁生：《就业促进法：反就业歧视不能点到为止》，载《检察日报》2007 年 3 月 28 日。

③ 比如《劳动法》中第 89 条规定了用人单位规定的劳动规章制度违反法律法规的，由劳动行政部门给予警告，责令整改；对劳动者造成了损害，应当承担赔偿责任。再如《妇女权益保障法》中第 52 条规定侵害妇女合法权益，造成财产损失或者其他损害的，应当依法赔偿或承担其他民事责任。

所以不可以提起行政诉讼；我国的民法和《劳动法》也没有对就业歧视的案件如何提起诉讼有明确规定，所以，按照劳动争议或者民事诉讼的程序起诉也不能成行。实践中更多的是曲线救国，以劳动纠纷的名义对实质是就业歧视的争议提起劳动仲裁和诉讼。

第四章　劳动就业保障调控
——社会保障制度

第一节　社会保障法的作用

社会保障法对人的发展具有重要作用，同时对社会保障也有非常大的作用。社会保障法的主要作用有：社会保障法有利于社会公平，社会保障法有利于对人权的保护，社会保障法有利于解决贫困问题，社会保障法有利于减少个人风险和社会风险，社会保障法有利于解决人口老龄化问题。

“社会保障”是从英语中 Social Security 一词翻译而来，也可译为“社会安全”。社会保障法在初期被称为社会保险法或劳动保险法。以德国 1883 年制定的《劳工疾病保险法》和 1884 年制定的《劳工伤害保险法》为滥觞的社会保险法，在后来相当长的时期内被认为是劳动法的构成内容。1935 年 8 月 14 日，美国国会批准公布《社会保障法》，“社会保障”一词首次出现。而后，“社会保障”一词在新西兰 1938 年通过的法律中再次出现。美、英两国于 1941 年 8 月 14 日签署的《大西洋宪章》和国际劳工大会第 26 届大会于 1944 年 5 月 10 日通过的《费城宣言》中先后均用了这个词，产生了广泛影响。以后在许多国际文件和各国法律中，“社会保障”一词即频繁出现。①

社会保障，一般是指国家和社会为了保持社会稳定和经济发展，对公民在年老、疾病、伤残、失业、遭遇灾害、面临困难等情况下，

---

①　参见史探径：《我国社会保障法的几个理论问题》，载《法学研究》1998 年第 4 期，第 18 页。

由政府和社会依法给予物质帮助，以保障公民的基本生活需要的社会制度。社会保障的狭义理解是保障公民在困难时期的“基本生活所需”，在公民因年老、疾病、失业和自然灾害等原因导致收入中断或者减少时，国家、社会通过社会保障制度，保障其基本收入，维持其基本生活需要。广义的社会保障除了基本的收入保障外，还包括住房、教育、文化、健康等方面的一些保障。

社会保障是现代国家和社会文明的标志之一，它是社会的“安全网”，关系到社会稳定与经济的协调发展。新中国成立以来，我国已制定多部社会保障方面的法律、法规，它们对于维护社会稳定与经济的协调发展、保障公民的切身利益起着积极作用。但由于多方面的原因，我国社会保障制度的法制化建设进程仍很缓慢，已经远远不能适应经济社会发展的需要，特别是对国家社会保障面临的各种问题无法提供充分而有效的法律支持，严重影响了社会保障工作健康有序发展。因此，全国人大代表张有会呼吁建立完备的社会保障法律体系，抓紧制定完善的社会保障法。①

社会保障法是为了保证有困难的劳动者和其他社会成员以及特殊社会群体成员的基本生活，提高其生活质量的社会关系的法律规范的总和。“社会保障法是调整以国家和社会为主体，为了保障困难的劳动者和社会其他成员以及特殊社会保障群体成员的基本生活并逐步提高生活质量而发生的社会关系的法律规范的总和。”②狭义社会保障法是关于基于社会理性，为使全体社会成员能够避免生活风险、维持基本生活社会保障法；广义社会保障法是关于基于社会理性，为使全体社会成员能够避免生活风险、维持基本生活并保证生活质量而采取的社会互助行为的法律规范的总称。社会保障法对人的发展具有重要作用，同时对社会保障也有非常大的作用。

---

① 参见黎虹：《张有会代表：出台〈社会保障法〉建立社会“安全网”》，载中国法院网，http://www.chinacourt.org/html/article/201003/13/399203.shtml，发布时间：2010年3月13日，访问时间：2011年7月3日。

② 史探径著：《社会保障法研究》，法律出版社2000年版，第31页。

胡锦涛总书记关于和谐社会的讲话，对构建和谐社会的重大意义、基本特征、重要原则和主要工作等都做了全面、系统的阐述。我们所要建设的和谐社会，应该是民主法治、公平正义、诚信友爱、充满活力、安定有序、人与自然和谐相处的社会。推进和谐社会建设，就必须完善社会主义社会保障制度，依法充分发挥社会保障法的积极作用。

一、社会保障法有利于人权的保护

社会保障法是公民生存权利之保护法，从其所保护的权利的性质来看，是保护公民生存权利的法。“从世界社会保障发展的历史进程看，社会保障一般从单项发展到多项，从单纯救济型转变为社会福利型，实际上是被统治者向统治者争取生存权不断斗争、不断取得胜利的过程。”①保障公民之生存权为社会保障的首要宗旨。

人权的概念不仅包括政治权利和公民权利，而且包括经济、社会、文化权利。公民的社会保障权利就是经济、社会、文化权利中的重要内容。《世界人权宣言》第22条规定，“每个人，作为社会的一员，有权享受社会保障”。第25条规定，“人人有权享受为维持他本人和家属的健康和福利所需的生活水准，包括食物、衣着、住房、医疗和必要的社会服务；在遭到失业、疾病、残废、守寡、衰老或在其他不能控制的情况下丧失谋生能力时，有权享受保障。”《经济、社会、文化权利国际公约》除了对劳动者应得的权利如工作权、享受公正和良好的工作条件的权利、组织参加工会的权利等作出规定以外，对社会保障权利也作出了更为全面的规定。第9条规定，“本公约缔约各国承认人人有权享受社会保障，包括社会保险。”第10、11、12条，对作为社会的自然和基本单元家庭的保护、母亲和儿童的特殊保护，“承认人人有权为他自己和家庭获得相当的生活水准，包括足够的食物、衣着和住房，并能不断改进生活条件”，“确认人人免于饥

① 郭崇德：《现代社会保障发展过程中的几个理论问题和实际问题探讨》，载《社会学研究》1997年第5期。

饿的基本权利”等，均作了规定。第 13、14、15 条所规定的人人享有的教育和文化方面的权利，许多内容也与社会保障有关。我国在人权保障方面取得的成绩，其中包括劳动权、劳动报酬权、劳动安全卫生权等劳动者权利的保障以及社会保险、社会福利、社会救济、优抚安置等方面权利保障的成绩，已引起国内外瞩目。相比之下，社会保障立法则要落后得多。尽快改变这种状况，既是履行国际公约义务所必需，更重要的是，能促使我国人权保障法制建设得到进一步健全和完善。①

生存权是人类最基本的权利。社会保障法作为生存权利保护法的本质，为各国宪法所肯定。1919 年德国《魏玛宪法》第一次规定了公民的社会保障权，该法第 161 条规定：“为维护健康及劳动能力，保护产妇，及防护因年龄、病弱与生活变化以致经济上恶果起见，联邦设置社会保险制度，并使被保险人参与其事”。我国《宪法》第 45 条规定：“中华人民共和国公民在年老、疾病或者丧失劳动能力的情况下，有从国家和社会获得物质帮助的权利。国家发展为公民享受这些权利所需要的社会保险、救济和医疗卫生事业，国家和社会帮助安排盲、聋、哑和有其他残疾的公民的劳动、生活和教育。”这种“物质帮助权”实质为生存或生活保障权。

在这种人类历史上亘古未有、空前高涨的人权意识、人权文化的观念基础上，人们对社会保障也产生了全新的认识和评价，发现它在人权体系中的底线伦理的地位和作为保障生存权，乃至实现更高人权目标的工具性权利的价值，甚至于认为对社会保障的承诺加强了西方民主政体的合法性。社会保障因此被重新定义为不但是为了保障人的基本生存，而且是为了人类的体面尊严与共同安全所必须实行的制度安排。社会保障权由此跃升为基本人权，进而演变成为多数国家宪法上的公民基本权。社会保障权不再局限于社会保障法文本中的体现，同时成为宪法与国际人权法规范的对象。从国际人权法来看，规定了

① 参见史探径：《我国社会保障法的几个理论问题》，载《法学研究》1998 年第 4 期，第 24 页。

社会保障权的法律文本很多，包括联合国的世界人权公约，欧洲、美洲等几大主要的区域性人权文件，与劳动和社会保障有最密切联系的国际劳工组织的公约等。国际劳工组织更有多达五十几项有关社会保障的公约和建议书。其中多为社会保障专项公约，综合性社会保障公约有《社会保障最低标准公约》、《维护社会保障权利公约》。国际人权法中规定社会保障权的典型案文，有如联合国《经济、社会、文化权利国际公约》第 9 条："本公约缔约各国承认人人有权享有社会保障，包括社会保险。"①

社会保障法对公民生存权的保护，首先是给公民以生活安全感。人的安全感是一个精神的主观上的体验，但精神需要的满足，无不以物质需要的满足为基础，即安全感是建立在物质保障的基础上的。社会保障法使社会成员在不测事故、健康不良、失业等使家庭主要收入中断和减少时，或因家庭特别责任和额外需要，而在收入无法应付时，能及时得到社会的帮助和支持，保证了基本生活需要，让公民获得生活安全感，恢复信心，免除了因人身危险及剥夺基本生理需要所带来的恐惧。社会保障法对公民生存的保护，给公民生活带来稳定，养老保险让老龄者不因退出工作岗位，而陷入生活困境；疾病保险使病者伤者得到医疗和维持期间生活；等等。总之，社会保障法使公民在遭遇生存风险时感到安全与稳定，为公民的全面自由发展创造物质条件和社会环境，特别是对于残废人、老年人等特殊群体和贫困阶层，社会保障法既关心他们的物质生活，也关心他们的精神生活，让他们平等地参与社会生活、共享社会文明的成果。②

社会保障法，从其所保护的群体或对象的性质来看，为弱者权益保护法。随着社会化、工业化和市场化的发展，劳动者生存风险也与

---

① 李运华：《社会保障权原论》，载《江西社会科学》2006 年第 5 期，第 29 页。

② 王全兴、樊启荣：《社会保障法的若干基本问题探讨(二)》，载中国民商法律网，http：//www. civillaw. com. cn/article/default. asp? id = 9117，发布时间：2003 年 5 月 28 日，访问时间：2011 年 7 月 3 日。

日俱增。劳动者工伤事故日益增多，职业病的不断增加，都对生命安全与健康构成了威胁；失业也使得劳动者的正常生活得不到保证；老年人口的供养成为日益突出的社会问题。这些社会风险的增加，使社会弱者的生存安全受到极大的威胁。如果这一群体的合法生活权益得不到一定满足，必然引发其不满，从而影响整个社会的和谐。于是，建立各种社会补偿制度，对利益受损的弱者进行经济补偿就成为必然。社会保障制度，就是对社会弱者的生存需要和生存安全的一种经济补偿。

社会保障法的重要组成部分之一的社会保险法，更是以保护弱者，特别是劳动者的专门的法律，是劳动者之福利法。作为中国社会保障制度改革和相关立法进程的亲历者、见证者、推动者的郑功成教授说："现实生活中，一些企业老板任意延长劳动者的劳动时间，拖欠工资，没有必要的劳动保护，未参加社会保险等现象屡见不鲜。经济的不断增长使得一些企业所有者越来越强势，劳资之间的利益分歧正在逐步加大"。"这些都是社会保障制度不完善，保障严重不足造成的。"调节劳资双方的利益关系，解除劳动者的后顾之忧，增进劳动者的福利，让劳动者老有所养、病有所医、工伤有补偿、失业有救助，需要建立完善的社会保险制度。郑功成再三强调："社会保险法本质上是劳动者的权益法、福利法，立法中应当充分体现出国家建立这一制度的根本目的，那就是确立全体劳动者的福利权益。因此，社会保险法是专门维护劳动者权益，解决劳动者后顾之忧，并增进劳动者福利的法律。"①

二、社会保障法有利于公平和正义

在政治、经济上，公平是指一种与社会发展的理论相符合，足以保证人们的合理需要和利益的制度。人们的基本的合理的需要和利益能否得到保证，取决于社会制度的公平和正义。而社会制度的公平和

① 于宛尼：《郑功成：社会保险法以劳动者为本》，载《工人日报》2010年3月8日第5版。

正义的实质在于：怎样合理地将社会共同创造的价值、财富和其他利益，以及社会共同的负担或责任分配给社会成员；当这种合理的分配规则被违反而造成社会争端甚至社会冲突时，又怎样合理地、公正地解决。“正义只有通过良好的法律才能实现”，“法是善良公正之术”。①

罗尔斯说过“正义是社会制度的首要价值，正像真理是思想体系的首要价值一样”，正义向来被视为人类社会的崇高理想。罗尔斯把正义分为实质正义、形式正义和程序正义。社会保障法所指的正义是指实质正义。实质正义是关于社会的实体目标和个人的实体性权利与义务的正义，包括政治正义、经济正义和个人正义，其中政治正义和经济正义合称为社会正义。实质正义所要求达到的就是结果的公平。罗尔斯所指出的正义原则之一的不平等的补偿原则，用在社会保障法的价值取向上是最为贴切的。在市场经济社会，单纯的市场分配存在着自身难以克服的不足与缺陷。由于社会成员的竞争机会不均等，从而他们的收入也就不平等。其结果往往是相当一部分社会成员收入低于最低生活保障水平，以及那些没有财产的老年、残病和失业的社会成员因无法取得收入以致不能生存。市场的失灵，需要政府的力量加以弥补和矫正。这时社会保障法就可以发挥应有的作用，它可以使社会成员享有基本物质生活并参与社会竞争，使得他们能够从灾害和困境中尽快恢复并开始新的生活。②

制度作为某种社会的行为规则，是对个人或组织或团体行为的一种约束，是对个人权利、责任和义务的一种界定。在个人收益与社会收益、个人成本与社会成本之间总会存在某些差异，然而，好的制度能够最大限度地使个人努力与个人收益、个人行为与个人所负责任都

① ［美］E·博登海默著，邓正来译：《法理学——法哲学及其方法》，华夏出版社1987年版，第260页。

② 参见周浩杰：《论社会保障法的价值取向》，载价值中国网，http：//www.chinavalue.net/Article/Archive/2006/10/8/45227.html，发布时间：2006年10月8日，访问时间：2011年7月3日。

具有正相关性，从而使个人拥有足够的激励去从事创造性活动。它迫使人们在追逐自身利益的同时，客观上也使社会得到了利益，并且有足够的约束，使个人尽可能避免犯错误。反之，不合理的制度，表现为规则不公正，权利、责任、义务的规定不清晰、不对称、不均衡，制度不公平是最大的不公平。

社会保障所倡导的公平可以这样理解：设计出一种制度，将共同创造的社会财富、价值以及社会负担合理地分配给社会成员，并能对违反这种分配机制所产生的社会冲突给予合理公正的解决。社会保障法的公平理论是国家通过运用经济、法律、行政手段对社会成员间的收入差距过大直接干预而实现社会财富的再分配。如果说市场经济条件下收入分配存在一定的差距是合理的，那么同样，对社会弱者的救济和援助也是合情的。可以通过追求社会公平价值的社会保障法来缓解因利益分配严重不均而导致的社会冲突。①

从社会价值分配法则出发理解的公平或称补偿性公平，也就是说，政府根据公正的法律，从高收入者那里“拿出”一部分收入，转让给没有劳动能力的人和低收入者。收入补偿实现的方式多种多样，政府把这部分收入通过社会保障等形式，转让给低收入者。政府还可以通过兴办教育、投资、税收返还、社会援助等形式，帮助贫困地区发展生产，帮助他们提高竞争能力。社会保障制度是保障人们基本生存与发展条件的社会福利性制度，其基本功能是扶贫济困和满足人们起码的生存需要。作为市场经济制度体系中的社会保障制度，其功能发挥主要在再分配领域以及补偿性公平这个层次。社会保障法所追求的公平价值取向，置重于分配领域，为“分配的公平”；其实质为结果公平或实质公平，而非起点公平或形式公平，其实现途径为通过国

---

① 参见周浩杰：《论社会保障法的价值取向》，载价值中国网，http://www.chinavalue.net/Article/Archive/2006/10/8/45227.html，发布时间：2006年10月8日，访问时间：2011年7月3日。

家力量的转移支付进行补偿，即补偿性公平。①

社会保障法的公平价值理念，是国家通过运用法制手段对部分社会财富之不合理，实行直接干预，以实现国家对社会财富的再分配，保障社会的公平和分配正义。可以说市场经济条件下收入分配存在一定的差距是合理的，对社会弱者之特别保障也是合理的。社会保障法的公平价值，体现了国家对社会弱势群体的倾向性保护，从而缓解因利益分配严重不均而导致的社会不和谐。在实现社会公平的同时，我们必须注意两方面的问题：一方面社会保障水平应与经济发展水平相适应，社会保障必须考虑国家和社会的最大承受力；另一方面，社会保障也不能以牺牲效率为代价，如果社会保障水平过高，势必会挫伤合法经营、勤劳经营者的积极性，滋生懒惰情绪。因此，社会保障法的公平价值理念要求我们，必须处理好效率与公平的关系，既要注重效率，又不能丢掉公平。

社会保障法基本价值，理论界的认识比较一致，即认为社会保障法的基本价值取向是公平与效率，只是在两者的排列顺序即孰先孰后问题上有不同意见：有人认为公平应先于效率；有人认为效率应先于公平；还有人认为公平与效率同等重要，两者应予以兼顾。还有人认为：公平与效率都不是社会保障法的基本价值，社会保障法的基本价值取向是安全，其理由有三：第一，安全是社会保障的核心意义，从社会保障的词源分析，安全是其最基本的意义，社会保障的本来意义就是社会安全；考察各国对社会保障这一概念的解释，保障个人生活安全与社会安全是各种有关社会保障解释的共有的基本内涵。第二，安全是现代社会保障法的价值预设。无论是社会保障法出现以前的社会保障活动，还是现代社会保障制度设立的目的都是为了保障个人生活安全与社会的稳定。第三，社会保障法具有实现安全价值的基本属性，首先，社会保障制度的实质是对国民收入进行再分配，即通过累

① 参见王全兴、樊启荣：《社会保障法的若干基本问题探讨(二)》，载中国民商法律网，http：//www.civillaw.com.cn/article/default.asp? id=9117，发布时间：2003年5月28日，访问时间：2011年7月3日。

进税及转移支付等手段将富人手中的部分财富再分配给那些遭受年老、失业、疾病等风险的社会成员，为他们提供最基本的生活需要。其次，社会保障制度涵盖了影响个人生活安全和社会安全的主要潜在风险，给个人生活安全和社会安全以较全面的保障。社会保障制度通过社会保险、社会救助、优抚安置、社会福利等“消防”措施较全面地消除了影响个人生活和社会生活的不安全因素，从而使个人生活安全和社会生活安全的目标得以实现。因此，只要一个国家或社会建立了较完善的社会保障法，并得到了全社会的遵守，人们的生活安全，进而社会的安全就能实现。① 笔者认为，社会保障法的价值追求还应当是公平和正义，效益只是公平之下的效益，没有公平的效益是不正当的，在公平与效益的关系上，公平应当是第一位的，而效益才是第二位的。安全只是公平和正义之下的第二位的价值目标，为强调安全的重要性，而否认和排除公平和正义的价值目标是不科学的。

社会保障法起到了对收入分配进行调节的作用，它以立法的形式，通过税收和强制投保等渠道筹措保障基金，由政府进行二次分配，从那些在市场竞争中处于优势的社会成员群体中抽取一部分利益，对那些处于劣势的社会成员群体给予一定的利益补偿，使那些社会上的弱者能分享社会经济发展的成果，从而缓解因分配不公等利益对立而产生的社会负面效应。②

社会保障的社会价值选择符合福利经济学的政策目标。福利经济学的政策目标是寻求最大社会经济福利，它强调优化资源配置以提高效率，进行收入分配以实现公平，实现集体选择以增进社会福利。社会保障资金的支付直接影响国民收入的再分配政策，要实现两个目标，一是社会公平，二是满足社会需要。公平是社会保障的政策目标，通过对一部分国民收入集中起来进行再分配，客观上起

① 参见郑鹏程、徐德刚：《论社会保障法的基本价值取向》，载《湘潭工学院学报》(社会科学版)2001 年第 1 期，第 64 页。

② 参见徐波：《试论社会保障法的功能》，载《当代法学》2003 年第 5 期，第 127 页。

到了缩小贫富差距的作用，一定程度地改变社会成员在社会发展中的结果不公平状况。满足社会需要的前提是经济发展水平，经济发展为社会保障经济福利的供给提供物质基础，从而满足一定标准的社会需要。①

我国于 2011 年 7 月 1 日开始实施的《社会保险法》的立法原则之一就是公平和效益相结合的原则，这也是社会保障法之公平价值的具体体现。人力资源社会保障部副部长胡晓义认为，从我们国家基本国情出发，社会保险作为政府主导的社会保障制度，首先要体现公平原则，就是要作出适度的普惠性安排，加大政府的公共财政收入，加大社会收入再分配的力度，防止和消除两极分化，但同时体现激励和引导原则，坚持权利与义务相适应，就是不能重蹈一些国家由于福利过度导致养懒汉这样一种覆辙。②

三、社会保障法有利于解决贫困问题

社会保障产生的历史发轫，就是解决人们的贫困问题，社会保障法的一个重要作用就是解决贫困问题。有关社会保障的议论总是与对贫困、贫困的根源等问题的追究密切相连的。回顾作为社会保障制度发祥地的欧洲社会史和法制史，我们可以清晰地看到欧洲人对于贫困及相应的社会救济与保障的态度与观念的变化发展的脉络过程，以及这种观念意识的演变对催生社会保障法所起的作用。

研究社会保障，总要追溯到分别于 1601 年和 1834 年颁布的英国《旧济贫法》与《新济贫法》。英国新旧济贫法时期大体即工业社会早期或称自由资本主义时期。经济上奉行的是自由放任主义，认为每个人都能够在自由竞争中通过才智与勤劳致富；政治社会层面流行的是

① 参见张曼、杨燕绥、王巍：《论社会保障内涵》，载《学术论坛》2010 年第 6 期，第 95~96 页。

② 参见胡晓义：《全面准确领会〈社会保险法〉，积极推动〈社会保险法〉顺利贯彻实施》，载中国政府网，http：//www.gov.cn/zxft/ft209/，发布时间：2010 年 11 月 23 日，访问时间：2011 年 7 月 5 日。

所谓新教伦理和社会达尔文主义，即“物竞天择，适者生存”。主流社会对于贫困的看法认为贫穷是一种罪恶，而且是万恶之源。贫困的根源则是出于个人品质与能力上的原因，比如懒惰、浪费与无能。相应的济贫措施充其量不过是出于怜悯的施舍、一种慈善行为，更常常具有防范、惩戒与矫治的性质，因为如果救济制度过于慷慨，就会鼓励或放纵更多的人懒惰。到了 19 世纪 80 年代，即德国颁布《劳工疾病保险法》等三部社会保险法令的时代，由于人文主义思想、人权学说、社会主义思想特别是马克思主义理论等各种进步的社会思潮的影响，人们对贫困与社会保障的观念意识有了改变。主流社会对贫困的态度经历了一个脱罪化的过程，贫困不再被认为是罪过，而是一种不幸。因为人们认识到产生贫困的根源主要是社会性的而非个人性的，贫困与社会制度或社会的政治经济结构有着密切的关系，即资本主义私有制基础上的市场经济在成就强者的同时，也是损害和剥夺弱者的利器。在自由竞争中，有成功者，也会有失败者。以此为基础，主流社会对于社会救助、社会保险在帮助个体成员恢复生存能力，抵御社会风险，满足基于人的自然本性的生存与安全需要等方面的功能和价值也有了新的评价与认识。亦即劳工阶级和底层人民以生存权利诉求为核心的社会保障需要，被统治者承认是合乎道义要求的意愿和主张，于此获得了伦理上的正当性。正是在这种对社会保障的新的认知、情感与观念的基础上产生了德国“社会保险三法”，它们创世纪地把从前是属于施舍或恩赐的社会救济确认为公民的一种法定的社会保险权利。社会保障由此获得“法”的形态，社会保障权亦于此确立。社会保障权在没有获得“法”的形态之前，只能说是一种权利要求或权利主张，充其量是所谓“应然的权利”。只有当它获得法律的形式后，才真正具备了权利的品格。①

贫困问题是世界性问题。贫困问题作为社会发展进程中的一个消极方面，是世界各国均普遍存在的社会问题，只不过社会越发达，绝

① 参见李运华：《社会保障权原论》，载《江西社会科学》2006 年第 5 期，第 27~28 页。

对贫困的人口就越少，反之，绝对贫困的人口就会增加。对发展中国家而言，贫困问题首先是乡村社会的区域性贫困，如中国现阶段的老、少、边、穷地区的贫困现象即是区域性贫困：其次是有着与工业化国家相似特点的新增贫困人口，即：一是由于多种财产所有权形式的出现和资产收入进入个人分配领域而使分配不均导致的阶层贫困：二是与企业制度、就业和工资制度改革相关联的城市贫困。可见，贫困问题事实上不是一国或一地区独有的社会问题，而是一个严重的全球性社会问题；贫困问题也不只是一个历史问题或现实问题，而是未来时期还会长期存在的严重社会问题，直至消灭贫困现象，变成了全世界各国尤其是发展中国家促进本国社会发展的最为重要的一个方面。在济贫法时代，上层人士和立法者均不承认贫困是社会因素造成的，而将贫困的责任完全归结为个人因素，并视贫穷为万恶之源，也不承认社会成员要求社会救济是一种应当享有的权益。到19世纪末，人们开始承认贫困问题有社会因素的影响；进入现代社会后，社会因素尤其是社会地位和经济的不平等被越来越多的人认为是造成贫困的一个主要原因。在缓和贫困与消灭贫困的过程中，无疑需要大力发展本国的经济，因为只有经济发展了才能具备解决贫困问题的财政实力；然而，经济发展并不会自动地消灭贫困问题，一国财富的多寡与贫困问题的解决程度并不必然成正比，只有国家和社会通过相关的社会保障制度安排来创造更大的平等，才能实现缓和乃至消灭贫困问题这一目标。

可持续就业是20世纪90年代后英国出现的一种新的就业理念与政策，意指就业寻求者不仅能在激烈就业竞争中获得一定的工作，而且对就业岗位能够有效地加以维持，不因主观或客观原因又中断工作而成为新的失业者。那些就业竞争力弱、随时需要政府救济的贫困人群的可持续就业问题更成为关注焦点，如失业者、残疾人、就业技能较低人群、需要照料家庭的妇女等。以促进失业年轻人就业的新政为例，评估青年人员新政影响的一个重要因素，明显关系到参加新政后所获工作的持续性。其他几种新政也是力图改变贫困者临时劣质工作与重复失业相互交替的"旋转门"现象。①《济贫法》发源地的英国，其反贫困在社会保障法的重要作用一直都是其政策和法律所追求的价值目标。英国社会保障法的一项重要内容或政策就是：不断增强和保障可持续就业。

有学者通过研究英国的反贫困制度，认为我国有必要借鉴其促进贫困者就业的经验。王三秀认为："促进贫困人群持续就业无疑是一种十分积极的反贫困路径。"从英国的经验看，建立政府与贫困者的契约合作关系是比较有效的选择。建议在我国引入这一制度形式，基本思路是，除对完全丧失劳动能力者要实行基本生活保障外，对于具有就业能力或潜力的贫困者，可要求他们承担参与培训、主动提高就业、脱贫能力、积极寻找工作等责任，并将此作为享有政府救助福利的条件，通过责任关系，促进其积极就业。同时对积极就业的贫困者给予奖励，以充分调动他们就业的积极性。英国政府将提升贫困人群自身的就业竞争与维持工作能力作为促进贫困人群可持续就业的核心制度之一。这与目前国际上颇为重视的发展型社会政策的核心理念具有高度的契合性，即通过有效的政策、制度设计提高贫困人群主动追求和改善个人生计能力。纵观我国反贫困与就业政策立法，大多存在忽视增强贫困人群可持续就业能力的现象。例如，社会救助特别是最低生活保障只是维持生存需要，农村扶贫开发资金大多用于整体发展目标，我国《就业促进法》在帮助贫困人群增强就业能力方面多属原则性、倡导性规定，缺乏可操作性和约束强制性责任规定，难以达到预期的效果。英国的强制就业培训、就业激励、就业辅导员等责任制度对我国颇有借鉴意义。② 我国的社会保障制度的设计中，存在多为"被动"的济贫手段，而缺乏像英国那样的"主动"济贫政策；我国的就业保障制度如失业保险制度，还没有真正将贫困人群之可持续就业

---

① 参见王三秀：《英国促进贫困人群可持续就业政策及其借鉴》，载《中国行政管理》2011年第2期，第94页。

② 参见王三秀：《英国促进贫困人群可持续就业政策及其借鉴》，载《中国行政管理》2011年第2期，第96页。

保障问题纳入自己的调整范畴，是一种重“济贫”轻“扶贫”的保障制度设计，这样将使社会保障法之解决贫困问题的功能大打折扣。

分配不公就需要运用社会保障再分配等手段来缓解，低收入的贫困人口的基本生活需要国家和社会提供物质救助才能得到保障，陷入困境的灾民、竞争失败的失业者和因其他各种原因陷入贫困境地的社会成员就需要国家和社会有组织地采取相关的社会保障措施，才能从贫困中解脱出来。因此，尽管许多社会保障计划的指定都不是以减轻、消灭贫困为中心目标的，但社会保障计划又确实是以消灭贫困为目标的。20 世纪 90 年代后英国在福利国家模式下的政府反贫困面临多种困境的情况下，新工党政府逐步系统地制订和实施了以促进贫困人群可持续就业为主旨的新型反贫困政策，主要包括以新福利契约促进贫困人群对就业的持续参与；增强他们的持续就业能力；激活其持续就业潜力；规范灵活就业及拓展就业机会等。王三秀的“促进贫困人群持续就业无疑是一种十分积极的反贫困路径”观点，应当成为社会保障法之贫困者就业保障的重要制度塑造。

贫困问题是当代社会发展中的重大现实问题，解决贫困问题需要在促进经济发展的基础上采取法律的手段来实施社会保障措施，因此，解决贫困问题是社会保障法的当然责任，也是社会和谐与发展的紧迫任务。

四、社会保障法有利于化解社会风险

在人类社会中各种各样的风险始终伴随着人们，对社会风险和个人风险的防范和最大限度地减少风险带来的影响，一直是社会保障法律制度的重要课题。目前，全球社会已经进入风险社会，我们面临的最紧迫的任务是如何解决风险事件给人类带来的威胁，化解风险带来的危害。

随着后工业社会的发展所带来的人为灾难不断发生，使人们生活的各个领域都能感受到潜在风险：核泄漏、疯牛病、非典、禽流感、战争和恐怖事件等。公众也就变得越来越敏感和脆弱，人们的恐惧感与日俱增，风险问题由此成为当今社会争论的主题。德国社会学家贝

克，认为由于科学技术的高速发展和全球化的扩展，人类社会已经开始进入一个“风险社会”时代；英国社会学家吉登斯将人类社会发展面临的风险都归因于“人为风险”的扩大，这些人为风险包括环境风险或生态风险、健康风险等，它们不同于传统工业社会的“人为风险”。①

有人认为，中国社会目前面临的风险是“双重风险”。工业社会的“标准风险”加上社会转型的风险，使得中国社会成为一个“双重风险社会”。以贝克、吉登斯为代表的众多西方学者则从不同角度提醒我们，现代工业社会本身就是一个“风险社会”，如技术风险、环境风险、金融风险以及各种突发公共事件带来的社会振荡等，一旦发生，将会造成难以估量的损失。我国的社会转型风险主要是：一方面，改革开放30年以来取得了丰硕成果，经济持续高速增长，国家综合实力和人民生活水平显著提高；另一方面，伴随着现代化进程和社会转型而来的诸多社会问题日益凸显。我国在理论上已经进入到“高风险”社会。而近年来频发的一系列社会矛盾、公共危机事件，恰恰也在实践上证明了这一点。2004年国家发改委调查显示：就业问题、“三农”问题、金融问题、贫富差距、生态与资源问题、台湾问题、全球化问题、国内治理危机、信心和诚信问题、艾滋病和公共卫生等位列我国“十一五”期间社会风险前10位。转型社会的特有风险，昭示着我们建立现代社会体制的努力还没有完成。因此，在我们津津乐道于财富增加的同时必须对现代化的转型风险给予应有的关注。②

安全需求和生理需求是人类社会成员最基本的需求，一般而言，落后与风险总是呈正比例关系，社会越是落后，社会成员的风险就越大，安全保障和生存保障程度就越弱。社会经济越发达，社会成员可

① 王甫勤：《风险认知研究》，载《上海行政学院学报》2010年第2期，第83页。

② 参见张晨、何华玲：《“双重风险社会”中公共治理的困境与重塑》，载《长白学刊》2010年第2期，第78页。

以通过自己的劳动所得来满足自己的生活需要，可以弥补个人化解风险的不足。个人风险的来源主要有家庭内部和家庭外部即社会风险。进入工业社会后，农业社会存在的致险因素依然存在，并增加了许多新的风险因素，如工伤事故与职业病风险。因此，社会的发展并不意味着造成个人风险因素的减少，恰恰相反，致险因素在增加，只不过随着社会的发展，社会财富的积聚能为个人抗拒风险提供着日益强大的物质基础，化解风险的办法与措施也在增加。当众多社会成员遇到同样的个人风险时，个人风险就可能转变成全体风险，进而转变为社会风险。个人风险只影响到个人及家庭，而社会风险却可能影响到整个社会。在中外历史上，能促使个人风险转化成社会风险的，往往是大的自然灾害或战乱导致的大范围饥荒：进入工业社会后，现代化的生产方式与生活方式，为社会成员的个人风险转变为社会风险提供了天然有利的条件，因为劳动的协作化、生活的社会化、信息传导的快捷化，以及致险因素的增加和阶层利益集团的形成等，均是个人风险向社会风险转化的天然的催化剂。被传统社会视为纯属个人及家庭问题的生、老、病、死伤、残等因素，都可能通过群体方式演变成严重的社会问题与社会风险。失业已经成为社会的一个重大问题，工业化国家的失业率长期居高不下，使很多劳动者丧失了基本的生活来源，失业的风险正在不断加大，严重影响着整个社会，国家和社会应当努力寻求化解失业风险的办法与措施，要通过社会保险制度的安排来预防和化解风险，并使之法定化。

要真正预防和化解风险，取决于两个条件：一是个人或其家庭有足够的抗拒各种风险的能力及储备；二是社会上有合理的制度安排能够帮助有需要者化解其个人风险。第一个条件在任何国家或任何时代都绝对不是人人能够解决的，这就要求国家从制度上建立风险保障制度。社会保障制度也正是从化解风险和保障基本需求为出发点的。社会保障制度首先是通过为社会成员提供生存保障而化解其遭遇的个人风险和可能出现的社会风险。其次，是为社会成员的发展创造了安全的生活和发展环境，最后，是通过各种社会保障措施，缓和和减少贫富差距，促进了社会成员的稳定与和谐发展。因此，社会保障制度是现代社会风险和个人风险之防范、控制和有效化解的必然选择，也是整个社会稳定、和谐发展的“安全阀”和“稳定器”。

防范和治理社会风险，必须进行公共治理，非单一力量所能解决。公共治理首先应建立在扩大治理参与主体的基础上，公共治理的主体不能仅靠国家、市场或公民社会的任何一方，而是包括政府、企业、社会团体、专家、公民个人等所有涉及相关公共事务的利益相关者和风险分担者的共同参与的网络结构，这其中包括了政策制定者、执行者、受益者以及可能的政策牺牲者。这意味着风险社会的公共治理将建立在所有相关者利益充分展开和博弈以及责任明确界定的基础上，形成多元主体共同参与和互动合作的网络状治理机制，即：为了实现与增进公共利益、规避和控制风险，政府、企业、社会、专家系统、公民个人等众多公共行动主体彼此合作，在相互依存的环境中分享公共权力，共同管理公共事务。① 社会保障制度的构建和实施，是对社会风险进行综合防范和化解的一个系统工程，国家、社会、企业和公民个人都是社会保障的法律关系的主体，从社会养老制度，到工伤保险制度、医疗和生育保险制度、失业保险制度，从社会救助，到社会福利等社会保障制度，都是离不开多方主体的共同参与和努力的，因此，认识和发挥社会保障制度在防范、规避、控制和化解社会风险和个人风险的重大作用，具有重要意义。

五、社会保障法有利于解决老龄化问题

2011 年全国老龄委副主任、民政部部长、全国老龄办主任李立国表示，“十二五”时期将是我国人口老龄化加速发展期，人口老龄化形势会更加严峻，将呈现老龄化、高龄化、空巢化加速发展的新特征。李立国介绍，预计到 2015 年，我国 60 岁以上老年人口将达到 2. 16 亿，占总人口的 16. 7%，年均净增老年人口 800 多万，超过新增人口数量；80 岁以上的高龄老人将达到 2 400 万，约占老年人口的

① 参见张晨、何华玲：《“双重风险社会”中公共治理的困境与重塑》，载《长白学刊》2010 年第 2 期，第 80 页。

11.1%，年均净增高龄老人100万，增速超过我国人口老龄化速度；65岁以上空巢老年人口将超过5 100万，占老年人口的近1/4，老年人照料问题更加突出。① 北京师范大学金融研究中心主任，特别提醒大家注意迫在眉睫的人口老龄化问题，他分析，1999年中国就已进入人口老龄化：60岁以上者占人口总比例已超10%，14岁以下的青少年在1999年只有22%~23%。“到2015年中国的人口红利将彻底消失……在2020年前后中国的老龄人口比1999年要翻一倍。”他介绍，日本1970年进入老龄化，到1995年日本为老龄化所付出的支出增加了25倍。人口问题或将严重制约中国经济增长。② 我国第六次全国人口普查显示，我国60岁及以上人口占13.26%，比2000年上升2.63%，我国老龄化进程逐步加快。

我国经济基础的薄弱，使得社会保障体系不完善，已经导致“未富先老”，与西方发达国家的“先富后老”或“富老同步”完全不同。同时，我国传统的户籍制度造成大量的“人”、“户”分离和农村留守老人及空巢家庭，增大了农村养老等社会保障的困难。人口老龄化带来的一系列问题正深刻地影响到中国人口、经济、社会的可持续发展。如何应对人口老龄化的问题及挑战，应尽快把解决老龄化问题作为国家战略，而用社会保障法来解决人口老龄化问题，正是我国构建法制与和谐社会的必然要求。

“十一五”时期是老龄事业发展历史上最好的时期。养老保障体系逐步建立健全，特别是新型农村社会养老保险开始试点并逐步扩大范围；社会养老服务体系建设加快推进，居家养老服务在城市逐步开展并向农村延伸，养老机构建设加快发展；老年教育、文化、体育事业较快发展，老年人精神文化生活更加丰富；全社会老龄意识明显提

① 参见敏丽、刘娟：《未来5年我国将步入人口老龄化加速发展期》，载新华网，http://news.xinhuanet.com/2011-02/25/c_13750115.htm，发布时间：2011年2月25日，访问时间：2011年7月3日。

② 参见马燕：《人口老龄化日益严重，医疗保健或是下一个房地产》，载《扬子晚报》2011年5月27日第004版。

高，敬老爱老助老氛围日益浓厚，老年人权益得到较好保障；老龄领域科学研究、国际交流和合作也取得新进展。

目前，我国正在建立由国家、用人单位、劳动者三方共同负担的养老保险制度与职工基本医疗保险制度。从现实情况看，这种“三家抬”方式实施的最常见难题是：有的固定制用人单位借口经济效益不好等实际困难停付、减付、欠付养老金，临时用工企业又想方设法逃避为雇员缴纳养老金。特别是在《劳动法》实施监管不力的地区，对打工者“只榨青春不养老”的现象并不鲜见，养老保险制度几乎形同虚设。为了改变这一现状，我们必须从明确养老金属性、强制企事业单位和雇主缴纳与唤醒劳动者自我保障意识三方面着手。首先，养老金在社会主义市场经济下的基本属性可以概括为与劳动者的工资一样，属于劳动力再生产费用的一部分，也是劳动力价格或价值的实现形式，是劳动者必要劳动时间内创造的，是劳动者一生劳动报酬分期支付中的延期支付部分。可见，企事业单位和雇主应当支付劳动者的部分养老费用。其次，对企事业单位和雇主来说，在用工与养老的问题上存在权利义务关系。雇员在其在职期间向企事业单位和雇主提供一定数量与质量的劳动，企事业单位和雇主就在一定时间享受到了获得劳动者提供劳动的权利，而劳动力的雇佣金理应包括两大部分：一是即时领取的工资，二是延迟领取的养老金。因此，企事业单位和雇主必须在使用现实劳动者的同时，承担为自己的雇佣者缴纳部分养老费用的义务，形成“谁用工、谁付薪、谁养老”的良性循环格局。最后，劳动者自身也必须明确：雇主支付的养老金既来源于劳动者在“必要劳动”中创造价值的一部分，又是雇主履行义务的必要形式，一定要在“必要劳动”所创造的价值中预先提取；国家对拒不缴纳雇员养老金的雇主应当依法惩处；被雇佣者也绝不能因为已经得到不菲的工资而忽视未来的养老问题。

经济合作与发展组织(OECD)劳工事务分析专家雷蒙德·托里斯表示，各国应当通过调整退休和雇佣制度，以适应人口及劳动力的老龄化。托里斯认为，今后几年若不进行重大改革，随着寿命越来越长的退休人员不断提取退休福利以及向国家纳税以支持退休基金的较年轻的劳动者的比例越来越小，有关国家的经济增长率将大幅度下降。他认为，有些国家甚至还可能面临严重的劳动力短缺和税率上升的问题。托里斯表示，促使劳动者推迟退休的措施包括提高退休年龄、限制提早退休的人根据私人退休金计划享受的税收优惠以及确保正式退休计划和其他福利计划不成为提早退休的途径。托里斯说，根据年龄增加退休福利，并将工龄(包括非全职工作在内)同享受退休福利的权利结合起来，也能促使年龄较大的劳动者推迟退休。托里斯指出，形势的变化可能要求有关国家采纳新的禁止年龄歧视的立法，以改变对于雇佣、提拔和培训年长员工的"雇主的消极态度"。①

我国过低的法定退休年龄以及实际上的早退休，都加重了整个社会和家庭的养老负担。在我国养老基金的发放和积累之间存在着较大缺口的条件下，普遍的早退休，会使劳动者提前失去就业收入，加大其对养老金的依赖。因此，我国应当改革退休制度，以便更好地保障老年人的利益。

全国政协委员、中国经济体制改革研究会会长宋晓梧说，目前中国已进入老龄化社会，延长退休年龄问题成为关注热点，延长退休年龄已纳入议程。"这个问题很敏感。"宋晓梧说，延长退休年龄从20世纪80年代中期就开始讨论，但不同年龄群体分歧较大。他说，从人口寿命不断提高的因素来看，应该在一定范围提高退休年龄。目前中国的退休年龄仍是20世纪50年代制定的标准，当时人口的平均寿命为40多岁，而如今平均寿命已大大提高。宋晓梧说，从养老金方面来讲，"按照现在的退休年龄，享受的养老保障时间太长，投入就会大大增加。"据宋晓梧透露，目前人力资源和社会保障部已把延长退休年龄议题纳入研究议程。②

---

① 参见成锋：《人口老龄化影响经济增长，OECD建议调整退休制度》，载中国网，http：//www.china.com.cn/zhuanti/115/shbz/txt/2006-01/28/content_6108001.htm，发布时间：2006年1月28日，访问时间：2011年7月3日。

② 转引自杨华云、汤旸：《养老保险双轨制应统一》，载《新京报》2011年3月19日第A12版。

有人建议实行弹性退休制度，灵活调节劳动供需。一般说来，退休年龄直接影响劳动力的供给状况。随着科技水平及医疗技术的发展，人们的寿命也在不断延长，老龄化也随之而来，许多国家为缓解支付危机而逐步推迟了退休年龄。我国应考虑实行退休年龄弹性化，充分发挥退休年龄调节劳动供需的作用。毕竟，随着经济周期的不断变化，退休年龄的适度弹性伸缩有利于调节劳动力市场的供需平衡。特别是当经济处于繁荣期时，应当推迟退休年龄，扩大养老保险的收缴范围，增加养老保险的积存，防范老龄化的提前到来，减轻养老负担，并可增加劳动供给，为避免经济繁荣期劳动力需求过剩提供了条件。①

应对人口老龄化问题，除了要发挥社会保障法的作用外，还要发挥我国《劳动法》和《劳动合同法》的作用。目前我国的《劳动法》和《劳动合同法》所界定的劳动者都是不包括退休人员的，都是将退休后的劳动关系排除适用《劳动法》的，对保障退休人员的劳动权益极为不利，退休人员与用人单位发生的争议也是不能认定为劳动争议的，这样，对保护劳动者更为有利的劳动争议解决程序，也不能适用退休人员。为了应对人口老龄化问题，应将退休人员纳入《劳动法》和《劳动合同法》的调整范畴，这样才能构建起保障老年人权益的系统工程。

第二节　《社会保险法》授权性条款检视

2011年7月1日起，《社会保险法》开始施行。这部历时18年、历经三次报送、四次审议的法律，是我国第一部社会保险制度的综合性法律，是我国社会保障法制建设的历史里程碑，它与《劳动法》、《劳动合同法》、《就业促进法》和《劳动争议调解仲裁法》共同构成了社会保障法律体系的基本架构，具有重要的立法和现实价值。《社会

① 参见孙仲：《促进劳动就业的发展研究——基于社会保险政策》，载《山西财经大学学报》2010年S2期，第113页。

保险法》是中国特色社会主义法律体系中起支架作用的重要法律，是一部着力保障和改善民生的法律。它的颁布实施，对于建立覆盖城乡居民的社会保障体系，更好地维护公民参加社会保险和享受社会保险待遇的合法权益，使公民共享发展成果，促进社会主义和谐社会建设，具有十分重要的意义。主要体现在：第一，《社会保险法》对各项社会保险作出了全面的制度安排和规范，将党中央建立健全社会保障体系的重大决策和战略部署转化为根本性、稳定性的国家法律制度，必将对构建社会主义和谐社会和国家的长治久安发挥重要的保障和推动作用。第二，《社会保险法》规范了社会保险关系，规定了用人单位和劳动者的权利与义务，强化了政府责任，确定了社会保险相关各方的法律责任，使社会保险制度更加稳定，运行更加规范，从而使社会保险体系建设全面进入法制化的轨道。第三，《社会保险法》确立了广覆盖、可转移、可衔接的社会保险制度，规范和明确了劳动者和用人单位的社会保险权利义务关系，规定了多渠道筹资、城乡统筹、规范管理服务、强化基金监督等内容，有利于逐步提高社会保险待遇水平，为有效维护劳动者和公民的社会保险权益，使他们更好地分享社会经济发展成果提供了进一步的法制保障。①

《社会保险法》充分吸收了理论研究的成果，并广泛征求了社会各界的意见，其立法成就显著，亮点多多。其最大的亮点是使广大的人民群众都能共享改革发展的成果。2010 年 11 月 23 日，人力资源社会保障部副部长胡晓义认为：《社会保险法》最大亮点是使群众共享改革发展成果②。《社会保险法》使人民群众共享改革发展的成果，这是一个立法原则，也是这个法的最大亮点。按照党的十七大提出的，到 2020 年全面建设小康社会，基本建立覆盖城乡居民的社会保

① 参见胡晓义：《全面准确领会〈社会保险法〉，积极推动〈社会保险法〉顺利贯彻实施》，载中国政府网，http：//www.gov.cn/zxft/ft209/，发布时间：2010 年 11 月 23 日，访问时间：2011 年 7 月 5 日。

② 参见胡晓义：《全面准确领会〈社会保险法〉，积极推动〈社会保险法〉顺利贯彻实施》，载中国政府网，http：//www.gov.cn/zxft/ft209/，发布时间：2010 年 11 月 23 日，访问时间：2011 年 7 月 5 日。

障体系的目标，社会保险法确立了我们国家社会保险的制度框架，把城乡各类劳动者和居民分别纳入了相应的社会保险制度，目标就是要做到制度上没有缺失，覆盖上没有遗漏，衔接上没有缝隙，使全体人民在养老、医疗这些方面都能做到有基本保障，无后顾之忧。这是要造福于人民的一个立法宗旨。

《社会保险法》是中国社会法中最重要的支架性法律，是中国社会主义特色法律体系形成的重要标志，立法也具有一定的先进性和前瞻性，但是，还有一些立法缺陷，需要克服。

《社会保险法》中有很多条款是授权性的，“转致”适用模糊，不具有直接的可操作性。立法者并不认为这是其立法缺陷，认为这是合理的，不成其为问题。这样，《社会保险法》中授权性条款的合理与不合理之争论还没有定论。

一、授权性条款之论争

先从立法过程中看看授权性规定。在《社会保障法》审议过程中，就有常委委员提出，草案对社会保险的一些重要制度授权太多，操作性不强。授权性规定在《社会保险法》中随处可见，涉及内容如社会保险基金监督管理制度、公职人员参加养老保险的办法、社会保险费的征收主体、社会保险统筹层次的时间及步骤、社会保险基金等方面。社会舆论认为，这些授权性条款不具有法律的明确性，没有说服力，过多的授权性条款的存在，加大了执法的难度和不确定性，降低了可操作性和法律的效力，为地方立法提供了太多的“博弈”空间，势必将提高执法成本，立法之空洞的授权也必将造成新的执法难，让此法恰似“空中楼阁”。

《社会保险法》见证者和推动者、全国人大常务委员会委员郑功成在2010年11月11日接受记者夏波光的专题采访时，专门谈到了《社会保险法》之授权性条款。记者夏波光认为：长期试点遗留下来的矛盾，变成了许多授权条款，从二审稿的十几处授权条款在三审稿中只剩五处，到最终的法律又增加到20多处，应当说立法背后的博弈异常激烈，而舆论现在诟病最多的正是这些授权条款。郑功成的回答是：授权条款的确偏多了一些，这是《社会保险法》的不足之处。但这个缺陷是可以理解的，因为这些授权条款的确也不适合用法的形式固定下来。在这些授权条款中，有的是因为制度还有不成熟的地方，需要进一步明确，这个是可以理解的。

劳动法专家郑尚元教授在评价《社会保险法》时，认为《社会保险法》采用的是综合立法模式。《社会保险法》的立法模式既不是单行法的立法模式，更非法典化模式，也无法与当年《民法通则》相比较。它实际上类似于1994年颁布的《劳动法》的立法模式，即综合性强，内容涵盖养老、医疗、工伤、失业、生育五个社会保险险种，98项法律条文规定了社会保险法律制度的全部。《社会保险法》的实施短期内还需要依赖与具体的行政法规和地方法规相配合。

笔者认为这种综合立法模式更多地讲求了形式。另外，宣示性条款很多，刚性权利义务条款不足。

二、授权性条款的主要内容

社会保险基金是社会保障制度的重要资金保证，是实现养老保险、医疗保险、工伤保险、失业保险和生育保险的经济基础，立法对社会保险基金进行法律规定非常必要，我国《社会保险法》第八章就专门对此进行了法律规定。但是，主要问题是授权性条款比较多，8个条款中有5个就是授权性规定，具体适用起来比较困难。

《社会保险法》第64条第3款规定了：基本养老保险基金逐步实行全国统筹，其他社会保险基金逐步实行省级统筹，具体时间、步骤由国务院规定。第66条规定：社会保险基金按照统筹层次设立预算。社会保险基金预算按照社会保险项目分别编制。第67条规定：社会保险基金预算、决算草案的编制、审核和批准，依照法律和国务院规定执行。第68条规定：社会保险基金存入财政专户，具体管理办法由国务院规定。第69条：社会保险基金在保证安全的前提下，按照国务院规定投资运营实现保值增值。

人力资源和社会保障部副部长胡晓义专门谈到过社保基金统筹的问题，他在2010年1月28日全国人大常委会办公厅举行的新闻发布会上介绍，到2009年底，全国所有的省级行政区都制定了省级统筹的制度。经过评估，已经有25个省级单位达到了省级统筹的标准。在此基础上，将研究基础养老金全国统筹的方案。针对统筹过程中，以及在整个养老保险制度实施过程中涉及的缴费标准和支付水平问题，胡晓义表示，现在规定的缴费标准确实不低，这是因为社保制度现在承担着过去计划经济时期没有缴费这样一个沉重的历史包袱。而支付水平也应该说确实不算高，但是最近六年以来，都在连续不断地提高企业退休人员的基本养老金水平，养老金水平翻了一番。为此，中央财政每年要拿出1 500亿元以上的资金来支持这个系统的运行，实际上也是在减轻企业和个人的缴费负担。① 但是，笔者认为，社会保险基金毕竟是社会保险法的重要内容，对其立法规制是必然的和必需的，法律的作用就在于用法定的形式，用强制的手段来将社会保险基金的问题法定化，不能仅仅是针对短时的现实状况，要有前瞻性。因此，关于社会保险基金的中央立法，应当是具有指导意义的，其指导意义也并不仅仅就是原则性的规定，其指导应当是法定的和明确的，并不是简单的授权性规定。

三、减少授权性条款的因由

笔者分析认为，应当减少《社会保险法》的授权条款立法，使我国的《社会保险法》更加完善。

（一）内容上的因由

从《社会保险法》之授权立法的内容来看，其内容往往都是社会保险法中非常重要的基本问题，法律不必须作出明确规定的，而不应当授权立法，将本身应当由社会保险法明确的重要问题，授权给行政部门，就是将立法问题“降格”为了行政规章，使《社会保障法》之法律权威性大打折扣。

① 参见陈菲、赵超：《基本养老保险将逐步全国统筹，时间、步骤由国务院规定》，载新华网，http://news.xinhuanet.com/politics/2010-10/29/c_12716311.htm。发表时间：2010年10月29日，访问时间：2011年7月7日。

社会保险法中非常重要的或者是非常基本的问题，需要立法作出权威性的规定，是不应授权行政机关立法的。即便必须进行立法授权也须慎重，应当以必要为限，并应有所节制。国务院作为最高国家行政机关，其立法应限于行政管理事项，而社会保险方面的事项绝不仅仅限于行政管理问题，社会保险法作为社会法的组成部分，不属于单纯的行政立法，以行政立法调整社会保险关系显属不当，由国务院制定任何一个险种的综合性规范都是存在问题的，《社会保险法》可以授权国务院立法的事项应仅限于该法中的行政管理事项部分。① 因此，从授权立法的内容上分析，《社会保险法》的授权条款不宜太多，限于行政管理事务方面的问题，可以授权立法，社会保险法中非常重要或者是非常基本的问题是不适宜授权立法的。

（二）法理上的因由

从授权立法之一般原理来分析，我国《社会保险法》授权立法条款太多，也是不合适的。

授权立法，从静态意义上说是指无法定立法权的主体（受权主体）根据享有法定立法权的主体（授权主）的立法授权而制定的规范性法律文件。从动态意义上说，授权立法则是指受权主体根据授权主体的立法授权制定规范性法律文件的活动。对于这一界定，国内法学界中的绝大多数学者予以认可。②

行政权从本质上说是一种执行权，行政机关取得立法权，最早是通过授权立法的方式，与人们对政府观念的转变和政府自身所具有的极强的适应性密切相关。授权立法的出现破坏了传统立法理论和分权理论，但因其自身所具有的良好的社会效果，故经常被学者喻为一种不得不予以容忍的“祸害”。但是，授权立法毕竟造成了立法权与执法权共同归属行政机关的不合理局面，这种两权合一的状态在下述几

---

① 参见郑尚元、扈春海：《中国社会保险立法进路之分析——中国社会保险立法体例再分析》，载《现代法学》2010 年第 3 期，第 68 页。

② 参见卢晖、李长喜：《授权立法若干问题研究》，载《河南省政法管理干部学院学报》2001 年第 5 期，第 58 页。

个方面应当受到正当性质疑：第一，行政机关同时享有立法权和执法权，极有可能导致其在立法时过分顾及行政利益，并危及权利自由。第二，授权立法将使行政机关成为“全能政府”，行政机关以自己传统的执法权为基础，通过授权立法和职权立法取得了立法权，通过行政司法又取得了“准司法权”，如此必然造成行政机关既是立法权主体，又是执法权和“准司法权”主体。第三，授权立法混淆了法与行政权的关系。依法律优先原则，行政权由法律所生，依法律行使，对法律负责。行政权借助授权立法和职权立法取得了立法权，破坏了法与行政权的良性关系。第四，授权立法将进一步扩大行政权产生行政权的权力取得方式。①

授权立法的过于宽泛、概括和不够明确，可能产生的后果是：国务院可以制定几乎所有的社会保险方面的规则。授权立法的结果是立法权的有限度转移。国务院本身就是社会保险法律关系的主体之一，同时也是社会保险法的最高执法机关，由其进行社会保险立法的公正性就成为问题。如果这一模式成为现实，在将来中国的社会保险法律体系中，真正起规范作用的将是单行的社会保险行政法规。按草案的处理方式，形式上提高了我国社会保险法的立法层次，而实际发挥作用的仍然是行政法规，立法层次偏低的问题仍未根本改观。② 因此，从立法权和授权立法的一般原理来看，社会保险法的立法是不宜过多采用授权立法模式的。

第三节　养老保险“双轨制”审视

在我国企业职工和公务员的养老制度是完全不同的，一直以来实行的就是所谓的“双轨制”。

① 参见柳砚涛、刘宏渭：《授权立法的正当性质疑》，载《文史哲》2006 年第 3 期，第 166 页。

② 参见郑尚元、扈春海：《中国社会保险立法进路之分析——中国社会保险立法体例再分析》，载《现代法学》2010 年第 3 期，第 68~69 页。

所谓养老双轨制，是指始于20世纪90年代初的公务员、事业单位、企业单位退休人员分别实行不同的养老金制度。“双轨”的表现主要有两个方面：一是养老保险的统筹办法不同，企业由职工和单位按照一定的标准和比例缴纳，而行政事业单位则由财政统一拨付；二是享受标准不同，机关事业单位退休人员的养老金远远高于企业退休人员。简而言之，就是公务员不缴纳一分钱的养老保险，却领着高出企业退休人员几倍的退休金。①

社会保险立法应着力解决社保的“公平”和“普惠”问题。从公平的角度来看，要着力解决公务员与企业职工退休金“双轨制”问题。据全国人大常委会法制工作委员会行政法室提供的资料显示，由于“退休双轨制”，待遇差距问题越来越突出，全国机关单位人员退休金平均高出企业两倍多，随着津补贴改革的到位，差距还将进一步扩大。难怪有职工发出这样的感慨，“本是同根生，贡献也相同，待遇低几倍，何以论公平。”很显然，公务员与普通群众在社保待遇上过于巨大的差距，违背了社会公平，在公务员和普通群众间人为划出身份鸿沟，打上身份烙印，不利于和谐社会的建设。《中国青年报》社会调查中心通过网络，对2 070人的在线调查显示，60.9%人认为在我国社保最急需消除公务员与群众社保的差别。这一调查体现了公众对社保立法公平的期待。从普惠的角度来看，当前社保领域存在的不平等、不均衡问题，特别是社保覆盖面过窄以及城乡保障水平差距过大问题，在一定程度上制约了社保公共服务职能的发挥。推进社保的公平和普惠，让每个公民都沐浴在社保的阳光之下，这是理性政府的必然追求，也是实现社会公平正义的客观需要。②

养老保险的“双轨制”人为地以身份确定养老的待遇问题是非常不合理的。“要求取消退休双轨制”，或者说“养老金双轨制”的呼声，

① 参见瞿玉杰：《取消养老双轨制应尽快提上日程》，载《大众日报》2011年2月12日第A6版。

② 参见孙瑞灼：《社会保险立法重在“公平”和“普惠”》，载《职业》2010年第28期，第70~71页。

是老百姓最关注的热点问题。《社会保险法》没有克服这一缺陷，反而以立法的形式间接承认了不合理的养老保险的“双轨制”。

《社会保险法》第10条规定：“公务员和参照公务员法管理的工作人员养老保险的办法由国务院规定。”这意味着公务员和参照公务员法管理的工作人员将不受《社会保险法》的调整。“公务员和参照公务员法管理的工作人员”与一般公民分别适用不同的法律，即法律对人的效力问题，此条文再次制造了“双轨制”与法律的公正、平等原则相背离。

我国官方很多人对改革养老保险的“双轨制”都是持肯定态度的，但是，改革的阻力和难度也是非常大的。全国政协委员、中国经济体制改革研究会会长宋晓梧建议：建立企业职工和机关事业单位退休人员养老保险的统一制度，以减少不必要的矛盾和攀比。宋晓梧介绍，在“十二五”纲要和总理的政府工作报告里都非常重视这个问题，现在提出来，是要建立企业退休人员养老保险待遇正常增长机制。

“养老事业的社会定位不明确、行业条块的划分、利益的驱动”，成为养老并轨难以推行的原因。”全国政协委员、中国京剧院院长吴江委员认为，现在的养老并轨难以推行，是因为“行业条块的划分、利益的驱动，谁都愿意多挣钱少付出”。而这一切的根源，“其实还是定位问题。如果是产业，就要追求利益的最大化；如果这是一种公益事业、是人人都应该关心的事业，是社会责任，那么，并轨、合作的问题，这些就好解决”。① 他比较深刻地分析了并轨难原因，要解决并轨难的问题，首先是给养老事业定位，养老事业的社会定位应当是属于公益性的，不能属于商业产业性，这是解决双轨制的基本前提。

温家宝总理认为：养老金双轨制是不合理。2011年2月27日，温家宝总理在新华网和网友在线交流时，指出养老金双轨制“这个现象是不合理的”，并提出三项解决措施：继续提高企业离退休职工待遇、在企业具有年薪的地方应拿出一部分来增加退休职工的工资、在机关和

① 杨华云、汤旸：《养老保险双轨制应统一》，载《新京报》2011年3月19日第A12版。

事业单位实行养老保险改革等。在《人民日报》和人民网联合推出的两会热点调查中，有超过九成网友认为，“双轨制”非常不合理。

2011年两会期间，两会代表、委员及新闻媒体，再次痛批双轨制，取消退休“双轨制”、缩小养老金悬殊差距问题，再次成为国家两会的焦点、社会关注的热点问题。

《新京报》2011年3月2日发表专门针对“双轨制”的《社论》，认为“养老金双轨制”最直接的表现是养老金金额的差别，深层的原因则是养老金计算方式、来源、管理等方面的不同。机关、事业单位实质是财政负担，这种单位负担制形成了社会保障的制度性区隔；企业单位的社会保障则是社会化，养老金水平与企业、个人缴费基数和年限直接挂钩，缴费基数普遍按照企业的“基本工资”执行，直接导致企业职工退休后养老金数额偏低。

《新京报》的《社论》认为“双轨制”的危害是巨大的，必须改革。这种局面的危害性是严重的，直接导致相关群体产生深刻的被剥夺感、被抛弃感，不利于社会公平、稳定与和谐。养老金是社会对劳动者的“反哺”，公平公正理应是首要规则。这种新旧体制交错、制度区隔严重的局面，迫切需要改革。“养老金双轨制”问题成因、危害，改革的必要性和紧迫性等，社会早有共识，关键是决策者的勇气、决心以及具体方案层面的问题。现在的关键不是“提办法”，而是“下决心”。解决“养老金双轨制”问题迟迟得不到推进，一个重要原因是政府机关工作人员，既是养老制度的制定者，又是受益者，双重身份之间存在利益冲突。可以预料，如果要削减现有群体的养老金待遇，自然会面临很多阻力。要解决这个问题，不妨走“帕累托改进”或增量改革的路子，不减少各群体现在养老金的数额，但增量部分绝大多数用于企业退休人员等弱势群体的福利增长。不“削峰”，但要大力、尽快“填谷”。解决“养老金双轨制”问题，责任感和勇气目前来说是第一位的。①

① 《解决“养老金双轨制”应有时间表》，载《新京报》2011年3月2日第A02版。

“双轨制”的不公平之处主要在于：从退休前的个人缴费来看，企业人员要缴纳养老保险，公务员则不用缴费，由财政全额拨款；从退休后的养老金金额来看，企业人员退休金只有退休前工资的30%左右，公务员则能达到90%左右，退休后企业人员退休金只有公务员的1/3左右。虽然近年来国家一直在通过政策调整改变这种“不合理”，比如，自2005年起国家连续7次提高企业退休人员基本养老金，但是，“七连涨”远远没有弥合“双轨”悬殊。公平是社会保障的本质和核心，“公平原则”也一直贯穿着社会保障思想发展和制度建设的始终。鉴于此，“养老金双轨制”逐步走向“并轨”乃大势所趋，但如何“并轨”？是“削峰填谷”还是“补短板”？借鉴国际经验，“与国际接轨”也不失为一种选择。目前很多国家的养老制度，均是在一个无差别的基础之上才有职业差别。比如日本，其养老金制度由三部分组成：以全体国民为对象的国民年金；以公司职员为对象的厚生年金；以公务员为对象的共济年金。国民年金是“基础年金”，所有居民都参加，在此基础上，才区分职员与公务员，才有厚生年金或共济年金。在美国，政府强制执行的“社会保障计划”为全社会提供基本的退休生活保障，然后才是公共部门养老金计划和雇主养老金计划。即便是发达国家，也没有实现养老金绝对均等，职业差别依然存在，但起码都在一个“轨道”上，起码都有兜底性的基础养老金，至少在基础养老金这一块上大家绝对公平，不管是公务员，还是事业单位人员，抑或是企业职工，拿到的基础养老金都一样，以保障基本生活无虑，体现公平要义。我们目前是“多轨”并行，差别悬殊，且分属不同部门机构负责，不好衔接。鉴于此，一些国内学者曾提出，我国可借鉴国际惯例，把养老金分成“基础养老金”和“职业年金”两部分——“基础养老金”统一由政府筹资，全民一致，体现社会保障均等化、公平化；“职业年金”则由个人缴费，体现职业差别。这样，即便有部分人退休后多获一份“职业年金”收益，也相当于个人投资所得，应不至于招致“双轨制”下的激烈反对。深圳市针对聘任制公务员实行的养老机制中，就有“职业年金制度”，以探索公务员与其他职业群体进行养老制度衔接。当然，这只是一个过渡性机制，“养老金并轨”的目标，就是实现无差别的基础养老，如果“职业年金”也能全民化，那就善莫大焉了。①

全国政协委员于天忱认为，如果现有养老金管理体制不变，即使年年涨，政府机关、事业单位退休人员与企业退休职工养老金差距越拉越大的现象就不会得到根本改变，企业退休职工的不平衡心理仍不会有太大改善，这种情况显然不利于和谐社会建设。在退休人员养老金管理上，一直执行着政府机关和事业单位退休人员享受“财政补贴”，企业退休职工按“社会保险统筹”的“双轨制”。目前我国经济社会已有巨大进步，人均 GDP 超过 4 000 美元，应当根据新情况及时改“双轨制”为“单轨制”，实施养老金一体化的集中统一管理，以保证社会公平、确保社会和谐稳定。可以借鉴效仿离休人员养老金“单轨制”模式，将企业退休人员与政府机关、事业部门退休人员养老金管理并入同一序列，统一政策、统一标准、统一管理，彻底改变“政出多口、差异过大”的弊端，提高企业退休人员的生活水平。②

“养老双轨制”已成为严重影响社会就业平衡、人才合理流动的制度性障碍，不仅遭到了公众的广泛质疑，也引起了国家有关部门的重视。2005 年至今国家已连续六年七次提高企业退休人员基本养老金，然而，由于企业退休人员养老金的涨幅远小于公务员养老金的涨幅，从而导致两者之间的差距不仅没有因为企业退休人员养老金“七连涨”而缩小，反而呈现出越拉越大的趋势。针对部分全国人大代表和政协委员要求废除“养老双轨制”的呼声，2010 年 3 月 9 日，人力资源和社会保障部副部长胡晓义在十一届全国人大三次会议举行的记者会上透露：至于养老金在机关、事业和企业单位之间的制度衔接问题，是一个复杂的渐进过程；我们现在在五个省进行事业单位基本养老保险制度改革的试点，希望摸索出更多的实践经验，不断完善，然

① 参见薛世君：《养老金并轨须先夯实基础》，载《广州日报》2011 年 3 月 3 日第 A8 版。

② 参见王笑梅：《于天忱：应改养老金“双轨制”为“单轨制”》，载《辽宁日报》2011 年 3 月 7 日第 A02 版。

后逐步推开。对此笔者以为，对于像“养老双轨制”这样涉及众多人切身利益的事情，应当突破“先试点、再推广”的传统工作模式，不宜一拖再拖，让更多人及时享受到公平的阳光。在职时，公务员与企业单位职工待遇上有所差别，尚能理解；但是，退休后大家都是“社会人”，如果待遇差别过大，就违背了公平正义的社会保障原则。笔者以为，在我国财力日益增长的今天，废除“养老双轨制”的时机已经成熟。①

清华大学劳动法专家杨燕绥教授认为：我国的社会保险法要正视养老金去保险化的发展趋势。基于公平和效率相结合的原则，养老金制度的发展趋势是“国民年金全民化和低保化、个人账户全民化和制度化”，前者为公共品，属于福利范畴，是政府的直接责任，依赖财政担保；后者为准公共品，属于储蓄范畴，是政府的相对责任，依赖养老金市场的公共治理；两者均不具有保险特征。因此，建议草案淡化养老保险内容，不要为社会统筹与个人账户继续混账管理提供立法依据，阻碍中国养老金制度定型与科学发展。应当尽快制订立体与平面结合的养老金法，形成具有国家应对老龄危机战略意义的养老金制度体系。② 笔者认为，在《社会保险法》中使用的“养老保险金”一词是极不科学的，不能将养老与保险紧密联系在一起，应该将其“保险”二字去掉，可以用“养老金”或“年金”之词，先从形式上去“保险化”。

第四节　生育保险社会化分析

生育保险是指女职工因怀孕和分娩所造成的暂时丧失劳动能力、中断正常收入来源时，从而获得物质帮助的一种社会保险制度。③ 其

---

① 参见瞿玉杰：《取消养老双轨制应尽快提上日程》，载《大众日报》2011年2月12日第A6版。

② 参见杨燕绥：《〈社会保险法〉立法建议》，载人民网，http://society.people.com.cn/GB/11091858.html，发布时间：2010年3月8日，访问时间：2011年7月5日。

③ 参见黎建飞主编：《社会保障法》(第3版)，中国人民大学出版社2008年版，第184页。

具体内容一般包括：生育津贴，即在法定的生育休假期间对生育者的工资收入损失给予经济补偿；生育医疗服务，即承担与生育有关的医护费用；生育补助，如对生育保险对象及其家属的生育费用给予经济补助等；生育休假；生育期间的特殊劳动保护和生育女职工的职业保障。

中国人民大学教授潘锦棠对我国的生育保险制度有很好的研究，他认为生育保险制度是在生育事件发生期间对生育责任承担者给予收入补偿、医疗服务和生育休假的社会保障制度。中国生育保险制度包括四项内容：生育津贴，即在法定的生育休假期间对生育者的工资收入损失给予经济补偿；医疗护理，即承担与生育有关的医护费用包括“产前检查费”；生育补助，如对生育保险对象及其家属如妻子和女儿的生育费用给予经济补助，又如“婴儿津贴”和“保姆津贴”等；生育休假，包括母育假、父育假和育儿假。①

我国的生育保险制度一直以来主要是针对城镇职工，其实就是一种职工生育保险，其覆盖对象主要是城镇就业的职工，广大的农村是没有生育保险制度的，这样的制度设计对农民和农民工是极不合理的制度安排，也是典型的一种制度歧视，与现代法制精神与和谐社会的构建都是相违背的。生育保险制度应当是对全体国民的，即应当建立全民生育保险制度。《社会保险法》之生育保险的规定，仍然是一种传统意义上的部分人的保险，没有覆盖全社会，其立法没有改变一直以来存在的制度缺陷，让人遗憾。

职工生育保险是《劳动保险》和计划经济的产物，其地位尴尬，发展艰难。根据国家人口发展战略，计划生育政策的内涵将由“一个家庭一个孩子”转向“生育利益调节机制”，政府在尊重生育权的基础上，根据国家和地区人口与经济发展规划，建立生育利益调节机制，生育保险是最重要的工具之一，应当将其覆盖范围扩大到全体育龄人口，由人口计划生育部门负责筹集资金和制定政策，委托社会保险经

① 参见潘锦棠：《中国生育保险制度的历史与现状》，载《人口研究》2003年第2期，第29页。

办机构具体管理。为此，第六章的主体部分需要改写。①

我国生育保险制度是职工生育保险制度，其保险对象只是就业职工，不包括家庭妇女。世界上除了"职工生育保险制度"以外，还有"全民生育保险制度"，其保险对象为全体国民或全体居民。由于两者的保险对象不同，所起的社会作用也有所不同。职工生育保险制度潜在作用之一是鼓励妇女就业，因为只有就业才能得到生育保险，否则生育费用自己负担。而在全民生育保险制度下，无论就业与否都有生育保险，且一视同仁。全民生育保险比职工生育保险更符合生育保险的宗旨。②

农民的生育保险也应当给予适当的关注。中国农民除计划生育奖励外尚没有享受生育保险，随着中国经济发展水平的提高，是不是可以考虑在符合计划生育的前提下，推行免费生育，把目前的"企业职工生育保险制度"发展为"全民生育保险制度"。因为女性生产其实是为人类繁衍作贡献，生育成本理应由全社会共同承担。③ 潘锦棠认为，全民生育保险制度应当包括广大的农民，笔者认为，除了包括农民外，还要包括农民工。

有专家建议实现全面生育保险有两种模式可以选择④。第一种思路：通过职工生育保险、城镇居民医疗保险和新型农村医疗保险覆盖全民。以职工生育保险制度覆盖城镇职工、以城镇居民医疗保险制度

① 参见杨燕绥：《〈社会保险法〉立法建议》，载人民网，http：//society. people. com. cn/GB/11091858. html，发布时间：2010 年 3 月 8 日，访问时间：2011 年 7 月 7 日。

② 参见潘锦棠：《中国生育保险制度的历史与现状》，载《人口研究》2003 年第 2 期，第 35 页。

③ 参见黄桂霞：《发展全民生育保险促进妇女就业——访中国社会保障研究中心潘锦棠教授》，载人民网，http：//acwf. people. com. cn/GB/10141903. html，发布时间：2009 年 9 月 29 日，访问时间：2011 年 7 月 13 日。

④ 参见潘锦棠：《潘锦棠教授谈全民生育保险》，载中国高校人文社会科学信息网 http：//www. sinoss. net/2010/0612/22943. html，发布时间：2010 年 6 月 12 日，访问时间：2011 年 7 月 7 日。

覆盖城镇未就业居民、以新型农村医疗保险制度覆盖农村居民，实现生育保险全民覆盖。如果城镇居民和农民的概念中包括了城镇灵活就业者、农民工、职工未就业配偶和在校大学生，加上原有的职工生育保险，就立法或制度层面而言，全体中国人都有了生育保障。第二种思路：在职工生育保险、居民医疗保险和新农合的基础上再为城镇灵活就业者、城市农民工、职工未就业配偶和在校大学生分别设立生育保险(保障)。如果第一种思路能实现全民覆盖最好，但是企望职工生育保险、城镇居民生育保障和农村生育保障能使城镇灵活就业者、职工未就业配偶、在校大学生和农民工得到保障，可谓路途漫漫。第二种思路的优点是：承认城镇灵活就业人员、职工未就业配偶、农民工和在校大学生的独立身份，分别为他们建立生育保险，使他们能较快地成为生育保险的实际受益者，促成全民生育保险的早日实现。缺点是：身份重合，管理困难；制度碎片化，制度碎片化一方面使得参保者流动(或身份转变)困难，在碎片化制度之间建立衔接通道势必增加设计成本和管理难度，另一方面也为今后制度整合造成障碍。

第五节　大学生失业保险制度

失业保险，又称待业保险，是指劳动者失业期间，由国家和社会给予一定物质帮助，以保障其基本生活所需并促进其再就业的一种社会保险制度。失业保险和其他社会保险项目相比有自己的特征：养老保险、医疗保险、工伤保险、生育保险都是基于劳动者暂时或永久丧失劳动能力而给予物质帮助，而失业保险对象是具备劳动能力因失去工作劳动机会而失去生活来源的劳动者；失业保险一方面要解决劳动者在失业期间的基本生活来源；另一方面又要促进其尽快就业，重新进入劳动领域，失业保险不可能像养老保险、工伤保险等长期给付；失业保险的主要目的与其他保险有所不同，就业促进作用是失业保险的重要功能，不像其他保险主要是进行物资救助。

一、大学生是否应当纳入失业保险的范畴

大学生在我国是庞大的一个社会群体，在整个国家的教育和就业中具有重要的地位，大学生的就业问题不仅仅是关系到我国高等教育的发展，还关系到整个社会的和谐发展与稳定。一边是越来越多的高校毕业生，另一边却是越来越严峻的就业形势。如何促进高校毕业生就业以及加大对这一人群的社会保障，已经成为社会关注的焦点。毕业就是失业、没有就业就已经失业的大学生是一个十分庞大的群体，社会制度的设计应该考虑到这一部分人，帮助他们解决就业和失业问题。

按照当代法治社会的必然要求，一个国家的法律特别是《劳动法》、《劳动合同法》、《就业促进法》、《社会保险法》等都应当将其作为自己的调整对象，用法制来规制大学生的劳动就业和社会保障问题。但是，实然的状况完全不是这样，我国大学生还没有进入法律的范畴，就连最具有社会性特征的社会保障法含《社会保险法》，也没有将大学生列入进来，应然和实然的差距太大。“从全世界范围来看，将大学生纳入失业保险范围是顺应国际发展趋势的。目前的市场经济制度给社会带来巨大效应的同时，也带来了风险。失业保险制度应涉及所有劳动大学生也不例外。”①

我国目前唯一调整大学生失业问题的法规是，中组部、中宣部、教育部、发展改革委、公安部、民政部、财政部、人事部劳动保障部等十四部门，于2006年联合下发了《关于切实做好2006年普通高等学校毕业生就业工作的通知》。该通知明确要求，各地有关部门要加强对离校后未就业毕业生的就业服务和社会保障工作，离校后未就业的高校毕业生可到各类人才和职业中介机构登记求职，政府举办的公共就业服务机构人才交流服务机构高校毕业生就业指导服务机构，应提供职业介绍服务。特别是《通知》的第6条规定：“有就业愿望的应

① 张熙凤：《大学生就业市场的失衡与保障选择》，载《改革与战略》2010年第2期，第156页。

届毕业生9月1日后仍未就业的，可到入学前户籍所在城市或县劳动保障部门办理失业登记，劳动保障部门和人事部门应提供专门的就业服务，组织其参加职业培训或就业见习。”高校毕业生因短期无法就业或就业后生活仍有困难的，民政部门要及时按照有关规定为符合条件的高校毕业生提供最低生活保障或临时救助。

上述《通知》第一次把大学生纳入到失业制度的范畴。没有缴纳失业保险金的大学生，毕业后也可享受失业保险待遇，这样的规定是对传统失业保险制度的“创新”，因为，按照社会保险的一般原理，要享受失业保险待遇，必须事先缴纳一定的保险费的，其体现的是权利和义务的对等关系，特别是在像我国这样社会保障制度还不够发达的国家，社会保障制度的构建，还须单位或公民缴纳一定的社会保险费用。

根据国家规定，仍未就业的高校应届毕业生，可到户籍所在地劳动保障部门办理失业登记。目前，山东省17市已同时启动大中专技校毕业生失业登记。在此后一个月内，济南市就有1 100多名毕业生到劳动保障部门进行失业登记，其中近800人是本科毕业生，比例接近70%。通过失业登记，大学生可以领到一张“失业证”，凭此证可以按规定享受免费求职登记、免费职业指导、免费空岗查询和优先推荐等待遇。但是，按照现行政策，由于他们没有缴纳过失业保险费，所以与失业保险金无缘。我国失业人员享受失业保险待遇需要具备三个条件：缴纳失业保险费满一年；非因本人意愿中断就业；已办理失业登记并有求职要求。

新施行的《社会保险法》的规定非常明确。该法第44条规定：职工应当参加失业保险，由用人单位和职工按照国家规定共同缴纳失业保险费。第45条规定了享受失业保险待遇的三个基本条件：失业前用人单位和本人已经缴纳失业保险费满一年的；非因本人意愿中断就业的；已经进行失业登记，并有求职要求的。这样的规定与以前的《失业保险条例》第14条的规定的三个条件还是一致的。

第46条规定：失业人员失业前用人单位和本人累计缴费满1年不足5年的，领取失业保险金的期限最长为12个月；累计缴费满5年不足10年的，领取失业保险金的期限最长为18个月；累计缴费10年以上的，领取失业保险金的期限最长为24个月。重新就业后，再次失业的，缴费时间重新计算，领取失业保险金的期限与前次失业应当领取而尚未领取的失业保险金的期限合并计算，最长不超过24个月。

大学生没有就业，也没有缴纳一定的保险费，而享受失业保险待遇，虽然对帮助大学生是大有益处的，但是，是否会带来新的不公和不平等待遇，特别是对那些已经缴纳失业保险费的公民来说，他们的利益是否会受到侵犯？这些问题都是我们在设置大学生失业保险制度中应当考量清楚的问题。

"大学生待业、没有缴纳保险费，能不能享受失业保险"已经在社会上引起反响，值得我们关注。

关于大学生是否享受失业保险待遇的问题，目前全国各地的做法是不同的，有的甚至是截然相反的。对大学生给予失业保险的主要是广东省和浙江省。而不向未就业大学生发放失业保险的主要是北京。

广东省规定大学生毕业后半年未就业可领取失业保险。广东省劳动和社会保障厅厅长刘友君表示，广东将落实一系列政策措施，促进解决大学生就业难题。将扶持国有企业再就业下岗人员的政策延伸到大学生，大学生毕业后半年未就业可领取失业保险，加强对大学生的技能培训和创业培训。刘友君表示，中央和广东省均出台了帮助大学生就业的政策，主要包括把过去扶持国有企业下岗再就业人员和自主创业人员的小额信贷、税费优惠等延伸到大学生；毕业后半年内未就业的大学生可领取一定的失业保险。①

2009年浙江省人力资源和社会保障厅、财政厅联合发布了《关于延长扩大失业保险基金支出范围试点政策有关问题的通知》(浙人社发〔2009〕101号)。该通知规定：试点地区根据当地失业保险工作进展情况、促进就业工作需要和基金承受能力，可将失业保险基金促进就业经费享受对象逐步扩大到所有符合条件的城乡登记失业人员、参

① 参见孔博、陈先锋：《广东大学生毕业后半年未就业可领取失业保险》，载新华网广东频道，http：//www.gd.xinhuanet.com，发表时间：2009年2月14日，访问时间：2011年7月8日。

加失业保险的用人单位及其在职职工。宁波在新出台的文件中，给大学生创业提供了诸多便利条件。按照文件规定，符合相关条件的创业大学生可申请享受社保补贴、创业补贴、小额担保贷款、创业带动就业奖励等。社保补贴：金额为应缴的基本养老、基本医疗和失业保险费最低标准之和的2/3。符合基本条件的，失业保险基金将按公益性岗位补贴额度对该岗位给予补助，即按市区最低工资标准(1 100元/月)的180%确定，就是每月1 980元，这笔钱主要是用于支付公益性岗位上从业的高校毕业生的基本工资、社会保险费和其他必需的费用。不过，要申报失业保险基金支出的各种扶持创业的补贴，创业大学生要满足一个共同的前提，必须是在宁波市辖各区范围内从事个体经营和创办企业的宁波户籍或宁波生源全日制普通高校毕业生。①

在北京市人大常委会召开的“实施积极就业政策，促进社会和谐稳定”议案代表座谈会上，北京市人力社保局就业处处长孟宪苍表示，本市将对所有在京高校的就业情况进行大排名，通过建立高校就业排行榜的方式，引导大学的专业教育设置与社会的实际需求更加紧密的衔接。针对有代表提出的北京市是否将对未就业的大学毕业生发放失业保险金，市人保局和教育局相关负责人明确表示，北京不会出台这样的政策，目前只有针对城乡困难家庭学生发放的低保。②

中国现行大学生失业保障制度由地方性的失业救助为主体，辅以公共就业服务和就业扶植政策，再加上针对大学生自主创业的贷款。然而，我国目前的大学生失业保障制度尚存在一系列问题，从而无法有效地履行其职能。失业保障制度设立的目的，一方面是为了保障失业者在转换工作之间的基本生活，另一方面则是强调“工作转换期间”的保障，即保障金应当在一定程度上成为寻找新工作之前的生活

① 参见段琼蕾：《宁波失业保险基金细则出台，大学生创业有多种补贴》，载大众网，http://www.dzwww.com/rollnews/news/201007/t20100707_6289118.htm，发布时间：2010年7月7日，访问时间：2011年7月8日。

② 参见廖雁：《北京：对未就业大学毕业生不会发失业保险金》，载《北京晚报》2009年5月27日第A06版。

保障，而并非最低生活保障。或者在家庭环境尚可的情况下选择在家啃老。无论是家庭在城市还是在农村的大学生，毕业后不积极就业均属不合理现象，现行地方性的失业救助在救助他们的同时，也成了他们得以维持无工作状态的一种经济保证，以失业救助为主体的我国现行的大学生失业保障政策被动消极的特点十分明显。①

笔者认为，我国目前大学失业保险制度中，最大的问题是将失业救助与失业保险混为一谈了，导致制度的设计出现了问题。失业救助与失业保险虽然都属于社会保障的范畴，但是，二者的区别是非常明显的。失业保险属于社会保险之一种，具有保险的一般属性，如保险待遇的享有者，必须事先要尽到一定的缴费义务，享受保险的权利和义务具有一定的对等性；而失业救助属于社会救助之一种，享受者无需以一定的义务为前提，是一种国家和社会的无偿救济行为。失业保险和失业救助的对象不同，失业保险的对象是虽具有劳动能力，但因各种原因暂时离开工作岗位的失业人员；失业救助的对象则是老、弱、病、残以及无固定收入、无法维持最低生活水平的弱者。二者的期限也不同，失业保险金的发放有一定的期限，即根据连续工作、缴费时间发放，最长不超过 2 年，对实现再就业或虽未再就业但已超过规定的救济期限的，停止其事受失业保险待遇；而失业救助是对符合救济条件的对象，根据确定的救济标准，按期发放救济费，一般没有固定的期限限制。

上面关于大学生是否应当享有失业保险的争论，实质上是将失业救助与失业保险混淆了。如果认为大学生可以享有失业保险，那么就应当按照《社会保险法》的规定，大学生必须先要尽一定的缴费义务，不缴费就不能享受失业保险待遇；而因为大学生是就业的弱势群体，国家和社会应当给予大学一定的援助，这是没有任何疑义的，不过这应当是一种失业救助，而不是《社会保险法》上的失业保险。笔者从不反对给予大学，特别是未就业的大学生以失业保

① 参见刘晨昊：《对我国大学生失业保障制度构建的思考——以加拿大与英国的经验作为启示》，载《北方经贸》2010 年第 6 期，第 22~23 页。

险，但是，给予失业保险的前提条件是大学生应当先履行一定的缴费义务，这样才是符合《社会保险法》规定的，具有法律的统一性，也是社会保障制度之公平的体现，而至于到底如何制订比较可行的缴费制度，是另外一回事。同时，笔者认为，在大学生应当享有失业保险的同时，国家和社会给予其一定的失业援助，也是非常必要的，就业援助本身就是国家和各级政府的就业促进义务之一。只有对大学生实施失业保险和失业救助“两条腿走路”的办法，才有可能真正解决大学生就业问题。

二、建立大学生失业保险制度的构想

建立大学生失业保险制度是非常必要的，但是，如何构建大学生的失业保险制度，却还是一项值得研究的问题，因为，我国目前的法律并没有建立起大学生失业保险制度，这还是立法的空白点。

为了真正解除大学生的后顾之忧，充分发挥失业保险促进就业的作用，我们可以借鉴国外目前已经实行的一些做法，例如在大学生中实行失业保险金制度：采取财政拨款和大学生在校期间交纳失业保障金，建立失业保险基金的方式，由劳动社会保障部门将大学毕业生纳入失业保障管理体系。对于那些毕业后不能及时就业的大学生，可先到劳动就业机构进行失业登记，在专项失业保险基金的支持下，一方面由劳动保障部门为其提供生活保障金，另一方面由大学毕业生本人在职业指导人员帮助下，根据个人意愿兼顾个体的不同情况向社区劳动保障部门申请需要的就业培训费用，获得审核同意的培训申请将获得资助。这项制度为不能及时就业的大学生提供了一段有基本生活保障的时间，促使其调整知识结构，积累经验，有助于大学生劳动技能不致因失业而萎缩和落伍，有助于实现充分就业。①

关于大学生失业保险费的筹集，一般都倾向于采取“学生个人、学校及国家三方”共同负担的原则。按照社会保险基金筹集的一般原

① 参见刘璞：《大学生就业社会保障体系的建立与完善》，载《继续教育研究》2010 年第 12 期，第 71 页。

则，大学毕业生失业保险资金应由学生个人、学校及国家三方共同负担。但是，大学毕业生初次进入劳动力市场，要享受失业保险，其费用必然要在在校期间缴纳，而大学生在校期间尚无工资收入，若由学生个人承担这个制度缴费的较大比例，或者在目前已经很高的学费标准上强制缴费，无疑会加重学生及其家庭的负担。因此，让大学生个人承担较大比例缴费是行不通的，大学生失业保险制度的承担主体只能是政府和社会。而个人一旦不能成为责任主体，失业保险也就不再是严格意义上的失业保险。① 大学生失业保险实行学生个人、学校及国家三方共同负担的原则是比较可行的，但是大学生个人的缴费比例不能太大，否则就变形加重了大学生家庭的经济负担，学校的缴费可以从大学生的学费中拿出一定的比例，作为失业保险费，国家主要是从财政经费中列支一定的比例作为大学生的失业保险经费。

关于大学生失业保险经费的问题，有人提出了采取银行贷款的方式来解决，也是可行的。目前，没有实施失业保险的症结在于刚毕业的大学生没有工作，因没有收入来源无法先行缴费。实际上，制约这一政策实施的关键在于失业保险基金的来源，解决这一问题的出路在于我国依然实施严格意义上的失业保险制度。笔者建议，学生作为社会个体，依然是缴费责任主体，同时和学校、国家三方共同缴纳。学生个人负担部分以专项贷款的方式缴纳，参照助学贷款方式，再建立一个有效的保障监督机制，大学生就业以后贷款金额陆续收回，从而形成良性循环，银行又可以重新贷款，专业银行只需垫支启动资金。学校缴纳的部分由学校的经营性收入支出，国家再拨出一部分专项基金。②

笔者认为，除了上面的三方共同负担之外，还可以在大学里建立失业保险基金，向全社会募集资金，并可将奖学金制度与失业保险制

① 参见吕志勇、冯希婷：《我国大学生失业保险制度设计研究》，载《山东经济战略研究》2010年第4期，第33页。

② 参见张熙凤：《大学生就业市场的失衡与保障选择》，载《改革与战略》2010年第2期，第156页。

度相挂钩起来，建立一种大学生失业保险的激励机制，让社会保险的理念深入每一个大学生的心里，构建更加和谐的就业环境。

还有人建议我国失业保险制度的改革，应在保障失业者基本生活需要的同时，重点考虑到如何能够促进失业者实现再就业。应当提高对失业保险促进就业功能的思想认识，世界上许多国家都通过改进失业保险制度来促进再就业，加强失业保险促进就业的功能，这是发达国家改革失业保险制度的重要内容。我国的失业保险机构在为失业人员提供基本生活保障的同时，应进一步强化失业保险的促进就业功能。积极做好职业培训和职业介绍工作，调整失业保险基金支出结构。在职业培训和职业介绍的过程中，政府应充分发挥主导作用，充分利用失业保险基金促进就业的作用。当前，在就业压力不断加大的情况下，政府应在保障失业人员生活的同时，不断提高帮助失业者再就业的资金比重。①

① 参见曲延春：《从生活保障到促进就业：我国失业保险制度完善的路径探讨》，载《中共青岛市委党校青岛行政学院学报》2010 年第 5 期，第 81~82 页。

第五章　劳务派遣之同工同酬调控

第一节　问题缘起和立法期待

我国自2008年《劳动合同法》实施以来，劳务派遣与业务外包发展日益盛行，目前可以说是已经到泛滥成灾的地步。“劳务派遣比较泛滥”，这是姜颖对中国当前劳务派遣现状的评价，她认为劳务派遣泛滥的具体表现有两方面：一方面是派遣公司大量增加；另一方面是一些国有大中型企业、国家机关、事业单位都在大量使用派遣工，劳务派遣人员的人数大量增加。① 劳务派遣与业务外包的泛滥已成灾，是值得我们认真思量的新问题，而其中之同工不同酬的普遍现象更是迫切要求我们能够寻找出破解之法。

在全国人大常委的两次专题调研中，都将劳务派遣作为执法检查的重点，检查组在调查中发现的主要问题是：第一，劳务派遣在部分单位中存在被滥用的现象，很多用工单位在主营业务岗位上长期使用劳务派遣人员；第二，劳动派遣人员同工不同酬、损害派遣工合法权益等问题比较突出。全国人大财经委副主任乌日图认为目前我国劳务派遣用工存在的突出问题有：一是劳务派遣单位过多过滥，经营不规范；二是许多用工单位长期大量使用被派遣劳动者，有的用工单位甚至把劳务派遣作为用工主渠道；三是被派遣劳动者的合法权益得不到有效保护，同工不同酬、不同保障待遇的问题比较突出。② 在现实劳

① 转引自郝帅：《劳务派遣泛滥让劳动者很受伤》，载《中国青年报》2012年7月17日，第03版。

② 转引自黄应来：《劳动合同法首次修订，拟严格限制劳务派遣》，载《南方日报》2012年6月29日，第A19版。

动关系中，劳务派遣争议很多就是由于同工不同酬引起的，正如一位律师所言："我接触到的派遣工维权案件大多是由同工不同酬，福利待遇低于正式员工引起的。"①劳务派遣之同工不同酬问题已经是产生劳动争议劳动并导致劳动关系不和谐的重要原因。

业务外包又叫工作外包，是现代企业的一种新的经营策略，是指企业把内部业务的一部分承包给外部专门机构。其实质是企业重新配置企业的各种资源，将资源集中于最能反映企业相对优势的领域，塑造和发挥企业自己独特的、难以被其他企业模仿或替代的核心业务，构筑自己竞争优势，获得使企业持续发展的能力。"工作外包"是指企业将本来由自己执行的业务按照一定的价格交给其他公司去完成，以达到节约成本的目的。世界范围内，外包已不仅仅是一种业务选择，它也成为战略成功的关键因素。外包的成长势头是国际市场成熟的必然结果，是经济全球化发展的必然趋势。② 我国业务外包中的主要问题：一是企业责任部分外移，挫伤员工工作热情，在业务外包中，必然会牵涉部分员工的利益，如果他们知道他们的工作被外包的话，员工的工作热情和职业道德会降低，他们会失去对公司的信心和工作的原动力，从而导致工作业绩明显下降；二是企业对外包企业的监控较少；三是企业希望获得较低的劳动力成本③。我国目前关于业务外包的立法还是空白，相对于劳务派遣来说，其发展的势头还不是很猛，其侵犯劳动者平等权如同工同酬权的现象还不是很普遍，但是，在我国的市场经济日趋成熟后，问题将会逐步凸显，因此，立法规制业务外包也应当不容忽视。

劳务派遣与业务外包之同工同酬具有很高的立法价值，立法意义深远。同工同酬一直是我国劳动立法关注的重点，但是已有的立法显

① 转引自郝帅：《劳务派遣泛滥让劳动者很受伤》，载《中国青年报》2012年7月17日，第03版。

② 参见[美]麦克·马特森著，王庄林译：《美国企业工作外包新动向》，载《时代金融》2012年第19期，第30页。

③ 参见王钰：《企业业务外包战略选择》，载《合作经济与科技》2012年第10期，第41页。

得非常抽象，完全是一种原则性的宣示。同工同酬权几乎还处于一种权利的"休眠"状态，当今具体规制的立法是一种"期权"。《工资条例》、《劳动合同法修正案》、《劳务派遣法》和《集体合同法》将是具体规制劳务派遣和业务外包的四件立法期待。

同工同酬立法期待之一：《工资条例》。一直备受关注而仍然没有颁布的《工资条例》，草案经过多次修改，已经非常明确地写入了"同工同酬"，其规定：无论是正式工还是劳务派遣工，只要从事相同内容的工作，付出等量劳动，就可获得同等级别的工资待遇。但专家认为，从草案的内容来看，实施同工同酬的难度很大，因为没有新的细化规则。《工资条例》核心的内容有三：工资增长保障机制、同工同酬制度和工资集体协商机制。这三点，也是争议最大的难点。伴随着专门规制工资的《工资条例》的"难产"，同工同酬虽然重要，但也仍然将是"空谈"。各界对于《工资条例》期望值较高的是"同工同酬"的规定。据人社部人士介绍，同工不同酬的问题主要有两个方面：企业兼并重组，不同的企业兼并之后同工不同酬，这个通过改革是可以解决的；最大的同工不同酬是劳务派遣工，不少企业对新的《劳动合同法》持保留意见，因为雇佣劳务派遣工的目的就是为了节省成本，这样一改企业成本就加大了。①

同工同酬立法期待之二：《劳动合同法修正案》。2012 年 6 月 26 日，十一届全国人大常委会第二十七次会议初次审议《劳动合同法修正案》(草案)，全国人大常委会于 2012 年 7 月 6 日公布了《劳动合同法修正案》(草案)，开始面向全民征求意见。《修正案》(草案)的主要目标是立法规制混乱的劳务派遣现象，核心内容是严格限制劳务派遣用工岗位范围；对设立劳务派遣单位实行行政许可；切实维护被派遣劳动者享有与用工单位的劳动者同工同酬的权利；增加对相应违法行为的处罚。此次修改充分体现了国家规制劳务派遣的决心和力度，这将是我国劳务派遣与业务外包的法制化和规范化，特别是劳务派遣

① 参见耿雁冰：《〈工资条例〉修改已接近尾声，工资增长挂钩企业增长》，载《21 世纪经济报道》2010 年 8 月 4 日第 01 版。

与业务外包之同工同酬法律原则真正开始落实的重要举措。

同工同酬立法期待之三：《劳务派遣法》。解决劳务派遣的诸多问题，有效遏制我国目前劳务派遣的泛滥，单靠《劳动合同法》包括目前的《劳动合同法修正案》的几个条文的“补丁”是不能达到治标又治本的效果的，根本的法律规制还是要尽快出台专门的立法《劳务派遣法》；况且，我国的《宪法》、《劳动法》和《劳动合同法》都有关于同工同酬之原则规定，缺乏的是具有可操作性的具体办法，因此，在将来的《劳务派遣法》中专门规定同工同酬问题，是值得期待的。

同工同酬立法期待之四：《集体合同法》。在我国的劳动关系立法中存在着“重个体轻集体、一头轻一头重”的弊端，关于集体劳动关系的立法很匮乏，集体合同的作用几乎还没有发挥出来。我国还没有关于集体合同的法律，《劳动法》、《劳动合同法》、《工会法》等法律对集体合同的规定过于原则化，缺乏可操作性，《集体合同规定》的立法层次又太低，这就直接导致了集体合同制度还没有真正形成。立法规制劳务派遣和业务外包之同工同酬问题，集体合同应当担负起重要的使命，因此，在未来的《集体合同法》中专门规定工资的集体协商和同工同酬问题，是主要的立法期待之一。

第二节　劳务派遣之同工不同酬成因分析

我国劳务派遣之所以出现泛滥现象，其重要原因就是劳务派遣可以极大地降低企事业单位的用工成本或管理成本，而不正当的劳务派遣更是如此。在市场经济中这本身无可厚非，但是降低成本必须在法律的框架之下，才是正当的。我国目前大量的劳务派遣是将降低成本建立在同工不同酬之上的，这样的后果就是在劳务派遣中同工不同酬现象极为普遍，严重侵犯了劳动者的合法权益，造成了劳动关系不和谐。

劳动保障部劳动工资司司长邱小平接受中国政府网采访时指出：从我们目前掌握的情况来看，确实有一些单位存在同工不同酬的行为。邱小平认为其原因非常复杂，主要有三方面：既有计划经济时期固定工制度的遗留问题；也有现行工资法律法规对同工同酬原则规定不具体、操作性不强的问题；当然也有用人单位为了降低人工成本钻现行法律空子，故意损害部分劳动者权益的问题。①

也有人认为同工不同酬产生的根源有五个。根源之一：是社会经济制度转型的过渡与阵痛，同工不同酬源于我国新中国成立初的城乡分割制度。那时就已形成工农差别，城乡差别，户籍身份管得极严。1978 年改革开放之后，大批农民涌入城市打工创业，户籍制度成为限制人口自由流动的门槛，"农民工"遭到了严重的身份歧视，为同工不同酬埋下了种子。在市场化进程中，旧有的固定用工机制尚未完全打破，新的用工形式又开始实行，这便出现了"同工不同酬"的"用工双轨制"。根源之二：从计划经济"娘肚子"里生下的市场经济"怪胎"。根源之三：既得利益集团对既得利益的维护及对编制外人员的剥削和权益侵略。根源之四：法律制度的缺陷。《宪法》着重强调的是男女间的同工同酬，并不局限于劳动法律关系或民事法律关系。而尽管《劳动法》强调了按劳分配过程中都应同工同酬，但是对同工同酬的规定却只停留于一个原则性要求层面，并没有明确的法律界限和具体的法律追究惩罚机制；2008 年 1 月 1 日实施的新《劳动合同法》依然没有对同工同酬给予具体明确的规定，一如《劳动法》的模糊笼统。根源之五：社会劳动力的总供给大于总需求所致。用工市场供大于求，也是造成这种结果的原因之一，求职者处于天然的弱势地位，低待遇一样能招到人，即使编外员工知道收入会因身份而存在差别，但大部分人怕丢工作还是无奈地接受这种不平等待遇。② 我国劳务派遣的泛滥实际上是交易过度的问题，我国劳务派遣的泛滥是因为交易供给方(劳务派遣单位)的低成本，导致供给过度。劳务派遣单位几

① 参见常红：《国家机关事业单位也应适用同工同酬原则》，载中国劳动咨询网，http：//www. 51Labour. com，发布时间：2007 年 7 月 17 日，访问时间：2012 年 9 月 4 日。

② 参见彭俊华：《同工不同酬产生的根源、影响及对策》，载中国劳动争议网，http：//www. btophr. com/s_focus/422. shtml，发布时间：2007 年 7 月 17 日，访问时间：2012 年 9 月 4 日。2012 年 2 月 21 日。

乎是“零风险”运行，迅速扩张，供给过度，导致需求方的用工方式也随之转变，基于用工灵活性的考量，需求恒定的用工单位则变直接雇佣为劳务派遣。①

笔者认为，同工不同酬的根本原因就是一条：用人单位钻了现行法律的空子，为了降低用工成本，使利润最大化。劳务派遣中普遍存在的同工不同酬现象也是如此，正如一些学者研究的那样：“用人单位之所以采用劳务派遣这种用工形式，其根本动因在于通过采用同工不同酬的方式，达到降低用工成本的目的。”②

事业单位和国有企业大量使用劳务派遣，还有一个重要原因就是规避编制受限制的问题。在我国一些事业单位或者大型的国企的编制，都有一定的限制，表面上看是编制问题，实际上还是用工成本问题，因为事业单位和国有企业都有工资总额的限制，而劳务派遣用工可以作为一般性支出，不占单位工资总额，劳务派遣工与事业单位和国有企业的正式员工在工资等福利待遇上有着根本的不同，同工不同酬已经被普遍认同，成为劳务派遣泛滥的重要推手。

早在150年以前，马克思在《资本论》中引用经济学家托·约·登宁的话说，如果有10%的利润，资本就会保证到处被使用；有20%的利润，资本就能活跃起来；有50%的利润，资本就会铤而走险；为了100%的利润，资本就敢践踏一切人间法律；有300%以上的利润，资本就敢犯任何罪行，甚至去冒绞首的危险。这句话已经被验证了几百年，现在乃至今后仍然将被继续验证。只要可以降低用工成本，使利润或利润预期最大化，没有人会在意他自己的派遣用工是否合法，更不会在意同工不同酬的问题。在我国法律制度本身的规定还有缺陷的情况下，在劳务派遣中实行同工不同酬还算不上“践踏了法律”，这样，劳务派遣中大量出现同工不同酬的问题，可以说是

① 参见范围：《劳务派遣立法的反思与重新定位》，载《中国社会科学报》2012年5月28日，第A07版。

② 柯菲菲、蒋彦龙、蒋天成：《劳务派遣工主张‘同工同酬’的裁判困境分析》，载《中国劳动》2011年第12期，第18页。

"顺其自然"了。

第三节　解决劳务派遣之同工不同酬的路径

一、明确界定同工同酬的内涵和法律属性

(一)同工同酬的内涵

《现代汉语词典》将同工同酬解释为："不分种族民族、性别、年龄，做同样的工作，工作的质量、数量相同的，给予同样的报酬。"①《世界人权宣言》第 23 条规定："人人有同工同酬的权利，不受任何歧视。"《经济、社会和文化权利国际公约》第 7 条规定：各成员国保证最低限度给予所有工人公平的工资和同值工作同酬而没有任何歧视，特别是保证妇女享受不差于男子所享受的工作条件，并享受同工同酬。国际劳工组织 1951 年《男女同工同酬公约》第 2 条规定：各会员国应通过与确定报酬标准的现行方法相适应的手段，促进在尽可能与这些方法协调的情况下，保证在所有工人中实行对男女工人同等价值的工作付予同等报酬的原则。我国较早明确界定同工同酬原则的，是原劳动部 1994 年下发的《关于〈劳动法〉若干条文的说明》第 46 条的规定：同工同酬是指用人单位对于从事相同工作，付出等量劳动且取得相同业绩的劳动者，应支付同等的劳动报酬。据此同工同酬须具备三个条件：一是相同的工作岗位、工作内容；二是付出相同的工作量；三是取得了相同的工作业绩。只有劳动者同时具备这三个条件，劳动者就应当享受同酬的待遇。我国台湾地区的"两性工作平等法"第 10 条规定："雇主对受雇者薪资之给付，不得因性别而有差别待遇；其工作或价值相同者，应给付同等工资。但基于年资、奖惩、绩效或其他非因性别因素之正当理由者，不在此限"。这一规定显然没有对同工同酬进行立法定义，充其量只不过是一种通过义务设定而进

① 中国社会科学院语言研究所词典编辑室编：《现代汉语词典》，商务印书馆 2005 年版，第 1367 页。

行的间接解释。①

冯彦君教授对同工同酬的含义进行了非常详细的解释，其解释是我国目前关于同工同酬之学理解释中比较具体的。同工同酬的含义，关键是要明确“同工”与“同酬”的关系以及“工”与“酬”的含义及其组合方式。就前者而言，就是要明晰“同工”与“同酬”之间到底是并列关系还是因果关系？如果二者是并列关系，则实为“同工和同酬”，其涵括工作机会均等和报酬平等的双重意蕴；如果二者为因果关系，则实为“同工而同酬”或“因为同工所以同酬”，其仅涉及报酬获得上的平等(非歧视)问题。“同工”与“同酬”之间应为一种因果关系，理由如下：从《同工同酬公约》就同工同酬给出的定义来看，这是对报酬率的制定提出的要求，并未涉及工作机会的平等；《劳动法》和《劳动合同法》直接将同工同酬规定于工资项下，并未涉及工作机会均等问题。② 笔者认为，不管“同工”与“同酬”之间的关系是因果关系，还是并列关系，其精神实质是劳动者的平等权之平等报酬权的体现，同工同酬是离不开平等权的，离开了平等权，也就不存在报酬的平等，因此，将同工和同酬的法律属性定性为劳动者的平等报酬权是比较恰当的。

同工同酬之“同工”的内涵有多重组合，有的组合而成的命题是真命题，有的则是假命题或“伪命题”，这就需要我们一一甄别。同工同酬之“工”可以解释为工作身份、工作岗位、工作业绩。有人认为组合有四种：第一，“同一工作身份(如正式职工、派遣工、临时工等)适用同一的报酬标准或获得同样的劳动报酬”，此解释是不可取的，其致命的缺陷是抹杀和否定了工作业绩对计付报酬数额的决定作用，实质上则是否定了工资分配领域的激励机制和按劳分配原则，这种身份上的“大锅饭”现象既有违公平也有害效率。第二，“相同的

① 参见冯彦君：《同工同酬原则的困惑与反思》，载《法商研究》2011年第2期，第62页。

② 参见冯彦君：《同工同酬原则的困惑与反思》，载《法商研究》2011年第2期，第62页。

工作岗位获得相同的工作报酬”，同样不可取，因为同样的报酬标准获得同样的报酬数额本身就是不正确的命题，因为报酬标准并不直接产生报酬数额，只有具体结合工作业绩才能特定化报酬数额；同样的工作业绩可能获得同等的报酬数额，不同的工作业绩则不应获取同等的工作报酬。第三，同样的工作岗位适用同样的报酬标准。第四，同样的工作业绩获得同等的工作报酬。从价值目标来审视，第三、四种组合模式都兼顾了公平和效率，可行可取，合理合法。前者可视为同工同酬的宏观层面，后者可视为同工同酬的微观层面。宏观层面是指同样的工作岗位应确立和适用同样的报酬标准或报酬率；微观层面是指同等(同值)的工作业绩应获取等量数额的工作报酬，即“同值同酬”。①

笔者对第一、二种组合有不同的拙见。第一种组合之“同一工作身份适用同一的报酬标准或获得同样的劳动报酬”的命题不一定就是假命题或“伪命题”，应当是真命题，因为工作身份的不同是我国劳务派遣中同工不同酬的直接依据，可以说，工作身份的不同即从横向比较就是身份歧视，劳务派遣工与正式工或直接雇佣者的身份差别，直接导致了同工不同酬；但是另外一方面，从纵向比较，劳务派遣工之间虽然是相同的身份，但是往往也会遭受不同的福利待遇，是同工不同酬的另一方面。要克服横向与纵向两者产生的同工不同酬，实施“同一工作身份适用同一的报酬标准或获得同样的劳动报酬”是合法理的，从逻辑上的否命题来审视“不同的工作身份适用不同一的报酬标准或获得不同的劳动报酬”，也是真命题，且从法理上分析，平等权本身就包括两大内容：一是相同的人相同对待，二是不同的人不同对待。因此，“不同的工作身份适用不同一的报酬标准或获得不同的劳动报酬”是平等权第二个内容的体现，是劳务派遣中平等权另外一面，不可遗漏。黎建飞教授在讨论《劳动合同法修正案》时，特别强调：“劳务派遣的问题说到底是一个‘身份’问题”，劳动合同法强化

① 参见冯彦君：《同工同酬原则的困惑与反思》，载《法商研究》2011年第2期，第62页。

了劳动合同的订立，强化了用人单位长期用工的责任，而劳务派遣恰恰规避了这些要求。“这是用人单位非常喜欢派遣，而且派遣能够长期存在的原因。解决问题的关键，是怎样让派遣单位的员工在身份上，在最终的权利上跟非派遣工一致。”①第二种组合的命题：“相同的工作岗位获得相同的工作报酬”，应当也是真命题，因为这是从形式上对同工同酬的基本要求，而考量工作业绩是内容上的要求，只有形式和内容的统一，才能有效防止用人单位实行的同工不同酬。

我国目前关于同工和同酬的法律界定仅仅是1995年的劳动部《〈中华人民共和国劳动法〉若干条文的说明》第46条的规定，所谓同工同酬“是指用人单位对于从事相同工作、付出等量劳动且取得相同劳绩的劳动者，应支付同等的劳动报酬”。在此，“同工”被仅仅被界定为“相同工作、付出等量劳动且取得相同劳绩”，此界定不包括“相似”显得过于严苛、不够科学，也不好操作。

有学者通过比较英国的相关规定，认为同工除了包括相同的工作外，还应当包括相似的工作在内。英国《同工同酬法》颁布于1970年。其适用于相同的工作、相似的工作和同等价值的工作三个部分。相同的工作，是指对比者必须是一个与该女性从事相同的工作，不论该男性是正在从事这一工作还是以前从事过这一工作；相似的工作，是指两者的工作在广义上相似，而且女性的工作与她的对比者的工作没有重大差别，如果某一女性的工作只是书面上和男性有区别，即这种差别只规定在合同中，事实上却没有予以实施，那不算是两者之间有重大差别②。英国《同工同酬法》规定，一个女雇员要证明自己受歧视，需要把自己与某一享受更优待遇的特定男雇员进行比较，然后，证明自己符合以下三个条件之一：她和该男雇员从事的是同类工作；根据一定的工作评价标准，她与该男雇员从事的是等级相同的工

① 王逸吟、殷泓：《劳务派遣修法之辩，4条修改引47万条意见》，载《光明日报》2012年8月12日，第15版。

② 参见［英］马克·波斯蒂等著，潘晶、马静波译：《旅游业法学原理与案例》，电子工业出版社2004年版，第140页。

作；她所从事的工作与该男雇员的工作价值相等。同类工作是指工作基本相似，或者差别甚微。符合该条件的诉讼请求可以适用《同工同酬法》的“平等条款”的规定，该条款赋予女雇员享受平等待遇的权利，尤其在工资待遇方面，有同工同酬的权利。在同等价值的情况下，一个女雇员即使没有从事“同类工作”，而且没有工作评价机制，她也可以依据默示的“平等条款”起诉，该诉讼的成功取决于女雇员能够证明她的工作与男雇员的工作有同等的价值，这两项工作是否有同等价值要由产业法庭指派的独立的工作评定专家来决定。①

美国 1963 年的《同工同酬法》是 1938 年公平劳动基准法的一部分，其立法目的在于禁止因性别因素而造成男女薪资的差异，其规定对于要求同等技能、努力及负担同等责任，而在同一事业单位类似工作环境下从事大体相同工作者，给予不同性别者不同的薪资是违法的。② 该法规定雇主在相似工作环境下，需要相同技巧、努力与责任而从事相同工作者，在薪资上予以歧视是不合法的，除非薪资的不同是基于年资或考核制度或其薪资是依生产的质或量来计算，或其不同是基于其他因素而非性别。③ 可见，在美国法中，“同工”的界定是比较宽泛的概念，并不仅仅是指“相同”工作，还包括“相似”工作，或者是“相似”工作环境。

由此可见，在同工同酬中，“同工”至少包括相同的工作或相似的工作两层含义，同时允许将申请者的工作与其前任雇员的工作进行比较分析。④ 笔者非常赞同该学者的规定，同工的内涵应当从广义上界定，特别应当做扩大解释。不能仅仅从字面形式上理解，要从其实

① 参见林嘉：《英国劳动法和社会保障法》，载王益英主编：《外国劳动法和社会保障法》，中国人民大学出版社 2001 年版，第 42 页。

② 参见伍劲松：《美国两性工作平等制度研究》，载《法学家》2004 年第 3 期，第 82 页。

③ 参见伍劲松：《美国两性工作平等制度研究》，载《法学家》2004 年第 3 期，第 84 页。

④ 参见胡玉浪：《论同工同酬权的法律保护》，载《河南省政法管理干部学院学报》2008 年第 6 期，第 143 页。

质内涵上把握，特别是必须将相似的工作纳入进来，这样才具有真正的可比性，才能科学地界定同工同酬的定义，使劳动者平等报酬权之同工同酬权得到有效的实现。“同工”应当包括相同的工作、相似的工作、相似工作环境三层基本含义。

在同工同酬中，同工除了包括相同工作或相似工作外，还应当包括“同值”即劳动者创造的同等价值，“同值”同酬应当是劳动者同工同酬权实现的重要内容之一。关于这一点，在我国劳动法领域内已经基本形成理论共识，分歧之处主要是“同值”同酬的具体实现问题。

实现同工同酬的关键是科学合理地衡量与评估工作业绩，只有同等价值之工作才应获得同等数额之报酬。同值同酬作为源于《同工同酬公约》而成为欧盟立法的核心理念，亦应为我国立法与劳动实践所引鉴。究竟何为“同值”，怎样测定是否“同值”？实在是问题的关键与难点所在。这不仅有计时与计件、常时与短时、体力与脑力劳动成果难以统一衡量的问题，也有“同酬”的“酬”的构成与支付方式的确定问题，即工资(狭义)、奖金、津贴和补贴四种报酬形式在适用同工同酬时是否都应纳入“同酬”范围?① 国际劳工组织《男女同工同酬公约》第1条规定：“报酬一语指普通的、基本的或最低限度的工资或薪金以及任何其他因工人的工作而由雇主直接地或间接地以现金或实物支付给工人的酬金”。《公约》中“报酬”的含义覆盖了基于雇佣关系而产生的全部薪酬，既包括直接成分，也包括间接成分，其含义比通常所指的数额固定并且定期支付的“工资”丰富。② 很多学者都认为，同工同酬之“报酬”含义，应当从广义上界定，不能仅仅指非常狭义工资。“除了工资以外，还可能包括奖金、佣金、认股权、人寿保险、养老金计划、医疗保险、住房补贴等一切与劳动关系有关的好

① 参见冯彦君：《同工同酬原则的困惑与反思》，载《法商研究》2011年第2期，第65页。

② 参见胡玉浪：《论同工同酬权的法律保护》，载《河南省政法管理干部学院学报》2008年第6期，第144页。

处或权益。”①《罗马条约》第141条规定：“每个成员国将确保男女劳动者同工同酬或同值同酬原则的适用。为了本条款规定的目的，‘报酬’是指劳动者直接或间接地从其雇主那里获得的基本或最低工资或薪水或其他报酬，不论是现金还是实物。”②这是一些学者从国际劳动法的视野，找到的关于报酬之宽泛界定的直接依据，值得我国劳动法和劳动合同法践行践用。

从上述的比较可以得出这样的结论：同工和同酬都应当从广义上宽泛地界定。“同工”包括三层含义：一是相同工作；二是相似工作；三是相似工作环境。“同酬”包括两层含义：一是工资；二是加班费、奖金、社会保险和其他福利待遇。

（二）同工同酬的法律属性——原则抑或权利抑或两者兼之

在我国一般都认为同工同酬是一般的法律原则。同工同酬是富有思想感召力的响亮口号和美好追求，是劳动生活领域里的一项重要法律原则，承载着现代劳动立法捍卫平等、反对歧视的价值理念。从国际人权立法到各国人权实践；从国际劳工公约到各国劳动立法；从宪法原则到部门法规定，同工同酬都赫然嵌入其中，俨然成为一项不言自明、应然正当的法律公理。③

同工同酬早已经是国际社会普遍认同的关于工资分配的一项重要原则，也是国际人权公约所确认的劳动者的一项基本人权。同工同酬也是我国宪法、劳动法和劳动合同法所宣示的基本原则。

笔者认为，同工同酬既是“形而上”的原则，又是“形而下”的权利；既是一般的法律原则，又是劳动者享有的基本劳动权利即同工同酬权。其原则属性为宪法和法律所宣示的抽象原则——同工同酬原则，其权利属性为同工同酬是公民特别是劳动者享有的权利之一——

① 周长征主编：《劳动法原理》，科学出版社2004年版，第159页。

② 转引自胡玉浪：《论同工同酬权的法律保护》，载《河南省政法管理干部学院学报》2008年第6期，第144页。

③ 参见冯彦君：《同工同酬原则的困惑与反思》，载《法商研究》2011年第2期，第61页。

同工同酬权。同工同酬的法律属性应当包括两层内容：既是原则，又是权利，二者不可分离。

同工同酬权的根本属性是公民或劳动者平等权之一种。实现劳动者的同工同酬，是劳动者平等权，特别是劳动者平等报酬权的主要内容。不管是将同工同酬看做一项基本原则，还是将其作为劳动者的基本权利之一，或是原则与权利二者兼而有之，同工同酬都充分体现了我国公民特别是劳动者在法律面前一律平等的基本原则，也是实行按劳分配原则在劳动者工资分配中的具体体现。只有坚持同工同酬，才能保证公民或劳动者平等权之平等的劳动报酬权的真正实现。

同工同酬权是消灭报酬歧视、实现工作平等权的重要组成部分。平等权是公民为实现自己与其他人在相同条件下能够享受同等待遇的一种请求权，同工同酬权是工作平等权在劳动报酬权中的重要体现。同工同酬的对立面是报酬歧视，坚持同工同酬就必须反对报酬歧视，如国际劳工组织《男女同工同酬公约》第1条第2项规定："对男女工人同等价值的工作付予同等报酬一词，系指报酬率的制定，不得有性别上的歧视。"所谓歧视是指"基于种族、肤色、性别、语言、宗教、政治或其他见解、国籍或社会出身、财产、出生或其他身份而做的任何区别、排斥、限制或优待，其目的或效果妨碍或否定了任何人的一切权利和自由在平等的基础上的承认、享有或行使"。报酬歧视是就业歧视的一个重要部分，其主要体现为性别歧视，尤其是对妇女的歧视，即妇女是报酬歧视最主要的受害者。坚持同工同酬是消灭报酬歧视、实现工作平等权的重要组成部分。①

劳动者的同工同酬权是协调劳动关系、建设和谐社会的重要保证。同工不同酬，按照劳动者的年龄、性别、种族、肤色、社会出生、宗教信仰等与工作价值毫无联系的个人特征，决定报酬标准，加剧了社会经济的不平等，加重了社会群体之间的隔阂和冲突，伤害了社会上所有善良人的正常情感，它在削弱低薪职工的积极性、创造性

① 参见胡玉浪：《论同工同酬权的法律保护》，载《河南省政法管理干部学院学报》2008年第6期，第143~144页。

的同时，也使得到优惠的劳动者无形中产生优越感而不求上进，进而影响到社会生产力水平的提高。遭受报酬歧视的劳动者由于很难通过自身的努力去改变境遇，往往会产生剥夺感和抵触情绪，对社会不予认同，部分人甚至在不平衡心理支配下铤而走险，成为社会稳定的重大隐患。因此，同工同酬不仅仅是经济问题，更是社会问题。坚持同工同酬不仅有助于维护一个人的自由、尊严和价值，也有利于促进国民经济增长和社会和谐稳定。坚持同工同酬、反对报酬歧视是协调劳资关系、建设和谐社会、实现社会正义的关键所在。① 劳动者的同工同酬权的真正实现是劳动者平等劳动报酬权实现的主要内涵，更是协调劳动关系、构建和谐社会的基本要求。

二、明确界定劳务派遣“三性”范围

《劳动合同法》第 66 条规定：“劳务派遣一般在临时性、辅助性或者替代性的工作岗位上实施。”由于对“三性”一直没有明确的法律定义和边界限制，《劳动合同法》实施以来，劳务派遣用工数量快速增长，很多企业，还有很多事业单位，常常突破“三性”规定，在主营工作岗位和一般性工作岗位长期大量使用劳务派遣工，直接导致了劳务派遣的泛滥成灾，使劳务派遣工之同工同酬的权利受到极大侵犯，使劳务派遣工之体面劳动的价值追求化为泡影。

由于劳务派遣的发展速度过快，俨然已经成为主流的用工方式，而且用工期限呈现长期化趋势，这就违反了《劳动合同法》关于劳务派遣一般应当用于临时性、辅助性、替代性岗位的规定。一些大型企业使用的劳务派遣工占企业用工人数的 50% 以上，而且长年使用，明显不符合“三性”的要求，成为构建和谐劳动关系的潜在障碍。②

2012 年实施四年后的《劳动合同法》首次开始修订。6 月 26 日，

---

① 参见胡玉浪：《论同工同酬权的法律保护》，载《河南省政法管理干部学院学报》2008 年第 6 期，第 144 页。

② 参见周长征：《劳务派遣的超常发展与法律再规制》，载《中国劳动》2012 年第 5 期，第 27 页。

全国人大常委会首次审议《劳动合同法修正案(草案)》，此次主要修改重点是“劳务派遣相关的条款”，其目的是以求破解目前中国劳务派遣被滥用的困局，其核心是对劳务派遣岗位临时性、辅助性、替代性等“三性”的界定，以及加大对违规滥用劳务派遣的惩处力度。

为严格限制劳务派遣用工，这次《劳动合同法修正案(草案)》明确规定劳务派遣只能在“三性”岗位上实施，并对“三性”岗位的具体含义做了进一步界定：临时性是指用工单位的工作岗位存续时间不超过6个月；辅助性是指用工单位的工作岗位为主营业务岗位提供服务；替代性是指用工单位职工因脱产学习、休假等原因在该工作岗位上无法工作的一定期间内，可由被派遣劳动者替代工作。

明确规定劳务派遣的“三性”标准。具体而言，在现阶段“临时性”应当以1年为限，将来可以根据实际情况延长为2年或者3年；“辅助性”用工不应当超过本企业总用工人数的30%，且不能用于从事本企业工商登记中所列举的各项经营活动；“替代性”用工应当仅限于因为个别职工因为休产假、年休假、长期病假等原因而暂时不在岗的情形，使用期限不得超过该休假职工未满的劳动合同期限。① 如此对“三性”标准的具体定义还是具有一定的参考价值的，可以为修法所参考。

笔者认为解决“三性”问题，立法明确界定“三性”的法律含义和适用范围，只是治标不治本的临时举措，根本的办法还是要重塑我国《劳动合同立法》的理念和价值追求，要确立签订劳动合同的基本原则，即将无固定期限的劳动合同作为劳动合同的主导合同，严格限制固定期限的劳动合同包括劳务派遣合同，让固定期限劳动合同成为劳动合同的辅助形式而不是相反，这应当才是我国《劳动合同法》修改的关键所在。

立法将无固定期限劳动合同作为劳动合同的基本形式，让无固定期限劳动合同成为常态和本位的劳动合同，而固定期限劳动合同含劳

---

① 参见周长征：《劳务派遣的超常发展与法律再规制》，载《中国劳动》2012年第5期，第27~28页。

务派遣合同只作为补充形式，成为非常态和非本位合同。我国《劳动法》和《劳动合同法》都没有将无固定期限劳动合同确立为劳动合同的普遍形式，而固定期限劳动合同只是例外，这与世界劳动合同立法的发展趋势不相吻合。无固定期限劳动合同对建立稳定而和谐劳动关系、保护劳动者权益具有非常突出的作用，这是已经被很多国家和地区用实践证明了的，已经成为劳动合同期限的发展规律和趋势。固定期限劳动合同只能是无固定期限劳动合同的辅助和次要的形式。我国的劳动立法应当借鉴和分享这一成功的经验果实，与先进的劳动立法接轨，少走弯路和错路。我国《劳动合同法》虽然对无固定期限劳动合同做出了一些新的规定，正试图进一步探索，但还应当直接将无固定期限劳动合同确立为劳动合同的基本原则，以体现劳动合同期限的共同特征，彰显劳动关系的稳定与和谐。①

三、建立申请许可、报告制度和准备金或保证金制度

（一）建立许可制度和报告制度

在劳务派遣法律制度的诸要素中，劳务派遣合同方面，我国续签次数、累计持续时间、向直接雇佣或不定期合同转化等项的规制强度处于比较对象中的最低水平。在对劳务派遣机构的要求方面，我国除派遣劳动者工作和劳动条件的同等待遇规制与国际水平相仿外，向劳动主管部门申请许可和报告制度缺失。② 总体上，我国有关劳务派遣的立法规制非常弱，更为落后的是我国对劳务派遣机构的规制，申请许可和报告制度缺失。同工不同酬是我国目前劳务派遣领域最突出的问题，其主要原因即在于我国法律对劳务派遣机构的管制太松。因而，在适度提高劳务派遣整体规制强度的思路下，应当将重点置于劳

① 参见问清泓著：《劳动合同法制度与实践研究》，湖北人民出版社 2011 年版，第 129 页。

② 参见钱叶芳：《劳务派遣规制强度的国际比较及对我国的启示》，载《法治研究》2012 年第 5 期，第 83 页。

务派遣机构的设立和义务配置方面。① 劳务派遣单位的设立应该采取许可制，由劳动行政部门根据其人员、资金、劳务派遣计划等多方因素核定是否许可，且许可证应该设定期限，如3年，3年期满前，劳务派遣单位需向劳动行政主管部门申请延期。② 可见，在我国劳务派遣的立法规制中，提高劳务派遣机构的准入门槛，对劳务派遣机构实现许可和报告制度是非常必要的，也是解决劳务派遣中同工不同酬问题的有效路径之一。

提高劳务派遣机构的注册资本，实行行政许可制度，是这次《劳动合同法修正案》(草案)中又一焦点问题。在《劳动合同法》中，对于劳务派遣机构的准入要求是第57条：“劳务派遣单位应当依照公司法的有关规定设立，注册资本不得少于50万元”。劳务派遣机构的设立条件是在符合公司法的前提下，劳务派遣公司只要满足劳动合同法关于注册资金不少于50万元的要求，即可到工商部门登记设立，无须经过其他许可程序，市场准入门槛实在太低。此制度之设计使对劳务派遣机构的法律监管严重缺位。

《劳动合同法修正案》(草案)本着“加强对劳务派遣单位的管理，强化劳动行政部门的监督职责”的原则，将劳动合同法第57条修改为：“设立劳务派遣单位应当具备下列条件：(1)注册资本不得少于人民币100万元；(2)有符合法律规定的劳务派遣管理制度；(3)法律、行政法规规定的其他条件。设立劳务派遣单位，应当向劳动行政部门依法办理行政许可；经许可的，依法办理相应的公司登记。未经许可，任何单位和个人不得经营劳务派遣业务。”这样的修改不仅规定了经营劳务派遣业务应当向劳动行政部门依法办理行政许可，而且还对许可的条件进行了具体规定。这相对于之前的劳动合同法的规定，无疑是一个巨大的进步。但是，劳务派遣机构的准入门槛还是显

① 参见钱叶芳：《劳务派遣规制强度的国际比较及对我国的启示》，载《法治研究》2012年第5期，第84页。

② 参见林嘉、范围：《我国劳务派遣的法律规制分析》，载《中国人民大学学报》2011年第6期，第78页。

得偏低，对遏制泛滥的劳务派遣机构还是显得力度不够，因为100万元的注册资本还是太少了，由于劳务派遣机构要直接承担劳动者工资、福利及社会保险待遇，还要直接承担劳动争议的各种赔偿，这就要求劳务派遣机构的资本充足率要非常高，才能真正保障劳务派遣工的权益，因此，笔者建议还应当进一步提高劳务派遣机构的准入门槛，还要提高注册资本如可提高到200万元或500万元。

建立劳务派遣的许可制度和报告制度，是与我国与国际劳动法接轨之必然要求。国际劳工组织于1997年6月第85届国际劳工大会上通过的《1997年私营就业机构公约》(简称第181号公约)，对劳务派遣关系的法律规制提供了一个基本框架，这是目前唯一一个对劳务派遣关系做出全面规定的国际劳工公约。第181号公约承认劳务派遣机构在促进就业方面的积极作用，但公约主张政府主管部门应当对劳务派遣机构等私营就业机构进行适当的监管，防止其滥用权力。首先要求建立许可或者认证制度，劳务派遣企业的设立应当取得劳动主管部门的许可。公约成员国除非依照国内法律或惯例已经采取其他的规制或认定方式，应当建立一种许可或者认证制度，来决定私营就业机构的运营条件。劳动派遣企业的设立应当取得劳动主管部门的许可，是各国劳动派遣立法中的常见做法。“我国应遵循国际通例，对劳务派遣公司的设立实行许可制度，并要求定期报告，以控制劳务派遣公司的质量，保障派遣工的合法权益。”①劳务派遣单位的主要滥用行为是将被派遣劳动者非雇员化。为此，不少国家和地区的立法采取了一系列措施以避免可能发生的滥用行为。其中加强监管，建立派遣单位营业许可制度和业务报告制度是其重要措施之一。在《德国雇员转让法》和《日本劳务派遣法》都有明确规定：规定派遣单位应当与被派遣劳动者签订书面劳动合同，并记载法定的必要事项，或者至少书面告知劳动者派遣劳动的性质以及相关的工作条件和环境。德国1972年的《雇员转让法》对劳务派遣的许可制度和报告规定得非常仔细，可

① 钱叶芳：《劳务派遣规制强度的国际比较及对我国的启示》，载《法治研究》2012年第5期，第84页。

操作性非常强，其规定劳务派遣企业设立必须获得许可，取得许可证才能经营；许可的期限不超过1年，期限届满需再行申请，连续运营3年的，才可以核发不定期许可证；在许可运营期限的任何违法行为均会导致不许可经营的后果。同时，德国的《雇员转让法》还明确规定了报告制度，其规定派遣单位在运营过程中，承担依法向行政主管部门报告的义务，报告的具体内容也做了明确规定，有如营业场所变更、成立分支机构、企业关闭、经营者发生变化时，应主动向审批机关报告；必须每半年向审批机关做一次统计报表。2004年《雇员转让法》修改后，在保留了派遣行政许可制度的同时，扩大了豁免范围。如适用于同一集体合同的公司之间的雇员派遣不需要许可，如果雇主来源欧洲经济区成员国和建立欧洲经济区国际协议缔约国，只要符合该条件的，也不需要许可，等等。① 我国立法需要借鉴的是其劳务派遣的行政许可制度，而其豁免制度对我国暂时没有借鉴价值，因为，我国首先要构建劳务派遣的行政许可制度和报告制度，豁免制度是在已经具有严格的许可制度的前提下，因特殊情况才需要的制度。

《法国劳动法典》也有关于报告制度的规定：派遣单位的业务报告内容，包括日常经营要素的变化，如营业场所的变更、分支机构的设立、企业关闭、经营者发生的变化等方面。② 因此，我国的劳务派遣立法应当规定劳务派遣的许可和报告制度，切实保障劳务派遣工的权益。

(二)建立资本准备金或保证金制度

笔者认为，为了保障劳动者同工同酬权，还应当建立资本准备金或保证金制度，这也是提高劳务派遣机构准入门槛的重要一环。在劳务派遣中可以借鉴银行业的做法，要求劳务派遣机构应当向劳动行政主管部门提供一定的资本准备金，以备将来应急之需。关于准备金的

① 参见康桂珍：《主要发达国家劳务派遣法律规制情况概述》，载《北京市工会干部学院学报》2010年第4期，第38页。

② 参见张荣芳：《论我国劳务派遣法律规制模式》，载《法学评论》2009年第6期，第54页。

问题，早在我国《劳动合同法》(草案)中就有相应的规定，《劳动合同法》(草案)征求意见稿规定了对劳务派遣单位除了注册资本的特殊规定外，还规定了劳务派遣单位“应当在省、自治区、直辖市人民政府劳动保障主管部门指定的银行账户中以每一名被派遣的劳动者不少于5 000元为标准存入备用金”。但是，遗憾的是如此好的规定最终还是被删除了，未能入法。笔者认为，关于准备金的立法要及时启动，尤其是可以借助这次《劳动合同法修正案》的立法契机，将准备金列入修正案的条文之一，并且应当将每一名被派遣的劳动者不少于5 000元的原标准，提高到1万元。

有专家认为：“劳务派遣公司或用工单位应为履约提供相应的担保”。① 此做法国外早有立法可供借鉴，如法国要求派遣企业必须缴纳一定的保障金，用于保证受派雇员工资支付和社会保险费的缴纳，并且要求这笔保障金不得用于该企业长期员工的工资和社会保险支出。② 美国的相关立法也值得我们参考，在美国除了劳务派遣公司的设立需要经过许可和登记外，有些州对劳务派遣公司的资本也有要求。例如，新罕布什尔州的法律要求，雇员租赁公司在开业之前必须向该州的劳动部长官提交许可的申请，要求雇员租赁公司申请许可时必须同时提供一份经独立会计师审计的财务报告，表明在其申请之日前的6个月内有至少10万美元的净资产。要求雇员租赁公司在其指定的保管处存放足够的用于担保支付工资或福利并具有市场价值的债券或有价证券。存放的有价证券必须包含该州在雇员租赁公司没有支付到期款项时可以卖出相应数额的证券用于支付工资、福利或其他主张的授权。2006年通过的阿拉巴马州《职业雇主组织登记法》也有类

① 林嘉、范围：《我国劳务派遣的法律规制分析》，载《中国人民大学学报》2011年第6期，第76页。

② 参见郑爱青：《法国劳动法对劳动力派遣行为的规定及其对我国立法的启示》，载周长征主编：《劳动派遣的发展与法律规制》，中国劳动社会保障出版社2007年版，第106页。

似规定。① 不管是建立劳务派遣的准备金制度，还是保证金制度，此次的《劳动合同法修正案》都应当择其一而列入，因为这是同工同酬实现的前提条件之一。

全国中华总工会民主管理部部长郭军认为：对设立劳务派遣单位除了实行行政许可，还应建立准入审核制度，由劳动行政部门依法审查申请人的注册资本金数额、营业场所适当性、法律责任承担能力以及专职从业人员数量、从业资质等法定要件；同时郭军认为还要建立严格的劳务派遣市场退出机制，即劳务派遣单位退出时须由主管部门对其履行工资支付、社保费用缴纳等情况予以审查，只有在核实其相关法定义务完全履行的条件下，劳动行政部门才能做出准予退出的决定。总之，劳务派遣公司准入门槛高了，劳动者权益受侵和引发劳动争议的风险就低了。② 笔者认为，建立劳务派遣机构的退出机制，也是提供劳务派遣机构准入门槛的一个重要制度，这对保护劳动者的权益特别是保障同工同酬权的实现是非常必要的。

四、增设向直接雇佣或长期雇佣转化的规定

劳动合同的转化有两种形式：第一，固定期限劳动合同向无固定期限劳动合同的转化；第二，临时雇佣向直接雇佣或长期雇佣的转化。第一种转化是劳动合同形式上的转化，第二种转化是劳动合同内容上的转化，二者是形式和内容的辩证关系，具有一定的同一性。

纵观世界各国劳动立法，很多都规定了在一定的条件下，固定期限劳动合同可以向无固定期限劳动合同转化。固定期限劳动合同还具有可转换性的特征，即固定期限劳动合同在一定的法定条件下可以转换成无固定期限劳动合同，此规定可以更好地稳定劳动关系，更有效地防止劳动合同的短期化，更有利于保护劳动者的合法权益，更有利

① 参见谢增毅：《美国劳务派遣的法律规制及对我国立法的启示——兼评我国〈劳动合同法〉的相关规定》，载《比较法研究》2007年第6期，第105页。

② 参见王娇萍：《提高劳务派遣准入门槛，降低劳动者风险——聚焦〈劳动合同法修正案(草案)〉》，载《工人日报》2012年7月24日第01版。

于建立和谐的劳资关系。世界上很多国家和地区的劳动立法都明确规定了固定期限劳动合同向无固定期限合同转换的法定条件，这些立法都折射出固定期限劳动合同具有可转换性的普遍特征。① 在此方面，我国劳动立法特别是《劳动合同法》充分借鉴了这些先进的经验，使我国劳动合同的期限制度设置与世界的立法趋势相吻合，体现了固定期限劳动合同的一般特征，也是《劳动合同法》之期限制度设置值得肯定的地方，但是，对于劳务派遣中合同的转换问题，没有任何规定，凸显立法之缺陷。

对劳动合同的第二种转化，即临时雇佣向直接雇佣或长期雇佣的转化，世界上很多国家的立法主要体现在其劳务派遣立法之中，这也是其劳务派遣之同工同酬得以很好实现的重要保障措施之一。

一些国家的劳务派遣立法规定超过法定界限就有可能导致直接雇佣或不定期合同的自动发生。这包括两种情况②：

一是，派遣工与派遣机构之劳动关系长期化。在一些国家临时机构工人可以与机构签订不定期合同，如果签订的是定期合同，则有一定的转化机制。如荷兰规定，派遣工连续工作 3.5 年后，最后一份合同将成为与临时雇佣机构签订的不定期合同。在匈牙利，如果当事人之间定期派遣合同续签或延展之目的在于损害雇员的正当利益，该雇佣关系应当被视为不定期。挪威规定，在同一雇主处连续就业 4 年以上的派遣工与派遣机构之间的关系转为不定期。瑞典规定，如果签订一般定期合同的雇员工作了 5 年或者临时替代的雇员总共工作了 2 年，该雇佣转化为不定期雇佣。

二是，派遣工与用工单位之劳动关系自动直接化或长期化。《法国劳动法典》第 124 条规定，如果受派企业在合同到期后继续使用被派劳动者而不订立劳动合同，那么其劳动关系视为无固定期限的劳动

① 参见问清泓著：《劳动合同法制度与实践研究》，湖北人民出版社 2011 年版，第 34 页。

② 参见钱叶芳：《劳务派遣规制强度的国际比较及对我国的启示》，载《法治研究》2012 年第 5 期，第 80 页。

合同关系①。希腊规定，临时工人受雇期限不得超过8个月，允许与同一个间接雇主续签1次，续签合同期限长度不超过8个月，这样现有的雇佣合同不会转化为不定期合同。如果在派遣合同和续签合同期满超过2个月后，雇员继续为间接雇主服务，则雇员与临时雇佣机构的合同将被视为已经转化不定期合同。《韩国劳动派遣保护法》第6条规定，如果派遣工人工作时间超过2年，工人从2周年之际被视为直接受雇于该公司。②

我国《劳动合同法》没有特别规定派遣合同向无固定期限劳动合同或直接雇佣转化的相关规定，是立法之重大缺陷之一。至于连续签订了2次派遣合同后或在同一工作单位连续工作满10年，派遣工是否有权与派遣机构签订无固定期限劳动合同，则是一个有争议而没有定论的问题。这次的《劳动合同法修正案》(草案)仍然没有解决这一争议问题，让人不无遗憾，因此，笔者建议《劳动合同法修正案》应当增设此内容，如可增加一条：“劳动者与劳务派遣单位连续签订了2次派遣合同后或在同一用工单位连续工作满10年，劳务派遣工有权与派遣单位签订无固定期限劳动合同。”

五、让用工单位直接向派遣工支付工资

在美国，客户公司③通常不对劳务派遣工人工资承担连带责任，在这种立法模式下，一旦劳务派遣公司没有及时足额支付工资，工人的工资收入很难获得救济。美国劳务派遣的这一难题，在我国更加普遍，也是我国劳务派遣中的同工不同酬问题的原因之一。为了解决这一难题，我国有学者经过对比分析美国的劳务派遣制度后认为：我国

---

① 郑爱青：《法国劳动法对劳动力派遣行为的规范及其对我国立法的启示》，载周长征主编：《劳动派遣的发展与法律规制》，中国劳动社会保障出版社2007年版，第108页。

② Jini Park(亚洲妇女委员会)：《韩国劳动派遣立法》，载周长征主编：《劳动派遣的发展与法律规制》，中国劳动社会保障出版社2007年版，第113页。

③ 美国的客户公司相当于我国的劳务派遣之用工单位。

立法可以考虑要求双方必须在劳务派遣协议中约定派遣工人的工资并应由接受单位直接向派遣工人支付。有学者认为，第一，这样可以防止派遣机构不支付或少支付派遣工人的工资；第二，这种规定和劳务派遣公司负有支付派遣工人工资的法定义务并不冲突；第三，这种立法也会受到接受单位欢迎。因为，如果派遣工人没有及时得到工资或者派遣公司克扣接受单位支付给派遣工人的工资，派遣工人就无法安心工作，甚至可能采取一些群体行动。因此，让接受单位直接向工人支付工资不仅对雇员有利，也有利于保护接受单位的利益。第四，让接受单位直接向派遣工人支付工资，是贯彻同工同酬的原则的需要，在工资由派遣公司向派遣工人支付的情形下，难以比较派遣工人和接受单位自身雇用的雇员的工资水平，也就难以真正实现同工同酬。该学者还认为，让接受单位直接向派遣工人支付工资的好处，还可以连带解决加班报酬的问题。由于加班处于接受单位的控制之下，派遣公司难以获得有关加班时间和报酬的信息，加班报酬事实上很难由派遣公司支付，因此，如果法律要求工资由接受单位向派遣工人直接支付，就可以解决这一难题，接受单位可以将工资包括加班报酬一并支付给派遣工人。①

针对我国劳务派遣单位克扣工资以及用工单位没有支付加班费和其他福利导致同工不同酬的弊端，有学者通过分析我国《劳动合同法》的具体条款后，认为：我国《劳动合同法》规定派遣单位必须履行用人单位对劳动者的义务，不得克扣用工单位按照劳务派遣协议支付给被派遣劳动者的劳动报酬。《劳动合同法》还规定用工单位必须告知被派遣劳动者工作要求和劳动报酬，支付加班费、奖金和相关福利待遇(第62条)，但该法第62条没有明确用工单位是向劳务派遣机构还是被派遣劳动者支付加班费、奖金和其他福利待遇。有学者认为：既然用工单位有义务告知被派遣劳动者劳动报酬并支付加班费和其他福利，派遣单位负有不得克扣劳动报酬的义务，为何法律不直接

① 参见谢增毅：《美国劳务派遣的法律规制及对我国立法的启示——兼评我国〈劳动合同法〉的相关规定》，载《比较法研究》2007年第6期，第114页。

规定由用工单位直接向被派遣劳动者支付工资、加班费及其他福利？仅仅规定派遣单位不得克扣劳动报酬，根本无法保证被派遣劳动者及时足额获得报酬。谢增毅认为在劳务派遣中：只有让用工单位直接向被派遣劳动者支付报酬及其他福利才能真正实现同工同酬。① 谢增毅将此认为是我国在劳务派遣中真正实现同工同酬的有效途径，笔者也是非常赞同此观点，不过要真正解决同工不同酬的问题，需要多管齐下，而让用工单位直接向被派遣劳动者支付报酬及其他福利是其“合力”的重要支撑。

有人建议，应当明确被派遣劳动者如何实现同工同酬的具体措施，建议在《劳动合同法》中增加“被派遣劳动者的报酬由用工单位直接发放”的规定，将《劳动合同法》第 63 条修改为：“被派遣劳动者享有与用工单位的劳动者同工同酬的权利。用工单位无同类岗位劳动者的，参照用工单位所在地相同或者相近岗位劳动者的劳动报酬确定。被派遣劳动者的报酬由用工单位直接发放。”②劳务派遣单位的主要滥用行为是将被派遣劳动者非雇员化。为此，不少国家和地区的立法采取了一系列措施以避免可能发生的滥用行为。其中强化派遣单位、用工单位之间的约束机制，规定用工单位承担一定的补充责任，是其重要措施之一。《法国劳动法典》明确规定：用工单位承担一定的补充责任，包括被派遣劳动者在用工单位工作期间的工资支付、社会保险费的承担。③

笔者认为，虽然在国外立法中直接明确规定劳务派遣工的工资、福利待遇等由用工单位直接发放的并不多见，即使有相关规定的立法例，也一般是将其作为用工单位承担补偿责任的一种方式，也就是说，还不是劳动者享有的实体权利或还不是用工单位的实体义务，仅

① 参见谢增毅：《美国劳务派遣的法律规制及对我国立法的启示——兼评我国〈劳动合同法〉的相关规定》，载《比较法研究》2007 年第 6 期，第 115 页。

② ［日］立花聪：《浅析劳动者在劳务派遣中的法律地位及其保护》，载《河北法学》2012 年第 4 期，第 112 页。

③ 参见张荣芳：《论我国劳务派遣法律规制模式》，载《法学评论》2009 年第 6 期，第 54 页。

仅是劳动争议发生后用工单位的责任形式之一。鉴于我国劳务派遣泛滥的实际情况，让用工单位直接向派遣工支付工资福利等劳动报酬和社会保险费用，这是具有一定的立法和实践价值的，也是解决劳务派遣之同工不同酬问题的重要办法。因此，笔者认为并呼吁，我国的劳务派遣立法不管是实体立法还是程序立法，都应当将"让用工单位直接向派遣工支付工资福利等劳动报酬和社会保险费用"作为我们的立法目标，我们更应当借助时下正在进行的《劳动合同法修正案》的契机，将其尽快入法。

六、保障农民工同工同酬权

我国应当加强工会在规制劳务派遣用工方面的积极作用，通过集体合同等形式，实现对企业用工形式的软约束。各级工会应当积极推动劳务派遣工在用工企业参加工会，并且明确劳务派遣工有权参加用工企业的工资集体协商。用工单位开展集体协商，如果劳务派遣用工比例超过本企业职工总数10%的，集体协商代表中必须包括劳务派遣工代表。通过诸如此类的限制措施，可以构建一个全面的法律规制体系，从而更有效地规制劳务派遣用工。①

我国的劳务派遣有着不同于其他国家和地区的特征，其中农民工在劳务派遣中占的比例非常高。根据中华全国总工会2010年和2011年对全国劳务派遣用工的调研，结论是："劳务派遣工以农民工为主体"。全国企业劳务派遣用工呈增长态势，其中第三产业使用劳务派遣用工最为普遍，劳务派遣工主要从事一线工作，劳务派遣工以农民工为主体。劳务派遣工中农民工和外地户籍人员均占52.6%，其平均年龄为31.4岁，30岁及以下的占54.2%。如福建省劳务派遣工中下岗失业人员占27.35%，向非农转移的农村劳动者占41.43%，城镇其他劳动者占31.19%；天津市劳务派遣工70%是新生代农民工；

① 参见周长征：《劳务派遣的超常发展与法律再规制》，载《中国劳动》2012年第5期，第28页。

四川省成都市劳务派遣工约18.5万人，农村劳动者占64.3%。① 既然我国劳务派遣工以农民工为主体，那么农民工在劳务派遣中之同工不同酬问题的解决，应当成为解决同工不同酬问题的重点，笔者认为，要切实保护好规定农民工的权益特别是同工同酬权，就要充分发挥集体合同的作用。在我国现实的劳动关系中，农民工的合同签订率是非常低的，很多用工单位特别是劳务派遣机构根本不与农民工签订书面的劳动合同，劳务派遣机构往往直接面对的是"包工头"，而不是真正出卖劳动力的农民工，农民工已经成为被劳动合同"边缘化"的最大群体，他们更像是民法语境下的业务外包工，而不像是劳动法语境下的劳务派遣工，这样就导致了《劳动法》、《劳动合同法》对农民工适用起来有很多障碍。笔者认为，集体合同正是克服这些问题的最佳选择。

在我国现阶段，集体合同是保障农民工权益特别是同工同酬权的最好选择。集体合同制度是全世界劳动法中普遍认同的重要制度，对保障劳动者的权益具有重要意义，也是发达国家劳动关系调整的重要部分。集体合同在调整劳资关系，保护劳动者权益上都有非常重要的作用，其对处于非常弱势单位的农民工的劳动权益的保障更有特殊的意义。②

市场化的劳动关系的调整，应该是一种集体劳动关系的调整，但中国没有达到这一程度。在市场经济国家，工人和雇主之间通过工会达成平衡，而我国的劳动关系还是一种个别的分散的、不对等的劳动关系，尤其在企业，劳动者并没有形成一种集体的力量，在劳资关系中缺乏要价权和话语权。③

集体合同又称团体协约、集体协约、劳资和约，是工会组织(或

① 参见全总劳务派遣问题课题组：《当前我国劳务派遣用工现状调查》，载《中国劳动》2012年第5期，第24页。

② 参见问清泓著：《劳动合同法制度与实践研究》，湖北人民出版社2011年版，第441~447页。

③ 参见常凯：《劳权保障与劳资双赢——〈劳动合同法论〉》，中国劳动社会保障出版社2009年版，第270~271页。

劳动者代表）代表劳动者与用人单位（或雇主、雇主组织）就各项内部劳动关系问题进行集体协商而缔结的协议。① 签订集体合同一方当事人是企业工会或职工代表，另一方当事人为企业代表。集体合同的效力与劳动合同不同，劳动合同对单个的劳动者和用人单位有法律效力，对非个人劳动合同当事人无约束力。而集体合同对劳动者群体以及单个用人单位或用人单位团体所代表的用人单位都有法律效力，而且集体合同的效力还及于个人劳动合同，对个人劳动合同也具有约束力。因此，集体合同的最重要的特征是：集体合同的效力高于个人劳动合同。国际劳工组织 91 号《集体协议建议书》第 3 条第 1 款规定："任何集体协议应对签约者以及使用其名义缔结协议者具有约束力。受集体协议约束的雇主与劳动者不得以劳动合同的方式商定与该集体协议的规定相违背的规定"。同时规定"此类劳动合同中违背集体协议的规定应视作无效并应由集体协议中相应的规定强制替代"。我国《劳动法》第 35 条规定："依法签订的集体合同对企业和企业全体职工具有约束力。职工个人与企业订立的劳动合同中劳动条件和劳动报酬等标准不得低于集体合同的规定"。

农民工与用人单位签订劳动合同最适宜采用集体合同的形式，他们的劳动权利，经常被侵犯，签订集体合同是农民工与雇主的最佳选择。由于农民工很少与用人单位签订单个的劳动合同，即使签订了劳动合同，由于农民工的弱者地位，难免被迫接受用人单位的不合理条款，签订集体合同，就能够改变单个农民工的不平等地位，避免他们接受不合理条款。让用人单位与农民工签订集体合同来代替单个的劳动合同，对用人单位也是非常有利的，既可以避免因没有与农民工签订劳动合同引起的纠纷问题，又可以减少签订合同的工作量，降低合同成本。因此，笔者认为，农民工与用人单位签订集体合同，对双方都是非常有利的选择，应当普遍实施。

按照我国《劳动法》的规定，签订集体合同只能是工会或职工代

① 参见关怀、郑爱青著：《劳动合同法及其实施条例解读》，人民法院出版社 2009 年版，第 112 页。

表代表职工与用人单位签订。《劳动法》第33条规定："企业职工一方与企业可以就劳动报酬、工作时间、休息休假、劳动安全卫生、保险福利等事项，签订集体合同。集体合同草案应当提交职工代表大会或者全体职工讨论通过。集体合同由工会代表职工与企业签订；没有建立工会的企业，由职工推举的代表与企业签订。"

由工会组织代表职工与企业签订集体合同，可以从整体上维护劳动者的合法权益，发挥工会在协调和稳定劳动关系中的作用。另外，由于集体合同的效力高于劳动合同，集体合同适用于企业全体职工，对用人单位中的工会会员和非工会会员在内的全体劳动者都有约束力，集体合同规定了本企业的最低劳动标准，劳动合同规定的各项劳动标准不得低于集体合同的规定，否则无效，无效部分以集体合同规定的标准代替。当农民工与用人单位签订的劳动合同标准没有达到集体合同的要求时，按照集体合同执行。工会与用人单位签订的集体合同，既可以克服农民工的素质问题，又可以节约成本，是农民工确定劳动关系的理想选择，工会在其中的作用显而易见。根据《劳动法》和《工会法》制订的《集体合同规定》是工会代表农民工与用人单位签订集体合同的具体规章，工会应该参照《集体合同规定》同用人单位签订集体合同，保障农民工的合法权益。

农民工订立集体合同的主要障碍是农民工一般都还没有自己的工会组织。长期以来，中国工会面向和保护的是拥有城镇居民身份的职工，数量庞大的农民工则一直因其身份认证属于农民，被人为地排除在工会组织之外，使农民工游离于城市社会组织之外，受到了制度性的歧视。当务之急是建立农民工工会组织，没有工会组织，虽然可以由农民工推举职工代表与用人单位协商和签订集体合同，但是工会组织在签订集体合同中的重要作用是不可代替的，必须让农民工加入到工会中来，有一个能够专门签订集体合同的组织机构，这对于用集体合同制度来保障农民工的劳动权益非常重要。否则，集体合同再好，对农民工都是空谈。

农民工加入工会组织的条件已经成熟，没有法律障碍。从《宪法》的角度来看，农民工加入工会没有任何障碍，其入会权是公民结社权的体现，《宪法》第 35 条规定：“中华人民共和国公民有言论、出版、集会、结社、游行、示威的自由。”《宪法》规定的结社自由是公民为一定的宗旨，依照法定程序组织或参加具有持续性的社会团体的自由。根据公民结社的目的，将结社可以分为两种：以营利为目的的结社和以非营利为目的的结社。农民工的结社如加入工会是以非营利为目的的结社，农民工是我国公民的一部分，农民工加入工会是宪法赋予的权利，任何单位和个人不得剥夺。我国《劳动法》第 7 条规定：“劳动者有权依法参加和组织工会。”农民工应该受劳动法的调整，《劳动法》赋予劳动者的一切权利都适用于农民工。农民工加入工会也是劳动法赋予农民工的权利。《工会法》第 2 条规定：“工会是职工自愿结合的工人阶级的群众组织。”第 3 条规定：“在中国境内的企业、事业单位、机关中以工资收入为主要生活来源的体力劳动者和脑力劳动者，不分民族、种族、性别、职业、宗教信仰、教育程度，都有依法参加和组织工会的权利。任何组织和个人不得阻挠和限制。”农民工既然已经是以工资收入为主要生活来源的体力劳动者，他们当然有权加入工会组织，农民工加入工会的直接法律依据《工会法》虽然没有直接地明确地定农民工的问题，但是也没有排斥农民工加入工会。2003 年 8 月 9 日，中华全国总工会发布了通知，《关于切实做好维护进城务工人员合法权益工作的通知》，宣布将尽可能多地组织农民工入会，并将离开家乡到城镇打工的农民定义为职工队伍的成员。虽然，该通知并没有明确界定农民工的定义，其主体为进城务工人员，笔者认为两者的外延并不等同，但是为农民工——主要进城的、务工的农民工加入工会还是扫清了法律障碍。

农民工有了自己的工会组织，再依靠工会与用人单位签订集体合同，就可以使农民工的劳动关系从法律上明确下来，更好地保障自己的权益。

我国于 2004 年 5 月 1 日实施的新《集体合同规定》除了对集体合同制度进行了全面的规定外，还有一个重要特点——即规定了专项集体合同制度。专项集体合同属于集体合同之一种，集体合同的规定当然适用于专项集体合同。

《劳动合同法》对集体合同的通过、效力、种类和争议的处理又做了规定，相比《劳动法》和《集体合同规定》有两方面的新规定：一是确认了专项集体合同、行业性集体合同和区域性集体合同；二是强调了集体合同内容的合法性，集体合同的内容必须根据《劳动法》来确定，不能低于《劳动法》的标准，特别是在基本劳动标准方面。①

专项集体合同、行业性集体合同和区域性集体合同制度对保障农民工的权益的意义应当引起我们的重视！

新《集体合同规定》第3条规定："所称专项集体合同，是指用人单位与本单位职工根据法律、法规、规章的规定，就集体协商的某项内容签订的专项书面协议。"《集体合同规定》是将专项集体合同放在与集体合同并列规定的，采取的立法体例是"集体合同或专项集体合同"，专项集体合同的协商及协商内容，签订专项集体合同应当遵循的原则，法律约束力，专项集体合同的订立、变更、解除和终止条件，专项集体合同的审查等都按照集体合同的规定来执行。

农民工由于工作的变动性比较大，往往完成了一定的工作任务就又要转移，如某项建设工程一经完成，他们也就要走人了，农民工与其他比较固定的劳动者在劳动合同上具有不同的特征，农民工的劳动合同一般是以完成一定的工作为期限的合同。对这种合同，笔者认为，采用集体合同最佳，而其中的专项集体合同更为可行。

农民工从事的工作，大多是建筑行业和煤矿行业，行业性的特征比较突出，很适合与用人单位签订专项的集体合同，可以就集体协商的某项具体内容签订书面的协议。

签订专项集体合同首先也应当和集体合同一样，采取集体协商的方式，进行集体协商应当遵循以下原则：遵守法律、法规、规章及国家有关规定；相互尊重；平等协商；诚实守信；公平合作；兼顾双方合法权益。

签订专项集体合同的范围，在新《集体合同规定》中规定得很清

① 参见关怀、郑爱青著：《劳动合同法及其实施条例解读》，人民法院出版社2009年版，第120页。

楚。按照《集体合同规定》第 8 条的规定，集体协商双方可以就下列多项或某项内容进行集体协商签订专项集体合同：劳动报酬、工作时间、休息休假、劳动安全与卫生、补充保险和福利、女职工和未成年工特殊保护、职业技能培训、劳动合同管理、奖惩、裁员、集体合同期限、变更、解除集体合同的程序、履行集体合同发生争议时的协商处理办法、违反集体合同的责任、双方认为应当协商的其他内容。其中劳动报酬主要包括：用人单位工资水平、工资分配制度、工资标准和工资分配形式；工资支付办法；加班、加点工资及津贴、补贴标准和奖金分配办法；工资调整办法；试用期及病、事假等期间的工资待遇；特殊情况下职工工资(生活费)支付办法；其他劳动报酬分配办法。

专项集体合同与集体合同一样，契约自由原则都受到很大的限制，国家公权力对其进行管理和控制，能更好地保护劳动者的权益。我国对集体合同或专项集体合同采取了国家审查制度，能更好地保障合同的合法性和公正性。《集体合同规定》第六章就专门规定了“集体合同审查”。第 42 条规定：“集体合同或专项集体合同签订或变更后，应当自双方首席代表签字之日起 10 日内，由用人单位一方将文本一式三份报送劳动保障行政部门审查。劳动保障行政部门对报送的集体合同或专项集体合同应当办理登记手续。”第 44 条规定了审查的范围：劳动保障行政部门应当对报送的集体合同或专项集体合同的下列事项进行合法性审查：集体协商双方的主体资格是否符合法律、法规和规章规定；集体协商程序是否违反法律、法规、规章规定；集体合同或专项集体合同内容是否与国家规定相抵触。也正是因为我国对集体合同与专项集体合同采取审查制，所以集体合同或专项集体合同更能保护劳动者的权益，对农民工劳动权益的保护也是非常有利的。

我国新《集体合同规定》对集体合同与专项集体合同的规定是非常详细的，对保障农民工的权益具有重要作用，农民工完全可以通过与用人单位签订集体合同或专项集体合同，确立劳动关系，保护自己的合法劳动权益不受侵害。

概言之，笔者认为，农民工是劳动法上的劳动者即职工，在劳务派遣中属于派遣工，不应当被劳动合同法边缘化，他们当然享有各项劳动权益，保障农民工在劳务派遣中的同工同酬权，是我国劳务派遣及业务外包之同工同酬权实现的主要方面；集体合同特别是专项集体合同，应当是保障农民工劳动权益的重要制度选择之一。

七、加大判例引导作用

在立法不完善的情况下，确立典型案例作为判例，积累司法经验，形成相应的裁判如证据规则，改变目前"谁主张谁举证"为举证责任倒置，更有利于严厉打击同工不同酬行为。

我国不是判例法国家，判例对于司法没有约束力，但是它对司法却会产生一定的指引作用。

英国著名法官和法学家丹宁勋爵曾经说过："如果我们不做任何前人没有做过的事情，我们就会永远待在一个地方，法律会停止不前，而世界上其他一切事情将继续前进。""必须记住，无论一项法律什么时候被提出来考虑，人们都没有能力预见到实际生活中可能发生出现的多种多样的情况。即使人们有这种预见能力，也不可能用没有任何歧义的措辞把这些情况都包括进去……法官们不能叉起手来责备起草人，他必须完成找出国会意图的建设性的任务……法官必须像立法者那样去做。一个法官绝不可以改变法律织物的编织材料，但是他可以，也应该把皱折熨平。"①为了更为有效地克服我国劳务派遣和业务外包中的同工不同酬问题，我们的法院和法官有义务和责任把司法实践中的同工不同酬的"皱折熨平"，而不是坐等新的立法；我们的劳动仲裁机构和法院应当发挥司法的能动性，进行能动司法，积累经验，形成可操作性的证据规则，维护派遣工的同工同酬权。

我国目前的劳动仲裁和司法审理中对于劳务派遣工同工同酬的主张，在审理实务中还存在着很大的分歧。主要有三个困境：一是，同工同酬的法律定义不明确。劳动立法把同工同酬作为一项原则性规定

① [英]丹宁著，杨白揆、刘庸安、丁健译：《法律的训诫》，法律出版社1999年版，第13页。

加以明示，并无清晰的法律释义。劳动者、用人单位对“同工”“同酬”的理解往往存在差异，前者容易泛化、扩张适用，单纯以自己工资低于他人为由提起诉讼；后者则常将从事相同工作内容的工作岗位分别以不同的名称命名，造成“同工”基础的缺失。立法的不明确是“同工同酬”案件增加的因素之一；司法实践也缺乏可直接套用的“法律定义”，对同工同酬的不同理解导致了不同的裁判。二是，同工同酬证明责任体系不健全。

由于立法没有对同工同酬作出具体的、可操作性的规定，当同工同酬纠纷演变为争议时，不同仲裁机构或法院、不同法官或仲裁员对“同工同酬”的举证责任分配不统一，法官倾向劳动者承担证明“同工不同酬”的责任，劳动者需要证明是否同一工作岗位、同一工作业绩、同一工作报酬。这种比较任意的、缺乏论证的举证责任分配在“同工同酬”案件日益增多的趋势下，不具持续性和推广性。三是，国有企业的身份管理体制壁垒，使得劳务派遣领域的同工同酬问题愈发棘手。①

笔者认为，确立一些典型案例作为判例，积累劳务派遣之同工不同酬案件的仲裁或审判经验。在劳务派遣能动司法中，首先要做的是改变目前“谁主张谁举证”为举证责任倒置，将同工同酬作为是劳务派遣单位的法定义务，由劳务派遣单位和用工单位证明履行了同工同酬的义务。如证明同一岗位上劳务派遣工与正式职工适用相同的劳动定额管理和劳动报酬管理等。而劳务派遣工只需要进行形式上的举证，证明其遭受了同工不同酬待遇，如工资、福利的不平等待遇。

关于同工同酬争议实行举证责任倒置的问题，并不是笔者一人的凭空想象，国外如英国就是有先例可资借鉴的。英国的司法实践是将反同工不同酬行为，通过反歧视进行处理的，并保障了同工同酬原则的实现成为可能。英国立法者为了使反歧视案件的受害人获得充分有效的保护，对当事人的举证责任作出了特殊的安排。在发生就业歧视

① 参见柯菲菲、蒋彦龙、蒋天成：《劳务派遣工主张“同工同酬”的裁判困境分析》，载《中国劳动》2011年第12期，第19～20页。

争议的时候，如果按照一般的“谁主张谁举证”诉讼原则，由于很多起到关键证明作用的证据，如员工名单、工资等都在作为被告的雇主手中，会使原告在主张自己权利时处于十分不利的地位。因此，英国法院对举证责任的分担采取了举证责任倒置的立场，即如果雇主的行为涉嫌导致了用工不公，那么应由被告即雇主举证推翻这种推论，证明自己采取的行动是出于合理原因。英国于2001年制定了《性别歧视(间接歧视和举证责任)条例》，加大了被告的举证责任。针对其他法定歧视行为，英国就业法庭的立场是只要原告能够提供涉嫌歧视的表面证据，被告就要承担反驳的举证责任。① 合理的举证责任分配和充分的法律救济是反就业歧视法获得实施的保证，根据英国经验以及美国的做法，只要原告能够提供表面的证据证明歧视的存在，被告就要承担反驳的举证责任。② 鉴于劳动者所处的弱势地位，可以借鉴英国法所规定的举证责任分配规则，由劳动者就歧视事实进行初步证明，由雇主证明不存在这种事实或者出自法律允许的正当理由。③

我国也有学者认为应当由用工单位对同工同酬承担举证责任，虽然《劳动合同法》规定了劳务派遣工享有同工同酬的权利，但在实际诉讼中，劳动者往往会败诉，法院还是倾向于把确定工资待遇界定为企业的用工自主权。因此建议，最高人民法院将来在制定新的司法解释的时候，明确规定同工同酬的适用范围，由用工单位对同工同酬承担举证责任。④

通过以上英国的司法经验和一些学者的分析，我国在劳务派遣之同工同酬的法律规制中，是完全可以对举证责任进行重新分配的，即

---

① 参见闫冬：《同工同酬原则的语境和困境》，载《环球法律评论》2011年第6期，第25页。

② 参见谢增毅：《英国反就业歧视法与我国立法之完善》，载《法学杂志》2008年第5期，第49页。

③ 参见刘廷华：《英国反就业歧视法概述》，载《中国劳动》2012年第7期，第37页。

④ 参见周长征：《劳务派遣的超常发展与法律再规制》，载《中国劳动》2012年第5期，第28页。

使在实体法暂时难以修正之时，可以先在仲裁或司法实践中通过典型案例的引导，逐渐构建起我国关于劳务派遣之同工同酬的证据规则。

八、确立雇主责任原则

（一）雇主责任——“单一雇主”抑或“共同雇主”

我国关于劳务派遣单位与用工单位法律责任的实体法和程序法规定有四处，《劳动合同法》第92条规定：劳务派遣单位对被派遣劳动者造成损害的，劳务派遣单位与用工单位承担连带责任。《劳动合同法实施条例》第35条也规定：用工单位给被派遣劳动者造成损害的，劳务派遣单位和用工单位承担连带赔偿责任。《最高人民法院关于审理劳动争议案件适用法律若干问题的解释(二)》第10条规定：劳动者因履行劳动力派遣合同产生劳动争议而起诉，以派遣单位为被告，争议内容涉及接受单位的，以派遣单位和接受单位为共同被告。《侵权责任法》第34条规定：劳务派遣期间，被派遣的工作人员因执行工作任务造成他人损害的，由用工单位承担侵权责任，劳务派遣单位有过错的承担相应的补充责任。这些立法基本确立了我国劳务派遣单位与用工单位之雇主责任分配问题，而连带责任制度是其根本。但是这种雇主责任分配及连带责任制度存在一些缺陷，从而引起了学界和实践的争议并产生一些歧义。

国外的劳动派遣立法，对雇主责任的分配制度比较发达。国外的雇主责任模式主要有两种：一是以大陆法系为代表的“单一雇主模式”，主要有德国、法国、日本等；二是以英美法系为代表的“共同雇主模式”①，主要是美国。

“单一雇主模式”是指以派遣单位为被派遣者的雇主，承担劳动法上的主要劳动保障义务等雇主责任，用工单位在一定条件下承担补

① 有人称“联合雇主模式”，如张荣芳教授。笔者认为“共同雇主”的称呼比较普遍，在实体法和程序法中经常使用的是“共同”一词，因此，使用“共同雇主”与立法更具有一致性。

充责任。①《德国劳务派遣法》规定被派遣劳动者是派遣单位的雇员，二者关系适用劳动法和社会法的规定。《法国劳动法典》规定派遣单位对被派遣劳动者的工资，社会保险等承担雇主责任，对被派遣劳动者的医疗保健等方面的责任原则上也由派遣单位承担。鉴于劳动者在用工单位的工作具有临时性和变动性，而与派遣单位之间的关系具有相对的稳定性这一特点，法律拟制派遣单位作为被派遣劳动者法律上的雇主，承担主要的“雇主责任”，这是欧洲绝大多数成员国法律规制的一致特点。②“单一雇主”模式一般还要求，派遣单位给予被派遣劳动者同等待遇。这里的“同等待遇”，主要指被派遣劳动者与用工单位中相同岗位、相同资质的固定雇员的待遇应当相同。为了避免劳动者的层级化，保证被派遣劳动者的平等待遇，立法者采取了一系列措施，如《法国劳动法典》规定了被派遣劳动者的平等待遇包括劳动报酬、从事工作的条件，如劳动时间、夜班、周休息、节假日、安全与卫生、特别保护等；其他集体福利。《德国劳务派遣法》规定：平等待遇限于工作条件和工资待遇。③ 可见，在实施单一雇主模式的国家中，在劳务派遣中对派遣工所享有的同工同酬权的规定，一般都是将其非常明确地作为劳务派遣单位的法定义务和责任，这样明确的规定，使劳务派遣单位保障派遣工同工同酬权具有不可推卸的直接义务和责任，这对规制劳务派遣之同工同酬问题有很好的积极作用。

“共同雇主模式”以美国为代表。美国没有专门规制劳务派遣关系的法律，法院依据实质控制标准确定被派遣劳动者的雇员身份和对其承担劳动保护义务的雇主。实践中法院认定的结果是，被派遣劳动

① 参见张荣芳著：《被派遣劳动者的劳动权利保护研究》，武汉大学出版社 2008 年版，第 69 页。

② See European Foundation for the Improvement of Living and Working Conditions, Temporary Agency Work in the European Union, http//www. eurofound eu int/publications/files/EF0202EN. pdf at 7, Last Visited on Oct5, 2006, 转引自张荣芳：《论我国劳务派遣法律规制模式》，载《法学评论》2009 年第 6 期，第 53 页。

③ 参见张荣芳：《论我国劳务派遣法律规制模式》，载《法学评论》2009 年第 6 期，第 54 页。

者一般属于派遣单位、用工单位的雇员；他们均有义务对被派遣劳动者承担劳动法、社会法上的义务。对于各自的义务范围，如果二者有明确的约定则依约定分配责任；否则，二者则承担连带雇主责任。①

美国国家劳动关系委员会对共同雇主的认定主要采用以下标准：当两个或两个以上雇主对相同的雇员实施了“重要控制”，并且由此表明雇主“分担或者共同决定”雇用条款或条件时，两个以上的雇主将构成共同雇主。② 因此，依据《国家劳动关系法案》对共同雇主的认定主要是事实问题，法院主要考察客户公司是否对派遣工人实施了“重要控制”，而考虑的因素包括客户公司参与劳务派遣公司有关派遣工人的雇用和解雇、晋升和降职、工资和工作条件、日常监督和处罚以及指挥派遣工人的程度。③

美国法对劳务派遣方面的规制侧重于对派遣劳动者的保护，通过判例确立了“共同雇主”责任原则，解决了劳务派遣中雇主责任分配问题。在美国，没有关于劳务派遣工与用工企业直接雇员享有平等待遇的规定，因此派遣工的待遇通常远远低于用工企业直接雇用的长期雇员。美国劳务派遣工与用工企业直接雇员平等待遇的实现，可以通过反就业歧视法来实现。美国关于禁止就业歧视的立法比较多，包括《公平报酬法》、《民权法案》、《雇用年龄歧视法》、《公平就业机会法》等。“共同雇主”责任原则也保障了平等待遇的实现。当派遣员工在用工企业工作时，因其性别、种族、年龄、宗教、残疾或者国籍等

① 参见喻术红著：《劳动合同法专论》，武汉大学出版社 2009 年版，第 172 页。

② Nlrb v. Braowning-Ferris Indus.，691 F. 2d 1117，1124(3rd Cir 1982)，转引自谢增毅：《美国劳务派遣的法律规制及对我国立法的启示——兼评我国〈劳动合同法〉的相关规定》，载《比较法研究》2007 年第 6 期，第 109 页。

③ Boire v. Greyhound Corp，376 U.S. 475，481，1964，转引自谢增毅：《美国劳务派遣的法律规制及对我国立法的启示——兼评我国〈劳动合同法〉的相关规定》，载《比较法研究》2007 年第 6 期，第 109 页。

原因受到差别对待时，派遣企业和用工企业都要承担雇主责任。① 由上可见，美国法上的“共同雇主模式”将劳务派遣单位和实际用工单位都作为劳动者的雇主，他们在保障劳动者的权益上特别是劳务派遣工的同工同酬权，都负有不可推卸的法律义务和责任，如果他们没有履行对劳动者的平等待遇义务，他们将受到反歧视法案等的规制，因此，美国的“共同雇主模式”对规制劳务派遣、保障派遣工的同等待遇都有很大的价值和意义。

我国在劳务派遣的雇主责任分配中，所采立法例与国外的“单一雇主模式”或“共同雇主模式”都有所不同，显得“不伦不类”，正如张荣芳教授所说：《劳动合同法》在劳动保护义务的设置方面采“单一雇主”模式，规定派遣单位作为被派遣劳动者法律上的雇主，承担主要的劳动保护义务，用工单位承担与工作场所相关的部分义务；而在违法后果部分，规定派遣单位违反本法规定的，由用工单位承担“连带损害赔偿责任”，从而采取“联合雇主”责任形式。“义务”模式与“责任”模式的冲突设置，导致新的劳务派遣制度成为企业规避法律的主要甚至是唯一的途径。② 我国的模式实则是“单一雇主模式”和“共同雇主模式”混合，是将义务的设置和责任的承担混合在一起的，直接导致了法律的矛盾和冲突，并加剧了劳务派遣中同工不同酬现象的普遍性。

笔者认为，姑且可以将劳务派遣之雇主责任模式的“单一雇主”或“共同雇主”争议放一放，在劳务派遣之同工同酬的法律规制中，应当只能实行“单一雇主”模式，而不能适用“共同雇主”模式。在“单一雇主”模式中还应当将劳动报酬的支付改为由用工单位而不是派遣单位直接向劳动者支付，将同工同酬确定为用工单位的法定义务，这样可以有效防止两个“雇主”相互推诿责任，更有利于同工同酬的实

① 参见康桂珍：《主要发达国家劳务派遣法律规制情况概述》，载《北京市工会干部学院学报》2010 年第 4 期，第 40 页。

② 参见张荣芳：《论我国劳务派遣法律规制模式》，载《法学评论》2009 年第 6 期，第 53 页。

现。时下正在进行的《劳动合同法修正案》应当审视这一问题，并及时地进行立法回应，完善我国劳务派遣制度。

(二)连带责任

我国现行立法借鉴了国外的“共同雇主模式”的做法，让劳务派遣单位与用工单位向被派遣者承担连带责任，但是，此制度的塑造还有一定的缺陷，对“共同雇主模式”及连带责任还没有“吃透”，存在的制度缺陷主要有：

第一，责任内容笼统粗糙，没有细化劳务派遣单位和用工单位各自的责任范围和内容，而是一律让劳务派遣单位与用工单位承担连带责任，造成两个责任主体互相推诿或扯皮，劳动者的合法权益得不到有效的保障，更不利于打击劳务派遣中侵犯派遣工合法权益的行为，这也是我国劳务派遣中同工不同酬现象普遍的重要诱因之一。《劳动合同法》第92条和《劳动合同法实施条例》第35条都规定：“给被派遣劳动者造成损害的，劳务派遣单位和用工单位承担连带赔偿责任”，看似加强了对被派遣劳动者的保护力度，但不加区分责任主体，一味地强调承担连带赔偿责任，不仅显失公平，不利于两个雇主自我约束、主动履行各自的法定义务，反而给其相互扯皮推诿法律责任带来了可能的空间。①

从法律逻辑推理来看，劳动派遣单位是用人单位，应当承担全部的用人义务；用工单位基于用工的事实行为，应当承担部分法定的用人义务和依派遣协议约定承担约定的用人义务。当劳动派遣单位和用工单位用人义务重合时，两者负有共同债务而对这些共同债务承担连带赔偿责任。一旦用工单位履行了自己的法定义务和约定义务，就无需承担法律上的不利后果。《劳动合同法》第92条却作出了与逻辑推理相冲突的规定，即通过法定连带责任的规定，在用工单位履行义务之外设定了责任，所谓的“无义务的责任”。无论用工单位是否履行

① 参见韩旺胜：《试论我国劳务派遣立法的缺陷及其完善》，载《科学之友》2010年第3期，第110页。

自己的义务，都要对派遣劳动者承担用人责任。①

有学者通过比较美国的做法，认为如果让接受单位②一律连带承担派遣单位的雇主责任，接受单位使用劳务派遣的积极性肯定受到影响。我国可借鉴美国的做法，接受单位主要承担派遣工人处于其控制过程中产生的责任。概括而言，接受单位应和派遣机构连带承担有关工作时间、最低工资、加班限制和加班报酬、安全和卫生、反就业歧视、休息休假等责任。这种责任的划分使得接受单位的风险仅限于使用派遣劳工的过程，而不是劳动合同的全部，接受单位不必承担有关招聘、劳动合同订立、变更、解除、终止等生产经营过程以外产生的责任。美国法中的“排他和替代责任”理论也体现了这一原则。③ 劳务派遣单位应承担的责任包括招聘被派遣者、签订劳动合同、岗前培训、管理人事档案等；用工单位应承担的责任包括安排工作岗位、任务工作分配、劳动安全卫生管理、制定与实施生产劳动纪律等。当劳务派遣单位违反为被派遣者建立和管理人事档案的义务时，就应当只由派遣机构单独承担责任，而不应当让用工单位承担连带责任。在被派遣者处于两段派遣任务之间的“间歇期”或在等待派遣而没有工作的期间，劳务派遣单位应当按照所在地人民政府规定的最低工资标准向其按月支付报酬。这是劳务派遣单位应独立承担的义务与责任，也不应当让用工单位承担连带责任。④ 上述观点都认为，用工单位不应连带承担派遣单位的所有雇主责任，而应当根据两个雇主即劳务派遣单位和用工单位对被派遣者的实际控监范围和内容，明确两个雇主的各自义务和责任，而不是一律要求两个雇主都要承担连带责任，这种做法是比较符合法理的。

---

① 参见侯玲玲：《我国劳动派遣连带责任规定之法理分析——评〈劳动合同法〉第92条规定》，载《法学》2008年第5期，第58页。

② “接受单位”就是我国法上的用工单位。

③ 参见谢增毅：《美国劳务派遣的法律规制及对我国立法的启示——兼评我国〈劳动合同法〉的相关规定》，载《比较法研究》2007年第6期，第113页。

④ 参见潘伟：《劳务派遣中派遣单位和用工单位的法律责任探析》，载《创新》2012年第2期，第98页。

第二，连带责任类型化的困惑和困难，导致同工同酬责任模糊不清。

连带侵权责任是指受害人有权向共同侵权人或者共同危险行为人中的任何一个人或者数人请求赔偿全部损失，而任何一个共同侵权人或者共同危险行为人都有义务向受害人负全部的赔偿责任。共同加害人中的一人或者数人已经全部赔偿了受害人的损失，则加害人全体免除责任。承担了超出自己份额责任的加害人有权向其他没有承担责任或者承担责任没有达到自己应有份额的加害人追偿。①

关于连带责任的分类，学者有不同的标准和观点。绝大多数学者将连带责任分为真正的连带责任与不真正的连带责任。②

连带责任指按照法律的规定或者当事人的约定，共同责任人不分份额地根据权利人的请求共同向权利人承担民事责任。权利人有权要求责任人中的任何一个人承担全部或部分的责任，责任人不得推脱。我国关于连带责任的类型化，还有很大困惑和困难，连带责任的分类本身还是有争议的问题，有一些人认同将连带责任分为一般连带责任和补充连带责任。一般连带责任是指各责任人之间的责任承担不分先后次序与主次，任何一个责任人都负有承担全部责任的义务；补充连带责任指的是在连带责任中，当第一责任人不承担或者无法独立承担责任时，其他的责任人才承担连带责任。但是，这种将连带责任分为一般连带责任和补充连带责任的类型化，也有人反对。因为从理论上看，连带责任作为一种法律制度，是就多数人之债中债务人作为一个整体与债权人之间的债务清偿关系而言的，它不否认各债务人之间对该共同债务或者连带债务的形成及清偿地位上的差别，也不排斥在具体清偿过程中对各债务人作主次或者先后顺序上的划分；同时，这种划分只是对债务人各自承担责任的区别，并不影响权利人实体利益的

① 参见杨立新著：《侵权法总则》，人民法院出版社 2009 年版，第 524 页。

② 参见李永军：《论连带责任的性质》，载《中国政法大学学报》2011 年第 2 期，第 86 页。

最终实现。从实践看，对债务人不作主次之分，固然对债权人十分有利，但对债务人来说，在很多情况下却显得过于严厉和苛刻，甚至有悖于公平、合理的法律精神和实事求是、区别对待的司法原则和政策。① 我们应当坚持连带责任的一般学理分类，即真正连带责任与不真正连带责任的区分，并坚持连带责任与补充责任相区别，不能任意创设连带责任类型，任意扩大连带责任的适用范围。② .

关于连带责任，有劳动法学者持直接反对态度。张荣芳教授从侵权行为的角度，认为用工单位并不能与派遣单位构成共同侵害，当然不能对派遣单位的侵害后果承担连带责任。派遣单位、用工单位是两个独立的义务主体，其中派遣单位侵害了劳动者权利，用工单位既未参与实施侵权行为、也不存在实施侵权行为的意思联络，无法要求用工单位对派遣单位的违法行为承担“连带赔偿责任”。张荣芳教授认为，《劳动合同法》关于连带责任的分配将产生三大不良后果：一是派遣单位可以从自身的违法行为中受益。派遣单位作为被派遣劳动者的雇主履行法定的义务，但其不履行义务给劳动者造成损失的，受害人可以直接向用工单位要求损害赔偿。如依据派遣协议的规定用人单位已经将包括劳动者工资、社会保险费的派遣费用支付给派遣单位，但因为派遣单位未向劳动者支付工资，或者未缴纳社会保险费给劳动者造成损失，用工单位则应当与派遣单位承担连带赔偿责任。这在一定程度上使派遣单位从自己的违法行为中受益。二是违背了侵权行为法为自己行为负责的原则。三是可能导致被派遣劳动者权益落空。责任与义务的设置不一致，这一方面会导致义务人相互推诿，另一方面，对于工作场所的劳动保护义务，因为没有规定用工单位不履行义务的后果而可能无法实现。③

① 参见李永军：《论连带责任的性质》，载《中国政法大学学报》2011 年第 2 期，第 87 页。

② 参见李永军：《论连带责任的性质》，载《中国政法大学学报》2011 年第 2 期，第 88 页。

③ 参见张荣芳：《论我国劳务派遣法律规制模式》，载《法学评论》2009 年第 6 期，第 56~57 页。

概括之，由上面的分析可以总结如下：在劳动法领域内，关于连带责任的主要困惑和困难有两个方面：一是对劳务派遣单位和用工单位实施连带责任是否有必要；二是类型化困惑，是分为一般连带责任和补充连带责任，还是分为真正连带责任与不真正连带责任。

笔者认为，《劳动合同法》实施连带责任的范围要进行严格限制，不能普遍实施连带责任。首先要厘清劳务派遣单位和用工单位的各自法定义务和责任，并不是笼统的全部适用连带责任。在同工同酬问题上时下的实然立法是实施连带责任，但是，如果今后立法规定将支付派遣工的工资、加班费等劳动报酬改为由用工单位直接支付之后，此连带责任将不复存在。这也是与在劳务派遣之同工同酬问题上实施“单一雇主”模式相呼应的，可以体现立法之一致性，使我国劳务派遣之连带责任制度的塑造更加具有可操作性，并“定纷止争”。因此，《劳动合同法修正案》应当检视“单一雇主”模式与连带责任的关系，并积极进行立法响应，使我国劳务派遣之雇主责任与连带责任制度的塑造更具科学性和适用性，使同工不同酬问题的解决增加一条有效路径。

第六章　业务外包之调控

业务外包，又叫劳务外包、工作外包或服务外包。① 通常是指现代企业的一种新的经营策略，是指企业把内部业务的一部分承包给外部专门机构。业务外包还不是真正意义上的法律范畴，或者说业务外包还没有纳入我国法律调整的范畴，对业务外包的法律规制还是空白。

一般都认为业务外包是一种企业的经营方式或模式，我国至今还没有法律上的界定，在立法上还没有关注并响应这一新现象。这种经营模式的外包是指："某一公司(称为'发包方')通过与其他企业(称为'承包企业')签订契约，将传统上由公司内部人员负责的业务或机能外包给外部的专业服务提供商的一种经营形式"②

业务外包的实质是企业重新配置各种资源，将资源集中于最能反映企业相对优势的领域，塑造和发挥企业自己独特的、难以被其他企业模仿或替代的核心业务，构筑自己竞争优势，获得使企业持续发展的竞争能力。"工作外包"是指企业将本来由自己执行的业务按照一定的价格交给其他公司去完成，以达到节约成本的目的，外包已不仅仅是一种业务选择，它也成为战略成功的关键因素。外包的成长势头是国际市场成熟的必然结果，是经济全球化发展的必然趋势。③ 2006

---

① "服务外包"的说法在我国经济和管理中比较普遍，且我国官方特别是商务部经常用的就是"服务外包"一词，而"业务外包"用得极少。笔者认为，二者具有相同的含义，可以通用。如果要细分的话，可以说"服务外包"是"业务外包"的一部分，即"业务外包"包括"服务外包"。本文笔者是将二者等同看待的。

② 邵金菊、姜丽花、刘冬林著：《服务外包：经济效应和影响因素研究》，浙江大学出版社 2011 年版，第 3 页。

③ 参见[美]麦克·马特森著，王庄林译：《美国企业工作外包新动向》，载《时代金融》2012 年第 19 期，第 30 页。

年我国商务部发布了《商务部关于实施服务外包“千百十工程”的通知》，其对服务外包的界定是我们目前的正式定义，其规定是：“服务外包企业”系指根据其与服务外包发包商签订的中长期服务合同向客户提供服务外包业务的服务外包提供商；“服务外包业务”系指服务外包企业向客户提供的信息技术外包服务(ITO)和业务流程外包服务(BPO)，包括业务改造外包、业务流程和业务流程服务外包、应用管理和应用服务等商业应用程序外包、基础技术外包(IT、软件开发设计、技术研发、基础技术平台整合与管理整合)等。

我国业务外包中的主要问题是：一是企业责任部分外移，挫伤员工工作热情，在业务外包中，必然会牵涉部分员工的利益，如果他们知道自己的工作被外包的话，员工的工作热情和职业道德会降低，他们会失去对公司的信心和工作的原动力，从而导致工作业绩明显下降。二是企业对外包企业的监控较少。三是企业希望获得较低的劳动力成本。① 我国目前关于业务外包的立法还是空白，其发展的势头将越来越猛，其侵犯劳动者权益的行为也将逐渐增多，其中业务外包单位侵犯职工平等权如同工同酬权的现象应当引起我们的高度重视，立法规制业务外包已经刻不容缓。

第一节　缘起与现状

我国服务外包的发展非常迅猛，在企业业务上取得了很大成就。中国已经成为第二大服务外包承接国。据我国商务部发布的报告统计，2011 年实现服务外包合同执行金额 323.9 亿美元，同比增长 63.6%；其中，离岸服务外包合同执行金额 238.3 亿美元，同比增长 65.0%，占全球离岸市场比重为 23.2%，比上年提高 6.3 个百分点。面对外部市场形势的变化以及内部成本不断上涨的挑战，中国服务外

① 参见王钰：《企业业务外包战略选择》，载《合作经济与科技》2012 年第 10 期，第 41 页。

包的比较优势已经由低成本简单服务向具有成本优势的研发设计和整合服务转化，创新成为中国服务外包产业向高端延伸的必由之路。《中国服务外包发展报告 2012》称我国服务外包企业经历了从小到大、从弱到强的发展历程。截至 2011 年底，全国共有服务外包企业 16 939家，其中 2011 年新增服务外包企业 4 233 家。截至 2011 年底，21 个服务外包示范城市共有服务外包企业 12 417 家，从业人员 242 万人，分别占全国的 73. 3%和 76. 1%；承接离岸外包合同金额 301. 1 亿美元，合同执行额 219. 0 亿美元，分别占全国总量的 92. 3%和 91. 9%。2011 年全国新增服务外包从业人员 85. 4 万人，其中新增大学毕业生 58. 2 万人，占比达到 68. 1%。截至 2011 年底，全国服务外包从业人员共 318. 2 万人，其中大学以上学历 223. 2 万人，占总数比重 70. 1%。①

"服务外包作为异军突起的新兴产业，对于保增长、调结构、稳外需、促就业，特别是增加大学生就业具有重要意义。2011 年，全国新增服务外包从业人员 85. 4 万人，累计达到 318. 2 万人，其中大学生占比七成。"商务部中国服务外包研究中心副主任金世和说，全球国际服务外包 2011 年的规模已经达到 1 100 亿美元，同比增长 12%，占全球服务业支出 13%。最大的发包国仍然是美国，发展中国家是全球服务外包产业的最大承接市场。2011 年，中国承接国际离岸服务外包合同执行金额 238. 3 亿美元，同比增长 65%，已成为全球第二大离岸服务外包承接国。②

在我国很多城市，业务外包已经逐渐成为其经济发展新的支撑点，其政策的扶持力度非常之大。2009年，深圳企业年承接离岸服

① 参见李庭辉：《中国服务外包在创新中跨越发展——〈中国服务外包发展报告 2012〉解读》，载商务部网，http：//coi. mofcom. gov. cn/aarticle/t/201206/20120608191680. html，发布时间：2012 年 6 月 22 日，访问时间：2012 年 9 月 23 日。

② 转引自范旭光：《去年国际服务外包达 238 亿美元》，载《新京报》2012 年 5 月 31 日，第 B05 版。

务外包业务合同金额达到创纪录的50.8亿美元，成为深圳发展、扩张最快的行业之一。深圳出台了“一揽子”扶持服务外包发展的政策，全力扶持服务外包产业。深圳市创建了深圳软件园服务外包示范区和马家龙服务外包示范区，并认定了首批14家技术先进型服务企业，同时结合老工业区改造，规划建设了多个特色服务外包集聚区。众多的中外外包服务企业以深圳为国际业务基地，加速拓展业务。其中，华为技术有限公司、中兴通信两家公司2009年系统集成执行额达38亿美元；IBM在深圳设立的“IBM全球服务执行中心”完成外包服务总额达2.3亿美元。2009年，深圳市实现软件业务收入1 190.64亿美元，比上年增长25.2%；全市软件业务出口95亿美元，在全国排名第一。①

第二节　困惑与困难

业务外包在市场经济中已经开始大量出现，并开始出现异常繁荣的局面，全国已有业务外包企业16 000多家，从业人员300多万，但是，与此现象繁荣相反的是，法学界和法律界对业务外包还没有什么反应，显得非常滞后。让人非常困惑的是，我国目前还没有专门规制业务外包的法律法规；学界对业务外包的法律关系及属性、业务外包合同的类型化、权益保障、争议处理等问题的研究还罕有涉足，更谈不上对业务外包提供可供立法参考的理论支撑。笔者试图对业务外包从法学的视阈进行研究，但是，由于业务外包还不是真正的法学范畴，更没有形成基本的“范式”，其法学的理论研究基本缺失，必然带来了许多困惑和困难，从法学的视阈研究业务外包确实有相当的难度。

笔者通过中国知网上的检索，发现我国对业务外包进行专题研究

① 参见王传真：《深圳去年服务外包业务合同金额超过50亿美元》，载新华网，http：//news.xinhuanet.com/fortune/2010-03/22/content_13223518.htm，发布时间：2010年3月22日，访问时间：2012年9月24日。

最多的是“高校图书馆业务外包”①，随着我国各高校图书馆业务外包的不断增多，图书馆学界对其业务外包的研究已经形成一定的规模，不少学者在这领域已经取得一定成果，其研究的理论宽度和深度相对于其他领域要好得多，值得我们研究一般的业务外包时参考和借鉴，但是，其最大的缺憾是几乎没有从法律角度来研究业务外包的，关于其业务外包中平等权保障问题更是没有。

一、业务外包法律主体界定的困惑

业务外包法律关系的主体具有多样性，由于没有明确的法律界定，导致业务外包的主体界定具有不确定性，让人非常困惑，对其主体进行界定和分类比较困难。笔者认为，可以从两个方面进行界定：一是国内法语境下的界定，可以分为一般主体和特殊主体，特殊主体是政府业务外包中的一些参与者如各级政府及部门和其相对人，相对人包括单位和个人。二是国际法语境下的界定：离岸业务外包和在岸业务外包。

(一)国内法语境下的主体

1. 一般主体

业务外包的劳动关系(包括劳务关系或雇佣关系)比较复杂，让人非常困惑和难以厘清。业务外包劳动关系的主体具有复杂性，不能也难以将其简单地划归劳动法或劳动合同法调整，或是由民法合同法规制，或是由行政法(行政许可法或政府采购法)调整。业务外包之劳动关系并非全都是单一的民事合同的雇主和雇员的关系，也不全是劳动法语境下的用人单位和劳动者二者之间的关系，抑或劳务派遣单位、用工单位与劳务派遣工三者之间的关系，因此，业务外部的劳动

① 有人以《维普网》与《中国知网》两大数据库收录的关于图书馆业务外包论文为统计对象，结果是：在维普与中国知网两个数据库中通过“图书馆”、“业务外包”、“编目外包”等关键词进行模糊检索，统计 1999 年 1 月—2011 年 6 月关于图书馆业务外包的论文，删除其中重复的论文，共有 424 篇，其中 2001—2010 年 10 年间的论文数为 412 篇，占总篇数的 97%。参见郑辰、张芳源：《国内图书馆业务外包研究综述》，载《情报探索》2012 年第 4 期，第 125 页。

关系的厘清必须具体分析，难以统一认定。

业务外包的劳动关系（包括劳务关系或雇佣关系）具有多层次性，业务外包涉及的劳动关系的主体可以分为外部主体和内部主体。外部主体包括发包方和承包方，发包方又称业主，它可以是自然人、法人和其他组织，承包方指承包项目的另一方。内部主体包括发包方的内部人员和承包方的内部人员。承包方的内部人员构成主要的业务外包单位的劳动关系或劳务关系或雇佣关系或派遣关系，基本上可以看做雇主和雇员的关系。承包单位的内部人员即雇员也很复杂，主要包括相对固定的管理人员和高级人才，多数的为普通劳动者即一般雇员。普通劳动者主要来源于外部独立的劳务派遣单位，属于劳务派遣工，从此意义上讲，这时的业务外包之承包单位的主体身份可以认定为劳务派遣之用工单位，这里的外部劳务派遣单位又可以分为两类：一类是专门的独立劳务派遣单位；另一类可能是原业务外包单位即发包方，此类中业务外包单位即发包方的主体身份就已经转化成劳务派遣单位，即业务外包单位（发包方）具有了双重身份，承包单位（承包方）即为劳务派遣之用工单位，劳动者的身份就成为劳务派遣工。

另外，业务外包之承包单位（承包方）也有可能劳务派遣单位，即由劳务派遣单位承包外包单位的业务，再由它自己与劳务用工单位签订合同，完成业务外包单位（发包方）的业务，此时的劳务派遣工的劳动关系隶属于用工单位，而不隶属于原业务承包单位。

2. 特殊主体

我国自20世纪90年代起有的地方政府开始尝试引入政府业务委托外包的模式，将部分政府业务转由企业或非营利性组织等民间组织供给，政府提供资金或政策支持，政府由直接生产经营转向民间生产，政府购买和政府业务委托外包渐成趋势。2010年国务院发布了《关于鼓励和引导民间投资健康发展的若干意见》，进一步推动了政府业务领域的民间投资。① 该意见鼓励和引导民间资本进入法律法规

① 参见王克稳：《政府业务委托外包的行政法认识》，载《中国法学》2011年第4期，第78页。

未明确禁止准入的行业和领域，还规定了：对于可以实行市场化运作的基础设施、市政工程和其他公共服务领域，应鼓励和支持民间资本进入。《意见》的多项鼓励和引导措施，为我国政府及部门进行业务外包提供了政策支持，并由此带来了政府及部门之业务外包的繁荣。我国政府的业务外包具有一定的积极意义，虽然在还没有法律规定实施政府业务外包，显得法律依据不足，但是其重要和意义还是值得肯定。“政府业务委托外包理念的确立与运用，对于推动政府机构的改革和政府职能的转变，创新公共行政与公共服务的体制和机制，拓展政府公共服务的空间，提升服务品质，提高公共财政的使用效率，培育非政府组织等中介服务组织都具有极大的意义。”①但与政府业务委托外包的丰富实践相比，我国法学理论特别是行政法学上对政府业务委托外包的关注度还不高，研究十分有限，本书试从行政法学的角度去认识政府业务委托外包。政府业务委托外包又称政府业务(政府服务、行政业务)委托民间办理，简称政府业务委外，“其意指通过政府部门与民间部门签订契约关系，由政府提供经费或相关的协助，由民间部门履行契约中的规定项目或对‘标的团体’提供服务，并在契约中载明双方的职责、义务、期限及标的团体人数。”②我国政府业务外包的主体因其分类的不同，而使其主体身份复杂化，难以厘清。有学者将我国的政府业务委外划分为行政性业务、事业性业务和经营性业务三类。那么与此相对应其主体也就可以分为三类：行政检查业务外包，主体包括会计事务所、审计事务所等中介机构；行政检验、检测、鉴定业务外包主体包括专业检测、鉴定机构、委托行政执法机构等。政府事业性业务外包的主体包括公共服务业务、公共卫生、医疗、保健等服务单位，还有教育、文化、法律援助、社会救助等服务

① 王克稳：《政府业务委托外包的行政法认识》，载《中国法学》2011年第4期，第78页。

② 范祥伟：《政府业务委托民间办理之理论与政策》，载台湾《人事月刊》34卷5期。转引自王克稳：《政府业务委托外包的行政法认识》，载《中国法学》2011年第4期，第78~79页。

单位等。政府经营性业务是指那些涉及公共利益，其产品或者服务具有公共性，传统上认为应由国家垄断经营的业务，其实质是政府将某些行业的公共物品或公共服务的供给职能转移给私人主体。委外的政府经营性业务主要有两大类：一类是基础产业与基础设施建设；二是市政公用事业，包括城市供水、供气、供热、污水和垃圾处理、公共交通等，多为国有企业垄断经营。① 由上可见，政府业务外包的主体是非常复杂的，其主体的不同，将导致法律调整的不同，这就必然导致法律规制的困惑和困难。

(二)国际法语境下离岸业务外包的主体

根据外包目的地是否在国内，服务外包可分为在岸服务外包(Onshore Service Outsourcing)和离岸服务外包(Off-shore Service Outsourcing)。在岸服务外包就是公司将其服务业务交给国内的独立的第三方来完成的一种经营方式。② 有人依据服务外包发包方和接包方的国别分布差异，将国际外包划分为国内服务外包和国际服务外包，如果服务外包的发包方与承包方属于同一国家的企业，便属于国内服务外包，又称在岸服务外包；如果发包方与承包方属于不同国家的企业，则属于国际服务外包，又称离岸服务外包，其经营方式复杂，逻辑上应是一种特殊的国际服务贸易形态。③ 离岸业务外包即为国际业务外包，离岸业务外包的主体由于发包方与承包方分别属于不同的国家，因此，离岸业务外包法律关系的主体自然涉及两个及以上的不同国家，其法律关系的主体更为复杂，法律的规制也就相应的要涉及国际法特别是国际劳动法。让笔者困惑的是，我国有关离岸业务外包(离岸服务外包)的学术论文很少，笔者于2012年9月26日在中国知网上通过“主题”为“离岸服务外包”的精确检索，共计有论文

① 参见王克稳：《政府业务委托外包的行政法认识》，载《中国法学》2011年第4期，第80页。

② 参见夏杰长、刘奕：《我国在岸服务外包的困境与政策建议》，载《理论前沿》2009年第18期，第36页。

③ 参见苏华：《服务外包产业转移概念的理解与界定》，载《管理现代化》2012年第2期，第36页。

131篇，没有一篇是从法律角度研究的论文。

关于离岸业务外包的总体情况特别很难用一句话概括，但是笔者用大家耳熟能详的“中国制造”一词就非常明了了，它反映的是中国承包了许多外国发包的业务，是全球最大的“制造工厂”，也就是全球主要的离岸业务外包的国家。

美国是世界上离岸业务外包最大的发包方，发包方的主要主体是美国的一些公司，特别是跨国公司，因此，离岸业务外包之发包方法律关系的主体一般都是发达国家的知名公司，它们具有强大的优势地位，在离岸业务外包中这些主体具有决定性的话语权，非承包方之地位可比。

发展中国家是全球业务外包产业的最大承包市场，也就是说发展中国家是离岸业务外包的主要的主体。我国现在是世界上第二大业务外包国家，离岸业务外包已经成为中国对外经济贸易的重要组成部分，据官方统计：2011年，中国承接国际离岸服务外包合同执行金额238.3亿美元，同比增长65%，已成为全球第二大离岸服务外包承接国。① 离岸业务外包之承包方的竞争优势和法律地位都远远低于发包方。法律主体地位的不平等在离岸业务外包中极为明显，承包方企业中的劳动者的法律地位根本不能与发包方相比，他们的规制福利待遇甚至比国内其他企业的劳动者还要低，这与离岸业务外包之非常繁荣的重压原因关系密切，因为离岸业务外包最大的好处是可以降低本发包公司的成本，将劳动力成本转移给不发达国家的企业，低廉的劳动力成本是离岸业务外包发展的重要动力。关于离岸业务外包造成的工资待遇差别等不平等现象，有专家指出：服务外包发展的动力源于跨国公司在全球范围内优化资源配置，从而降低成本提高经营效率，打造核心竞争力。具体看，直接诱因包括接包国与发包国的巨大成本差异，主要是工资水平的差距，例如，美国的计算机人才年薪在10万美元以上，而通过离岸外包至少可以降至1/2，甚至几十分之一。

① 参见范旭光：《去年国际服务外包达238亿美元》，载《新京报》2012年5月31日，第B05版。

服务外包的成本通常由进行交易产生的显性成本和合约风险、组织间协调产生的隐性成本所构成。外部市场大多数是不完善的，企业在业务外包时要花费大量的交易费用——搜寻信息、签订合同及控制费用等。当然，如果企业没有将活动外包而是在内部完成，也需要有一个内部的交易费用。企业外包的总体目标是实现成本最小化、利益最大化。对潜在成本和收益的比较，在很大程度上构成了企业风险识别和风险管理的重要内容。①

离岸业务外包法律关系的主体可以梳理为：一方为发包方，通常是发达国家的大公司；相对方为承包方，通常是发展中国家或不发达国家的企业。离岸业务外包对发包方和承包方都可以带来极大的好处，发包方可以降低用工成本，而获得与本国企业生产的一样的产品或服务；承包方可以因此而获得更多的赚钱机会，靠廉价的劳动力②完成发包方的任务。二者达到了“双赢”。

承包方中的劳动者一般都是本国的公民，主要是非正式的劳动者如劳务派遣工，劳动者的地位和工资福利待遇具有“双低”的特征：一是比发包方(国外)相同或相似岗位的劳动者劳动报酬低很多；二是比国内其他单位相同或相似岗位的劳动者也要低。也就是说，在离岸业务外包中承包方的劳动者的法律地位和待遇最有可能遭受“不平等待遇”，其劳动权益因其地位的不同而最难以保障，不管是国际法还是国内法，离他们都是“渐行渐远”。

在同工同酬问题上，承包方中的劳动者之“同工”中的相同或相似岗位容易界定，其中的相同工作业绩也是比较好界定的，因为在离岸业务外包中，发包方的基本目的就是要获得相同的产品或服务，没有相同的工作业绩，承包方也将不能实现对发包方的承诺，构成违约

① 参见王习农：《服务外包发展趋势分析》，载《实事求是》2011年第1期，第50页。

② 劳动力虽然廉价，但是劳动力的工作能力并不“廉”，其专业技术的能力要求还是很高的，否则是“制造”不出发包方(发达国家企业)要求的产品或服务的。

并要承担违约责任。“服务外包之所以成为全球产业转移的新兴方式，是因为发展中国家具有成本低廉，同时又掌握现代科技、具有熟练技能的人力资源，能够按照发达国家外包商的要求提供如同发达国家人力资源同质同量的服务。因为在服务外包迅速发展过程中，其科技含量越来越高，比如，全球企业项目外包领域扩张最快速的是IT服务、人力资源管理、媒体公关管理、客户服务、市场营销等，尤其是IT服务外包，需要有科技水平较高的专门人才。如此，外包出去的服务才能使外包商既能获得高质量的服务，又达到降低成本、加强竞争优势的目的。”①因此，在界定同工同酬的问题上，相同的工作业绩是比较容易界定的，从理论上讲，劳动者之同工同酬权也是应当容易实现的，但实际状况非然，劳动者的同工同酬权还是经常被以追求利润最大化为根本动因的发包方和承包方“践踏”。

二、业务外包合同的属性、类型化和法律调整

我国业务外包之主体的多样性和复杂性，必然导致业务外包合同的复杂化，其类型化更加让人困惑和难以厘清。笔者认为，对业务外包合同的属性和类型化问题，要具体情况具体分析，不能一概而论。

（一）一般主体的业务外包合同的属性、分类和法律调整

国内法上的一般业务外包合同具有多种法律属性，不能一概而论，要根据法律关系主体的不同而分类，并相应适用不同的法律来规制。

1. 业务外包单位即发包方与承包单位之间的合同

业务外包单位即发包方与承包单位之间的合同为劳务合同，属于民法之《合同法》的范畴，应当界定为承揽合同，而不是劳动合同。我国《合同法》第251条第1款对承揽合同所下定义为：“承揽人按照定做人的要求完成工作，交付工作成果，定作人给付报酬的合同。”在承揽合同中，完成工作并交付工作成果的一方为承揽人；接受工作

① 王习农：《服务外包发展趋势分析》，载《实事求是》2011年第1期，第50页。

成果并支付报酬的一方称为定作人。令人困惑的是我国民法之《合同法》并没有业务外包合同这一有名合同，因此，此时的业务外包合同只能算作无名合同。

2. 业务承包方与独立劳动派遣单位之间的合同

业务承包方与其聘用的劳动者如果来源于独立的劳动派遣单位，那么业务承包方与劳务派遣单位的合同就属于劳务派遣合同，一般认为其为劳务合同，也有人认为是劳动合同，在此情况下业务承包方相对于发包方就是用人单位，而相对于劳务派遣单位则又是用工单位，此时的业务承包方与劳务派遣单位之间的合同就不属于民法之《合同法》调整的范畴，而应当由劳动法之《劳动合同法》调整，如果今后单独立法《劳务派遣法》，则应当由其调整。

如果承包方为自然人，它与劳务派遣单位的关系就是自然人与派遣单位的关系，其合同不能由《劳动法》或《劳动合同法》调整，只能由民法调整，二者之间的合同不属于劳动合同，因为，我国现行劳动立法所规定签订劳动合同的主体是用人单位和劳动者，而不包括是自然人的承包人。此时的合同应当认定为雇用合同，但困惑的是：由民法调整雇用合同是没有疑义的，而劳务派遣合同应当由《劳动合同法》调整，此时的合同当事人为自然人与劳务派遣单位，兼有雇佣合同和劳务派遣合同的属性，那么由民法调整时就解决不了劳务派遣问题，由《劳动合同法》调整又主体不适格，法律的适用就出现了两难的情况，无所适从。这个难题只有期待在将来的应然法中解决，即可以吸收国外的先进立法经验，将劳动法之法律主体由用人单位改为“雇主”、劳动者改为“雇员”，还可以将劳动合同、劳务合同和雇佣合同统一为劳动合同。

当承包方为自然人时，还有让人非常不解的是：我国《劳动合同法》第 94 条规定：“个人承包经营违反本法规定招用劳动者，给劳动者造成损害的，发包组织与个人承包经营者承担连带责任。”这是我国《劳动合同法》唯一一条规制个人承包经营者即劳动关系一方为自然人的法条，其立法出发点是为了更好地保障劳动者的权益，“目的就是防止个人承包者在承包经营过程中，急功近利侵害劳动者利益，或者损害劳动者利益后没有能力或逃避承担对劳动者的损害赔偿责任。"①董保华教授对此条也是持肯定意见的，他认为："《劳动合同法》扩大了保护范围。这种扩大显然与建筑领域中农民工工资的拖欠有关。建筑领域中由于层层转包(严格说来，这并不是承包而是一种承揽)，农民工工资有相当一部分是被包工头所拖欠，《劳动合同法》加强了这方面的保护。"②但是，在《劳动合同法》中突然冒出对承包人的规定，实在是显得"不伦不类"，这与现行劳动立法之主体为用人单位与劳动者相矛盾，除非今后采用国外劳动立法的通常模式：将劳动法主体界定为雇主与雇员，而不是现行的用人单位和劳动者。另外，此条的问题还在于：在没有任何规定个人承包人之法定义务的前提下，就直接规定法律责任，混淆了法律义务和法律责任的一般关系，违背了"无义务无责任"的法理，亟待修正。《劳动合同法(草案》(以下简称《草案》)(第一次审议稿)"附则"第63条曾经规定："个人承包经营招用劳动者的，由发包的个人或者组织作为劳动者的用人单位。"此规定后来在第二次审议时就被删除了，最终的正式立法也没有此规定了。此《草案》的规定比上述《劳动合同法》第94条的规定要好。《草案》第63条规定："个人承包经营招用劳动者的，由发包的个人或者组织作为劳动者的用人单位。"这是我国法律第一次将包工头作为用人单位纳入劳动法的范畴，对确定劳动者特别是农民工与包工头的劳动关系意义重大，对农民工向包工头讨要工资提供了法律依据。长期以来，农民工讨薪难的问题难以解决，其中一个重要原因就是：包工头与农民工之间并不是用人单位与劳动者之关系，而是自然人与农民工之间发生的民事关系，劳动法规难以调整，劳动部门没有权力介入，劳动者与用人单位签订的劳动合同，一方法律主体为用人单位，用人单位必须是在工商部门注册或行政部门登记的有用人资格的单位，而不是自然人。《草案》规定包工头虽然可以成为劳动者的

① 李国光编著：《劳动合同法教程》，人民法院出版社2007年版，第560页。

② 董保华著：《十大热点事件透视劳动合同法》，法律出版社2007年版，第528页。

用人单位，但是如果他们之间是劳务关系，《草案》仍然是不能适用的。①

3. 业务承包方与劳动者之间的合同

承包方如果为用人单位，它与其内部正式员工的合同为劳动合同，应当由《劳动合同法》调整，即使签订的是以完成一定工作任务为期限的劳动合同，也应当由《劳动合同法》而不是《合同法》调整；如果承包单位的承包人为自然人，其法律身份为雇主，那么它与员工即雇员之间的合同为雇用合同，应当由民法《合同法》调整；如果承包方所聘用的人员为独立的劳务派遣单位的派遣工，那么它与派遣工之间的合同为劳动合同，应当由《劳动合同法》或劳务派遣法调整（见图6-1）。

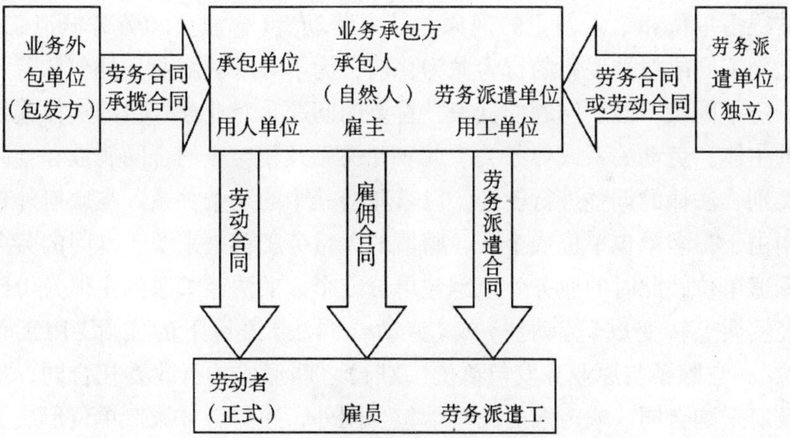

图6-1　一般业务外包模型图

（二）特殊主体的业务外包合同的属性、分类和法律调整

有学者认为政府业务外包可分为三种类别，并分别对这三种业务

① 参见问清泓：《劳动法与农民工权益保障研究——兼评〈劳动合同法（草案）〉有关规定》，载《武汉大学学报》（哲学社会科学版）2006年第5期，第626页。

外包的合同性质和法律调整进行了研究，“我国的政府业务委外在法律上无法作为一类行为对待，而应依其性质进行不同的分类并分别适用不同的制度规范：行政性业务委外属于行政委托，应由行政委托制度规范；事业性业务委外可纳入政府采购的范围，适用政府采购制度；而经营性业务委外属于政府特许经营，由行政许可法及规范政府特许经营方面的特别法调整。”①

笔者认为，这是我国目前非常罕见的从法律的视阈(行政法)专门研究业务外包(政府业务外包)的论文，其研究成果对我国研究业务外包的法律规制问题具有开拓性的价值。笔者在此的启发下，将政府业务外包划归为特殊的业务外包，并结合我国目前劳务派遣泛滥成灾的问题，将政府业务外包和劳务派遣联系在一起进行分析，因为在这种业务外包中同样大量存在着劳动者(含雇员和劳务派遣工)权益被很多单位和个人侵犯的现象，其中劳动者(含雇员和劳务派遣工)之同工同酬权被侵犯的行为尤为普遍，为了寻求破解业务外包和劳务派遣中同工不同酬问题的良策，首要的问题是对业务外包的法律关系的主体、劳动关系或劳务关系或雇佣关系及相对应的合同属性和合同类别、法律的调整进行梳理，以求厘清其中的复杂关系。在政府外包中由于很多承包单位或个人，聘请的大量劳工都是来源于专门的劳务派遣单位，此时的业务外包承包单位或个人的法律关系的主体身份已经实质上转变成《劳动法》或《劳动合同法》语境下的实际“用工单位”，它除了与原业务发包单位(政府)之间形成的行政委托合同，或政府采购合同，或一般的民事承包合同外，还与劳务派遣单位形成了新的劳动法或劳动合同法语境下的劳务派遣合同(有的认为是劳务合同，有的认为是劳动合同)，由此而产生了新的法律规制问题，即《劳动法》或《劳动合同法》也要对业务外包承包单位或个人即劳务派遣之用工单位进行调整，形成了多个法律规制的现象，业务外包承包单位或个人内部的劳动者的身份构成也多样化，主要有三种不同身份

① 王克稳：《政府业务委托外包的行政法认识》，载《中国法学》2011年第4期，第82页。

的普通劳动者：承包单位的正式劳动者、劳务派遣工与雇员，三种身份的劳动者享有的权益也就出现了严重的差别，差别待遇直接导致劳动者之平等权，特别是平等报酬权即同工同酬权受到漠视和侵犯，严重扭曲了平等的劳动关系，劳动者享有的基本权利被多样的法律主体和复杂的法律关系所淹没，并导致了劳动者法律救济的困难，体面劳动的现代价值目标被丢弃，这些都是我国在业务外包和劳务派遣中普遍存在的法律问题，其并不仅仅存在于政府业务外包中，一般的业务外包中甚至更为严重和普遍。因为，劳动者找政府及部门解决问题比一般的业务外包企业要可靠得多，毕竟政府及部门的社会公信力大大高于一般企业和个人，劳动者的维权成本也远远低于一般的业务外包企业。因此，笔者认为，对一般业务外包单位要加大法律的规制力度，以保障劳动者的基本权益(见图 6-2)。

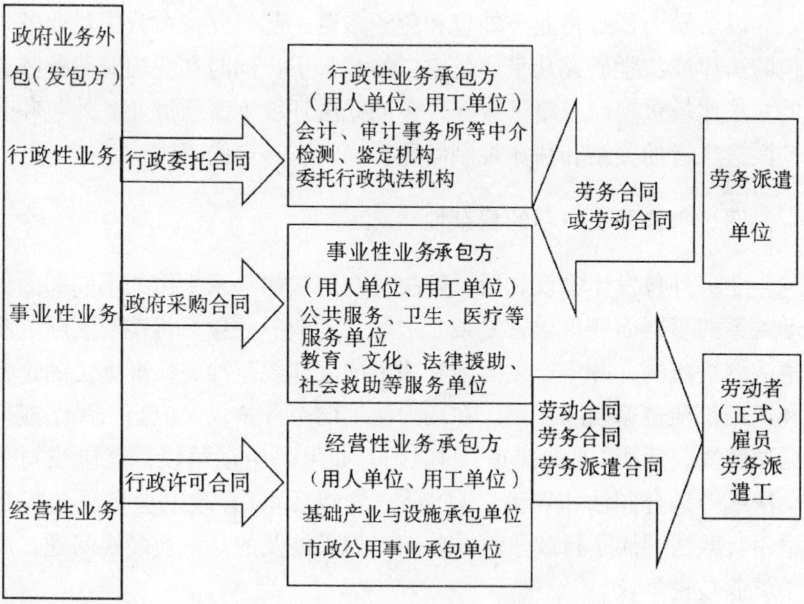

图 6-2　特殊业务外包(政府)模型图

三、业务外包与劳务派遣的关系

我国现实的劳动用工和发展趋势是劳务派遣已经被滥用，到了泛滥成灾的地步，在研究和解决这一问题时，几乎没有将劳务派遣与业务外包联系在一起。在理论研究中也是将二者完全分离开来了，对业务外包的研究不管是从经济学、管理学的角度(占绝大多数)，还是从法律或法学的角度(极少)，都是将业务外包和劳务派遣分开研究的，造成很大的片面性。笔者认为，业务外包和劳务派遣二者有着天然的联系，无论是实际用工中，还是理论研究中都应当将二者紧密联系在一起，不能将其割裂开来，这样更有利于透彻解读业务外包和劳务派遣问题，并更有利于立法规制和实际解决业务外包和劳务派遣中出现的大量问题，破解我国目前劳务派遣泛滥成灾、业务外包游离于法律之外的难题。

以法学为视野将业务外包和劳务派遣一起研究，在我国对业务外包的法律或法学研究几乎还是空白的背景下，同时在我国对劳务派遣的立法比较重视而忽略了业务外包的立法环境下，厘清业务外包和劳务派遣二者的关系和法律规制问题，确实有一定的困难。

四、争议解决机制的复杂性

业务外包发生争议之后，解决机制因法律关系主体的不同和因劳动关系的不同而变得异常复杂。国际离岸业务外包，将涉及国际贸易争端解决机制，并将产生国际私法上的法律规范冲突，准据法的选择和适用都要遵循国际惯例。在国内法上的劳务争议，应当由民法或合同法解决，适用“或裁或审”的原则；如果是劳动争议，就应当对劳动法或劳动合同法作调整，只能是“先裁后审”；政府业务外包应当适用行政法，属于行政争议的范畴。如果涉及的是就业歧视问题，属于就业歧视争议。

在业务外包和劳务派遣中有关社会保险的问题比较突出，相关争议也比较多。社会保险争议本身在学界和实践中就是有很大争议的，一直还没有定论。

社会保险是国家和社会，在国民因年老、工伤、患病、失业、生育等原因，导致暂时或永久丧失生活来源时，依法给予一定的物质帮助，以保障国民基本生活需要的一种社会保障制度。我国社会保险包括基本养老保险、基本医疗保险、失业保险、工伤保险和生育保险。社会保险争议是指公民因用人单位违反法律法规的规定或者劳动合同的约定，不交、少交或拖延社会保险费，或不支付、少支付社会保险待遇等引起的纠纷。社会保险争议是社会保险关系主体因社会保险的权利享有、义务分配和事务管理发生的争议。① 该定义认为，社会保险争议主要包括用人单位与职工之间基于劳动关系因社会保险费的缴纳发生的争议；社会保险缴费人(用人单位和职工)与社会保险经办机构之间因社会保险缴费、支付发生的争议；社会保险缴费人和其他组织(主要为社会保险定点服务机构)因劳动保障行政部门的社会保险管理行为发生的争议。

司法实践和学术界对社会保险争议的性质一直是有争议的，莫衷一是，见仁见智。笔者将归类为三种：一是“劳动争议说”；二是“行政争议说”；三是“混合说”，社会保险争议部分属于劳动争议，部分属于行政争议。② 因此，在业务外包和劳务派遣中有关社会保险的争议更加复杂，使得其争议解决机制具有复杂性。

第三节　困局求解

一、统一劳务、雇佣、劳动等劳动关系立法

我国目前业务外包还不是真正意义上的法律概念，更没有形成关于业务外包的法律“范式”，业务外包还基本上游离于法学，法学对

① 参见李琪：《刍议社会保险争议解决机制完善》，载《商场现代化》2010年8月(上旬刊)，第176页。

② 关于“社会保险争议”，因本书后文第七章第三节有专门论述，此不再赘言。

其研究还非常罕见，业务外包之法律问题还有许多新课题有待研究。

由于业务外包和劳务派遣中劳动关系的复杂性，一是国际法和国内法之间的冲突和障碍，在岸业务外包和离岸业务外包存在法律规制的复杂性；二是国内法中业务外包法律关系主体的复杂性并使其劳动关系错综复杂，既有受民法合同法调整的劳务关系、雇佣关系、承揽关系，又有受劳动法、劳动合同法、社会保障法、劳务派遣法、集体合同法规制的劳动关系，还有受行政许可法、政府采购法等调整的关系。在劳动关系调整中由于我国国内法之现行立法是将劳动关系和劳务关系采取分开立法的模式，直接导致了在规制劳动关系时不同于世界上很多国家和地区通行的做法，法律部门之间的障碍非常明显，民法、合同法调整一般意义上的劳务关系，劳动法、劳动合同法调整狭义上的劳动关系，行政关系由行政法调整。对劳动关系产生的争议也与实体法相对应地由不同的法律解决，劳务合同、雇佣合同、就业歧视引起的争议属于一般的民事争议，采“或裁或审”之模式；劳动争议、集体劳动关系争议、部分社会保险争议属于劳动争议，采“先裁后审”模式；行政争议由行政复议法和行政诉讼法解决。我国现行劳动关系之立法的复杂性，让涉及劳动关系的争议解决机制异常混杂，即使法律专业工作者也是迷惑不解，难于适从，造成司法的混乱。在此情况下，业务外包之劳动者的劳动权益保障问题也就困难重重，维权成本让劳动者望而却步。因此，统一劳动关系立法，整合劳务合同、雇佣合同、劳动合同等劳动关系，是解决业务外包中复杂劳动关系的基础和前提条件，我国劳动关系的立法必须审时度势，进行理论调研和立法响应，让法律为正当的劳动关系和劳动者保驾护航，促进我国业务外包健康有序的发展。

二、统一业务外包和劳务派遣立法

我国劳务派遣已经被扭曲和滥用，非正当劳务派遣用工已经成为用人单位降低成本和规制法律的重要手段，劳务派遣工合法权益的被侵犯成为非常普遍的现象。“劳务派遣用工现在在中国是过度滥用，早已经偏离了这种用工方式的初衷。”张丽宾对《第一财经日报》记者说。张丽宾的研究表明：根据我们对三个行业的调查，目前非国有制造企业劳务派遣用工比例为10%，批零行业为15%，信息传输、计算机服务和软件业略低些。总体来说，10%的用工规模肯定是有的。我们做了计算，全国就业人数3亿左右，去掉灵活就业的1个亿，按10%的比例算，全国劳务派遣至少有2 000万人的规模。① 中华全国总工会对2010年和2011年全国劳务派遣用工的调研表明，全国企业劳务派遣用工呈增长态势，根据全总研究室2011年企业职工劳动经济权益实现状况及思想动态调查测算，全国企业劳务派遣工占企业职工总数13.1%，约3 700万人。②

自2008年1月1日《劳动合同法》实施以来，关于《劳动合同法》(含劳务派遣)的专题执法检查工作，最高规格的专题执法检查有两次，一次是2008年9月，另一次是2011年，都是由全国人大常委会牵头进行的。2011年10月24日在十一届全国人大常委会第二十三次会议上，全国人大常委会副委员长华建敏作全国人大常委会执法检查组关于检查劳动合同法实施情况的报告时说"劳务派遣在部分单位被滥用，损害派遣工合法权益问题比较突出。"华建敏建议，严格依法规范劳务派遣用工，进一步细化《劳动合同法》关于劳务派遣适用范围和"三性"岗位等规定。同时，也要依法清理和取缔不具备法定资质、不具备相关经营条件、违法派遣、损害劳务派遣人员权益的劳务派遣单位。③ 各级地方人大更是将《劳动合同法》特别是劳务派遣作为执法检查的重点，但是少见有关于业务外包的检查，即使是国家层面和地方层面的执法检查和监督，对劳务派遣都是非常重视的，就是缺乏对业务外包的检查和监督，可见，在我国的执法检查和监督中是将劳务派遣中的业务外包遗漏了，也就是说还没有正视劳务派遣和

① 参见王羚：《劳务派遣用工泛滥　亟待法律规范》，载《第一财经日报》，2012年4月19日。

② 全总劳务派遣问题课题组：《当前我国劳务派遣用工现状调查》，载《中国劳动》2012年第5期，第23页。

③ 转引自张伟杰：《劳务派遣在部分单位被滥用》，载《工人日报》2011年10月26日，第4版。

业务外包的关系。

我国劳务派遣的泛滥并成灾，其用工不规范是重要“推手”，劳务派遣行业经营的混乱，使劳务派遣机构混业经营非常严重，正如中华全国总工会的调研报告所指出的：“混业经营现象严重。许多劳务派遣单位同时从事劳务中介、劳务服务等业务，有的以劳务承包或劳务中介为主业，兼营劳务派遣。混业经营现象致使劳务派遣单位经营管理松散、专业化程度偏低、行业运营不规范。”①笔者认为，中华全国总工会的调研报告具有非常高的权威性，但是其调研的主体是单纯的劳务派遣，对我国劳动用工中的另一新问题即业务外包并没有涉足，只调研了劳务派遣单位同时从事劳务中介、劳务服务等混业经营，而遗漏了业务外包单位混合经营劳务派遣业务，这不能不令人遗憾，因为，我国目前与劳务派遣几乎同样“繁荣”的业务外包中的劳务派遣问题也是非常普遍的，业务外包中的劳务派遣或劳务派遣中的业务外包还是理论研究和实务中的空白。因此，基于劳务派遣与业务外包二者的特殊关系，我国的立法和执法监督是不能遗漏任何一方的，而实际情况却是完全相反，不管是理论研究，还是执法检查或监督，也不管是保障劳动者权益的立法还是劳动争议或其他争议的仲裁或司法实践，几乎都是将劳务派遣与业务外包分离开来的，割裂了二者的联系，不周延也不全面，对保护劳务派遣和业务外包之劳动者的权益都是非常不利的，立法者和司法者都要检视这一问题。

时下正在进行的《劳动合同法修正案》，此次主要修改重点是“劳务派遣相关的条款”，“此次修正案的核心话题是规范劳务派遣，保证同工同酬。”②其目的是以求破解目前中国劳务派遣被滥用的困局，其核心是对劳务派遣岗位临时性、辅助性、替代性等“三性”的界定，

① 全总劳务派遣问题课题组：《当前我国劳务派遣用工现状调查》，载《中国劳动》2012 年第 5 期，第 25 页。

② 《劳动法修正案本周审议，央企成劳务派遣重灾区》，载人民网，http：//finance. people. com. cn/n/2012/0626/c1004-18379920. html，发布时间：2012 年 6 月 26 日，访问时间：2012 年 9 月 28 日。

并要求构建劳务派遣的许可和报告制度，以及加大对违规滥用劳务派遣的惩处力度。这次的修法让人期待已久，但是，笔者认为，其缺陷之一就是缺乏对业务外包之劳务派遣的规制，没有将劳务派遣和业务外包联系起来进行相应的立法响应，这与理论研究和实践中一般都将业务外包看做与劳务派遣没有关系的偏差有关，时下纠正偏差的机会是应当借此《劳动合同法》修法的“东风”将业务外包率先进行立法尝试，开启我国业务外包立法和劳工权益保障之“先河”。

三、建立健全工会组织，保障劳动者团结权的实现

工会是世界上大多数国家维护劳动者权益最基本的组织，是“强资本弱劳动”下广大劳工的能够真正与“强资本”进行对话、谈判和抗衡的“代言人”。我国的工会组织制度的构建与发达国家还有相当的差距，工会组织的职责规定还有很大的缺陷。“在大部分国家，工会维护劳动者合法权益是其全部职责，在我国则是主要职责。”①我国工会的全部职责并不是维护劳动者的权益，工会基本上是一种摆设。有工会组织的情况且如此，那些根本没有工会或没有资格加入工会的劳动者的民主权利的实现就更加糟糕，特别是我国目前有 3 700 万人之多的劳务派遣工，还有一部分是无法统计的业务外包工(其中还有大量的劳务派遣工)，仅服务外包的从业人员就有 318 万多，呈逐年上升态势；截至 2010 年底，中国服务外包企业承接服务外包合同金额和执行金额分别达到 274 亿美元和 198 亿美元，同比分别增长了 37% 和 43.1%，全国有服务外包企业 12 706 家，从业人员 232.8 万人。②这两部分庞大的人群，其入会的状况非常差。2012 年 7 月，亚太总裁协会全球执行主席郑雄伟在第五届全球外包大会上《全球外包大会

① 董保华：《十大热点事件透视劳动合同法》，法律出版社 2007 年版，第 52 页。

② 来源于第四届全球外包大会《2011 全球服务外包发展报告》，http://news.163.com/11/0523/15/74OGG2VM00014JB5_6.html，发布时间：2011 年 5 月 23 日，访问时间：2012 年 9 月 29 日。

昆明宣言》中指出："最近几年，中国的国际服务外包，逆势增长，一支独秀，大有当年制造业国际化的迅猛势头。""预计未来5到8年中国服务外包企业就业人数将达到2 000万人，中国将成为全球离岸外包第一承接国。我们可以预计，在此基础上再过10年、20年，中国有望成为全球最大的服务业国家之一。"①因此，我国今后业务外包凸显的问题将与当今的劳务派遣问题一样突出和严重，维护业务外包劳动者的权益，构建规制业务外包的法律体系将是我国业务外包发展中的重要任务。

中华全国总工会对2010年和2011年全国劳务派遣用工的调研报告指出："民主权利实现状况较差。在入党、入团、入会、评先评优和晋升等诸多方面，劳务派遣工基本上不被列入考虑范围。"②劳务派遣工的基本的民主权利，特别是加入工会的权利很难实现，入会比例偏低。以入会为例，劳务派遣工中的工会会员比例为55.8%，比正式工低17.9%，差距比2010年(11.2%)扩大了。其中，国有企业劳务派遣工中会员比例为57.2%，比正式工低33.6%。四川省为63%，其中85%加入了派遣公司工会；北京市30.2万劳务派遣工中，加入工会组织的为13.46万人，入会率为45%。据内蒙古自治区总工会调研的15家用工单位，职代会都没有劳务派遣工代表。江苏省总工会抽样调查显示，劳务派遣工中工会会员比例为56%，能够正常参加工会活动和企业民主管理的仅占入会劳务派遣工的23%。③ 业务外包单位中职工一般都是临时雇佣的，其中劳务派遣工也占有一定的比例，其加入工会面临的障碍更多，由于对业务外包重点关注的是产业发展和利润问题，很少关注其职工权益问题，加上理论研究的匮乏，

---

① 郑雄伟：《全球外包大会昆明宣言》，载和讯网，http://news.hexun.com/2012-08-24/145085403.html，发布时间：2012年8月24日，访问时间：2012年9月29日。

② 全总劳务派遣问题课题组：《当前我国劳务派遣用工现状调查》，载《中国劳动》2012年第5期，第25页。

③ 参见全总劳务派遣问题课题组：《当前我国劳务派遣用工现状调查》，载《中国劳动》2012年第5期，第25页。

还没有关于业务外包之有关工会情况的统计。

团结权是宪法或法律确认的劳动者的基本权利，狭义的团结权是指劳动者组织和参加工会并保证工会自由运行的权利。广义的团结权则是指劳动者运用组织的力量对抗雇主以维护自身利益的权利，其具体内容主要包括三个方面：一是团结权，即组织和参加工会的权利；二是集体谈判权或称团体交涉权，即由工会代表劳动者与雇主进行集体谈判签订集体合同的权利；二是集体争议权或称团体行动权，主要是指劳动者通过工会组织罢工的权利。各国的劳动法学界一般都将此称之为“劳动三权”。其特点在于，这些权利并不是由劳动者个人来行使的，而主要是由劳动者集体的组织工会来行使的，是劳动者集体享有的权利，即所谓集体劳权。① 集体谈判以劳动者团结起来组成工会为前提和基础，因此团结权是集体谈判的“先行行为”。为了进行集体谈判，劳动者必须团结起来组织工会，因此团结权并不是以组织团体为最终目标，而是进行集体谈判所必要的一种“先行行为”。②“劳动三权”包括团结权是劳动者享有集体劳动权，其基本内核是工会，如果没有工会或劳动者不能加入工会，“劳动三权”包括团结权就成为“无本之木”。业务外包之劳动者加入工会，是劳动者团结权的一个重要部分，是业务外包之劳动者合法权益保障的重要环节。团结权在保障劳动者权益上具有重要意义，为了破解我国目前劳务派遣和业务外包之劳动权益保护的困局，必须构建完备的工会组织，让广大劳工都成为工会的会员，真正发挥工会之维护职工合法权益的全部职能。

中华全国总工会对2010年和2011年全国劳务派遣用工的调研报告建议之三是：工会应加强对劳务派遣工权益维护工作。加大劳务派遣工入会力度；加强劳务派遣工工会会籍管理，理顺转会关系；对用

---

① 参见常凯：《论不当劳动行为立法》，载《中国社会科学》2000年第5期，第73页。

② 参见程延园：《“劳动三权”构筑现代劳动法律的基础》，载《中国人民大学学报》2005年第2期，第103页。

工超过6个月的劳务派遣工，用工单位统一与用人单位签订会员托管协议；积极探索劳务派遣工入会和参与工会活动的工会组织联合工作机制。真正发挥双方在促进劳务派遣工入会方面的最大效应，最大限度地把劳务派遣工组织到工会中来。① 笔者认为，全总的建议对破解我国目前劳务派遣泛滥之难题，保障劳动者的基本劳动权是有重要意义的，应当成为我国各级工会的指导性意见，贯彻执行下去。另外，这些建议也应当适用于我国目前的业务外包或至少应当适用于业务外包中的劳务派遣用工，以图填补我国目前业务外包之劳工集体权保护的空白。

四、保障业务外包工特别是农民工和大学生的同工同酬权

我国应当加强工会在规制业务外包用工方面的积极作用，通过集体合同等形式，实现对企业用工形式的软约束。各级工会应当积极推动业务外包工在用工企业参加工会，并且明确规定业务外包工有权参加用工企业的工资集体协商。用工单位开展集体协商，如果劳务派遣用工比例超过本企业职工总数的10%的，集体协商代表中必须包括劳务派遣工代表。通过诸如此类的限制措施，可以构建一个全面的法律规制体系，从而更有效地规制劳务派遣用工。② 此建议也可以适用到业务外包中，让集体合同成为保证业务外包工劳动权益的重要路径选择，特别是要让将劳务外包工的劳动关系纳入劳动法或劳动合同法的范畴，防止业务外包单位利用签订非劳动合同而规避劳动合同法的规制，即使业务外包工与业务外包单位签订的属于民法合同法语境下的劳务合同或雇佣合同，也可再让业务外包单位与工会签订集体合同，使一些单个合同中游离于劳动法之外的条款如同工同酬、社会保障等，在集体合同中进行规制，而集体合同的效力是高于个人合同

① 参见全总劳务派遣问题课题组：《当前我国劳务派遣用工现状调查》，载《中国劳动》2012年第5期，第25页。

② 参见周长征：《劳务派遣的超常发展与法律再规制》，载《中国劳动》2012年第5期，第28页。

的，这样业务外包工含劳务派遣工的劳动权益特别是集体劳动权的保障就多增加了一道“防火墙”。

我国的劳务派遣有着不同于其他国家和地区的特征，其中农民工在劳务派遣中占的比例非常高。根据中华全国总工会 2010 年和 2011 年对全国劳务派遣用工的调研，结论是：“劳务派遣工以农民工为主体”。全国企业劳务派遣用工呈增长态势，其中第三产业使用劳务派遣用工最为普遍，劳务派遣工主要从事一线工作，劳务派遣工以农民工为主体。劳务派遣工中农民工和外地户籍人员均占 52.6%，其平均年龄为 31.4 岁，30 岁及以下的占 54.2%。如福建省劳务派遣工中下岗失业人员占 27.35%，向非农转移的农村劳动者占 41.43%，城镇其他劳动者占 31.19%；天津市劳务派遣工 70% 是新生代农民工；四川省成都市劳务派遣工约 18.5 万人，农村劳动者占 64.3%。① 既然我国劳务派遣工以农民工为主体，而业务外包与劳务派遣又关系紧密且不可分离，那么农民工在劳务派遣中之同工不同酬问题的解决，应当成为解决劳务派遣和业务外包同工不同酬问题的重点，笔者认为，要切实保护好规定农民工的权益特别是同工同酬权，就要充分发挥集体合同的作用。在我国现实的劳动关系中，农民工的合同签订率是非常低的，很多用工单位特别是劳务派遣机构或业务外包单位根本不与农民工签订书面的劳动合同，劳务派遣机构或业务外包单位往往直接面对的是“包工头”，而不是真正出卖劳动力的农民工，农民工已经成为被劳动合同“边缘化”的最大群体，他们更像是民法语境下的业务外包工，而不像是劳动法语境下的劳务派遣工，这样就导致了劳动法、劳动合同法对农民工适用起来有很多障碍。笔者认为，集体合同正是克服这些问题的最佳选择。

在我国现阶段，集体合同是保障农民工权益特别是同工同酬权的最好选择。集体合同制度是全世界劳动法中普遍认同的重要制度，对保障劳动者的权益具有重要意义，也是发达国家劳动关系调整的重要

① 参见全总劳务派遣问题课题组：《当前我国劳务派遣用工现状调查》，载《中国劳动》2012 年第 5 期，第 24 页。

部分。集体合同在调整劳资关系，保护劳动者权益上都有非常重要的作用，其对处于非常弱势单位的农民工的劳动权益的保障更有特殊的意义。①

市场化的劳动关系的调整，应该是一种集体劳动关系的调整，但中国没有达到这一程度。在市场经济国家，工人和雇主之间通过工会达成平衡，而我国的劳动关系还是一种个别的分散的、不对等的劳动关系，尤其在企业，劳动者并没有形成一种集体的力量，在劳资关系中缺乏要价权和话语权。②"保障团体交涉权的充分实现，逐渐培养和壮大社会团体力量，从而实现向社会团体力量主导型劳动法制模式的转变，是市场经济发展和未来劳动法制建设发展的双重要求。"③

农民工与业务外包单位签订劳动合同最适宜采用集体合同的形式，他们的劳动权利，经常被侵犯，签订集体合同是农民工与雇主的最佳选择。由于农民工很少与业务外包单位签订单个的劳动合同，即使签订了劳动合同，由于农民工的弱者地位，难免被迫接受业务外包单位的不合理条款，签订集体合同，就能够改变单个农民工的不平等地位，避免他们接受不合理条款。让业务外包单位与农民工签订集体合同来代替单个的劳动合同，对业务外包单位也是非常有利的，既可以避免因没有与农民工签订劳动合同引起的纠纷问题，又可以减少签订合同的工作量，降低合同成本。因此，笔者认为，农民工与业务外包单位签订集体合同，对双方都是非常有利的选择，应当普遍实施。

在我国充分保证大学生就业，一直是劳动就业中的重要问题，业务外包在解决大学生就业问题上发挥了积极作用，正如在"第五届(2012年)全球外包大会"上商务部部长助理仇鸿所说：中国服务外包产业快速发展，国际竞争力不断提高，主要表现在产业规模持续增

① 参见问清泓著：《劳动合同法制度与实践研究》，湖北人民出版社2011年版，第441~447页。

② 参见常凯：《劳权保障与劳资双赢——〈劳动合同法论〉》，中国劳动社会保障出版社2009年版，第270~271页。

③ 冯彦君：《劳动权论略》，载《社会科学战线》2003年第1期，第173页。

长；吸纳大学生就业的成效显著，国际市场份额占比逐年提高。①2009年1~6月，全国新增服务外包企业1 406家，新增从业人员29.7万人，其中新增大学毕业生占80.4%；截至2009年6月，中国服务外包企业共6 673家，从业人员121.5万人，其中大学以上学历98.9万人，占81.3%。② 据商务部统计，截至2010年底，全国服务外包企业12 706家，从业人员共232.8万人。2010年全国新增服务外包企业3 756家，新增从业人员78.1万人，其中新增大学毕业生就业48.6万人，占新增从业人员的62.2%。大学生在服务外包企业就业的人数是逐年上升，由2009年上半年新增加的近24万人，发展到2010年的48.6万人，几乎翻了一倍。

我国业务外包的发展优势之一就是有大批大学生加入到业务外包中来，正如2009年上半年《全球服务外包发展报告》所言：中国发展服务外包的优势十分明显。首先，中国政府大力支持服务外包产业的发展。其次，中国有大批受过高等教育的劳动力队伍。很多劳动力在计算机和数学方面接受过良好教育。他们守纪律、好培训，能胜任此类工作。而且，中国知识型劳动力成本相对较低。外包业务需要数以百万计的低成本劳动力，而中国正好拥有这样的劳动力，目前这种竞争优势还在有增无减。③

面对我国大学生在业务外包中的庞大数量以及其显现的竞争优势，分析研究其在业务外包单位中的权益保障状况，并加大对其权益保障的力度就显得很有必要。我国高校扩招的后果是每年的大学毕业

① 参见《第五届全球外包大会精彩观点综述》，载和讯网，http：//news.hexun.com/2012-08-24/145085513.html。发布时间：2012年8月24日，访问时间：2012年9月30日。

② 参见《2009上半年〈全球服务外包发展报告〉》，载和讯网，http：//news.hexun.com/2009-10-12/121311434_7.html，发布时间：2009年9月12日，访问时间：2012年9月30日。

③ 参见《2009上半年〈全球服务外包发展报告〉》，载和讯网，http：//news.hexun.com/2009-10-12/121311434_7.html，发布时间：2009年9月12日，访问时间：2012年9月30日。

生有几百万，2011年全国高校毕业生人数约为671万，造成了高校毕业生的供给和社会需求的巨大矛盾。“90后”大学生更倾向于工作相对稳定、社会地位相对较高的企事业单位。政府机关成为“90后”大学生比较看重的职业。公务员职业具有的稳定性强、福利高、制度正规、社会地位高、退休后保障健全等优势促使许多“90后”大学生向政府部门靠拢。政府高薪、体面、舒适的工作，迎合了“90后”大学生的就业观。他们注重薪酬福利，注重假期休闲，注重工作生活平衡，注重发展机会，趋向于给自己带来物质财富和精神财富的工作，就业心态也更加务实。① 一方面是就业难，另一方面又是“90后”大学生就业观偏重于相对稳定、社会地位相对较高的单位，这样博弈的结果是当代大学生虽然临时就业于一般单位，但是他们随时打算“跳槽”到比较好的单位。正是这种矛盾心态，导致了大量的大学生临时就业于劳务派遣单位和业务外包单位，特别是业务外包单位急需大量的有一定知识和技术水平的员工，在这样的需与求的背景下，大学生就成为业务外包单位的主要劳动力。由于他们的低成本和高技术，导致用人单位乐于招收他们，并利用他们因想随时“跳槽”，即使其权益受到侵犯也不会太在意的想法，大量使用大学生，助长并造成了趁机侵犯大学生劳动权益的“机会主义”倾向，加之大学生也对用人单位的侵权比较“漠视”，加剧了劳务派遣和业务外包用工中大学生权益的被侵犯，大学生的同工同酬权、团结权、社会保障权等权利的实现路径更是渐行渐远。因此，为了有效克服业务外包中的这些弊端，切实保障大学生的合法权益，增加集体谈判或协商的力度，选择和发挥集体合同的有效作用，应当成为重要的制度选择之一。

五、加大离岸业务外包中劳工权益保护

在业务外包中国际即离岸业务外包占有相当大的份额，离岸服务外包将呈现出不断扩大和繁荣的景象，并将成为经济发展与国际合作

① 参见周石、冯彩玲：《“90后”大学生就业观呈现新特点》，载《中国教育报》2011年10月12日，第6版。

的主流模式。2012年在我国昆明举行的“第五届全球外包大会”之《昆明宣言》达成的五点共识是：第一，国际服务外包对于未来全球经济的战略作用将继续加强，全球服务外包产业市场前景良好，离岸服务外包潜力巨大；第二，全球服务外包服务高端化、区域分散化趋势十分明显；第三，国际服务外包继续面临宏观、微观层面的挑战；第四，理顺接发包关系，创新国际服务外包合作发展机制势在必行；第五，服务外包将带动中国经济走向新的辉煌。① 会议指出：国际服务外包，把地理位置分散、信息资源互补的国家和区域联系到一起，具有节约成本、增强核心竞争力、创造卓越绩效等不可替代的战略作用，是深化国际产业分工，优化产业结构的重要手段。对于接包国，国际服务外包更是一种推动科技创新、保护生态环境、促进白领就业的重要新兴产业，同时还是发展中国家服务业国际接轨，进一步使本土服务业走向国际的必由之路，是经济转型和发展的重要驱动力，是实现价值理念、管理水平进步的重要推动力。来自这次会议的权威数据表明：2011年全球服务外包继续增长，市场总规模达到8 200亿美元。麦肯锡甚至预测，2020年，全球服务外包市场将超过150万亿美元。服务外包的国际化程度在不断加强，2011年离岸服务外包1 026亿美元，预计未来两年离岸服务外包将增长到1 500亿美元。面对国际即离岸业务外包的大发展趋势，如何保证离岸业务外包中的劳工权益将面临新的挑战，我国立法必须早出应对之良策。

笔者认为，离岸业务外包之劳动关系和劳动权益可以分为外部和内部两部分，外部是指发包方与承包方之间关系，主要涉及业务外包发包国与承包国之间的关系，内部是指业务承包方内部劳工的劳动关系和权益，主要涉及承包单位内部关系，不涉及他国。

离岸业务外包之内部劳动关系的状况是：一是承包业务由本单位全部完成，不再转包，其劳动关系比较单一，劳动者分为正式与非正

① 参见赵大春：《全球外包大会发布〈昆明宣言〉形成业界五点共识》，载新华网，http：//news. xinhuanet. com/fortune/2012-07/29/c_112561097. htm，发布时间：2012年7月29日，访问时间：2012年9月30日。

式两种，本单位的正式员工，主要是管理者和高级人才，非正式员工主要是劳务派遣工和非全日制工，劳工权益的差别待遇即不平等待遇主要表现在正式工与非正式工之间的区别，正式工与业务外包单位之间的劳动关系一般是劳动法语境下的劳动合同关系，而非正式工与业务外包单位之间的劳动关系一般是民法语境下的劳务合同关系或雇佣合同关系，即使是主要的劳务派遣工，他们的劳动关系应当属于劳务派遣合同调整的范畴，其劳动法或劳动合同法的保护也是非常弱小的，加上很多劳务派遣用工的滥用和不正当，使劳务派遣工基本上规避了劳动法或劳动合同法，与一般的民事合同之劳动关系没有本质上的区别，劳务派遣工与本单位的正式工的差别待遇非常明显，如劳务派遣工不享有同工同酬权、团结权、社会保障权等权益。

二是同一承包单位的承包业务一部分为本单位自己完成，还有一部分是再转包出去。其劳动关系比较复杂，劳动者分为本单位正式工与非正式工两种，还有再转承包单位的劳动者。这时的劳工权益之不平等，除了上面分析的第一种情况外，还有横向单位之间的差别待遇，劳工之间的同工同酬权、团结权、社会保障权等待遇问题更是非常突出。

离岸业务外包之外部劳动关系的状况是：发包方与承包方之间，主要涉及业务外包发包国与承包国之间的关系，特别是要涉及 WTO 框架下的劳动关系及国际争端解决机制。由于发包国(主要是发达国家)与承包国(主要是发展中国家)之间的经济水平和工资福利待遇的巨大差异，加上离岸业务外包的主要动机之一就是降低劳动用工成本，“企业作为利润最大化的主体，当然乐于接受能带来成本下降的一切变化。”①为了达到降低成本的目的，必然使发包国与承包国的劳动者之间存在巨大的差别待遇，不平等问题非常普遍，“许多发达国家的公司将其业务外包的动因就是节省成本，因为发达国家技术工人

---

① 夏杰长、刘奕：《我国在岸服务外包的困境与政策建议》，载《理论前沿》2009 年第 18 期，第 37 页。

的工资与发展中国家技术工人的工资相差巨大。”①且此问题更是难以解决，劳动争议解决机制更为复杂，既要涉及国际法，又要参照国内法，劳动者如何维护自己的合法权益就成为一个未解难题。

关于我国业务外包之法律规制问题的研究还处于空白地带，即使是少有的法律研究也主要是关于知识产权之法律保护问题，从劳动者权益保护之视角研究离岸业务外包还是一个新的课题，法学理论研究的匮乏必然导致劳工权益保护立法和司法实践的迷惑。

国内有一些学者在研究离岸业务外包时，建议完善相关的法律制度，主要是要求加强知识产权保护，而不是加强劳动者权益的保护。“离岸服务外包通常会涉及合同法、贸易法、知识产权法等相关法律。由于各国知识产权制度的差异以及新技术的影响，我国《知识产权法》中尚有许多方面需要完善。同时，知识产权保护也是外包过程中发包方最关心的问题，因为服务外包通常都会涉及发包方内部的机密，对承接方所在国的知识产权保障体系要求很高。只有完善了相关法律体系，加强知识产权保护和信息安全，才能使发包方产生安全感和信任感。”②“我国已相继建立知识产权保护执行法等协调机制，以及与外商投资企业的定期沟通机制。但是，由于世界各国知识产权制度的差异以及新技术的影响，中国知识产权法中尚待进一步研究与完善，例如高新技术条件下专利主题范围、专利性、专利国际申请的语言与程序、集成电路、多媒体、数据库、万维网的知识产权问题。”③在离岸业务外包中，加强对知识产权的保护是应当和急需的，但是，加强对劳动者权益的保护更为迫切和重要，因为“人”才是生产力中的第一要素，在离岸业务外包中构建起保护劳动者权益的法律制度，应当是法律规制离岸业务外包的当务之急。

① 曾丽凌：《离岸外包几个法律问题研究》，载《对外经贸实务》2006 年第 3 期，第 53 页。

② 李恩临：《离岸服务外包对承接国的经济影响分析》，载《理论探讨》2010 年第 3 期，第 97 页。

③ 郑鸿飞、任荣明：《离岸服务外包及中国对策》，载《上海管理科学》2005 年第 2 期，第 57 页。

第四节　结论与余论

业务外包在市场经济中已经开始大量出现，并开始出现了异常繁荣的局面，但是，与此繁荣相反的是，法学界和法律界对业务外包还没有什么反应，显得非常滞后。让人非常困惑的是，我国目前还没有专门规制业务外包的法律法规；学界对业务外包的法律关系及属性、业务外包合同的类型化、权益保障、争议处理等问题的研究还罕有涉足，更谈不上对业务外包提供可供立法参考的理论支撑，在立法上还没有关注并响应这一新现象。因此，笔者认为对业务外包从法学的视阈进行研究，具有一定的价值。但是，由于业务外包还不是真正的法学范畴，更没有形成基本的“范式”，其法学的理论研究基本缺失，必然带来了许多困惑和困难，研究确实有相当的难度。

业务外包法律关系的主体具有多样性，由于没有明确的法律界定，导致业务外包的主体界定具有不确定性，对其主体进行界定和分类比较困难。笔者认为，可以从两个方面进行界定：一是国内法语境下的界定，可以分为一般主体和特殊主体，特殊主体是政府业务外包中的一些参与者如各级政府及部门和其相对人，相对人包括单位和个人。二是国际法语境下的界定：离岸业务外包和在岸业务外包，其中离岸业务外包是本书重点研究的对象。

我国现实的劳动用工和发展趋势是劳务派遣的滥用，在研究和解决这一问题时，几乎没有将劳务派遣与业务外包联系在一起。理论研究中是将二者完全分离开来了，对业务外包的研究不管是从经济学、管理学的角度（占绝大多数），还是从法律或法学的角度（极少），都是将业务外包和劳务派遣分开研究的，造成很大的片面性。笔者认为，业务外包和劳务派遣二者有着天然的联系，无论是实际用工中，还是理论研究中都应当将二者紧密联系在一起，不能将其割裂开来，这样更有利于透彻解读业务外包和劳务派遣问题，并更有利于立法规制和实际解决业务外包和劳务派遣中出现的大量问题，破解我国目前劳务派遣泛滥成灾、业务外包游离于法律之外的难题。

业务外包发生争议之后，解决机制因法律关系主体和因劳动关系的不同而变得异常复杂。在国际离岸业务外包，将涉及国际贸易争端解决机制，并将产生国际私法上的法律规范冲突，准据法的选择和适用都要遵循国际惯例。在国内法上的劳务争议，应当由民法或合同法解决，适用“或裁或审”的原则；如果是劳动争议，就应当对劳动法或劳动合同法作调整，只能是“先裁后审”；政府业务外包应当适用行政法，属于行政争议的范畴。如果涉及的是就业歧视问题，属于就业歧视争议。在业务外包和劳务派遣中有关社会保险的问题比较突出，相关争议也比较多。因此，业务外包之社会保险争议的解决机制是必须重点研究的新课题。

关于业务外包之困局的求解，笔者认为应当从五个方面进行：一是统一劳动关系立法，整合劳务合同、雇佣合同、劳动合同等劳动关系统一立法；二是统一业务外包和劳务派遣立法和执法监督，严格规制劳务派遣和业务外包之混业经营和混合用工；三是建立健全工会组织，保障劳动者团结权的实现；四是发挥集体合同的作用，切实保障业务外包工特别是农民工和大学生的同工同酬权；五是加大离岸业务外包中劳工权益的保护，实现内部和外部的平等待遇。在业务外包之困局的求解中，应当“多管齐下”，并将其与劳务派遣一并列入当前规制劳动关系的重点，时下正在进行的《劳动合同法修正案》应当进行立法响应。

业务外包之法律规制问题，是我国劳动关系调整中出现的新问题，对其法学理论的研究特别是从劳动者权益保障的角度，几乎还是空白，研究的课题还非常之多，业务外包之法律制度的塑造还有很长的路要走，本文的论述还显得非常粗浅，有待今后不断完善，更期盼法律和法学界的同仁们关注和研究业务外包之法律问题。我国对业务外包法律规制的立法应当尽早启动，不能等理论研究比较成熟后再进行立法响应，否则将使业务外包的立法更加滞后，不利于我国业务外包的发展。

第七章　劳资冲突程序调控
——争议解决制度

第一节　劳动争议

劳动争议是劳动关系双方当事人之间因劳动权利和劳动义务所发生的争议。劳动争议包括：劳动者与用人单位在履行劳动合同过程中发生的纠纷，如因用人单位开除、除名、辞退职工和职工辞职、自动离职发生的争议；因执行国家有关工资、保险、福利、培训、劳动保护的规定发生的争议；劳动者与用人单位之间没有订立书面合同，但已形成劳动关系后发生的纠纷；劳动者退休后，与尚未参加社会保险统筹的原用人单位因追索养老金、医疗费、工伤保险待遇和其他社会保险费而发生的纠纷等。

我国劳动争议处理程序包括四种途径即协商、调解、仲裁、诉讼。《中华人民共和国企业争议处理条例》第6条规定：劳动争议发生后，当事人协商解决；不愿协商或协商不成的，可以向本企业的劳动争议调解委员会申请调解；调解不成的，可以向劳动争议仲裁委员会申请仲裁。当事人也可以直接向劳动争议仲裁委员会申请仲裁。对仲裁裁决不符的，可以向人民法院起诉。劳动争议协商即当事人双方自行协商，达成解决劳动争议的协议，和解无法定的规则和程序，无第三人参与。协议的达成和遵守完全由双方自愿。

劳动争议调解是指在劳动争议调解委员会的主持下，通过说服、劝导，使劳动争议在当事人双方的互谅互让中得以解决。

劳动争议仲裁是指劳动争议仲裁机构对当事人请求解决的劳动争议，依法居中公断，进行调解、裁决。劳动争议仲裁经一方当事人申请即可启动，不以另一方当事人的同意为条件，因此是一种强制仲裁。劳动争议仲裁的时效为60天。

劳动争议诉讼是指劳动争议当事人不服劳动争议仲裁机构的仲裁裁决，依法向人民法院起诉，由人民法院按法律规定的程序进行审理和判决的活动。劳动争议诉讼由法院民庭审理，适用民事诉讼程序，实行两审终审。

从实际情况来看，一旦发生劳动争议后，协商的方式很难奏效，当事人选择较多的是调解、仲裁和诉讼三种形式。而且，协商强调的是当事人的意思自治，协商形式在法律许可的范围内有多种表现形式，法律不可能对其作出统一规定，而是采取一种授权性的规定，只要不与法律精神、原则相违背，就是被许可的。在这四种方式中，和解和调解并非必经程序，当事人可以不经和解或调解而直接向劳动仲裁委员会申请仲裁，也可在和解和调解不成时再申请仲裁。不过劳动仲裁是诉讼的前置程序和必经程序，只有对仲裁裁决不服时才可向人民法院提起诉讼。这种机制就是我国劳动争议处理程序中的“先裁后审”体制。

在实践当中，解决劳动争议，仲裁程序是法定的必经程序，当事人必须先向劳动争议仲裁委员会申请劳动仲裁裁决，对仲裁裁决不服，才可以向人民法院起诉。没有先向劳动争议仲裁委员会申请劳动仲裁，不能向人民法院起诉，人民法院也不予受理，即劳动争议仲裁程序，是人民法院受理的前置程序。同时，如对劳动争议仲裁委员会的仲裁裁决，在法定期间内不向人民法院起诉，仲裁裁决即当然发生法律效力。如一方不履行仲裁裁决的内容，当事人一方可以向人民法院申请执行，人民法院根据《民事诉讼法》的规定进行审查，经审查符合法律规定的予以执行，不符合法律规定的，裁定不予执行，当事人在收到不予执行裁定书后，在法定期间内，可以就不予执行的劳动争议事项向人民法院起诉。

从2008年新实施的《劳动合同法》和《劳动争议调解仲裁法》仍然传承了传统的劳动争议仲裁前置的程序，历史积累的老问题与新法实施带来的新问题交织在一块，使我国劳动争议处理的矛盾更加复杂化。

全总法律工作部劳动争议处理处处长王敏认为：在 2008 年 5 月 1 日《劳动争议调解仲裁法》施行后，“我国目前劳动争议处理机制存在四大问题”①：受国际金融危机影响，我国经济增长放缓，企业经营出现困难，劳动关系矛盾频发，劳动争议持续增长，职工权益受侵犯问题突出，现行劳动争议处理体制、机制遇到了严峻挑战。具体表现在以下四个方面：一是仲裁前置，途径单一，大量仲裁案件积压甚至排期数月不得处理，当事人权益难维护，办案质量难保障；二是裁审关系衔接不畅，“一裁终局”冲突不断，审劳动争议案适用普通民诉程序，周期长等问题难解决；三是三方机制作用局限，重大劳动争议问题难以有效共商决策，及时研究解决；四是劳动监察执法乏力，大量因违法侵权引发的劳动争议得不到有效遏制，职工合法权益难保障。

以上劳动争议处理中的四大问题的原因，王敏认为首先还是仲裁前置这一老问题。劳动争议处理仲裁前置，分流不畅，是导致当前仲裁案件严重积压最主要的体制性因素。《劳动争议调解仲裁法》立法过程中，各界针对“一裁两审”体制弊端，呼吁建立案件合理分流或裁或审的劳动争议处理体制的建议未被采纳，使得劳动争议处理体制性问题未能从法律层面得到解决。面对当前集中高发的劳动争议态势，仲裁压力越来越大，案件严重积压，局面十分尴尬，体制弊端暴露无遗。裁审关系不畅，资源重复浪费，其根源既在体制，也在机制。“先裁后审”的体制，使仲裁裁决不具终局效力，案件进入诉讼必重新审理，资源浪费不可避免；加之仲裁和法院在法律适用上的不同步，极易造成裁审结果大相径庭。可见，在新形势下，解决劳动争议问题，仍然必须首先解决历史遗留的“先裁后审”问题。

---

① 王敏：《劳动争议处理机制存在四大问题》，载《工人日报》2010 年 3 月 22 日第 007 版。

一、“先裁后审”之检讨

劳动争议是必须先劳动仲裁，只有对劳动争议仲裁裁决不服，方可向人民法院起诉。根据《最高人民法院关于审理劳动争议案件适用法律若干问题的解释》的规定，劳动争议案件由基层人民法院管辖。这样，劳动争议纠纷，可能要经过三个法律程序，即劳动争议仲裁程序、对仲裁裁决不服向基层人民法院起诉的一审程序、不服一审裁决的上诉审程序，方能生效。而一般的民事案件，经过一审及二审程序即发生法律效力。劳动争议仲裁程序设立的目的是为了保护劳动者的弱者地位，简化程序，但实际却造成了比一般的民事纠纷更多的程序，更长的期限；同时，当事人起诉是人民法院受理劳动争议案件的依据，而当事人不能针对劳动争议的仲裁裁决，人民法院并不对仲裁裁决进行法律上的审查；人民法院受理劳动争议案件后，当事人增加诉讼请求的，如增加的诉讼请求与诉中的劳动争议具有不分性，应当合并审理，这种规定与前置程序相互矛盾。既然是前置程序，那么，在劳动争议仲裁程序中没有解决的争议事项，人民法院怎能合并审理？这样就产生了对仲裁前置程序的疑问，即前置程序是否正当合理？基于此，笔者认为，这样的前置程序是不合理。

(1)实行仲裁前置程序并无明确的法律规定。《劳动法》第 77 条规定：“用人单位与劳动者发生劳动争议，当事人可以依法申请调解、仲裁、提起诉讼。也可以协商解决。”从本条规定可看出劳动争议除当事人协商解决外，有三种解决途径：调解、仲裁提起诉讼。从语法上分析，该条款属于选择性规范，对这三种途径的选择规定是并列的，前面冠以“可以”二字，即指当事人可以在三种方式中任意选择一种。《劳动法》第 79 条规定：“劳动争议发生后，当事人可以向本单位劳动争议调解委员会申请调解；调解不成，当事人一方要求仲裁的，可以向劳动争议仲裁委员会申请仲裁。当事人一方也可以直接向劳动争议仲裁委员会申请仲裁，对仲裁裁决不服的，可以向人民法院提起诉讼。”该条文对当事人申请仲裁的规定也是用“可以”二字，而没有用“应当”，从逻辑上无法推理出仲裁必先诉讼的结论。由此推断仲裁前置程序，并无明确的法律规定，而是一种误解。目前司法实践中普遍采用先裁后审方式，究其根源，可理解为对《劳动法》第79条的误解。

(2)实行仲裁前置程序，“先裁后审”程序繁杂，环节多，周期长，不利于及时、有力保护劳动者，往往造成劳动争议案件久拖不决现象，不利于案件的及时了结，有违劳动争议处理的及时性的法律原则，与保护劳动者的合法权益和维护社会安定的初衷也是相悖的。

从处理期限来看，法律对于企业调解委员会的调解期限没有明确的规定，但从申请仲裁期限为应当自劳动争议发生之日起60日内，可推知其时间最长为60日。而劳动仲裁期限是2个月，一审普通程序的审理期限是6个月，二审的审理期限是3个月。不考虑个别复杂需要延长审判期限的情况，一起劳动争议如果想得到终局的判决前后需要一年多的时间。

在“先裁后审”的纠纷处理模式下，劳动纠纷的处理经过仲裁和诉讼程序大约需要1年的时间。而且我国的劳动仲裁和诉讼之间在制度安排上存在脱节的问题，诉讼对于仲裁没有任何监督作用，法院审理案件也不以仲裁为基础，此种脱节在一定程度上延长了案件审理的时间，面对着逐年递增的劳动争议案件，我国目前的劳动诉讼机制由于对劳动纠纷的处理时限过长，很难大规模地受理和审结劳动案件，忽视和背离了劳动纠纷处理对效率性的特殊要求。① “先裁后审”模式必然导致劳动纠纷的处理时间过长，不利于及时有效地处理大量的劳动争议。

“先裁后审”不能有效保护劳动者的合法权益，突出表现在仲裁申请期限的超过，会导致当事人特别是劳动者胜诉权的不当丧失。根据现行司法解释的规定，如果当事人的仲裁申请超过申请期限，人民法院将驳回当事人提出的诉讼请求。从民事诉讼法的法理而言，只有

① 参见冯彦君、董文军：《中国应确立相对独立的劳动诉讼制度——以实现劳动司法的公正和效率为目标》，载《吉林大学社会科学学报》2007年第5期，第106页。

在当事人超过诉讼时效期间，且无中止、中断、延长事由的，人民法院才驳回当事人的诉讼请求。在劳动争议案件中，当事人是否超过仲裁申请期限，与劳动者在诉讼中的实体权利应否得到保护之间并没有必然的联系。当事人在劳动争议诉讼中的实体权利的请求能否得到支持，不是审查判断当事人的起诉是否超过诉讼时效期间，而是审查当事人在仲裁阶段申请仲裁是否超过仲裁申请期限，缺乏充分的学理基础，在劳动争议调解仲裁法施行后，更加不利于保护当事人特别是劳动者的实体权利。① 从保护劳动者的诉权的角度，“先裁后审”具有明显的缺陷。

（3）“先裁后审”程序增加了当事人的维权成本。劳动案件进入诉讼程序，原劳动仲裁裁决不发生法律效力，不管劳动者在劳动仲裁中是否胜诉，其所预缴的仲裁费都是无法收回的。仲裁费过高和预交的仲裁费无法返回的问题，阻碍了劳动者的维权活动。劳动争议案件多为要求用工单位支付报酬，包括社会保险、医疗保险等涉及金钱方面的案件，申请人多为处于劣势地位的人，如果要求一个本身还在为生存挣扎的人耗费很长的时间和巨大精力来争取它应得的报酬，这种制度本身是不经济、低效的，而且对劳动者来说这种“太麻烦”的制度也迫使他们，放弃了自己的合法权利。

2008 年实施的《劳动争议调解仲裁法》简化了部分劳动争议的处理程序，延长了申请仲裁时效，缩短劳动争议仲裁期间。虽然该法规定对部分劳动争议实行“一裁终局”，但是根本的争议处理机制还是“一裁两审”，仲裁仍是诉讼的前置和必经程序，非经劳动争议仲裁不得经过诉讼程序。这样，劳动争议处理周期仍然较长，违背劳动争议“及时、有效”的处理原则。《劳动争议调解仲裁法》规定的仲裁期间较以前缩短了几乎一半的时间，并且明确规定劳动争议仲裁委员会逾期不做裁决的，当事人可以直接向人民法院起诉。但是，由于仲裁前置的客观存在，形成了一套程序较为烦琐的处理机制。这样的争议

① 参见李为民：《劳动争议案“先裁后审”模式问题及改革探析》，载《人民法院报》2009 年 11 月 10 日第 006 版。

处理机制加大了劳动者维权的机会成本，增加了劳动者维权的困难。① 可见，我国的《劳动争议调解仲裁法》并没有真正降低劳动者维权的成本。

(4)“先裁后审”浪费了国家司法资源。“一裁二审”涵盖了劳动仲裁机构和法院两个部门，劳动仲裁机构和法院是各自独立的不同系统，在处理程序和法律适用上有所不同，结果也可能不一致。因此除了调解结案的以外，劳动案件经劳动仲裁裁决后，很多都会进入诉讼程序，法院在审理劳动争议案件时，一般视原先的仲裁不存在，对案件全部重新进行。这不但增加了处理劳动争议的社会成本，造成仲裁资源的巨大浪费，同时又使劳动仲裁成了完全“多余”的环节。② “先裁后审”比一般民事诉讼要多占用国家的司法资源，劳动案件经劳动仲裁裁决后大多数会进入诉讼程序，这使仲裁程序形同虚设，造成资源的严重浪费。

(5)仲裁前置程序，剥夺了劳动争议当事人在处理劳动争议中的自由选择权。这就与仲裁作为非行政、非诉讼的公断行为应以当事人的自愿为原则的精神相悖，同时也就无形剥夺了当事人的诉权，造成劳动者告状无门的状况。从各国的仲裁立法史来看，多是采取当事人自愿原则。从“仲裁”概念的本意看，也是由争议双方当事人自愿将他们之间的争议提交第三人(或机构)作出公正的裁决。我国《合同法》及《仲裁法》对经济争议、民事争议都是采用当事人自愿原则。劳动争议的强制仲裁原则缺乏法律依据，在法理上也缺乏依据。《劳动争议调解仲裁法》将仲裁作为诉讼的前置程序排除了当事人的自由选择权。仲裁作为一种非行政、非诉讼的社会公断行为，自愿是其基本原则。强制仲裁违背了当事人的意愿，从而降低了劳动者维权的收

① 参见魏建、李俊枫：《基于博弈视角的劳动争议处理机制完善路径分析——以〈劳动争议调解仲裁法〉为例》，载《理论学刊》2009 年第 11 期，第 30 页。

② 参见肖强、陈正华：《论我国劳动争议处理机制的优化》，载《天津法学》2010 年第 1 期，第 73 页。

益。虽然《劳动争议调解仲裁法》规定劳动争议仲裁不收费，经费由财政予以保障，但这只是减少了当事人维权的金钱成本，却增加了时间成本等广义上的交易成本，与"法律制度应当减小社会的交易成本"准则背道而驰。① 有法官认为，仲裁前置程序限制了劳动者的诉权：诉权是公民权利的重要内容，任何公民在遭遇法律争议时均有权请求国家给予司法保护，在司法保护中，仲裁与审判各具特色，应当允许当事人选择，现行模式以劳动争议仲裁作为劳动争议诉讼的前置程序，实质上限制了当事人的诉权。② 仲裁前置程序，不仅违背了仲裁自愿的一般法理，增加了劳动者维权的成本，还剥夺了争议当事人的自由选择权，同时剥夺了劳动者的诉权。

二、"或裁或审"之审视

"或裁或审"模式是指当事人可以自由选择通过仲裁或诉讼的方式来解决劳动争议，不必受"先裁后审"程序的限制。这样，既符合当事人意思自治的需要，又保护了当事人的诉权。我国目前的"先裁后审"模式，仲裁为劳动争议处理必经程序。而在"或裁或审"模式中，仲裁成为当事人自愿选择的一种争议解决方式。

"或裁或审"模式的主要优点有：

第一，减少环节，降低成本。此种模式避免了我国模式中环节过多，程序过杂的现象，避免了劳动争议的重复处理，既节约了当事人的诉讼成本，又避免了司法资源的浪费。同时该模式缩短了劳动争议处理的周期，提高了劳动争议处理工作的效率，使劳动争议双方当事人尤其是劳动者的合法权益得到及时有效的保障，有利于避免因矛盾的激化而产生不必要的严重后果。

第二，有利于充分发挥劳动仲裁制度的职能。在"或裁或审"模

---

① 参见肖强、陈正华：《论我国劳动争议处理机制的优化》，载《天津法学》2010 年第 1 期，第 73 页。

② 参见陈彬：《论我国劳动争议处理制度的重构》，载《现代法学》2005 年第 6 期，第 94 页。

式中，仲裁与诉讼相互独立，有利于仲裁机构发挥主动性，积极性。而现行的劳动争议模式中，仲裁机构没有最终处理权，易导致仲裁机构产生依赖法院的思想。

第三，有利于劳动关系的和谐。“或裁或审”赋予当事人程序选择权，更有助于争议当事人对处理结果的接受。就程序选择权而言，赋予劳动争议当事人以“或裁或审”的程序选择权，不仅不会抹杀劳动法律关系的公法属性、妨碍劳动法律关系中公共利益的实现，而且还有助于争议当事人对处理结果的接受，促进争议劳动法律关系恢复或实现新的和谐。尊重与被尊重具有互动性，相对于漠视当事人主体地位的“先裁后审模式”和“单一机构处理模式”而言，“或裁或审”模式对当事人程序权利的尊重更容易赢得当事人对程序及其结果公正性的认同。① “或裁或审”能够充分尊重当事人的权利，在劳动争议的处理中更能赢得当事人的信任，对构建和谐的劳动关系具有重要意义。

第四，有利于劳动争议处理制度的完善。“或裁或审”有助于促进劳动争议仲裁、劳动争议诉讼制度的完善，因为，赋予劳动争议当事人以“或裁或审”的选择权可以在法院、仲裁机构之间形成一种隐形的竞争态势，促使法院和仲裁机构改革各自程序上的不完善之处，提高审判人员和仲裁人员的素质，更为公正、高效地处理纠纷，从而吸引当事人进入到诉讼或仲裁程序中来。② “或裁或审”对促进劳动争议仲裁、诉讼制度的完善能起来很好的促进作用，促使法院和仲裁机构以优质和高效的服务来解决劳动争议，为和谐劳动关系搭建有利的制度。

如何构建我国“或裁或审”模式？

第一，修改《劳动法》，必须通过修改《劳动法》来对“或裁或审”模式从法律上加以确定，使“或裁或审”有法可依。

---

① 参见陈彬：《论我国劳动争议处理制度的重构》，载《现代法学》2005年第6期，第95页。

② 参见陈彬：《论我国劳动争议处理制度的重构》，载《现代法学》2005年第6期，第95页。

第二，制定《劳动争议仲裁法》，确立劳动仲裁机构的独立地位，确保劳动仲裁的独立和公平。提高劳动仲裁员的专业化、职业化程度，减少劳动争议处理过程中的行政干预。并且在制定《劳动争议仲裁法》的过程中要注意其与《劳动法》应保持的一致性，以避免仲裁机构与法院在同一案件作出不同的裁决。

第三，在普通法院内设立劳动法庭，或者在普通法院之外另设独立的劳动法院。通过设立劳动法庭或法院，可以减轻普通法院的负担，同时也有利于增强劳动争议案件处理的权威性和提高办案效率。

“先裁后审”的劳动争议处理模式已难以满足合法、公正、及时处理劳动争议的要求，有重新选择立法模式的必要，而“或裁或审”的争议处理模式有利于我国劳动争议的解决，有利于构建和谐的劳动关系，应当成为我国解决劳动争议的新选择。

有人建议在劳动争议处理立法中规定两点：发生劳动争议时，劳动者或用人单位可以向劳动争议仲裁机构申请仲裁，也可以直接向人民法院提起诉讼；一方申请仲裁另一方提起诉讼的，由劳动争议仲裁机构受理。劳动争议仲裁机构做出的裁决具有法律效力，一方不执行的，另外一方可以申请法院强制执行。① 刘诚教授还提出在处理劳动争议时，“确认工会代表诉讼权”具有重要意义：确认工会代表诉讼权，第一是保障劳动者合法权益的需要，第二是维护社会稳定的需要，第三是促进经济持续发展的需要，第四是维护工会地位的需要。在社会主义市场经济条件下，企业和职工之间的利益矛盾和职工在劳动关系中的弱势地位决定了工会代表权、特别是工会代表诉讼权存在的必要性。只有确认和保障工会代表诉讼权，才能发挥工会的作用，从而平衡劳资关系、切实维护劳动者的合法权益。他认为：没有和谐的劳动关系，就没有社会稳定与和谐，维护和实现公平与正义是构建社会主义和谐社会的主要环节，只有切实维护和实现社会公平和正义，劳动者的心情才能舒畅，劳动关系才能和谐、社会才能稳定。工

① 参见刘诚：《劳动争议处理法核心问题研究》，载《甘肃政法学院学报》2008 年第 5 期，第 124 页。

会通过行使工会代表诉讼权，理性地维护广大职工的合法权益，可以避免矛盾激化，维持劳资合作关系，从而有利于社会稳定与和谐。因此，解决工会代表诉讼权问题也是维护社会稳定与和谐的需要。①笔者认为，在实施“或裁或审”的争议处理模式下，充分发挥工会组织在“三方机制”中的重大作用，并在必要的情况下如刘诚教授上面所提出的那样，赋予“确认工会代表诉讼权”，这些将有利于我国劳动争议的解决，有利于构建和谐的劳动关系。

三、仲裁时效之探究

《劳动法》第82条规定：“提出仲裁要求的一方应当在劳动争议发生之日起60日内向劳动争议仲裁委员会提出书面申请。”这是《劳动法》中，对仲裁时效的规定，按照该规定，当事人应当从知道或者应当知道其权利被侵害之日起60日内，以书面形式向仲裁委员会申请仲裁。从立法初衷上看，《劳动法》规定60天仲裁时效确实是为了及时保护劳动者的合法权益，但是在司法实践中，60天仲裁时效，客观上已经成为阻碍劳动者维权的一道门槛。

依据《民法通则》第137条的规定，诉讼时效期间从权利人知道或者应当知道权利被侵害时起计算，这是一种绝对的诉讼时效。但是，即使劳动者知道其权利受到侵害，由于劳动者自身的弱势地位，基于各种原因的考量，劳动者可能也不会立即主张自己的权利，此时，《民法通则》中关于诉讼时效的规定就不利于保护劳动者。劳动争议案件诉讼时效的起算点应该为劳动争议发生之日，此为相对诉讼时效。劳动关系中的当事人一方向对方提出权利主张或异议，或者向调解组织、仲裁机构、人民法院提出了解决纠纷的请求的时间即为劳动争议发生之日。“应当知道”未必实际知道，实际知道也未必就提出外在可感知的要求。所以，“知道或者应当知道其权利被侵害之日”并非就是“劳动争议发生之日”。对劳动争议而言，确立相对诉讼

① 参见刘诚：《劳动争议处理法核心问题研究》，载《甘肃政法学院学报》2008年第5期，第124页。

时效较为妥适。基于此，我国《劳动法》所规定的“从劳动争议发生之日起 60 日”的仲裁时效应为“相对仲裁时效”。①

我们劳动争议的仲裁时效主要有三方面的弊端：

一是仲裁时效过短。与普通民事诉讼两年时效相比，60 天保护周期过短，不利于劳动者和用人单位合法权益的保护。

二是仲裁时效为不变期间。《劳动法》没有时效中止、中断的规定，除非有不可抗力或其他正当理由，否则超过 60 天就属于超过仲裁时效。

三是《劳动法》对如何界定“劳动争议发生之日”规定不明确。实践中，不同类型的劳动争议时效起算点各不相同，加上法律规定不明确，劳动者很难正确、及时把握时效，一不小心就过了时效，难以维护自己的合法劳动权益。

劳动者一旦过了仲裁时效，不但仲裁机构可以不受理，而且意味着将失去胜诉权。例如，对于占到劳动争议案件大多数比例的“拖欠、克扣工资和加班费纠纷案件”而言，仲裁机构和法院一般的做法应该是：从提起仲裁的日期起计算，往后倒推 60 日，如果此日在当事人知道或者应当知道其权利被侵害之日之后则不予保护。这种时效制度使劳动者陷入两难境地，一方面是企业不按时、不足额支付工资和加班费的社会现状，另一方面是按照法律的要求每隔 60 天就进行一场讨薪官司。这种社会现实和法律条文之间的冲突，无疑加剧了劳动者的弱势地位。

根据《劳动法》及其他有关的规定，劳动法律关系的当事人发生劳动争议，应当自知道或者应当知道之日起 60 日内向劳动争议仲裁机构申请仲裁，除非有不可抗力或者有其他正当理由的，仲裁机构应当作出不予受理的书面裁定、决定或者通知。最高人民法院《关于审理劳动争议案件适用法律若干问题的解释》也有相同的规定。根据上

---

① 参见冯彦君、董文军：《中国应确立相对独立的劳动诉讼制度——以实现劳动司法的公正和效率为目标》，载《吉林大学社会科学学报》2007 年第 5 期，第 110 页。

述规定，笔者认为，劳动争议申请仲裁的时效，从法律性质上属于除斥期间，不发生中止、中断或者延长的情形，期间届满，当事人的权利消灭。而诉讼时效期间有中止、中断或者延长的情形，期间届满，当事人仅失去胜诉权。这不合理，理由是，劳动法律关系体现了国家意志为主导的法律特征，目的是为了保护作为弱者的普通劳动者的合法权益，但规定了如此短的申请仲裁的时效期间，且只有不可抗力或者正当理由，方能受到保护，与上述特征及目的不相符。反对者认为，正当理由的不确定性，为劳动争议仲裁机构的仲裁员及法官的解释留下了充分的空间，可以通过扩张解释的方法，以扩大其适用范围，以达到保护劳动者合法权益的目的。上述反对观点有一定的道理。但是，根本问题并没有解决。因为，在法律不明确的前提下，仲裁员或者法官也可以通过限制解释的方法，来达到不予受理或者驳回诉讼请求的目的。因此，根本的解决办法是，通过修改法律，将申请仲裁的时效期间由除斥期间，变为诉讼时效，以充分保护劳动者的合法权益。

2008 年实施的《劳动争议调解仲裁法》修正了《劳动法》实施以来有关劳动争议仲裁时效过短的弊端，自此，劳动争议申请仲裁的时效期限延长为一年。仲裁时效的起点也改为：从当事人知道或者应当知道其权利被侵害之日起计算。对于劳动关系已终止的，劳动者应当自劳动关系终止之日起一年内提出仲裁申请。《劳动争议调解仲裁法》关于仲裁时效的规定大大优于原来的规定，此立法还是比较先进的。

笔者认为还有两点缺憾：第一，1 年的仲裁时效还是较短，不利于劳动者维权，可以借鉴民法有关一般诉讼时效的做法①，将劳动争议的仲裁时效修改为 2 年。这样做既延长了劳动争议的仲裁时效，有利于保护劳动者的权益；又可将几个部门法关于仲裁或诉讼时效的规定统一起来，更符合法的统一性和可预见性的原理。

第二，关于拖欠劳动报酬适用除外的规定还有不足，《调解仲裁法》第 27 条第 4 款规定，发生在劳动关系存续期间的拖欠劳动报酬争

① 我国《民法通则》第 135 条规定：向人民法院请求保护民事权利的诉讼时效期间为 2 年。

议可以作为该条第1款规定的除外情形，即不受“1年”仲裁时效限制，这里面还没有厘清“拖欠”和“劳动报酬”两个概论，由于这两个概念没有法律的明确界定，在实际中已经产生了很大的争议。有律师认为在劳动争议中，用人单位往往混淆“无故拖欠”和“克扣”的概念，认为被欠薪的劳动者在每月工资支付日即应当知道权利被侵害，而工资发放数额的争议属于克扣工资的争议，即使发生在劳动关系存续期间，也应当受“1年”仲裁时效期间的限制，故只对劳动者提出仲裁之前一年的工资请求予以认可，有些仲裁委也是依此进行认定的，应该说这样的理解是有些片面的。“克扣”工资是指用人单位违反规定扣减劳动者工资的行为，“无故拖欠”工资是指除了规定的例外情形，用人单位延期支付或者未足额支付劳动者工资的行为。“扣减”与“未足额”的概念边界是比较模糊的，针对未支付的部分究竟属于“克扣”还是“无故拖欠”，争议双方往往各执一词。① 他还认为，实践中工资没有按月足额发放的情形比较普遍，从保护劳动者合法权益的角度出发，未足额发放工资的争议应当认定为拖欠劳动报酬争议。

另外，“劳动报酬”的边界也没有法律的明确界定，特别是劳动者主张用人单位“支付两倍工资”的请求，是否属于拖欠劳动报酬？仲裁时效是否适用1年的规定？关于这两个问题的争论就更大，各执一词。一种意见认为调解仲裁法规定了仲裁时效为1年，其双倍工资赔偿期间应该是自劳动者申请仲裁之日起，向前追溯12个月，超过部分不予支持；另一种观点认为仲裁时效1年应从劳动者与用工单位解除劳动关系之日起算，劳动者在此期间内提出的两倍工资的请求应当得到支持，其双倍工资的计算期间应是整个劳动关系的存续期间。② 有法官认为：《劳动争议调解仲裁法》第27条明确规定仲裁时

① 参见陈凯华：《浅析劳动争议仲裁时效期间的适用》，载中国律师网群，http：//wq. zfwlxt. com/blog/blogshow. aspx？user = 118351&itemid = 7ff4c410-a253-41c2-b682-9fa300c7fbc3。发布时间：2011年11月22日，访问时间：2011年12月3日。

② 参见刘力、玄玉宝：《劳动仲裁时效的理解与适用》，载《人民司法》2010年第17期，第83~84页。

效期间从当事人知道或应当知道其权利受侵害之日起计算，只有因拖欠劳动报酬引发的劳动争议的仲裁时效从劳动关系终止之日起计算，因此，第二种观点中请求两倍工资的案件的仲裁时效也从劳动关系终止之日计算的主张于法无据，毕竟，劳动关系终止与知道或应当知道权利被侵害并不完全等同。① 有人认为："有关双倍工资的争议不属于拖欠劳动报酬的争议"②，其理由有三：首先，双倍工资与劳动报酬的法律性质不同，尽管称谓为"双倍工资"，但其与劳动者通过正常劳动而获取的劳动报酬并不相同，双倍工资具有赔偿性与惩罚性，而劳动报酬则是劳动力的价值反映。其次，两者产生的原因不同，劳动报酬系基于劳动力（法律行为）的付出，而双倍工资则基于用人单位没有签订书面劳动合同的客观事件（法律事件）。最后，两者规定的目的不同，双倍工资的目的在于促进用人单位与劳动者签订书面劳动合同，劳动报酬的目的则在于保证劳动者付出劳动后获取相应的对价。因此，在仲裁时效问题上，双倍工资争议不能适用《劳动争议调解仲裁法》第 27 条第 4 款的特别规定，而只能适用该条第一款的普通规定。

劳动争议仲裁时效的争论，导致了法律适用的困惑和混乱，直接影响了劳动争议的解决，法律的"定纷止争"功能难以体现，立法者当细量之为好。

第二节　就业歧视争议③

对就业歧视争议解决机制的研究有着现实紧迫性，争议是否能被顺利解决，在一定程度上反映着政府对劳动者平等就业权的重视程度

① 参见刘力、玄玉宝：《劳动仲裁时效的理解与适用》，载《人民司法》2010 年第 17 期，第 84 页。

② 参见聂辉：《双倍工资是否适用劳动报酬特别仲裁时效》，载《中国劳动》2010 年第 1 期，第 51 页。

③ 李静思参与本文的写作。

和保障力度。我国现阶段针对就业歧视的立法体系不尽完善，具体操作中也存在诸多弊端和缺位，这些都将不利于我国在禁止就业歧视上的法制建设，也没能切实保障受害者的合法权益，成为构建和谐社会的阻碍。争议机制应该包含在解决方式及其之间的关系、解决机构。

一、禁止就业歧视立法保障

我国的就业歧视争议机制的建立首要前提是禁止就业歧视立法的完善，包括正式规则、非正式规则和具体措施的规定①。制定任何一项法律政策之前，都要考虑当地的历史传统、经济发展等现实因素，众多因素为立法定下背景，日后也将影响法律法规的实施。我国的民众对歧视的觉悟相对于有着追求几百年自由平等历史的西方发达资本主义国家来说还不够高，在经济发展的现状的制约下，劳动者和政府对就业歧视的行为都给予了过高的容忍。当然，也有因为文化差异导致的对就业歧视的定义、程度、形式有着不同的理解，这也导致了在判断守法还是违法问题上有了分歧。不管各种因素如何相互作用，我们都必须明确要禁止就业歧视现象在我国就业市场蔓延开，以保证有一个公平自由的就业环境，这便是禁止就业歧视立法的目的所在。

(一)模式的选择

关于禁止就业歧视的立法模式选择，理论界大致有单行法和对现有相关法律进行禁止就业歧视规定的补充这两种模式。我国不能简单地判断哪种模式是适合我国国情的，只是以此作参考借鉴：

(1)考察在禁止就业歧视上有较好成效的国家，美国的立法模式是既有禁止就业歧视的纲领性单行法，也有针对不同歧视形式而言的单行法，联邦颁布有统一的单行法，各州也有适用于当地的就业歧视特点的单行法；奥地利、丹麦、英国、加拿大等国都制定了禁止就业歧视的单行法规，并为消除社会就业歧视作出了贡献。我国现有的相关立法较为分散，既有法律条文也有法规，使得禁止就业歧视的法制

① 美国学者道格拉斯·C. 诺斯在《制度、制度变迁与经济绩效》一书中将制度分成正式规则、非正式规则和这些规则的执行机制三个部分。

体系不统一。并且这些法规只停留在了理论层面，没有进入司法审判阶段，不能切实维护被歧视者的权益，也不能对违法的用人单位惩处，形式意义远大于实际意义。

(2)在禁止就业歧视立法工作中，对现有法律的整理和修改是不可缺少的一项繁冗的工作，对不同位阶效力的法律法规统一化才能确保禁止就业歧视的法律法规能够顺利施行。因为任何一项法律制度的确立都不可能只靠一部单行法就能完成的，需要一些有层级结构的、不同类别的相关规范性法律文件一同构成趋于完善的系统。在笔者看来，单独立法容易在技术上实现禁止就业歧视的系统化规范。

现行《就业促进法》有着专门的《禁止就业歧视法》的意义，但是实际上又没有起到实效。禁止就业歧视的专门法应该有这样的内容：明确就业歧视概念和其适用范围，设置专门机构或者将专权赋予某个既存机构，争议的处理机制。《就业促进法》仅仅规定了禁止就业歧视的原则性规定，没有专门禁止就业歧视法中应有的内容，所以不应被视为禁止就业歧视的基本法。除了对禁止就业歧视基本法的关注，还应该将就业歧视争议的程序法落实，使就业歧视争议发生后如何解决有法可依，并进一步明确有就业歧视行为的用人单位在民法和刑法上的责任承担方式。在刑法上对就业歧视有所规定则表明了我国禁止就业歧视的决心和维护劳动者平等就业权的力度。

还需要我们注意的是，在中央和地方都存在大量的含有就业歧视条款的规范性文件，立法中的歧视性条款会给我国的禁止就业歧视道路设置障碍，久而久之也会失去民心。再加上我国现行的行政诉讼法规定抽象行政行为不在受案范围之列，普通民众很难对存在就业歧视的行政法规起诉，势必形成强权政府践踏公民平等就业权的局面，因此，立法者对行政法规的规范性审查就显得不可或缺。

(二)调整范围的扩大

禁止就业歧视单行法的内容应当包括：①确立保障劳动者平等就业权的基本原则；②明确界定就业歧视的内涵和范围，最好对常见的就业歧视形式枚举一二；③对就业中合理的差别待遇作出例外规定；④联系《劳动法》和《劳动合同法》，对在劳动合同中的明示或者潜在的歧视条款予以规范；⑤明确对违反该法而实施就业歧视行为的用人单位以危害程度相对应的处罚，同时还应规定对合法权益受损的劳动者承担补偿责任；⑥兜底条款，对没有列举到的就业歧视形式、问题给予规范。在法律框架构建以后，就需要对细节问题有所关注。

首先是概念的明确，就业歧视的概念和内涵是解决就业歧视争议的根基，这就需要立法者对就业歧视现象有整体和抽象的把握，并用科学严谨而通俗易懂的文字和语句呈现在法条上。面对各式各样、层出不穷的就业歧视现象，只有高度概括它们的本质特征，而又不把定义局限在已经出现的就业歧视现象中，才能较为准确地揭示就业歧视的内涵。

其次是对适用对象和范围的把握，禁止就业歧视的法律法规适用广大用人单位应该是无需争议的，但是现实状况下的行政部门、一些公益性质的社团组织往往被劳动法和劳动监察部门所忽视，这些单位既然存在雇佣关系就毫无疑问会有就业歧视的现象存在的可能性，自然这些用人单位不能因为其设置的特殊性而在法律之外游走。禁止就业歧视的法律适用范围包括劳动者就业的全过程，除了传统的在招聘环节容易产生显而易见的歧视之外，我们也不能忽视用人单位在与劳动者订立劳动关系后的各种工作待遇、解除劳动合同时所牵涉的细节以及产生争议后解决争议的过程，这些都是可能产生就业歧视的环节，立法者必须从就业的时间和空间上全方位多角度对就业歧视禁止。其实在实践中，就业歧视往往体现在用人单位发布的招聘广告中，或者发生在准劳动者在用人单位的招聘环节，而这一阶段在我国的劳动法及其相关法律中并不被认为是成立劳动关系，因此在这一环节受就业歧视的准劳动者的维权无从谈起。学者们大多建议将招聘环节的就业歧视矛盾视为准劳动争议，解聘环节的就业歧视争议视为后劳动争议，均参照《劳动法》和《劳动合同法》等相关法律中的劳动争议情况来处理。《劳动法》调整的对象是劳动关系及与劳动关系有密切联系的其他社会关系，招聘环节作为建立劳动关系的前提存在，这时的准劳动者虽未与用人单位建立事实劳动关系，但在就业权利上与形成事实劳动关系的劳动者不应有太大差别，他们都是广义的劳动者，特别是在就业歧视上，应该享有与正式确立劳动关系的劳动者同等的权利和地位；在正式或者处于解聘阶段的劳动关系并不应该认为已经结束，劳动者享有的权利中有的就是发生在解除劳动关系之后，例如下岗就业再培训就是在没有存在劳动关系时享有的，还有存在劳动关系时就已经发生但是尚未解决的争议应该继续按照劳动争议对待，只有将就业的全过程都纳入劳动争议的受案范围，才能切实落实禁止就业歧视的法规政策。尽管笔者认为在现阶段下将就业歧视争议完全定性为劳动争议有困难，但是无论怎样都应该把就业歧视争议的性质在立法中体现出来。

二、非诉讼解决途径

权利的救济重要的是程序救济，其中私力救济和公助救济属于非诉讼的方式。非诉讼程序原本作为诉讼程序的补充而出现的，但是在实践发展中，以简单、快捷、低廉、更接近需要、适应不同当事人的要求。自20世纪60年代以来，随着现代经济分析法学的兴起，人们逐渐关注法律的效益性价值目标，以及开始重视程序经济问题。所谓程序经济就是诉讼主体以最低诉讼成本取得最大法律效益，实现诉讼目的。程序经济主要包括两方面的要求：一是司法资源耗费最小化，达到最低诉讼成本；二是加速诉讼进程，缓和诉讼拖延。① 笔者认为，程序经济的最佳选择不是诉讼程序，而是非诉讼程序，因为，不管诉讼程序如何考量降低成本，都没有非诉讼程序的成本低，非诉讼程序在权利的救济中应当是最为经济的程序。

“ADR”可译为“代替审判的纠纷解决”，这个词组意味着相对于正式的法律制度而言，更强调非正式的或制度外的纠纷解决，或者说相对于法院通过诉讼程序来解决纠纷而言，更强调当事人通过双方交

① 参见徐昕：《程序经济的实证与比较分析》，载《比较法研究》2001年第4期，第15页。

涉或利用不具有国家权威的种种社会机构来自行处理纠纷。① ADR在美国运用得非常普遍和成功，如美国的圣马特奥郡高等法院设立多元纠纷解决项目的任务包括五个方面：第一，增加法院解决纠纷的能力；第二，根据案件的特点，提供灵活的纠纷解决方式；第三，鼓励纠纷的早期解决，以节约时间和金钱；第四，提高公众对民事纠纷、家事纠纷、青少年犯罪和刑事纠纷的司法体系的满意度；第五，通过宣传教育，促进公众对 ADR 的了解。根据 2011 年至 2013 年的发展纲要，该院确定了多元纠纷解决项目的目标为：至 2020 年，ADR 发展成为完善全面的纠纷解决方式，在司法体制内发挥协助和主导功能，案件既可移交至法院外合适的个人和机构解决，也可以在法院内获得相关服务。多元纠纷解决项目将被公认为公正的、卓有成效的纠纷解决体系，“去法院”不仅意味着使用传统的诉讼和审判，也意味着使用各种诉讼外的纠纷解决程序。② 圣马特奥郡高等法院附设ADR，采取自愿原则为主，向当事人提供多种可选择的纠纷解决方式，法院通过网站、宣传册等方式向当事人灌输 ADR 的理念，通过与律师协会、民间调解机构的合作，共同打造社会大调解格局，取得了极大的成功。美国这种成功的 ADR 经验案例，确实值得我国借鉴，立法者应当细细量之。

就建立和谐劳动关系来说，发挥自主协商、调解的作用显得更为重要，过分依赖法律规制未必有好的效果。在我国的劳动争议诉讼中引进 ADR 方式，将调解与仲裁、诉讼结合起来，以更好更快地解决劳动争议。从各国的实践来看，ADR 是司法制度的有益补充，而不是全面取代正式的诉讼。③ 在劳动争议的处理中，已经有很多人提出了应当借鉴国外的 ADR 制度。

---

① 参见刘冬京、王军荣：《劳动争议诉讼与 ADR 关系构建》，载《价格月刊》2007 年第 12 期，第 48 页。

② 参见江和平：《美国圣马特奥郡高等法院附设 ADR 工作实证考察》，载《人民法院报》2011 年 12 月 9 日第 006 版。

③ 参见刘冬京、王军荣：《劳动争议诉讼与 ADR 关系构建》，载《价格月刊》2007 年第 12 期，第 49 页。

(一)非诉讼程序的完善

在非诉讼程序中，当事人意思高度的自治，程序简便灵活，而且具有非对抗性和非公开性，最后达成的协议都是双方合意的结果容易履行，其裁决不需要依据严格的实体法规定，避免了因法律的滞后性给争议双方的利益带来损害。但是非诉讼程序解决争议也存在固有的缺陷，如何确保中间人的中立资格、如何排除恶意非诉讼程序参与人、如何避免非诉讼程序被滥用？这些都是在完善非诉讼程序中首先要考虑的问题。可以借鉴国际上的做法：国家出台针对包括解决就业歧视争议在内的非诉讼程序法律规范，设置专门机构负责或者指导非诉讼程序的案件，成立中立的专家组织等，以此克服或者减弱非诉讼程序所存在的弊端带来的影响。

(二)发挥行政机关和社会团体的作用

仅靠执行法律来保障公民的合法权益是不足以较好实现立法目标，还需要政府的行动支持。单位工会、劳动监察部门、仲裁机构和法院都可以是就业歧视争议的解决机构，但是由于法律规定的疏漏，使得虽然有上述部门可以解决劳动争议，但是并没有有效地解决就业机会歧视的争议。政府和社会团体在解决就业歧视的争议问题上有着义不容辞的法律义务和社会责任，政府有义务也有责任消除歧视，消除就业歧视，追求平等的就业环境是对人格尊严的一种尊重。政府除了在颁布法律法规时坚持禁止就业歧视的原则以外，还应有具体措施主动积极地避免使劳动者陷入被歧视的境地。效仿美国的“肯定行动”①，我国可以对资源采取合理的调配，以鼓励弱势群体自主创业和聘用他们的用人单位；对布置配额任务的用人单位进行监察，赏罚分明。

现实生活中的社会团体扮演着化解争议、沟通个人和单位之间的重要角色。我国没有专门的禁止就业歧视机构，但是这些团体实际上都发挥着专门机关的部分作用，比如接受劳动者投诉、组织用人单位

① 肯定行动是指美国政府采取的积极政策以帮助黑人和妇女等相对弱势群体改善经济状况、摆脱旧业困境。

和劳动者协商，协助劳动者起诉等。解决就业歧视的争议的切入点应该从工会参与入手，工会是帮助劳动者争取合法权益的组织，在建立公益诉讼机制后可以由工会代表劳动者参加诉讼维权。现实中劳动者与用人单位产生了就业歧视争议，一旦诉至法院则意味着劳动者与用人单位之间的劳动关系的破裂并且无法修复。如果工会能很好地在其中调解，并作为劳动者的靠山，同用人单位协商，劳动者就减少了失业的风险和维权成本，也节约法律资源，同时还维护了社会安定和谐。

(三)加大平等就业意识的宣传力度

宣传平等权、平等就业，增强广大劳动者的平等意识和维权意识，同时也使用人单位树立平等对待劳动者的思想，这对减少就业歧视争议或者很好地化解就业歧视所引发的矛盾冲突有着很好的效果，也节约了我国的司法资源。道德意识在国家的影响力是不容忽视的，社会道德标准在各项事务都有着深远影响，我国有着传统的等级观念和男尊女卑思想，尽管我国的封建时代早已经结束，但是直到今天我们仍不能说“平等观念深入人心”。就业歧视现象的产生和盛行，一部分原因自然归结于用人单位的不尊重劳动者的平等就业权，然而劳动者没有权利意识也助长了就业歧视现象的风行。只有当劳动者意识到自己被歧视，并且不能容忍时，才会对就业歧视说不，找回应有的尊严。尽管到目前为止，我国的有关就业歧视的案件都以原告败诉收场，但是已经引起社会群众和学者们的广泛关注，就业歧视法制改革势在必行。

三、诉讼解决途径

公力救济是权利救济中最直接有效的救济方式，在我国的劳动争议解决机制中，诉讼为终结程序，在此之前必须依次经过企业内部调解和劳动仲裁。企业内部的调解主要依托依附于企业的工会组织，这就使得这个调解过程形同虚设，并没有起到应有的初步缓和争议的作用，有时反而会激化矛盾，使劳动者觉得求助无门、孤立无援，助长用人单位的违法气势。

(一)建立公益诉讼的可行性

依照我国现行法律规定似乎可以将就业歧视视为私立救济的权利范畴，再加上没有可行的诉讼程序和明确的法律依据，使得劳动者在受到直接或间接就业歧视时都无法得到权利保障，公平的就业秩序遭到破坏。由于我国没有实行公益诉讼制度①，在就业歧视争议的案件中，只能由受害人(或其代理人)以利益直接受损者的身份提起诉讼，这样会不利于切实追究违法用人单位的社会和法律责任。因此，建立一套公益诉讼机制可以在我国当前形势下较好地解决就业歧视案件无法受理或者无成功维权案例的现状，真正使不特定群体在被歧视后勇于以法律维护自己的尊严和权益，并且行之有效。就业歧视往往都是针对某一特定群体而进行排斥，法律应当为了维护公平就业秩序以及保障少数人应有的权利，规定社会团体可以提起公益诉讼的方式解决就业歧视争议。结合公益诉讼的特征来看，就业歧视行为实际上不仅侵害了部分劳动者的平等就业权，对涉及社会公共利益的公平就业秩序也产生了负面影响，只有准许以公益诉讼的形式对就业歧视争议提起诉讼才能放宽原告资格的限制，侧面强调就业歧视行为侵害的不单单是个人的权益，以司法的力量确保了就业的机会公平和顺畅；公益诉讼不是一种独立的诉讼类型，只是从原告资格的认定上跟一般的行政诉讼和民事诉讼有所区分，但仍属于行政诉讼或者民事诉讼的范畴；公益诉讼的提起并不当然有损害事实的发生，只为了预防潜在的公共利益的侵害，就业歧视是对某一特定群体的权利侵害。

我国目前的情况是，发生了就业歧视争议无法以非诉讼的方式解决，诉至法院却被以“法无明文规定”、“抽象行政行为不可诉”、“不属于劳动争议范畴”等理由拒绝维护劳动者的平等就业权利。在社会正义得不到法律伸张时就容易激化社会矛盾，对法律的权威性是一种撼动，也势必对我国的社会主义法治进程产生阻碍。我国的司法机构

① 这是指在国家机关、企事业单位或者相关团体产生违法行为后，侵害了国家或者社会利益时，公共利益的代表人(一般为检察机关，也有其他相关团体组织)依法向法院提起诉讼，要求法院依法裁判的诉讼活动。

应该担负起维护社会公共利益的责任，通过解决就业歧视争议以此树立法治形象。在缺乏法律依据的情况下，法官的创造性又被限制，很难基于法律精神和社会正义作出符合社会公共利益的裁判。尽管法官的能动性被束缚，但是不应该让实质正义被程序要求所阻挡。

原告资格的放宽是公益诉讼区别于一般诉讼的体现，在美国，平等就业机会委员会专门负责就业与职业歧视方面的公益诉讼。我国可以借鉴之，就业歧视争议案件中原告可以是直接受害者、法律允许的提起公益诉讼的组织①或者法律指定的主管机关②。公益诉讼依据的法律不明确时应该可以通过最高法院发布参考案例的方式给予下级法院指导，这样做不是破坏我国“不承认案例法”的传统，而是发展地解决法律问题。借鉴国外禁止就业歧视法律体系发展得比较健全的国家的实践经验来看，就业歧视争议中原告取得证据有很大的局限性，而且处于弱势地位的劳动者在同属于强势的用人单位争取合法权益时存在很大的困难，因此只有实行无过错责任的举证方式，由用人单位承担举证责任是公平合理的。当然这并不表示原告劳动者不需要提供任何证据，只是是否存在就业歧视事实以及是否存在就业歧视与损害结果之间的因果关系是由用人单位方承担。

（二）与非诉讼机制相协调

不同程度和类型的就业歧视行为，应该给予区别对待。情节轻微、影响不大的可以通过非诉讼机制来处理，对于情节严重或者调解不成的案件，则可以适用诉讼机制解决争议。上面有提到过非诉讼机制的优点和特点，备受学者推崇，甚至有学者建议广泛取代争议诉讼机制。对此，笔者就就业歧视争议诉讼机制的弊端对策做如下阐述：

（1）就业诉讼难以提起——民法上没有具体规范时，可参照劳动

① 在就业歧视行为不仅仅侵害个体劳动者的权益、还对广大劳动者造成了歧视威胁、对社会公平就业秩序有负面影响时，就可以由有资格的组织和团体或者直接受害人提起包含私益和公益内容的诉讼，亦称为民事公益诉讼。

② 这时的机构应为劳动主管部门，针对的是用人单位为政府行政部门的就业歧视争议，提起的诉讼应该是公益性的行政诉讼，亦称为行政公益诉讼。

争议处理，依据《劳动法》、《就业促进法》提起诉讼；抽象行政行为不具有可诉性，可明确规定政府的歧视行为属于一般用人单位的歧视行为，在此之前需要明确就业歧视诉讼采取举证责任倒置；我国宪法不可诉，可依靠民间组织协助提起公益诉讼，由于被歧视就业者未必已经就业，所以该组织可以包括但不仅限于工会。对于政府部门的就业歧视行为，应该提起行政诉讼，不能排除在禁止就业歧视法规之外。

(2)诉讼机制的制度性制约——诉讼的效率低、耗时长，建议效仿实践中设立经济庭的做法设立劳动争议庭①，一起专门集中尽快解决争议；诉讼成本高，可不收取原告诉讼费用，但似乎国情不许，可由政府牵头设立基金会，由民间组织资助，亦可以由用人单位缴纳类似于社会保险费用的费用，如果某一用人单位被判定成立就业歧视一起，就对其进行处罚，将处罚款项打入基金会或者相应管理组织，或者干脆就有社保基金管理组织管理这笔款项，用于就业歧视诉讼的诉讼费、律师费等费用；诉讼程序复杂且具有强对抗性，即使原告胜诉也不可能获得就业的机会了，因为过了选拔用人时机，再重新进行亦不可能，可由法律规定原告胜诉能获得一定标准的经济补偿，再对用人单位罚款处罚，双重处罚以儆效尤，被歧视者从法律获得了平等就业的保障，强调了自身平等就业权，用人单位也为此付出了经济代价，甚至可以定期公告用人单位被判定为就业歧视的前十名，让其为之付出公众信誉度下降的代价，不能因为只顾经济发展而忽略了社会公平正义、牺牲法的公平的价值；诉讼的公开性会对当事人(特别是原告)带来巨大的精神压力，譬如性骚扰等争议，为了保护当事人的利益，可以作为涉及当事人隐私的案例不公开审理，但是判决结果无法避免公开，这需要原告承担一定的社会风险；法官的法律实践经验无法完全专业化，可以定期培训，以期提高专门法庭的法官的业务能

① 这是在将就业歧视争议定性为劳动争议的情况下，如果将其归入一般民事诉讼领域，则可以单独设立解决类似无法被纳入劳动争议案件的特殊法庭，也可以不设立。

力和理论水平。

笔者认为，在目前国内尚无专门机构能帮助就业歧视受害者搜集证据的现实情况下，诉讼机制解决就业歧视的争议应是主流。即便是成立的专门机构，在成立初期，该机构能发挥的功效还有一定局限性，非诉讼机制中的几个方式在我国都流于形式，并未充分发挥其作用，不仅没能分流诉讼案件，反而造成了资源的重复、浪费，在禁止就业歧视争议中还不能大力推广，广大劳动者职能依司法途径解决争议、维护自身合法权益。并且，非诉讼争议解决机制也存在弊端，譬如当事人的诚信度无法保证，这就会影响结果的履行，以及中立资格的确定也可能产生争议。

（三）法律救济的完善

一项机制的建立离不开保障措施，禁止就业歧视的立法和就业歧视争议解决程序确立后就需要考虑司法救济这一重要环节。无论是在招聘环节还是在就业过程中，劳动者无论受到来自行政机关还是企事业单位的就业歧视，都无法得到应有的救济。我们可以借鉴国际上通行的做法，设置专门机构处理就业歧视争议，让该机构独立地行使权力：受理投诉、展开调查、协助受害人提起诉讼、宣传平等就业思想、给国家和政府制订禁止就业歧视的法律法规提供顾问意见等。但是一个应该有审查权去审查用人单位的招聘广告及内部规定①、有受理权来受理劳动者对就业歧视争议的申诉，集调解、调查、监察职能于一身的禁止就业歧视专门机构，应该下设在劳动监察部门。结合我国的实际情况来看，我国却没有开启非法律机构处理法律案件的先河，即便是成立了专门的禁止就业歧视机构，也无法发挥发达国家那样的效力。非诉讼机制下的主持调解的单位不外乎是行政机构、独立的社会团体，即使是依据禁止就业歧视相关立法而设置的专门机构也不具有司法机关的权限，在对违法用人单位的惩处上就受到权限制约。

谈到救济就必须提到赔偿，完善的惩罚机制下相应的赔偿机制也应该健全，这不仅是对受害者以经济、精神的补偿、赔偿，同时也对

① 行政法规由其颁布部门的上级部门审查。

用人单位以警示作用。赔偿的同时还应予以惩戒，可以是业内通报批评、媒体曝光、警示性罚款。在我国现有法律体制下，就业歧视不包括在劳动争议的受案范围内，民事法律没有对就业歧视作出规定，被歧视的劳动者无法依据民事侵权规定要求用人单位承担民事责任，因此笔者认为，可以建立禁止就业歧视的基金会，就业歧视的受害者可以由基金会救助，资助其在争议处理前的诉讼费用，得不到相应赔偿后也可由基金会资助以供其今后再次谋生。惩戒还可以取消或者限制用人单位的优惠政策、限制或禁止其录用新的劳动者、取消其与政府的合作等措施，使用人单位的违法成本增大，以此警示广大用人单位严格遵纪守法，尊重劳动者的合法权益——平等就业权。

我国《劳动法》对于就业歧视行为没有规定具体的救济措施。从其他国家的情况来看，对于就业歧视行为，法律允许受歧视的劳动者向法院起诉，有些国家还设立了专门处理就业歧视投诉的机构，有些国家则规定工会有权替代劳动者对雇主提起诉讼。我们认为，在我国，既然《劳动法》已经存在关于禁止就业歧视的规定，因此，发生就业歧视行为，应当允许劳动者向法院提起诉讼。同时，鉴于我国工会的特殊地位，也应允许工会接受劳动者的投诉，代表劳动者利益，与用人单位进行交涉，解决就业歧视问题。在用人单位拒绝改正的情况下，应允许工会支持劳动者向法院提起诉讼。

就业歧视行为的责任，根据具体案件的不同而有差别。从国外的规定来看，一般对就业歧视的行为，确认其无效。如果属经济待遇上的歧视，则用人单位应当承担对相关待遇进行调整的义务，补偿劳动者受到的损失，在必要时，还可以对用人单位处以惩罚性赔偿金。如果属于非经济待遇上的歧视，则可以判令用人单位对受歧视劳动者予以复职、晋升，也可以给予经济补偿。如果因歧视而使劳动者丧失工作机会，则可以判令该用人单位聘用该劳动者或对其做出经济补偿。

就业歧视广泛存在，我国在这方面的立法尚未成熟，监管和保障也有缺失。我们必须在法律上有统一的就业歧视定义，以科学的标准界定就业歧视的内涵和外延，及时对新出现的就业歧视形式做分析判断并采取措施，增强对劳动者平等就业权的保障。对将来的和过去的立法审查不可忽视，还要明确惩处条例，以此规范用人单位的行为。不管何种歧视都是对受歧视者的人格尊严的打击，广大民众若始终以一种漠不关心的态度对待就业歧视现象，那么下一个被歧视的很可能就是自己。消除就业歧视甚至消除歧视，都是一个难题，就业中的歧视现象会使人才浪费，社会道德走向一个不公正不公平的层面。虽然我国禁止就业歧视的法律制度仍需完善，就业歧视后的救济制度也未能建立，但是我们不能放弃争取有尊严的劳动的目标，适当借鉴国外成功立法经验，将禁止歧视的价值理念树立并宣传、制度保障以及司法实践完善并总结教训。有人曾说过：“没有法律保障的尊严不称其为尊严，不成功的维权也没有尊严”，我国的劳动者在面对就业环境时不应只有悲壮的感受，法治的进步需要我们每个有道德、有法律素养的公民都为之努力！

第三节　社会保险争议

一、由典型案例说起

(一)典型案例之一：用人单位未缴纳社保费引起的争议①

小王是昌乐县一家公司职工，因生病被单位辞退，公司没有给小王缴纳任何社会保险。2010 年 10 月 20 日，小王到县劳动人事争议调解仲裁院请求立案，要求单位给自己补缴 2006 年 5 月至 2010 年 4 月的养老、医疗保险费，并享受医疗保险待遇。仲裁员审查了小王的申请书后，认为小王请求的事项不属劳动争议范围，请求事项也不明确，建议小王修改申请书。小王不服，质问仲裁员说：“2008 年 5 月 1 日生效的《劳动争议调解仲裁法》第 2 条第 3 项明确规定社会保险争

① 参见王国好：《用人单位未缴社保职工无法享受社保待遇怎么办》，载中国普法网，http：//www. legalinfo. gov. cn/pfkt/content/2010-11/17/content_2352254. htm？node=7905，发布时间：2010 年 11 月 7 日，访问时间：2011 年 7 月 9 日。

议属劳动仲裁的受理范围，你们为啥不受理?”仲裁员对小王的问题进行了耐心的法律解释。实际上，小王的情形是当前劳动者维权的一个典型问题。

(二)案例之争议

本案例的最大争议在于：到底什么是社会保障争议？社会保障争议与劳动争议有无区别？区别在哪里？

虽然《劳动争议调解仲裁法》明确规定社会保险争议是劳动仲裁的受案范围，但对什么是社会保险争议，实践中却有不同的理解。这样就直接导致法律适用的困惑。《劳动争议调解仲裁法》第2条规定：因工作时间、休息休假、社会保险、福利、培训以及劳动保护发生的争议适用本法。

第一种观点是：社会保险争议应做字面解释，包括所有的社会保险争议；

第二种观点是：应当做限制解释，并不是所有的有关社会保险的争议都是社会保险争议。

山东省高级人民法院、山东省劳动人事争议调解仲裁委员会下发的《关于适用〈劳动争议调解仲裁法〉和〈劳动合同法〉若干问题意见》认为：社会保险争议是指因用人单位没有为劳动者依法缴纳基本医疗、工伤和生育保险费，劳动者要求直接支付基本医疗、工伤和生育保险待遇和赔偿金而发生的争议。

2010年9月13日最高人民法院出台的《关于审理劳动争议案件适用法律若干问题的解释(三)》第1条也规定：劳动者以用人单位未为其办理社会保险手续，且社会保险机构不能补办导致享受社会保险待遇为由，要求用人单位赔偿损失而发生争议的，人民法院应当受理。

由上述两个文件的规定可以看出，社会保险的含义应当做限制解释。如果因用人单位欠缴、拒缴社会保险费或者缴费年限、缴费基数等与劳动者发生的争议不是社会保险争议。

那么，用人单位欠缴、拒缴社会保险费，劳动者怎么维权呢？现有的法律并没有明确的规定，但从社会保险强制缴纳的社会法属性看，劳动保险费的征缴应当是社保稽核部门进行行政征收管理的范畴，应该由劳动保障行政部门征缴。2010 年 10 月 28 日通过的《社会保险法》第七章对社会保险费由政府行政部门如何征缴做了详细明确的规定，《社会保险法》生效后，这一问题便有了充分的法律依据。因此，劳动者可以向当地劳动保障行政部门投诉，通过劳动保障行政部门强制征缴的方式维护自己的权益。

具体到小王的案件，小王可以就养老保险费补缴向县劳动保障监察大队投诉，由劳动保障监察大队强制单位为其补缴养老保险。但根据目前的社保政策，医疗保险是不能够补缴的，小王可以就由于公司没有为其缴纳社会保险而造成的医疗损失，通过劳动仲裁和诉讼的方式维护自己的权益。

（三）与上面结果相反的典型案例①

老王以前是某乡兽医站的工作人员，因单位效益差，一直没有给职工办理养老保险。老王退休后没有收入，完全靠儿子赡养，为此向法院咨询能否到法院起诉？法官提示：根据《劳动法》第 72 条规定，如果退休前单位没有给职工缴纳社保，退休后可以要求单位补缴。

另外，根据《最高人民法院关于审理劳动争议案件适用法律若干问题的解释》第 1 条第 3 项之规定，劳动者退休后，与尚未参加社会保险统筹的原用人单位因追索养老金、医疗费、工伤保险待遇和其他社会保险费而发生的纠纷属于劳动争议，而劳动争议纠纷不能直接向法院起诉，必须先经过劳动仲裁。因此，老王应先在当地申请劳动仲裁，对仲裁裁决不服的再向法院起诉。

此案例与案例一，同样都登载于“中国普法网”上，当事人的法律请求一样，都是追讨社会保险费。但是，案例一的认定结果是：不属于劳动争议的范畴，不适用劳动争议“先裁后审”的规定；而案例二属于劳动争议的范畴，必须适用劳动争议“先裁后

① 参见赖见兴：《起诉单位未缴社保，应先申请劳动仲裁》，载中国普法网，http：//www. legalinfo. gov. cn/pfkt/content/2011-05/20/content_2668301. htm?node=7907。发布时间：2011 年 5 月 20 日，访问时间：2011 年 7 月 9 日。

审”的规定。

二、社会保险争议种类和性质

(一)社会保险争议的种类

社会保险是国家和社会，在国民因年老、工伤、患病、失业、生育等原因，导致暂时或永久丧失生活来源时，依法给予一定的物质帮助，以保障国民基本生活需要的一种社会保障制度。我国社会保险包括基本养老保险、基本医疗保险、失业保险、工伤保险和生育保险。社会保险争议是指公民因用人单位违反法律法规的规定或者劳动合同的约定，不交、少交或拖延社会保险费，或不支付、少支付社会保险待遇等引起的纠纷。

社会保险争议是社会保险关系主体因社会保险的权利享有、义务分配和事务管理发生的争议。① 该定义认为，社会保险争议主要包括用人单位与职工之间基于劳动关系因社会保险费的缴纳发生的争议；社会保险缴费人(用人单位和职工)与社会保险经办机构之间因社会保险缴费、支付发生的争议；社会保险缴费人和其他组织(主要为社会保险定点服务机构)因劳动保障行政部门的社会保险管理行为发生的争议。

社会保险争议主要有以下五种：

(1)因用人单位拒缴或拖欠社会保险费而发生的争议。这是我国目前社会保险争议中最多的争议。此类争议涉及的主体有两个：缴纳社保费的义务主体是用人单位和劳动者，收缴社保费主体是社保经办机构或者税务机关。此类争议主要是保险关系建立后，用人单位不依法履行自己的缴费义务，或履行义务存在瑕疵的行为。拒缴是指用人单位未依照法律规定或劳动合同约定，未为劳动者缴纳社会保险费的行为；少交是指用人单位虽为劳动者缴纳了一定的社会保险费，但其缴费数额没有达到法律法规规定的数额；拖欠是指用人单位未依照法

---

① 参见李琪：《刍议社会保险争议解决机制完善》，载《商场现代化》2010年8月(上旬刊)，第176页。

律规定或劳动合同约定的时间为劳动者缴纳其应当缴纳的社会保险费。

用人单位拖欠或者拒缴社保费，一般不会只拖欠或者拒缴个别劳动者，而是包括全体或者大部分劳动者。因此，此类争议往往具有集体争议的性质。

此类争议在学界和实践中也是争论最大的，对其法律定性和法律适用都是众说纷纭的，还没有统一的结论，是我们研究社会保险争议的主要问题。

(2)参保争议。它指用人单位依法应当履行自己的法定义务，应当参加社会保险而未参加，劳动者要求建立社会保险关系的争议。

(3)社会保险赔偿争议。它指因劳动保险事故发生后，劳动者依照法律法规的规定，要求用人单位赔偿因其不交、少交或迟交社会保险费的行为所带来的社会保险待遇损失的争议。司法实践中主要包括工伤损害赔偿和医疗保险赔偿争议。

(4)合同争议。它指用人单位与劳动者因劳动合同或集体合同约定的社会保险事项，而发生的争议。主要是约定缴纳社会保险费用的争议。

(5)社会保险金发放争议。它指社会保险经办机构与劳动者或离退休人员，因保险金的审核、认定、发放等社会保险事务而发生的争议。此类争议的主体是社会保险经办机构与劳动者或离退休人员，而不是企业。

(6)社会保险处罚争议。它指有权处罚机构因处罚用人单位违反其应当履行社会保险义务引起的争议。

(二)社会保险争议的性质

司法实践和学术界对社会保险争议的性质一直是有争议的，莫衷一是，见仁见智。笔者将归类为三种：一是“劳动争议说”；二是“行政争议说”；三是“混合说”，社会保险争议部分属于劳动争议，部分属于行政争议。

1.“劳动争议说”

此类规定认为，社会保险争议都属于劳动争议。

此观点将只要是涉及社会保险问题，不管其主体是劳动者与用人单位，还是劳动者与社会保险经办机构，都认为是属于劳动争议的范畴，都应当按照劳动争议的处理程序来办。

有人对此观点从司法实践的角度进行了批判。不区分各种社会保险纠纷的性质而将其一概作为劳动争议案件予以受理，效果不理想，弊端很多。首先，判决难以明确、具体。社会保险费的应缴数额是根据劳动者的月工资总额计算的，由于劳动者每月工资总额总是处于变动之中，当人民法院判决用人单位为劳动者补办社会保险时，判决主文难以对每月应补交的社会保险险种及其数额、补交时间逐一明确。而且，社会保险费缴纳数额的核定权属于社会保险经办机构或税务机关。所以，司法实践中，人民法院不得不笼统地判决由用人单位为劳动者补交社会保险费，而将补交的具体数额交由社会保险经办机构或税务机关核定。其次，判决难以执行，有损司法权威。由于社会保险纠纷的特殊性，人民法院判决的执行需要相关相关行政部门的协助。目前，社会保险经办机构或税务机关与人民法院在可补交的险种、补交的时间等诸多方面存在分歧。导致判决难以执行。再次，不利于及时有效地保护劳动者的合法权益。将社保纠纷作为劳动争议寻求司法救济，必须经过"一裁二审"的漫长过程，即使其诉讼请求最终得到人民法院的支持，结果还是由用人单位向社会保险经办机构或税务机关为其补交社会保险费。若由劳动者直接申请劳动行政部门处理，不仅可以避免"一裁二审"的复杂过程，当劳动者对劳动行政部门的处理不服时，同样可以提起行政诉讼，寻求司法救济，对其合法权利并无损害。① 钱昭明也认为：社会保险争议是属于劳动争议仲裁受理的范围②，其理由是根据《劳动法》第3条的规定：劳动者有享受社会保险福利的权利。《企业劳动争议处理条例》把企业与职工之间因执行

① 参见欧阳梅、钟晓奇：《社会保险纠纷的定性与处理》，载《人民法院报》2008年12月23日第006版。

② 参见钱昭明：《社会保险争议不属于劳动争议仲裁受理范围?》，载《四川劳动保障》2005年第5期，第32页。

国家有关工资、保险、福利等规定发生的争议纳入了条例适用范围。

社会保险纠纷应当属于劳动争议案件，且属于人民法院受理民事案件范围，即劳动者对劳动争议仲裁委员会做出的仲裁裁决不服向法院起诉时，人民法院享有管辖权。理由有三：第一，社会保险纠纷属于劳动争议的受案范围，符合劳动法律法规的相关规定。《劳动合同法》第17条规定社会保险为劳动合同应当具备的条款。因此，用人单位和劳动者之间因社会保险发生的纠纷应当是履行劳动合同发生的争议，因而属于劳动争议。由此可见，用人单位和劳动者之间因社会保险而引发的争议属于人民法院的受案范围。《劳动争议调解仲裁法》第2条规定：用人单位与劳动者发生的下列争议，适用本法：因工作时间、休息休假、社会保险、福利、培训以及劳动保护发生的争议。该条规定已非常明确地将用人单位与劳动者之间发生的社会保险这一案件归结为劳动争议案件。依据上述法律法规之规定，用人单位与劳动者之间的社会保险纠纷属于劳动争议的受案范围，符合劳动法律法规的相关规定。第二，社会保险纠纷不纳入劳动争议的受案范围，不利于保护劳动者的权益。人民法院以社会保险纠纷不属于劳动争议和人民法院受理民事案件范围为由驳回劳动者的起诉，实际上剥夺了劳动者的诉权，此举不但违反了法律法规及相关司法解释的规定，而且与劳动法侧重保护处于弱者地位的劳动者之劳动法立法精神相悖，更不符合现代社会以人为本和司法为民的要求。第三，劳动者与用人单位发生社会保险纠纷时，劳动者选择行政救济与选择司法救济并不冲突，两种途径解决方式可相互补充。

基于上述三个理由：劳动者与用人单位之间因社会保险发生争议，该争议属于劳动争议，属于劳动仲裁和人民法院受案范围。劳动者要求享受社会保险待遇既符合社会保险制度的内在要求，也符合国家相关法律法规的规定。①

① 参见《社会保险纠纷属于人民法院审理劳动争议案件的受案范围》，载人事劳动争议网，http：//www.hrlaw315.com/news/previewnews.php？news_id=3535，发布日期：2010年5月21日，访问时间：2011年7月11日。

社会保险争议作为劳动争议的主要构成部分，可能在一段时间内仍然会是争议的主流和焦点，但是随着我国社会保险事业各项制度的不断完善，特别是立法和审判体制的逐步完善，将会大大改善解决争议的法律环境，从而有效降低争议的发生几率并提高审理实效。①

2.“行政争议说”

很多人认为，社会保险发生的争议不是指由社保费发生的争议，而是指因社会保险待遇发生的争议。②

劳动法专家徐智华认为：“劳动争议的受案范围不应涵盖社会保险行政争议”。社会保险争议在劳动和社会保障部颁发《社会保险行政争议处理办法》之前，由于该种争议是基于劳动关系而产生的，故《企业劳动争议处理条例》、《劳动法》有关劳动争议的处理条文，都将社会保险争议涵盖于劳动争议之中。因此，社会保险争议是从劳动争议中分离出来，随经济发展和社会保险立法的完善而形成的一种独立于劳动争议之外的行政争议。社会保险争议与劳动争议曾共存一体，适用同样的法律法规，都是基于劳动关系而产生的争议。但社会保险争议独立于劳动争议范围外后，该种争议发生了质的变化，他认为社会保险争议与劳动争议的不同之处有三：(1)当事人不同。劳动争议发生在用人单位和职工之间，而社会保险争议发生在社会保险经办机构和公民、法人或其他组织之间。显然，社会保险争议当事人的范围比劳动争议当事人范围要宽，不仅包括职工，而且包括非职工以及法人、其他组织之类的主体。(2)争议的性质不同。劳动争议属于当事人关于劳动权利和义务的争执，当事人争议的标的必须是属于劳动关系中的权利和义务；而社会保险争议则属于当事人之间因经办社会保险事务(登记、变更或注销及审核、缴费、享受待遇不公平等)发生的争议，而经办机构是法律、法规授权的劳动保障行政部门所属

① 参见张丽云：《社会保险争议持续上升的原因及对策》，载《天津社会保险》2009年第4期，第18页。

② 参见游清富：《社保欠费不应属劳动争议》，载《中国人力资源社会保障》2010年第10期，第44页。

的专门办理社会保险事务的工作机构。可见社会保险经办机构属劳动行政部门的下属机构，因此，社会保险争议显然应归属于行政争议范畴。(3)解决争议的途径不同。社会保险行政争议可采用当事人申请复查、行政复议及行政诉讼解决，而劳动争议只能通过劳动仲裁和法院审判解决。适用法律不同。社会保险争议解决适用《行政诉讼法》和《社会保险行政争议处理办法》等法律法规，而劳动争议的解决则适用《民事诉讼法》和《企业劳动争议处理条例》及相关司法解释。①徐智华教授认为社会保险争议与劳动争议是具有明显的区别的，他将社会保险争议与社会保险行政争议是等同看待的，他认为"社会保险争议显然应归属于行政争议范畴"。

董保华教授也认为社会保险争议应归属于行政争议。由于我国将社会保险法作为劳动法的调整对象，社会保险争议也完全按劳动争议来处理，《中华人民共和国企业劳动争议处理条例》完全将养老保险争议作为劳动争议来规定是不恰当的②。他认为一旦劳动者发现其账户内保险金不足，根本无法通过劳动争议程序来维护自身的合法权益。用人单位不缴纳养老保险，不能仅视为损害了劳动者的利益，应当视为侵犯了国家和社会的利益；受到侵害的劳动者虽也可以提起劳动争议程序，以保护自己的民事权利；但更应通过行政诉讼程序的方式，来维护自己的合法权益。他这样做的好处是有利于明确国家责任，强化社会保险费的征缴力度。国家有关部门在用人单位不依法按时足额征纳或在法律规定的情况下，必须承担有关责任，由于劳动者利益受到侵犯时，国家须承担先行支付的责任，就会促使有关部门提高社会保障的强制程度。

社会保险行政争议具体包括以下种类：(1)社会保险费征缴争议；(2)社会保险待遇争议；(3)关于个人账户的基金数额核定的争

① 参见徐智华：《劳动争议处理几个疑难问题研究》，载《中国法学》2003年第3期，第130页。

② 参见董保华：《社会保障法与劳动法的界定》，载《华东政法学院学报》2001年第3期，第46页。

议；(4)因社会保险申报、登记等管理事务发生的争议；(5)社会保险行政部门对违反社会保险法的行为进行行政处罚而发生的争议；(6)社会保险经办机构与为社会保险提供服务的机构之间发生的争议；(7)对工伤认定的争议；(8)职业病诊断和劳动能力鉴定争议；(9)认为社会保险经办机构违法收取费用或者违法要求履行义务发生的争议；(10)认为社会保险行政机关未依法履行保护公民社会保险权利的义务而发生的争议；(11)认为劳动保障行政部门或者社会保险经办机构的其他具体行政行为侵犯其合法权益发生的争议。① 李志强概括的 11 种社会保险争议都应当属于行政争议的范畴，还是比较全面的。

3. “混合说”

社会保险争议具有复杂性和复合性特征，不能将其简单地划归一种：要么是民事争议或劳动争议，要么属于行政争议。社会保险争议部分属于劳动争议，部分属于行政争议。

郭捷教授认为：“劳动争议及行政争议与社会保险争议在本质上存在差别，它们在争议主体、内容范围、制度体系、处理原则和程序等方面均有很大差别。”②郭捷教授从社会保险权的角度考察认为：社会权本质决定了社会保险关系不是单纯的民事关系、行政关系，也不等同于劳动关系，人为地将其分解从而分别适用民事或行政程序，不能有效维护社会保险权人的利益以及国家和社会的利益，所以，社会保险权利司法(包括行政司法)救济，既不可单纯依据传统私法原理，也不能单纯依据传统公法原理，而应是建立在公法和私法的调整方法融合的基础上。郭捷教授认为应建立专门性的社会保险权司法救济体制，进而完善社会保险权司法救济体制。笔者认为，郭捷教授的观点可以划归为“混合说”。

① 参见李志强：《社会保险行政争议的特点及复议前置制度探析》，载《天津社会保险》2010 年第 5 期，第 15~16 页。

② 郭捷：《论社会保险权的司法救济》，载《法治论坛》2009 年第 4 期，第 44~45 页。

(1)因用人单位拖欠缴或者拒缴社会保险费发生的争议不属于劳动争议，持此观点的人还是比较多的，基本形成了一种共识。

缴纳社保费的义务主体是用人单位和劳动者，收缴单位是劳动保障行政部门按规定设立的社保经办机构或者税务机关。用人单位不缴纳社保费，违反的是行政管理法规，损害的不只是劳动者个人的利益，还包括国家的整个社会保障制度。在征缴社保费中形成的法律关系是国家征缴部门与用人单位以及劳动者之间管理与被管理的行政关系，并非劳动争议当事人之间的民事关系。劳动者对用人单位欠缴的社保费既无请求权，也无放弃权。社保费征缴的主体只能是劳动保障行政部门或者税务机关。所以，因欠缴社保费发生的争议，不属于劳动者与用人单位之间的民事纠纷，不应该属于劳动仲裁和法院受理的劳动争议案件的范围。劳动者只有在实际发生退休、失业、患病、工伤等法定事由时，才享有社会保险待遇的请求权，由此发生的纠纷才属于劳动争议。①

因企业欠缴职工社会劳动保险费而引发的争议，属于因社会保险权利义务的行使而发生的争议，属于公法性关系而非私法性关系，用人单位不依法为劳动者缴纳社会保险费用，违反的是公法义务而非私法义务，由此引发的争议应属于行政争议而非劳动争议，应该由劳动保险行政部门(社会保险经办机构)或者税务机关行使行政职权强制追缴，而不应纳入人民法院民事诉讼的受案范围。劳动保险行政部门(社会保险经办机构)或者税务机关不履行征缴职责，劳动者可以其行政不作为对其提起行政诉讼，由人民法院通过行使行政审判权判令其履行法定职责。②“用人单位没有为劳动者建立社会保险关系或欠缴社会保险费的，劳动者要求予以补缴的，不属于劳动争议，告知劳

① 参见游清富:《社保欠费不应属劳动争议》，载《中国人力资源社会保障》2010年第10期，第44页。

② 参见张向东:《因社会保险费用引发劳动争议的救济途径分析》，载中国法院网，http://www.chinacourt.org/public/detail.php? id = 294003。发布时间：2008年3月28日，访问时间：2011年7月11日。

动者通过劳动行政部门解决。”①

(2)有观点认为，社会保险赔偿争议属于劳动争议，而不是行政争议。

从社会保险费的性质来看，社会保险费是由国家强制用人单位，也包括劳动者，缴纳的具有保险性质的、以劳动者为保险受益人的保险基金。社会保险费由国家作为基金投资人占有、使用并保值增值，劳动者只享有社会保险的期待权。在各项社会保险中，劳动者仅是国家规定的直接受益人，是社会保险待遇的权利主体。在行政征缴关系中，劳动者和用人单位之间并不因此形成债的关系。在退休、失业、患病、工伤等法定情形出现时，劳动者的利益受损，劳动者和用人单位之间就形成实际的债权债务关系，劳动者就具有实际的诉权，双方因此发生的争议，依法属于劳动争议，可以通过仲裁及诉讼方式解决。②

社会保险损失赔偿关系到劳动者的生老病死，是劳动者的活命钱，如果人民法院将社会保险损失赔偿纠纷拒之门外，只能使劳动者的权益受到侵害而得不到救济。“将用人单位未为劳动者缴纳社会保险费用发生的纠纷规定为人民法院受理的劳动争议案件，由司法最终来保障劳动者社会保险等待遇，实乃救济劳动者合法权益之根本。”③我们正在建设法治国家，将所有纷争(当然包括劳动者追索社会保险待遇的纠纷)最终纳入司法审查之范畴，是大势所趋。劳动者与用人单位之间基于劳动关系产生的社会保险费争议属于劳动争议，劳动人事争议仲裁委员会和法院应当依法受理。

(3)参保纠纷、因瑕疵缴纳行为引起的纠纷及保险金发放纠纷都属行政争议。

对不交、少交或迟交社会保险费等瑕疵缴纳行为及社会保险金发

---

① 张宝刚:《〈劳动合同法〉执行过程中疑难问题探讨》，载《北京市工会干部学院学报》2011年第1期，第47页。

② 参见欧阳梅、钟晓奇:《社会保险纠纷的定性与处理》，载《人民法院报》2008年12月23日第006版。

③ 郑子森:《论人民法院对社会保险损失赔偿纠纷的受理》，载《理论观察》2010年第2期，第80页。

放纠纷属于行政争议，司法实务界已形成共识。参保纠纷的定性上存在较大争议。一种意见认为，此类案件与上述两种社会保险纠纷不同，因尚未参加社会保险，其争议主体只能是劳动者与用人单位而不涉及相关行政部门，不是行政争议。欧阳梅、钟晓奇认为，依法为劳动者办理社会保险与按时、足额缴纳社会保险费一样既是用人单位的法定义务，也是相关行政部门的职责，对于符合《社会保险费征缴暂行条例》第3条规定范围内的用人单位，社会保险保障行政部门或者税务机关不仅有权进行追缴，而且应当进行追缴，其不追缴就是一种失职。没有为劳动者办理社会保险，既是用人单位违反行政法义务的行为，也是行政机关不作为的表现，应属行政争议。但在参保纠纷中，往往涉及一个前提问题，即劳动者和用人单位就双方之间是否存在劳动关系争议，如果存在，则属于劳动争议。①

劳动法和社会保障法专家郭捷教授认为："劳动者与用人单位之间发生的社会保险争议，按照劳动争议处理"。在我国，劳动者的社会保险权益是基于其与用人单位之间的劳动关系而产生的，《劳动法》第72条规定："用人单位和劳动者必须依法参加社会保险，缴纳社会保险费。"用人单位基于劳动关系为劳动者缴纳失业、养老、医疗、工伤等社会保险费，当劳动者的社会保险权益受到用人单位的侵犯时，按照劳动争议来处理和解决。《劳动争议调解仲裁法》规定了劳动争议的处理原则、机构和程序，简称为"一调一裁两审判"，调解并非必经程序，仲裁是必经程序，审判是最终程序。人民法院只受理当事人不服仲裁而起诉的社会保险争议案件，由民事法庭依民事诉讼程序审理。

用人单位或劳动者与社保经办机构之间因社会保险产生的争议不属于劳动争议，应当通过其他法律途径寻求救济。② 郭捷教授也认

① 参见欧阳梅、钟晓奇：《社会保险纠纷的定性与处理》，载《人民法院报》2008年12月23日第006版。

② 参见徐兴民、陆佳亮：《解读〈最高人民法院关于审理劳动争议案件适用法律若干问题的解释(三)〉》，载《新民晚报》2010年10月31日第B23版。

为："公民、法人或者其他组织与社会保险管理机构之间发生的社会保险争议按照行政争议处理和解决。"①郭捷教授认为公民、法人或者其他组织对于经办机构未按规定审核社会保险缴费基数、未按规定核准、支付、调整社会保险待遇等具体行政行为，可先向做出该具体行政行为的经办机构申请复查；对复查决定不服，或经办机构逾期仍未做出复查决定的，可向直接管理该经办机构的劳动保障行政部门申请行政复议；对行政复议决定不服的，可依法向人民法院提起行政诉讼。《劳动争议调解仲裁法》也明确指出用人单位与劳动者发生的社会保险争议属劳动争议适用本法。《劳动争议调解仲裁法》规定社会保险案件实行有条件的"一裁终局"，即对因执行国家劳动标准在社会保险方面发生的争议案件的裁决，在劳动者在法定期限内不向法院提起诉讼、用人单位向法院提起撤销仲裁裁决的申请被驳回的情况下，仲裁裁决为终局裁决，裁决书自做出之日起发生法律效力；而个人及其亲属或者参保单位，对社会保险经办机构做出的有关社会保险费征缴和待遇支付决定争议及参保单位、个人及其他有关单位对劳动保障部门做出的行政处罚(涉及社会保险事务管理)决定争议属行政争议，适用行政争议救济方式予以救济。行政争议救济方式即行政复议与行政诉讼。②

上述作者通过分析《社会保险法》(草案)和现行法律，是赞同将社会保险争议分别定性为劳动争议与行政争议的，针对不同的社会保险争议实施不同的争议解决机制。

三、社会保险争议的规范冲突

在我国，社会保障法律体系经历了从无到有和不断完善的过程，社会保险法是社会保障法律体系的核心。在社会保险制度实施以来的

---

① 郭捷：《论社会保险权的司法救济》，载《法治论坛》2009 年第 4 期，第 43 页。

② 参见李琪：《刍议社会保险争议解决机制完善》，载《商场现代化》2010 年 8 月(上旬刊)，第 176 页。

二十几年间，社会保险纠纷究竟是劳动争议还是行政争议，法律、法规的表述不完全一致，有时甚至是相互矛盾的，直接导致了社会保险争议的不确定性，也直接导致了关于社会保险争议适用法律的许多困惑。

法律规范是针对人的行为而设立的，其目的是调整、规范人的行为。为此，它明确规定在特定条件下人可以做什么、应该做什么和禁止做什么，因此法律规范都是人的行为规范，以及人们作为或不作为的准则。①

法律规范冲突通常被等同于法律冲突。对法律规范冲突的研究主要是在国际私法领域内进行的，并在冲突法的角度界定和解释法律规范冲突的概念。但是，法律规范冲突不是国际私法上的特有问题，在同一部宪法之下的国内法律规范体系中同样存在着大量的各种形态的法律规范冲突。凯尔森最早提出了法律规范冲突问题。他指出：高级规范和低级规范之间的可能冲突问题，不仅发生在制订法(习惯法)和司法判决的关系方面，而且也发生在宪法和法律之间的关系方面。② 近年来，有中国特色的社会主义法律体系初步形成，但在多级立法体制之下，法律的制订和频繁修订，都导致了法律规范之间的冲突频繁出现。各种横向冲突和纵向冲突，各种规范性文件与宪法之间，行政法规与法律之间，地方性法规与法律、行政法规之间，规章与法律、法规之间以及各类规范性法律文件互相之间的冲突，交织缠绕、普遍存在。③

目前我国社会保险争议的法律冲突是非常多的，直接导致了理论界和司法实践中适用之困惑。社会保险争议法律规范的冲突法，有其自身的特征，其法律规范冲突不是宪法之下的法律规范的冲突，而是

---

① 参见袁海英、刘海燕：《冲突规范若干理论问题新探》，载《河北学刊》2010年第6期，第159页。

② 参见[奥]汉斯·凯尔森著，沈宗灵译：《法与国家的一般理论》，中国大百科全书出版社1996年版，第173~182页。

③ 参见董书萍：《论法律规范冲突——以同一部宪法下的法律规范为分析对象》，载《法学论坛》2010年第5期，第100~101页。

关于社会保险争议的各个法律、法规的冲突，还包括中央立法与部门规章、与地方立法之间的冲突，其规范冲突具有复制性的特征，各种规范冲突交织在一起，使社会保险争议更具复杂性和不可预见性，也是社会保险争议具有不确定性，这些都破坏了法之所以成其为法的基本属性。

（一）中央立法的规范冲突

1. 社会保险争议的法律规范冲突

我国有关社会保险争议规定的法律比较多，各个法律规范之间相互冲突的地方特别多，几乎到了让人难以忍受的地步。

《劳动法》没有对社会保险纠纷争议的性质和范围作出明确规定，但在“法律责任”部分的第100条规定：“用人单位无故不缴纳社会保险费的，由劳动行政部门责令其限期缴纳；逾期不缴纳的，可以加收滞纳金。”

《最高人民法院关于审理劳动争议案件适用法律若干问题的解释》（一）第1条规定：劳动者与用人单位之间发生的下列纠纷，属于《劳动法》第2条规定的劳动争议，当事人不服劳动争议仲裁委员会作出的裁决，依法向人民法院起诉的，人民法院应当受理：（1）劳动者与用人单位在履行劳动合同过程中发生的纠纷；（2）劳动者与用人单位之间没有订立书面劳动合同，但已形成劳动关系后发生的纠纷；（3）劳动者退休后，与尚未参加社会保险统筹的原用人单位因追缴养老金、医疗费、工伤保险待遇和其他社会保险费而发生的纠纷。

《最高人民法院关于审理劳动争议案件适用法律若干问题的解释》（二）第7条规定：劳动者请求社会保险经办机构发放社会保险金的纠纷，不属于劳动纠纷。

《最高人民法院关于审理劳动争议案件适用法律若干问题的解释》（三）第1条规定：劳动者以用人单位未为其办理社会保险手续，且社会保险经办机构不能补办导致其无法享受社会保险待遇为由，要求用人单位赔偿损失而发生争议的，人民法院应予受理。

有人对《关于审理劳动争议案件适用法律若干问题的解释》（三）第1条的规定进行了详细的解读。用人单位未为劳动者办理社会保险手续，应是指用人单位由于自身的主观或客观原因未为劳动者办理社会保险的登记和转移等相关手续，以致不缴、漏缴、少缴了社会保险费。用人单位未为劳动者办理社会保险手续包括以下情形：(1)劳动者入职时，用人单位未及时向社会保险经办机构办理登记开户或接续手续，过了一段时间才为劳动者办理社会保险手续，以致漏缴这段时间的社会保险费，或者用人单位一直未为劳动者办理社会保险手续，自始未为劳动者缴纳社会保险费。(2)劳动者离职时，用人单位未在劳动关系解除或者终止劳动关系的 15 日内为劳动者社会保险关系转移手续，以致劳动者的社保关系无法转移至新单位继续接续缴纳。(3)用人单位由于住所变动或生产、经营地址变动，或者发生合并分立等主体变更事项，需要办理社会保险变更登记事项，以致未及时为劳动者办理社会保险的相关手续。在用人单位为劳动者申请补办社会保险手续并补缴社保费的情况下，社会保险经办机构一般能够办理补办手续，并接受用人单位为劳动者补缴的社会保险费。但也不排除一些特殊情况下，社保经办机构无法办理补办手续，或者劳动者发生工伤等情形后，即使补办了社会保险手续，劳动者还是无法享受社保待遇。在社保经办机构不能补办社会保险手续的情况下，劳动者的社保可能处于没有缴纳或停止缴纳的状态，劳动者在此期间发生工伤、医疗、失业、生育的情况下，就不能享受相应的社会保险待遇，如工伤保险基金不能支付相应工伤医疗费、医疗保险基金不能支付相应医疗费、女职工生育不能享受生育津贴、劳动者失业后无法享受失业保险金。尤其在劳动者退休的情况下，由于用人单位未办理社保手续，且并未缴纳社会保险费，在社保机构无法补办的情况下，导致退休劳动者无法享受养老金等社保待遇。在劳动者无法享受社保待遇的情况下，劳动者可能需要自付相应费用，这对劳动者来说是一笔本不应付出的经济损失。在本条中，劳动者向法院提起诉讼请求用人单位赔偿经济损失，需要同时具备两个条件：一是用人单位未为劳动者办理社会保险手续；二是社会保险经办机构不能补办导致其无法享受社会保险待遇。用人单位未为劳动者办理社会保险手续，违反了其应承担的法定义务，构成了对劳动者的侵权。在劳动者不能享受社保待遇的情况下，用人单位理应赔偿劳动者因不能享受社保待遇而遭受的直接经济损失。如果社保经办机构为劳动者办理了补办手续，劳动者能够享受社保待遇，则劳动者丧失法院诉讼要求用人单位赔偿损失的权利。①

《劳动争议调解仲裁法》第2条规定：中华人民共和国境内的用人单位与劳动者因工作时间、休息时间、社会保险、福利、培训以及劳动保护发生的争议，适用本法。

《社会保险法》(草案)提出了社会保险争议的术语，但是没有给予明确解释。从该法提出的社会保险争议解决途径：一是劳动争议，个人在社会保险方面与参保单位发生的争议，依照劳动争议处理规定解决；二是行政争议，个人及其亲属或者参保单位，对社会保险经办机构做出的有关社会保险费征缴和待遇支付决定不服的，可以依法申请行政复议，也可依法提起行政诉讼；参保单位、个人及其他有关单位对劳动保障部门做出的行政处罚(涉及社会保险事务管理)决定不服的，可以依法申请行政复议，也可依法向人民法院起诉。由此可以看出，社会保险争议至少应包括：用人单位与职工之间基于劳动关系因社会保险费的缴纳发生的争议；社会保险缴费人(用人单位和职工)与社会保险经办机构之间因社会保险缴费、支付发生的争议；社会保险缴费人和其他组织(主要为社会保险定点服务机构)因劳动保障行政部门的社会保险管理行为发生的争议。

《劳动合同法》第17条将社会保险作为劳动合同应当具备的第7个必备条款。第38条第3项规定：用人单位有下列情形之一的，劳动者可以解除劳动合同：未依法为劳动者缴纳社会保险费的。在《劳动合同法》实施之前，用人单位未依法为劳动者缴纳社会保险的，劳动者是否可以随时通知用人单位解除劳动合同，是一个不确定的问题。《劳动合同法》明确规定用人单位未依法为劳动者缴纳社会保险的，劳动者可以随时通知用人单位解除劳动合同，劳动者不必承担如何违约责任，并可以要求用人单位支付劳动者劳动报酬，并依法为劳

① 参见徐兴民、陆佳亮：《解读〈最高人民法院关于审理劳动争议案件适用法律若干问题的解释〉(三)》，载《新民晚报》2010年10月31日第B23版。

动者缴纳社会保险费用。《劳动合同法》规定了用人单位未依法为劳动者缴纳社会保险，劳动者不但可以随时通知用人单位解除劳动合同，而且还可取得经济补偿金。《劳动合同法》第46条规定，有下列情形之一的，用人单位应当向劳动者支付经济补偿：劳动者依照本法第38条规定解除劳动合同的。因此劳动者在2008年1月1日以后，因用人单位未依法为其缴纳社会保险而解除劳动合同的，劳动者可以要求经济补偿金，但经济补偿金的补偿年限应自2008年1月1日开始计算。经济补偿金的支付标准为：按劳动者在本单位工作的年限，每满1年支付1个月工资的标准向劳动者支付。6个月以上不满1年的，按1年计算；不满6个月的，向劳动者支付半个月工资的经济补偿。劳动者月工资高于用人单位所在直辖市、设区的市级人民政府公布的本地区上年度职工月平均工资三倍的，向其支付经济补偿的标准按职工月平均工资3倍的数额支付，向其支付经济补偿的年限最高不超过12年。

《社会保险法》第83条规定：用人单位或者个人认为社会保险费征收机构的行为侵害自己合法权益的，可以依法申请行政复议或者提起行政诉讼。用人单位或者个人对社会保险经办机构不依法办理社会保险登记、核定社会保险费、支付社会保险待遇、办理社会保险转移接续手续或者侵害其他社会保险权益的行为，可以依法申请行政复议或者提起行政诉讼。个人与所在用人单位发生社会保险争议的，可以依法申请调解、仲裁，提起诉讼。用人单位侵害个人社会保险权益的，个人也可以要求社会保险行政部门或者社会保险费征收机构依法处理。第84条规定：用人单位不办理社会保险登记的，由社会保险行政部门责令限期改正；逾期不改正的，对用人单位处应缴社会保险费数额1倍以上3倍以下的罚款，对其直接负责的主管人员和其他直接责任人员处500元以上3000元以下的罚款。第86条规定：用人单位未按时足额缴纳社会保险费的，由社会保险费征收机构责令限期缴纳或者补足，并自欠缴之日起，按日加收万分之五的滞纳金；逾期仍不缴纳的，由有关行政部门处欠缴数额1倍以上3倍以下的罚款。

2. 社会保险争议的规章规范冲突

《企业劳动争议处理条例》第2条规定：企业与职工因执行国家

有关工资、保险、福利、培训、劳动保护的规定发生的争议，按照劳动争议处理。该条例的解释注明："保险"是指社会保险，包括工伤保险、医疗保险、生育保险、待业保险、养老保险和病假待遇、死亡丧葬抚恤等社会保障待遇。

《工伤保险条例》第52条规定，职工与用人单位发生工伤待遇方面的争议，按照处理劳动争议的有关规定处理。

1999年施行的《社会保险费征缴暂行条例》第4条规定：缴费单位、缴费个人应当按时足额缴纳社会保险费。第5条规定：国务院劳动保障行政部门负责全国的社会保险费征缴管理和监督检查工作。县级以上地方各级人民政府劳动保障行政部门负责本行政区域内的社会保险费征缴管理和监督检查工作。第6条规定：社会保险费实行三项社会保险费集中、统一征收。社会保险费的征收机构由省、自治区、直辖市人民政府规定，可以由税务机关征收，也可以由劳动保障行政部门按照国务院规定设立的社会保险经办机构征收。第13条规定：缴费单位未按规定缴纳和代扣代缴社会保险费的，由劳动保障行政部门或者税务机关责令限期缴纳；逾期缴纳的，除补缴欠缴数额外，从欠缴之日起，按日加收千分之二的滞纳金。有人认为：缴费单位与缴费个人足额缴纳社会保险费用，是其法定义务，它来源于国家法律的强制性规定，缴费单位与缴费个人无权约定变更或放弃，否则将受到法律的制裁。基于此，缴费单位欠缴职工社会养老保险费，也应当由劳动保险行政部门或者税务机关行使行政职权强制追缴，而不应该由职工对用人单位直接提起民事诉讼。如果其不履行或者怠于履行征缴社会保险费的行政职权，则构成行政不作为。职工个人可以劳动保险行政部门或者税务机关为被告提起行政诉讼，由人民法院判令其履行追缴义务。并且，由于劳动保险行政部门或者税务机关的行政不作为给职工个人造成损失的，还应该承担行政赔偿责任。①

---

① 参见张向东：《因社会保险费用引发劳动争议的救济途径分析》，载中国法院网，http：//www.chinacourt.org/public/detail.php? id = 294003。发布时间：2008年3月28日，访问时间：2011年7月11日。

《劳动保障监察条例》第21条规定，用人单位违反劳动保障法律、法规或者规章，对劳动者造成损害的，依法承担赔偿责任。劳动者与用人单位就赔偿发生争议的，依照国家有关劳动争议处理的规定处理。所有这些规定，就是通常所说的“界定法院受案范围”的依据，也是社会保险纠纷性质之争各大观点形成的理由。从上述表述可以看出，法律法规对社会保险金发放纠纷不属于劳动争议以及工伤待遇纠纷是劳动争议的规定比较明确，但对于劳动争议中的“社会保险”是指社会保险费征缴纠纷，还是社会保险待遇损失纠纷，还是全部社会保险纠纷，法律规定得并不十分清楚，《最高人民法院关于审理劳动争议案件适用法律若干问题的解释》(一)和《企业劳动争议处理条例》做了限制性规定，仅指社会保险待遇损失纠纷；而《劳动争议调解仲裁法》做了扩张性规定，涵盖了社会保险纠纷的全部。另外，《劳动法》和法规没有明确社会保险费的不缴、少缴、代扣代缴纠纷是行政争议，但明确此类纠纷属于行政管辖的范畴，由劳动保障行政部门或者税务机关依行政手段处理，即产生的纠纷是行政争议。可见，法律之间、法律与法规之间对社会保险纠纷性质的规定存在相互冲突的问题，争议自然无法避免。

在表述上，《最高人民法院〈劳动争议解释二〉的理解与适用》中认为，社会保险费纠纷应当区分三个层次，一是如果用人单位没有依法给劳动者建立社保关系、缴纳社会保险费，造成劳动者损失的，这类争议应当属于劳动争议；二是用人单位为劳动者建立社保关系后，没有按时足额缴费，这类争议应当属于行政争议，依照行政强制征缴的程序办理；三是保险金的发放或者社会保险待遇的给付属于社会保险经办机构应当自觉履行的法定职责，这个职责属于行政法规授权行使行政职权的职责，如果产生纠纷，应属于行政案件。该释义，在一定程度上使社会保险纠纷的性质更为明了、直接和清晰。

关于劳动争议的受案范围，我国1993年颁布的《企业劳动争议处理条例》和2008年颁布的《劳动争议调解仲裁法》都作了相关的规定。《企业劳动争议处理条例》第2条规定：因执行国家有关工资、保险、福利、培训、劳动保护的规定发生的争议属于劳动争议。《劳动争议调解仲裁法》第 2 条规定：因工作时间、休息休假、社会保险、福利、培训以及劳动保护发生的争议属于劳动争议。很多人以此认为单位欠缴社保费应该属于劳动争议的受案范围。

原劳动和社会保障部于 2001 年颁布实施的《社会保险行政争议处理办法》第 2 条明确界定了什么是社会保险行政争议：本办法所称的社会保险行政争议，是指经办机构在依照法律、法规及有关规定经办社会保险事务过程中，与公民、法人或者其他组织之间发生的争议。本办法所称的经办机构，是指法律、法规授权的劳动保障行政部门所属的专门办理养老保险、医疗保险、失业保险、工伤保险、生育保险等社会保险事务的工作机构。

《社会保险行政争议处理办法》第 6 条还具体规定了社会保险行政争议申请行政复议的主要类型。有下列情形之一的，公民、法人或者其他组织可以申请行政复议：(1)认为经办机构未依法为其办理社会保险登记、变更或者注销手续的；(2)认为经办机构未按规定审核社会保险缴费基数的；(3)认为经办机构未按规定记录社会保险费缴费情况或者拒绝其查询缴费记录的；(4)认为经办机构违法收取费用或者违法要求履行义务的；(5)对经办机构核定其社会保险待遇标准有异议的；(6)认为经办机构不依法支付其社会保险待遇或者对经办机构停止其享受社会保险待遇有异议；(7)认为经办机构未依法为其调整社会保险待遇的；(8)认为经办机构未依法为其办理社会保险关系转移或者接续手续的；(9)认为经办机构的其他具体行政行为侵犯其合法权益的。在理论界和司法实践中，很多人都据此规定，来区分和认定那些社会保险争议属于行政争议，那些社会保险争议属于劳动争议，一般都认为，《社会保险行政争议处理办法》第 6 条规定的社会保险申请行政复议的八种类型，实际上就是社会保险争议属于行政争议的内容，因为只有一些行政争议才需要进行行政复议的，而劳动争议是不能进行行政复议的。

2011 年 7 月 1 日起与《社会保险法》同时施行的《实施〈中华人民共和国社会保险法〉若干规定》，对社会保险争议也没有新的创新，甚至有的规定更加让人难以理解。其第 27 条规定：职工与所在用人单位发生社会保险争议的，可以依照《中华人民共和国劳动争议调解仲裁法》、《劳动人事争议仲裁办案规则》的规定，申请调解、仲裁，提起诉讼。职工认为用人单位有未按时足额为其缴纳社会保险费等侵害其社会保险权益行为的，也可以要求社会保险行政部门或者社会保险费征收机构依法处理。社会保险行政部门或者社会保险费征收机构应当按照社会保险法和《劳动保障监察条例》等相关规定处理。在处理过程中，用人单位对双方的劳动关系提出异议的，社会保险行政部门应当依法查明相关事实后继续处理。此条的规定从其含义理解，可以认为将“用人单位有未按时足额为其缴纳社会保险费等侵害其社会保险权益行为”的争议，“也可以”看做行政争议，用词的模糊性让人更分不清社会保险争议哪是劳动争议，哪些是行政争议，抑或都是？其第 28 条规定：在社会保险经办机构征收社会保险费的地区，社会保险行政部门应当依法履行社会保险法第 63 条所规定的有关行政部门的职责①。第 29 条规定：2011 年 7 月 1 日后对用人单位未按时足额缴纳社会保险费的处理，按照社会保险法和本规定执行；对 2011 年 7 月 1 日前发生的用人单位未按时足额缴纳社会保险费的行为，按照国家和地方人民政府的有关规定执行。

（二）地方立法的规范冲突

江苏省劳动和社会保障厅关于社会保险行政争议处理办法实施有关问题的意见（苏劳社法[2002]9 号）第 2 条扩大了社会保险行政争议的范围。社会保险行政争议处理，除涉及养老保险、失业保险、医

---

① 《社会保险法》第 63 条规定：用人单位未按时足额缴纳社会保险费的，由社会保险费征收机构责令其限期缴纳或者补足。用人单位逾期仍未缴纳或者补足社会保险费的，社会保险费征收机构可以向银行和其他金融机构查询其存款账户；并可以申请县级以上有关行政部门作出划拨社会保险费的决定，书面通知其开户银行或者其他金融机构划拨社会保险费。用人单位账户余额少于应当缴纳的社会保险费的，社会保险费征收机构可以要求该用人单位提供担保，签订延期缴费协议。用人单位未足额缴纳社会保险费且未提供担保的，社会保险费征收机构可以申请人民法院扣押、查封、拍卖其价值相当于应当缴纳社会保险费的财产，以拍卖所得抵缴社会保险费。

疗保险、工伤保险、生育保险等经办机构在办理社会保险事务中与公民、法人和其他组织之间发生的行政争议外，还应包括农村养老保险、机关事业单位养老保险经办机构与公民、法人、其他组织之间发生的社会保险行政争议。

山东省高级人民法院、山东省劳动人事争议调解仲裁委员会下发的《关于适用〈劳动争议调解仲裁法〉和〈劳动合同法〉若干问题意见》认为：社会保险争议是指因用人单位没有为劳动者依法缴纳基本医疗、工伤和生育保险费，劳动者要求直接支付基本医疗、工伤和生育保险待遇和赔偿金而发生的争议。从山东的规定可以看出，他们是将社会保险争议的含义做限制解释的。如果因用人单位欠缴、拒缴社会保险费或者缴费年限、缴费基数等与劳动者发生的争议不是社会保险争议。

2004 年北京高院民一庭在对劳动争议案件的总结报告中指出：根据国务院 1999 年颁布的《社会保险费征缴条例》，并参照劳动和社会保障部 2001 年发布的《社会保险基金监督举报工作管理办法》、《社会保险基金行政监督办法》、《社会保险行政争议处理办法》的有关规定，对于用人单位整体未上“三险”，职工要求处理社会保险问题的，应告之由劳动监察部门处理，法院不予受理；职工对社会保险基数有意见要求处理的，应告之由社保中心核对，法院不予受理；其他因社会保险产生的纠纷，法院应予受理。因此，对劳动者要求缴纳社会保险的，仲裁委和法院一般是不予受理的。但需要注意的是，根据 2005 年北京高院民一庭关于《新时期北京市劳动争议的审判情况与对策》的报告中指出：对企业不上或拖欠三险属企业内普遍情况的，由劳动行政部门处理；对企业不上或拖欠个别职工三险的，法院应发挥司法监督的职能，对此类案件应当受理。因此，在北京，企业整体上了社会保险，但未给个别职工缴纳社会保险的，法院是可以受理的。①

① 参见麻增伟：《劳动争议中社会保险若干疑难问题研究》，载中国人力资源开发网，http：//www.chinahrd.net/law/info/67734，发布时间：2009 年 3 月 24 日，访问时间：2011 年 7 月 11 日。

安徽省高级人民法院《关于审理劳动争议案件若干问题的意见》(试行)中第3条规定：依法律、行政法规、政策规定用人单位必须为劳动者办理社会保险而未予办理，或用人单位拖欠应缴的社会保险费用，劳动者为此起诉的，不予受理。

《江苏省劳动仲裁案件研讨会纪要》认为，参保职工的工伤医疗费支付主体是工伤保险基金经办机构而非用人单位，双方因此发生的争议，不属仲裁委员会受理范围。职工如向用人单位主张工伤保险基金支付范围外的医疗费争议，亦不受理。而如果职工的医疗费用由保险基金核发给用人单位、用人单位未全额支付给劳动者，双方因此产生的争议，仲裁委员会应予受理。用人单位未足额缴纳、欠缴工伤保险费，或工伤发生后未及时为职工申报工伤致使职工未能从工伤保险基金中心结算医疗费的，劳动者申请仲裁，要求用人单位赔偿相应的损失，仲裁委员会应予受理，并根据有关规定，裁决用人单位承担相应的赔偿责任。①

湖北省人力资源和社会保障厅《关于审理劳动争议案件若干问题处理意见(2010年征求意见稿)第1条第4、5项明确规定：下列争议不作为劳动争议处理：(1)劳动者因社会保险的缴费基数、比例、标准，以及社会保险待遇审批、发放数额等与社会保险经办机构发生的争议；(2)用人单位与招用超过法定退休年龄的人员或已依法享受基本养老保险待遇的人员之间发生的争议。

全国第一部有关和谐劳动关系方面的立法，《深圳经济特区和谐劳动关系促进条例》主要规定了用人单位和劳动者的权利义务、劳动关系中的集体协商、劳动关系协调服务与监管、劳动争议处理与求助、法律责任等五个方面的内容，对促进用人单位和劳动者守法自律、共生双赢以及构建我市和谐劳动关系长效机制具有重大意义。但是，其对社会保险争议的规定也不够明确。《深圳经济特区和谐劳动

① 参见于英杰：《江苏明确14种热点劳动争议情形处理办法》，载腾讯网，http：//news. qq. com/a/20070121/000434. htm，发布时间：2007年1月21日，访问时间：2011年7月11日。

关系促进条例》第 15 条规定：用人单位和劳动者应当依法参加社会保险。用人单位未依法为劳动者缴纳社会保险费的，劳动者应当依法要求用人单位缴纳；用人单位未在一个月内按规定缴纳的，劳动者可以解除劳动合同，用人单位应当依法支付经济补偿。第 51 条规定：追索劳动报酬、工伤医疗费、经济补偿或者赔偿金的劳动争议案件，劳动者在仲裁期间申请先予执行的，仲裁机构可以裁决先予执行，移送人民法院执行；劳动者向人民法院申请财产保全或者先予执行的，人民法院应当依法及时采取司法强制措施。劳动者申请先予执行的，可以不提供担保。

四、社会保险争议的立法构想

社会保险争议的调整规范之间冲突的复杂性和混乱性，在我国法律体系中都是极为罕见的，其产生的根本原因并不是社会保险争议本身的造成的复杂性和混乱性，而是立法直接造成的。我国有关劳动法包括社会保险法律规范的法律法规，其颁布实施都是不同步的，时间的跨度非常大，而且除了相关的法律是统一制订的外，相关法规则由不同的部门分别制订，因此，关于社会保险争议的规定互相冲突，也就成其为历史的必然。社会保险争议的规范冲突的复杂性主要表现在法律与法律之间的冲突、法律与规章的冲突、规章与规制之间的冲突、中央立法与地方立法之间的冲突四大方面。社会保险争议的规范冲突除了对立法的权威性、统一性和完整性、立法的可预见性和可操作性、带来巨大的破坏之外，还对司法或准司法实践带来很大的影响，直接导致社会保险争议之法律适用的混乱，不利于构建和谐的劳动关系和社会保障关系。

我国的社会保险包括基本养老保险、基本医疗保险、工伤保险、失业保险、生育保险，根据现行规范性法律文件对社会保险救济的规定来看，只有劳动者的社会保险和城市居民的最低生活保障权可以按劳动争议或行政争议处理。而非劳动者的社会保险权和城市居民除最低生活保障权以外的其他社会保险权一旦遭受侵犯，现行法律规范却没有规定法律救济的措施。对劳动者的社会保险和城市居民最低生活保障权通过劳动争议或行政争议进行处理时也存在着一些不足，一是“先仲裁，后诉讼”的救济途径，导致发生社会保险争议后，寻求法律救济的成本过高，效率低下，而且还可能因仲裁时效过短导致用人单位逃避法定缴费义务。二是行政争议处理的规章制度，如《工伤保险条例》、《城市最低生活保障条例》、《社会保险行政争议处理办法》、《社会保险费征缴暂行条例》等，都有一个共同的特点，那就是保险权益受侵犯后可以请复查或申请复议，如对复议决定不服的，可以依法提起行政诉讼，这种处理方式太单一，容易使行政权力责任脱节，不利于督促行政机关依法行政。①

行政争议的前置程序—行政复议，其本身是没有问题的，问题在于我国对社会保险争议存在严重的规范冲突，导致解决争议适用法律的混乱，影响了办案的效力。不能因此，而否认行政复议的价值。

德国的做法是：在社会保险事务方面，一般在起诉到法院之前规定有一个所谓的前置程序。前置程序首先有利于保护当事人的权利。当事人的事务应当在行政程序的范围之内，从事实和法律两方面经受复查。这意味着，行政机关既要审查行政决定是否建立在确实充分的事实构成的基础之上，又要判断行政机关达成的决定在实体法上是否正确。如果行政机关所依据的法律要求其进行自由裁量，那么行政机关也要对此行政行为再次进行裁量。求其进行自由裁量，那么行政机关也要对此行政行为再次进行裁量。然而，复议程序一方面对行政机关而言构成了行政程序的一部分，另一方面也有利于行政机关的自我监督。除了诉至法院的复议程序之外，它也有助于避免纠纷，因为行政机关由此能够及时发现并在以后主动避免某些行政处理活动中的错误，这些错误很可能对以后其他的行政程序产生影响以及导致纠纷。复议程序也是起诉到法院之前的过滤网。② 德国关于社会保险争议的

① 参见王官成：《论民生法治的法律救济》，载《山东社会科学》2010年第6期，第74~75页。

② 参见[德]奥托·E. 克拉斯尼：《德国社会保险法律争议的解决》，载《社会保障研究》(北京)2006年第1期，第165~166页。

行政复议程序还是做得非常好的，是值得我国借鉴的。

如何解决社会保险争议问题，笔者认为立法是根本性的问题，必须从立法上进行整合，统一社会保险争议的规范冲突。统一社会保险争议的立法模式应当如何选择，是值得我们研究的新课题，目前学界对此问题的理论探讨还非常不够，对此问题的研究，也是《社会保险法》颁布实施后的必然要求，否则，《社会保险法》在缺乏社会保险争议解决机制的程序法的保护下，将有可能成为一纸空文。因此，笔者认为，进行社会保险争议的统一立法，是贯彻实施《社会保险法》的必然要求，并不仅仅是学者们的理论研究问题。在充分认识到了社会保险争议统一立法的重大意义和立法之必要性后，再着手立法模式的探讨，研究立法的可行性才有真正的意义。

关于社会保险争议的立法模式，还是一个新课题。笔者认为，那种认为社会保险争议的处理，可以由当事人自由选择的模式不可取，笔者将其称为“自由选择模式”。笔者认为，采取单行法的立法模式，单独制度统一的《社会保险争议处理条例》或《关于审理社会保险争议案件适用法律若干问题的解释》比较可行，笔者将此模式称为“单行法模式”。

《社会保险法》通过制度整合和创新，解决了社会保险争议解决机制的诸多问题，初步建立起较为合理的争议解决体系。但是社会保险争议的外部关联问题有待解决。关于社会保险劳动争议与一般劳动争议的关联和差异，一种主流观点将社会保险劳动争议视为劳动争议之一种，在法律适用上除社会保险法律法规之外，还适用《劳动合同法》等劳动法律法规。应当说，在《社会保险法》出台之前这种做法无可非议。但《社会保险法》作为社会保障领域的主体性法律，其适用对象不仅包括劳动者，而且涵盖了城乡居民以及在中国境内就业的外国人。“劳动争议”一词已不能充分涵盖社会保险相关的民事争议。因此，有必要在社会法视域下重新审视社会保险劳动争议和劳动争议的关系，在法律适用上尊重社会保险争议自身的特殊规律。①

① 参见栗燕杰：《〈社会保险法〉关于争议解决机制的创新与展望》，载《河南科技学院学报》2011年第1期，第8页。

笔者认为，解决社会保险争议的外部关联问题，来修改刚刚实施的《社会保险法》，是不可行的，况且，属于实体法的《社会保险法》也是不可能完全解决属于程序上的社会保险争议的，因此，笔者认为，采取单行法的立法模式，单独制订统一的《社会保险争议处理条例》或《关于审理社会保险争议案件适用法律若干问题的解释》是比较可行的办法。

（一）“自由选择模式”①

社会保险争议是按照劳动争议处理，还是按照行政争议处理，由当事人自由选择。笔者认为，此方式不可取，不可行。必须由法律明确界定。

有人从争议解决的程序上分析认为，企业和劳动者发生社会保险费缴纳争议，走行政程序还是走劳动争议诉讼程序，应由劳动者自行选择，这样，更利于保护劳动者。劳动保障行政部门责令企业缴纳社会保险费，前提必须是企业和劳动者双方劳动关系明确，而企业与职工发生的社会保险争议往往与劳动关系争议相纠缠，在企业和劳动者之间劳动关系没有理清前，根本无法通过行政手段解决。如果不把社会保险争议纳入劳动争议仲裁范围，一个案子可能通过两个渠道解决，在发生争议后要先通过劳动争议仲裁程序裁决双方劳动关系，然后再通过劳动保障行政渠道要求企业缴费，企业拒不缴纳的，最后还是要申请法院依法强制执行，劳动者走的弯路太长。对劳动争议仲裁中遇到的这一现实问题，涉及国家诸多法规，显然省一级劳动保障部门是无法解决的，国家的相关部门尽快完善法规政策，制定出一个一致意见，以便基层执行。如果劳动争议仲裁委与法院对社会保险争议案件的处理不能达成共识，将会使劳动争议仲裁工作处于非常被动的境地，也会给社会带来许多负面影响。社会保险涉及劳动者切身利益，劳动者走完了劳动争议仲裁的全部程序，到法院却以不予处理驳回，又把劳动者推回到起点，劳动者付出的诉讼成本太大，同时还给

① 此说法为笔者研究方便而概括，实际中并无此说。

一些企业造成错觉，助长了他们对劳动者社会保险权益的侵害。①

劳动者与用人单位发生社会保险纠纷时，劳动者选择行政救济与选择司法救济并不冲突，两种途径解决方式可相互补充。②

还有人建议实行"或裁或审"也由权利人自由选择。其实质上是将劳动争议"或裁或审"的老想法，再次提出用在社会保险争议的解决上，以提高社会保险争议处理的效率。改革劳动争议仲裁制度，提高社会保险争议的处理效率实现劳动仲裁向传统民商事仲裁的回归，不再将仲裁作为诉讼的前置程序，即建立"或裁或审，各自终局"的处理模式，对仲裁或诉讼的选择，完全取决于当事人的意愿，选择了仲裁，就不得再向人民法院起诉，仲裁裁决做出后即发生法律效力。其好处在于③：首先，它可以提高效率、节约成本，使双方当事人特别是劳动者的合法权益得到及时有效的保障。其次，可以分流社会保险争议案件，减轻劳动仲裁的压力，强化仲裁员的责任，提高劳动仲裁的权威。再次，符合当事人意思自治原则，既尊重了当事人自愿仲裁原则，又保护了当事人合法诉权，符合国际潮流。最后，它解决了仲裁与诉讼衔接难的问题，避免了重复审理的可能，可以避免适用法律的混乱。

（二）其他模式

1. 建立社会保险公益诉讼制度

为完善社会保险权司法救济制度，劳动法和社会保障法专家郭捷教授建议："建立社会保险公益诉讼制度"。

---

① 参见李晋蓉：《社保争议遭遇"不予处理"尴尬》，载《中国劳动保障报》2005年3月31日，转引自徐州市劳动和社会保障局网，http：//jsxz. lss. gov. cn/shownews. asp？newsid=659，发表时间：2005年4月1日，访问时间：2011年7月11日。

② 参见《社会保险纠纷属于人民法院审理劳动争议案件的受案范围》，载人事劳动争议网，http：//www. hrlaw315. com/news/previewnews. php？news_id=3535，发布日期：2010年5月21日，访问时间：2011年7月11日。

③ 参见李琪：《刍议社会保险争议解决机制完善》，载《商场现代化》2010年8月(上旬刊)，第177页。

公益诉讼，是指任何公民、国家机关、企事业单位、社会团体等组织，可以以自己的名义，对违反法律，侵犯国家利益、社会公共利益的行为，向国家司法机关提起诉讼。① 郭捷教授认为：近年来在国内外法学界乃至司法实践中，“公益诉讼”问题越来越引起大家的重视。我国《民事诉讼法》、《行政诉讼法》并未建立公益诉讼制度，随着社会经济的发展，建立公益诉讼制度愈发显得不可或缺。社会保险纠纷，表面上看似乎只是关系到社会成员个人的利益，但实质上它直接关系到处于弱势地位的社会保障权人的基本生存权，关系到社会公共利益。郭捷教授明确提出：“建立社会保险公益诉讼制度，有利于通过全社会的力量实现社会保险的司法救济。”

2. 建立社会保险法庭或社会保障法庭

为了处理好社会保险争议，还有一些人建议要从司法机构改革上进行，建议我国专设社会保险法庭或社会保障法庭。

我国的审判体制已经不能适应劳动争议案件大幅攀升的状况，不仅具备劳动法和社会保障法专业知识的人才相对匮乏，审判队伍与争议案件的数量严重不匹配，法官审理负担极重，而且审判体制由于没有设置劳动法庭或者社会保障法庭，结果导致在立案和受理环节，甚至在审理环节都只能借助于民事法庭的审判体制和民事思维进行，而这种借鸡生蛋的办法恰恰使当事人最重要的诉讼权利有可能丧失，从而间接伤害到实体权利。所以建议：建立劳动保障法庭，专事审理劳动和社会保障争议案件，以“举证责任倒置”为一般原则，设计审理模式，最大限度地保护劳动者的利益。②

改变我国目前劳动者和用人单位之间的社会保险争议的处理方式。我国目前的社会保险争议是按照劳动争议处理的，这种处理方式值得商榷。因为这两种争议性质不同：劳动争议是平等主体间的纠

① 参见郭捷：《论社会保险权的司法救济》，载《法治论坛》2009 年第 4 期，第 46 页。

② 参见张丽云：《社会保险争议持续上升的原因及对策》，载《天津社会保险》2009 年第 4 期，第 18 页。

纷，属于私法争议，可以通过协商解决。社会保险争议的内容是执行社会保障法律法规，属于公法性质的纠纷。用人单位不缴纳社会保险费，不仅损害了劳动者的利益，同时也侵犯了国家和社会利益。所以，社会保险争议应以其他方式处理，如可以设立专门的社会保障法庭。①

就社会保险劳动争议而言，应该考虑到其与一般的民事争议的差异，改变目前社会保险劳动争议案件由民事审判机构审理的现状，可在人民法院设立社会法庭，专门审理社会保险争议案件。社会保险法庭与其他法庭相比，无论在法庭的组成还是诉讼程序上都应有所不同。②

由于社会保障争议具有不同于一般民事争议的特殊性，有必要建立相对独立的社会保障争议处理体制和制度。其中特别重要的是，设置由政府、企业、劳动者等有关方面代表所组成的处理社会保障争议的专门机构，即社会保障争议仲裁机构，并制订相应的仲裁程序法；由其对社会保障争议进行调解和仲裁，并将这种处理方式作为法院审理社会保障争议的前置必经环节。此外，还有必要在法院设置专门的社会保障法庭，并就其审判组织形式和诉讼程序制定适合社会保障争议特点的特别法。③

3. 建立社会保险争议的综合性诉讼制度

还有人建议，建立社会保险争议的综合性诉讼制度，借鉴行政法学之“行政附带民事诉讼”制度构建社会保险争议解决制度。根据现有法律制度，社会保险的争议解决体系包括两大基本类型：社会保险行政争议采取了行政复议、行政诉讼自由选择的救济模式；而相关劳

① 参见王官成：《论民生法治的法律救济》，载《山东社会科学》2010年第6期，第76页。

② 参见李琪：《刍议社会保险争议解决机制完善》，载《商场现代化》2010年8月（上旬刊），第177页。

③ 参见王全兴、樊启荣：《社会保障法的若干基本问题探讨（三）》，载中国民商法律网，http：//www.civillaw.com.cn/article/default.asp? id=9117，发布时间：2003年5月28日，访问时间：2011年7月3日。

动争议的解决则依法设置包括诉讼、仲裁和行政处理在内的多元纠纷解决模式。这里的问题是，无论是用人单位还是个人，当各种社会保险权益受到侵害提起诉讼请求时，必须首先厘清究竟是社会保险行政争议还是劳动争议。这在理论上还是实践中都难以完全明确下来。最高人民法院三次《关于审理劳动争议案件适用法律若干问题的解释》和相关批复也多处解释、辨明社会保险劳动争议、行政争议的界定。加上各地的政策，这给权利救济和实现带来极大障碍，也不利于制度的统一建设。对此，可考虑借鉴行政法学已有"行政附带民事诉讼"的有关研究成果和实践，完善社会保险争议的综合性诉讼制度。①

4. 建立社会保险侵权救济制度

在立法中引入侵权救济的理念，解决社会保险争议。法律对侵权行为的惩罚具有个体性和社会性相结合的特点，通过对个体行为的惩罚，达到一般社会预防的效果。法律的补偿功能体现了对权利的实际救济，即补偿受害人因侵权行为所受的损失，使遭受侵害的权利经过法律救济后能恢复到损害行为发生以前的状态。从我国现有的社会保险争议解决立法看，基本上体现了法律的惩罚和吓阻，对社会保险费的征收，维护劳动者的社会保险权起到了积极作用，但法律的补偿功能并未体现。在实务中，我们经常看到用人单位逃避、拖欠、漏缴保费的行为，导致法定实施范围内的被保险人在遭遇法定保险事故时无法享受保险待遇的严重后果。在所有社会保险项目中，缴费都是享受给付的必要前提条件，不缴费者无给付，体现了权利义务的一致性。用人单位的上述行为，通常既违反了征缴管理中的缴费义务，更侵犯了被保险人的合法权益，如果仅采取追缴保费、滞纳金的行政手段，追究的只是行政责任，应当同时建立一种侵权责任追究机制，以补偿被保险人受损的利益。② 由于社会保险争议大多是侵害了劳动者的社

① 参见栗燕杰：《〈社会保险法〉关于争议解决机制的创新与展望》，载《河南科技学院学报》2011 年第 1 期，第 7~8 页。

② 参见李琪：《刍议社会保险争议解决机制完善》，载《商场现代化》2010 年 8 月(上旬刊)，第 177 页。

会保险权，将部分社会保险争议纳入侵权法的范畴具有一定的可行性。

总而言之，对社会保险争议不管采用什么办法，采取争议性质即劳动争议或行政争议的自由选择，还是争议解决程序的自由选择；也不管是专门设立社会保险争议处理法庭，还是建立社会保险之公益诉讼机制，这些都是解决社会保险争议的“良策”，值得立法者考量。但是，笔者认为，这些“良策”的实施有一个关键的前提条件是不能忽视的，即应当首先构建社会保险争议的统一的实体法律，没有统一的关于社会保险争议的法律作为处理社会保险争议的法律依据，一切都是空谈，模式就成了“无本之木”，哪里还谈得上实际价值，因此，笔者认为，“自由选择模式”不可取；采取单行法的立法模式，单独制订统一的《社会保险争议处理条例》或《关于审理社会保险争议案件适用法律若干问题的解释》比较可行，这是社会保险争议标本兼治的基础和前提。